國家社科基金重大招標項目資助（"殷墟甲骨拓本大系數據庫建設"15ZDB094）
國家社科基金重大委托項目資助（"甲骨文圖像數據庫"16@ZH017A1）
國家"2011計劃"出土文獻與中國古代文明研究協同創新中心成果
教育部、國家語委甲骨文研究與應用專項科研項目資助（"甲骨刻辭類纂新編"YWZ-J001）
教育部、國家語委甲骨文研究與應用專項科研項目資助（"甲骨文字新編"YWZ-J005）

甲骨拼合五集

黃天樹　主編

學苑出版社

圖書在版編目（CIP）數據

甲骨拼合五集 / 黃天樹主編. -- 北京：學苑出版社, 2019.5
　ISBN 978-7-5077-5704-0

　Ⅰ. ①甲… Ⅱ. ①黃… Ⅲ. ①甲骨學—研究 Ⅳ. ① K877.14

中國版本圖書館 CIP 數據核字 (2019) 第 095700 號

責任編輯：	洪文雄　楊　雷
出版發行：	學苑出版社
社　　址：	北京市豐臺區南方莊 2 號院 1 號樓
郵政編碼：	100079
網　　址：	www.book001.com
電子郵箱：	xueyuanpress@163.com
聯繫電話：	010-67601101（行銷部）、010-67603091（總編室）
印 刷 廠：	河北賽文印刷有限公司
開本尺寸：	787×1092　1/16
印　　張：	40.25
字　　數：	420 千字
版　　次：	2019 年 6 月第 1 版
印　　次：	2019 年 6 月第 1 次印刷
定　　價：	360.00 元

目録

序 …………………………………………………………………………… 1
凡　例 ……………………………………………………………………… 7

綴合圖版

第 1016 則：龜腹甲 "王狩敝" 綴合一則（黃天樹）…………………… 2
第 1017 則：胛骨試綴一則（趙鵬）……………………………………… 4
第 1018 則：胛骨綴合一則（趙鵬）……………………………………… 5
第 1019 則：《小屯南地甲骨》綴合一則（方稚松）…………………… 6
第 1020 則：甲骨新綴第 193 組（劉影）………………………………… 8
第 1021 則：甲骨新綴第 194 組（劉影）………………………………… 9
第 1022 則：甲骨新綴第 195 組（劉影）………………………………… 10
第 1023 則：甲骨新綴第 196～199 組（劉影）………………………… 11
第 1024 則：甲骨新綴第 196～199 組（劉影）………………………… 12
第 1025 則：甲骨新綴第 196～199 組（劉影）………………………… 14
第 1026 則：甲骨新綴第 196～199 組（劉影）………………………… 16
第 1027 則：甲骨新綴第 200～201 組（劉影）………………………… 18
第 1028 則：甲骨新綴第 200～201 組（劉影）………………………… 20
第 1029 則：甲骨新綴第 202～203 組（劉影）………………………… 21
第 1030 則：甲骨新綴第 202～203 組（劉影）………………………… 22
第 1031 則：甲骨新綴第 205～208 組（劉影）………………………… 23
第 1032 則：甲骨新綴第 205～208 組（劉影）………………………… 24
第 1033 則：甲骨新綴第 205～208 組（劉影）………………………… 25
第 1034 則：甲骨新綴第 205～208 組（劉影）………………………… 26
第 1035 則：甲骨新綴第 209～211 組（劉影）………………………… 27

第 1036 則：甲骨新綴第 209～211 組 (劉影)⋯⋯⋯⋯⋯⋯⋯⋯⋯⋯⋯⋯⋯⋯⋯⋯⋯⋯ 28
第 1037 則：甲骨新綴第 209～211 組 (劉影)⋯⋯⋯⋯⋯⋯⋯⋯⋯⋯⋯⋯⋯⋯⋯⋯⋯⋯ 30
第 1038 則：甲骨新綴第 212～213 組 (劉影)⋯⋯⋯⋯⋯⋯⋯⋯⋯⋯⋯⋯⋯⋯⋯⋯⋯⋯ 31
第 1039 則：甲骨新綴第 212～213 組 (劉影)⋯⋯⋯⋯⋯⋯⋯⋯⋯⋯⋯⋯⋯⋯⋯⋯⋯⋯ 32
第 1040 則：甲骨新綴第 214～220 組 (劉影)⋯⋯⋯⋯⋯⋯⋯⋯⋯⋯⋯⋯⋯⋯⋯⋯⋯⋯ 34
第 1041 則：甲骨新綴第 214～220 組 (劉影)⋯⋯⋯⋯⋯⋯⋯⋯⋯⋯⋯⋯⋯⋯⋯⋯⋯⋯ 35
第 1042 則：甲骨新綴第 214～220 組 (劉影)⋯⋯⋯⋯⋯⋯⋯⋯⋯⋯⋯⋯⋯⋯⋯⋯⋯⋯ 36
第 1043 則：甲骨新綴第 214～220 組 (劉影)⋯⋯⋯⋯⋯⋯⋯⋯⋯⋯⋯⋯⋯⋯⋯⋯⋯⋯ 38
第 1044 則：甲骨新綴第 214～220 組 (劉影)⋯⋯⋯⋯⋯⋯⋯⋯⋯⋯⋯⋯⋯⋯⋯⋯⋯⋯ 39
第 1045 則：甲骨新綴第 214～220 組 (劉影)⋯⋯⋯⋯⋯⋯⋯⋯⋯⋯⋯⋯⋯⋯⋯⋯⋯⋯ 40
第 1046 則：甲骨新綴第 220～221 組 (劉影)⋯⋯⋯⋯⋯⋯⋯⋯⋯⋯⋯⋯⋯⋯⋯⋯⋯⋯ 41
第 1047 則：甲骨新綴第 220～221 組 (劉影)⋯⋯⋯⋯⋯⋯⋯⋯⋯⋯⋯⋯⋯⋯⋯⋯⋯⋯ 42
第 1048 則：甲骨新綴第 222 組 (劉影)⋯⋯⋯⋯⋯⋯⋯⋯⋯⋯⋯⋯⋯⋯⋯⋯⋯⋯⋯⋯⋯ 44
第 1049 則：甲骨新綴第 223 組 (劉影)⋯⋯⋯⋯⋯⋯⋯⋯⋯⋯⋯⋯⋯⋯⋯⋯⋯⋯⋯⋯⋯ 46
第 1050 則：周原甲骨新綴及相關問題分析 (劉影)⋯⋯⋯⋯⋯⋯⋯⋯⋯⋯⋯⋯⋯⋯⋯ 47
第 1051 則：甲骨新綴第 224 組 (劉影)⋯⋯⋯⋯⋯⋯⋯⋯⋯⋯⋯⋯⋯⋯⋯⋯⋯⋯⋯⋯⋯ 48
第 1052 則：上博綴合一則（莫伯峰）⋯⋯⋯⋯⋯⋯⋯⋯⋯⋯⋯⋯⋯⋯⋯⋯⋯⋯⋯⋯⋯⋯ 49
第 1053 則：《笏之甲骨拓本集》綴合一則 (莫伯峰)⋯⋯⋯⋯⋯⋯⋯⋯⋯⋯⋯⋯⋯⋯⋯ 50
第 1054 則：無名組綴合一例 (王子楊)⋯⋯⋯⋯⋯⋯⋯⋯⋯⋯⋯⋯⋯⋯⋯⋯⋯⋯⋯⋯⋯ 52
第 1055 則：甲骨綴合二則 (門藝)⋯⋯⋯⋯⋯⋯⋯⋯⋯⋯⋯⋯⋯⋯⋯⋯⋯⋯⋯⋯⋯⋯⋯ 53
第 1056 則：《笏之甲骨拓本集》新綴一則 (何會)⋯⋯⋯⋯⋯⋯⋯⋯⋯⋯⋯⋯⋯⋯⋯⋯ 54
第 1057 則：甲骨拼合第 278～279 則 (李愛輝)⋯⋯⋯⋯⋯⋯⋯⋯⋯⋯⋯⋯⋯⋯⋯⋯⋯ 56
第 1058 則：甲骨拼合第 278～279 則 (李愛輝)⋯⋯⋯⋯⋯⋯⋯⋯⋯⋯⋯⋯⋯⋯⋯⋯⋯ 58
第 1059 則：甲骨拼合第 280 則 (李愛輝)⋯⋯⋯⋯⋯⋯⋯⋯⋯⋯⋯⋯⋯⋯⋯⋯⋯⋯⋯⋯ 59
第 1060 則：甲骨拼合第 281 則 (李愛輝)⋯⋯⋯⋯⋯⋯⋯⋯⋯⋯⋯⋯⋯⋯⋯⋯⋯⋯⋯⋯ 60
第 1061 則：甲骨拼合第 282 則 (李愛輝)⋯⋯⋯⋯⋯⋯⋯⋯⋯⋯⋯⋯⋯⋯⋯⋯⋯⋯⋯⋯ 61
第 1062 則：甲骨拼合第 283～284 則 (李愛輝)⋯⋯⋯⋯⋯⋯⋯⋯⋯⋯⋯⋯⋯⋯⋯⋯⋯ 62
第 1063 則：甲骨拼合第 283～284 則 (李愛輝)⋯⋯⋯⋯⋯⋯⋯⋯⋯⋯⋯⋯⋯⋯⋯⋯⋯ 63
第 1064 則：甲骨拼合第 285 則 (李愛輝)⋯⋯⋯⋯⋯⋯⋯⋯⋯⋯⋯⋯⋯⋯⋯⋯⋯⋯⋯⋯ 64
第 1065 則：甲骨拼合第 286 則 (李愛輝)⋯⋯⋯⋯⋯⋯⋯⋯⋯⋯⋯⋯⋯⋯⋯⋯⋯⋯⋯⋯ 66
第 1066 則：甲骨拼合第 287 則 (李愛輝)⋯⋯⋯⋯⋯⋯⋯⋯⋯⋯⋯⋯⋯⋯⋯⋯⋯⋯⋯⋯ 67

第 1067 則： 甲骨拼合第 288～290 則（李愛輝）	68
第 1068 則： 甲骨拼合第 288～290 則（李愛輝）	70
第 1069 則： 甲骨拼合第 288～290 則（李愛輝）	72
第 1070 則： 甲骨拼合第 291～292 則（李愛輝）	74
第 1071 則： 甲骨拼合第 291～292 則（李愛輝）	76
第 1072 則： 甲骨拼合第 293～295 則（李愛輝）	80
第 1073 則： 甲骨拼合第 293～295 則（李愛輝）	82
第 1074 則： 甲骨拼合第 293～295 則（李愛輝）	84
第 1075 則： 甲骨拼合第 296 則（李愛輝）	88
第 1076 則： 甲骨拼合第 297 則（李愛輝）	90
第 1077 則： 甲骨拼合第 298 則（李愛輝）	91
第 1078 則： 甲骨拼合第 299 則（李愛輝）	92
第 1079 則： 甲骨拼合第 300～301 則（李愛輝）	93
第 1080 則： 甲骨拼合第 300～301 則（李愛輝）	94
第 1081 則： 甲骨拼合第 302 則（李愛輝）	98
第 1082 則： 甲骨拼合第 303～304 則（李愛輝）	99
第 1083 則： 甲骨拼合第 303～304 則（李愛輝）	100
第 1084 則： 甲骨拼合第 305 則（李愛輝）	101
第 1085 則： 甲骨拼合第 306 則（李愛輝）	102
第 1086 則： 甲骨拼合第 307 則（李愛輝）	104
第 1087 則： 甲骨拼合第 308～309 則（李愛輝）	106
第 1088 則： 甲骨拼合第 308～309 則（李愛輝）	108
第 1089 則： 甲骨拼合第 310～311 則（李愛輝）	110
第 1090 則： 甲骨拼合第 310～311 則（李愛輝）	111
第 1091 則： 甲骨拼合第 312 則（李愛輝）	112
第 1092 則： 甲骨拼合第 313 則（李愛輝）	114
第 1093 則： 甲骨拼合第 314 則（李愛輝）	115
第 1094 則： 甲骨拼合第 315～316 則（李愛輝）	116
第 1095 則： 甲骨拼合第 315～316 則（李愛輝）	117
第 1096 則： 甲骨拼合第 317 則（李愛輝）	118
第 1097 則： 甲骨拼合第 318 則（李愛輝）	120

第 1098 則：甲骨拼合第 319 則（李愛輝）………………………………………… 122
第 1099 則：甲骨拼合第 320～321 則（李愛輝）………………………………… 124
第 1100 則：甲骨拼合第 320～321 則（李愛輝）………………………………… 126
第 1101 則：甲骨拼合第 322 則（李愛輝）………………………………………… 128
第 1102 則：甲骨拼合第 323 則（李愛輝）………………………………………… 130
第 1103 則：甲骨拼合第 324 則（李愛輝）………………………………………… 132
第 1104 則：甲骨拼合第 325 則（李愛輝）………………………………………… 134
第 1105 則：甲骨拼合第 326 則（李愛輝）………………………………………… 136
第 1106 則：甲骨拼合第 327～328 則（李愛輝）………………………………… 138
第 1107 則：甲骨拼合第 327～328 則（李愛輝）………………………………… 140
第 1108 則：甲骨拼合第 329 則（李愛輝）………………………………………… 142
第 1109 則：甲骨拼合第 330 則（李愛輝）………………………………………… 144
第 1110 則：甲骨拼合第 331 則（李愛輝）………………………………………… 146
第 1111 則：甲骨拼合第 332 則（李愛輝）………………………………………… 150
第 1112 則：甲骨拼合第 333～334 則（李愛輝）………………………………… 151
第 1113 則：甲骨拼合第 333～334 則（李愛輝）………………………………… 152
第 1114 則：甲骨拼合第 335～336 則（李愛輝）………………………………… 153
第 1115 則：甲骨拼合第 335～336 則（李愛輝）………………………………… 154
第 1116 則：甲骨拼合第 337 則（李愛輝）………………………………………… 155
第 1117 則：甲骨拼合第 338 則（李愛輝）………………………………………… 156
第 1118 則：甲骨拼合第 339～340 則（李愛輝）………………………………… 158
第 1119 則：甲骨拼合第 339～340 則（李愛輝）………………………………… 160
第 1120 則：甲骨拼合第 341～343 則（李愛輝）………………………………… 161
第 1121 則：甲骨拼合第 341～343 則（李愛輝）………………………………… 162
第 1122 則：甲骨拼合第 341～343 則（李愛輝）………………………………… 163
第 1123 則：甲骨拼合第 344～346 則（李愛輝）………………………………… 164
第 1124 則：甲骨拼合第 344～346 則（李愛輝）………………………………… 166
第 1125 則：甲骨拼合第 344～346 則（李愛輝）………………………………… 168
第 1126 則：甲骨拼合第 347 則（李愛輝）………………………………………… 170
第 1127 則：甲骨拼合第 348 則（李愛輝）………………………………………… 171
第 1128 則：甲骨拼合第 349～350 則（李愛輝）………………………………… 172

第 1129 則：甲骨拼合第 349～350 則 (李愛輝)……………………………… 173

第 1130 則：甲骨拼合第 351 則 (李愛輝)………………………………… 174

第 1131 則：甲骨拼合第 352～353 則 (李愛輝)……………………………… 175

第 1132 則：甲骨拼合第 352～353 則 (李愛輝)……………………………… 176

第 1133 則：甲骨拼合第 354 則 (李愛輝)………………………………… 178

第 1134 則：甲骨拼合第 355 則 (李愛輝)………………………………… 180

第 1135 則：甲骨拼合第 356～358 則 (李愛輝)……………………………… 181

第 1136 則：甲骨拼合第 356～358 則 (李愛輝)……………………………… 182

第 1137 則：甲骨拼合第 356～358 則 (李愛輝)……………………………… 183

第 1138 則：甲骨拼合第 359～360 則 (李愛輝)……………………………… 184

第 1139 則：甲骨拼合第 359～360 則 (李愛輝)……………………………… 185

第 1140 則：甲骨拼合第 361 則 (李愛輝)………………………………… 186

第 1141 則：甲骨拼合第 362 則 (李愛輝)………………………………… 188

第 1142 則：甲骨拼合第 363 則 (李愛輝)………………………………… 190

第 1143 則：甲骨拼合第 364～367 則 (李愛輝)……………………………… 192

第 1144 則：甲骨拼合第 364～367 則 (李愛輝)……………………………… 193

第 1145 則：甲骨拼合第 368 則 (李愛輝)………………………………… 194

第 1146 則：甲骨拼合第 369 則 (李愛輝)………………………………… 195

第 1147 則：甲骨拼合第 370～373 則 (李愛輝)……………………………… 196

第 1148 則：甲骨拼合第 370～373 則 (李愛輝)……………………………… 197

第 1149 則：甲骨拼合第 370～373 則 (李愛輝)……………………………… 198

第 1150 則：甲骨拼合第 370～373 則 (李愛輝)……………………………… 199

第 1151 則：甲骨拼合第 374～376 則 (李愛輝)……………………………… 200

第 1152 則：甲骨拼合第 374～376 則 (李愛輝)……………………………… 201

第 1153 則：甲骨拼合第 374～376 則 (李愛輝)……………………………… 202

第 1154 則：甲骨試綴第五則 (連佳鵬)…………………………………… 203

第 1155 則：甲骨試綴第六則 (連佳鵬)…………………………………… 204

第 1156 則：甲骨拼合一則 (張志強)……………………………………… 205

第 1157 則：甲骨拼合第 7 則 (吳麗婉)…………………………………… 206

第 1158 則：甲骨拼合第 8～9 則 (吳麗婉)………………………………… 207

第 1159 則：甲骨拼合第 8～9 則 (吳麗婉)………………………………… 208

第 1160 則：甲骨拼合第 10 ～ 11 則（吳麗婉）…………………………………… 210
第 1161 則：甲骨拼合第 10 ～ 11 則（吳麗婉）…………………………………… 212
第 1162 則：甲骨拼合第 12 ～ 13 則（吳麗婉）…………………………………… 213
第 1163 則：甲骨拼合第 12 ～ 13 則（吳麗婉）…………………………………… 214
第 1164 則：甲骨拼合第 14 ～ 20 則（吳麗婉）…………………………………… 215
第 1165 則：甲骨拼合第 14 ～ 20 則（吳麗婉）…………………………………… 216
第 1166 則：甲骨拼合第 14 ～ 20 則（吳麗婉）…………………………………… 218
第 1167 則：甲骨拼合第 14 ～ 20 則（吳麗婉）…………………………………… 219
第 1168 則：甲骨拼合第 14 ～ 20 則（吳麗婉）…………………………………… 220
第 1169 則：甲骨拼合第 14 ～ 20 則（吳麗婉）…………………………………… 222
第 1170 則：甲骨拼合第 14 ～ 20 則（吳麗婉）…………………………………… 224
第 1171 則：甲骨拼合第 21 ～ 23 則（吳麗婉）…………………………………… 225
第 1172 則：甲骨拼合第 21 ～ 23 則（吳麗婉）…………………………………… 226
第 1173 則：甲骨拼合第 21 ～ 23 則（吳麗婉）…………………………………… 227
第 1174 則：甲骨拼合第 24 ～ 26 則（吳麗婉）…………………………………… 228
第 1175 則：甲骨拼合第 24 ～ 26 則（吳麗婉）…………………………………… 230
第 1176 則：甲骨拼合第 27 ～ 28 則、替換原第 25 則（吳麗婉）………… 231
第 1177 則：甲骨拼合第 27 ～ 28 則、替換原第 25 則（吳麗婉）………… 232
第 1178 則：甲骨拼合第 29 則、替換原第 25 則（吳麗婉）……………………… 233
第 1179 則：甲骨拼合第 29 則、替換原第 25 則（吳麗婉）……………………… 234
第 1180 則：甲骨拼合第 30 ～ 31 則（吳麗婉）…………………………………… 235
第 1181 則：甲骨拼合第 30 ～ 31 則（吳麗婉）…………………………………… 236
第 1182 則：甲骨拼合第 32 ～ 33 則（吳麗婉）…………………………………… 238
第 1183 則：甲骨拼合第 34 則（吳麗婉）…………………………………………… 240
第 1184 則：替換原第 33 則（吳麗婉）……………………………………………… 241
第 1185 則：甲骨拼合第 35 ～ 36 則（吳麗婉）…………………………………… 242
第 1186 則：甲骨拼合第 35 ～ 36 則（吳麗婉）…………………………………… 243
第 1187 則：甲骨拼合第 37 則（吳麗婉）…………………………………………… 244
第 1188 則：甲骨拼合第 38 ～ 39 則（吳麗婉）…………………………………… 245
第 1189 則：甲骨拼合第 38 ～ 39 則（吳麗婉）…………………………………… 246
第 1190 則：甲骨拼合第 40 ～ 42 則（吳麗婉）…………………………………… 247

第 1191 則：甲骨拼合第 40～42 則（吳麗婉）…………………………………… 248
第 1192 則：甲骨拼合第 40～42 則（吳麗婉）…………………………………… 250
第 1193 則：甲骨拼合第 43 則（吳麗婉）………………………………………… 251
第 1194 則：甲骨拼合第 44 則（吳麗婉）………………………………………… 252
第 1195 則：甲骨拼合第 45～46 則（吳麗婉）…………………………………… 253
第 1196 則：甲骨拼合第 45～46 則（吳麗婉）…………………………………… 254
第 1197 則：甲骨拼合第 47～50 則（吳麗婉）…………………………………… 255
第 1198 則：甲骨拼合第 47～50 則（吳麗婉）…………………………………… 256
第 1199 則：甲骨拼合第 47～50 則（吳麗婉）…………………………………… 257
第 1200 則：甲骨拼合替換原第 47 則（吳麗婉）………………………………… 258
第 1201 則：甲骨拼合第 51 則（吳麗婉）………………………………………… 259
第 1202 則：甲骨拼合第 52～53 則（吳麗婉）…………………………………… 260
第 1203 則：甲骨拼合第 52～53 則（吳麗婉）…………………………………… 262
第 1204 則：甲骨拼合第 54 則（吳麗婉）………………………………………… 264
第 1205 則：甲骨綴合第 1 則（桑金木（Safin Timur））………………………… 265
第 1206 則：甲骨綴合第 2 則（桑金木（Safin Timur））………………………… 266

說明與考釋……………………………………………………………………… 269

附錄

附錄一　《甲骨拼合五集》索引表（耿佳雋　周子芇）………………………… 361
附錄二　2004 年～2017 年甲骨新綴號碼表（莫伯峰　王子楊　吳麗婉　
　　　　耿佳雋）………………………………………………………………… 377
附錄三　殷代卜辭分類分組表（黃天樹）………………………………………… 619
附錄四　本書引用甲骨著錄書簡稱表……………………………………………… 621

序

黄天樹

《甲骨拼合五集》（簡稱《拼五》）是繼《拼集》（2010年）、《拼續》（2011年）、《拼三》（2013年）和《拼四》（2016年）之後的第五本甲骨綴合專書，收入了我們2015年1月至2017年6月的綴合成果共191則（自第1016則起至第1206則止）。至此，我們所拼綴的甲骨已達1206則。

《拼五》一書所綴內容重要者很多。例如：第1016則、第1024則、第1048則、第1049則、第1053則、第1054則、第1061則、第1064則、第1067則、第1098則、第1194則等。下面選取三則，以見一斑：

第一則是《拼五》1016。

甲骨文多為刀刻文字，言簡意賅，省略主語和定語的現象時有所見，致使文意隱晦。為了凸顯文意，以下釋文中，我們用尖括弧"〈〉"補出主語和定語。按照慣例，先把《拼五》1016釋文重寫如下，然後加以意譯，供大家參考。

☐自㱿。三日丁卯[王狩]敝，允有害。𢎥🝁，〈𢎥〉馬[立]，〈𢎥車之馬〉亦仆在〈畢〉車，畢馬[亦]有傷。

從"三日丁卯"至"畢馬亦有傷"是驗辭。驗辭大意是說，丁卯這天，商王武丁在名叫"敝"的山麓狩獵，果然發生災難。災難是一場車禍。這天隨從商王武丁田獵的有兩位貴族名叫"畢"和"𢎥"。在追逐野獸的劇烈運動中，"畢"車在前，"𢎥"車隨後，突然之間，"𢎥"車之輨斷了，受到驚嚇的"𢎥"車之馬失去車輿等負重，像脫韁野馬一般撞向前面的"畢"車，在即將追尾之際，為躲避追尾，"𢎥"車之馬本能地抬起前蹄站立起來，由於慣性的作用，"𢎥"車之馬還是向前傾仆在"畢"車上，由於追尾致使"畢"車之馬也受了傷。

第二則是《拼五》1024。

研究甲骨虛詞的學者通常只研究"自"、"于"之類的單音虛詞以及"于……
廼……"之類的虛詞與虛詞連用的格式。其實，在甲骨文裡，還存在一些實
詞與虛詞相配合而組成的格式。不瞭解這種格式，往往把卜辭讀錯。現在舉
例來談一談。《拼五》1024 中存在一種實詞"曰"與虛詞"允"前後搭配的
"曰……允……"連用格式。

（1）[辛]丑卜，爭貞：曰："舌方其興，皇于土[方]，其敦🐚。"允其敦。
四月。（拼五 1024，典賓）

（2A）癸巳卜，㱿貞：今早王徝土方，受有[祐]。

（2B）辛丑卜，爭貞：曰："舌方同（興），皇于土方，其敦🐚。"允其敦。
四月。（合 6354，典賓）

例（1）（2）中存在實詞"曰"與虛詞"允"前後連用格式。在談"曰……
允……"連用格式之前，先要對上引卜辭中的一些語詞略做解釋。例（2）中
的"徝"，動詞，當巡視講。"王徝土方"，意謂王巡省土方，具有鎮撫和
教化的作用。同，即"興"之簡省。"興"訓"起"，"舌方興"，即"舌
方興兵"。"皇于"之"于"，動詞，含有"到"的意思。參看裘錫圭《談
談殷墟甲骨卜辭中的"于"》（《裘錫圭學術文集》第 1 卷，第 546—547 頁）。
"皇于"之"皇"，有兩種解釋。第一種"皇"通"廣"，"皇（廣）于"
猶言大規模到達。第二種"皇"通"徨"，《爾雅》："徨，往也。""皇（徨）
于"同（近）義詞連用，"皇（徨）于土方"，猶言（舌方）前往土方境內。
檢視例（2）拓本，可以看到"土方"之"方"的殘筆。例（1）"其"字之上，
應當也殘缺一個"方"字。例（2）中的兩辭卜日癸巳和辛丑相距九日，估計
商王武丁辛丑日還在土方境內"🐚"地巡省。舌方為何大規模到達土方境內，
敦伐"🐚"地，應與（2A）"王徝土方"有關，其針對的目標是巡省土方的
商王武丁。"曰"，動詞，是情報人員向王報告。這個極為重要的軍事情報
是否可靠，往往要對其內容的真實性進行占卜。舊以為例（1）（2）中的"曰'舌
方其興，皇于土方，其敦🐚'"是命辭，"允其敦"是驗辭，這樣理解是不對的。
請看下列例子自明。

（3）貞：大告曰："方出。"允其出。（合補 1949，賓出）

（4）乙巳卜，賓貞：卣呼告："舌方其出。"允。（合 6078，合補

1830同文，典賓）

（5）壬午卜，囗貞：曰："方出于簋。"允其出。十一月。（綴彙407，賓三）

（6）壬卜，在麓：丁曰："余其肇子臣。"允。（花410）

（7）辛卜：丁曰："其肇子臣。"允。（花257）

（8）辛卜：婦女曰子："丁曰'子其有疾。'"允其有。（花331）

（9A）辛丑卜，殼貞：婦好有子。二月。

（9B）辛丑卜，亘貞：王占曰："好其有子"，孚。（以上正面）王占曰："吉，孚。"（以上反面）（合94，典賓）

商王或族長對已獲口頭情報的可靠性，往往要鑒別其內容的真實性。鑒別的方法是對已獲口頭情報進行占卜。命辭中往往使用副詞"允"字。"允"訓為信。例（3）中的"大"，人名。方，敵方。命辭中先說"大告曰方出"，即"大"這個人報告說，敵方要出兵進犯了。王對此情報半信半疑，所以再貞卜問這一情報是否確實如"大"所言，敵方果真會出動嗎？例（4）中的"甾"，人名。"甾呼告"是與《合》6063"甾告曰"相對而言的。"甾呼告"指"甾呼令他人來向商王報告"，"甾告曰"指甾親自來向商王報告。例（5）中的"出于"之"于"是動詞，當"到"講。例（6）中的"丁"是生稱，指商王武丁。命辭中先講"丁曰：'余其肇子臣'"，再貞卜是否"允"，即是否確實如此。例（7）命辭也是先講"丁曰：'其肇子臣'"，再貞卜是否"允"，即這件事是否確實如此。商王武丁說過要把奴隸贈與"子"，花東族長"子"很關心商王說過贈與"子"奴隸的真實性。例（8）"婦女"即婦好。"允其有"是命辭。婦好向花東族長"子"轉述"丁"說的話。丁說"子大概有疾病"，真的嗎？例（9）是"（王占）曰……孚……"連用格式，是由實詞"曰"與實詞"孚"前後搭配組成的。"允"訓"信"，引申為副詞。"孚"也訓"信"，是實詞。我們過去以為"（王占）曰……孚……"連用格式是占辭與前辭連寫（黃天樹：《殷墟王卜辭的分類與斷代》，臺北文津出版社，1991年），這種理解顯然是不對的。孚，訓為"信"，當"應驗"講（《裘錫圭學術文集》第3卷，第161頁）。"王占曰好其有子（"有子"指懷有身孕），孚"係"卜問王之占以為婦好會懷有身孕，是否能應驗"，背面"王占曰：'吉，孚'"

應即此卜問的占辭，意謂此卜的兆"是吉利的，婦好懷有身孕之占能夠應驗"（《裘錫圭學術文集》第1卷，第449—460頁）。

第三則是《拼五》1064。

20世紀六七十年代，由於西周早期銅器何尊出土，對照何尊中的"爾"字字形才釋出甲骨文中的"爾"字。這一新成果尚未被大多數學者所接受，十分遺憾。例如，向熹《簡明漢語史》（下冊第53頁，高等教育出版社1993年）說："'爾'始見於西周金文。"其实，第二人稱代詞"爾"始見於殷墟甲骨文。《拼五》1064綴合之後，又增加一條新材料：

（10）☒疋（圍）☒爾以西人會我。四[月]。（拼五1064，典賓）

例（10）的占卜主體是商王。從殘辭"圍"看，可能與戰爭有關。爾，第二人稱代詞。會，訓"會合"。《說文》："會，合也。"《爾雅·釋詁上》："會，合也。"商代貴族服王役時都是要率領自己的族人來服役的，卜辭大意是商王命令說，你率領西人來會我。

（11）戊戌卜，殼貞：王曰："侯豹，夆！余不爾其合，以乃史歸。"（合3297,3298+笒一393、英1256同文，典賓）

例（11）中的"夆"，感歎詞。侯豹，人名。合，從卜辭《屯》2350"王其以眾合右旅[眾左]旅齒于甴"看，當"會合"講。"余不爾其合"之"合"也當"會合"講。"余"是商王自稱，單數第一人稱代詞。"爾"是第二人稱代詞做賓語，放置在動詞謂語"合"之前。"余不爾其合"跟《合》20391"自不余其見"句式相同。"自不余其見"是卜問自不會來見我。"余不爾其合"是卜問我不會跟你會合。此辭卜問王說"侯豹，我不會和你會合，帶着你的史官回去吧。"據此，請看下列卜辭中的"合"字：

（12A）乙亥卜，賓貞：合󰀀，大禦于祖乙。

（12B）乙亥卜，賓貞：禦于祖乙三牛。（合1076，典賓）

例（12）從卜辭"合󰀀"看，可能與諸侯國助祭犧牲品有關。"神不歆非類，民不祀非族"的祭祖原則是西周初所定，不能用以推斷商代的情況，參看林澐《商史三題》（第113—116頁，臺北"中研院"史語所2016年）。例（12）中的"合"，當"會合""聚合"講。󰀀，人名。禦，是禦除災殃的一種祭祀。

大禦，是指舉行大規模的禦除災殃的祭祀活動。"合🅇"，可能是說聚合貴族"🅇"進獻的助祭犧牲品，舉行大規模的禦祭活動於祖乙。

今年恰逢甲骨文發現 120 周年，《拼五》一書出版發行正逢其時。博士研究生耿佳雋、碩士研究生周子芾承擔了本書前期的校對工作，吳麗婉博士協助我承擔了後期的校對工作，特此致謝。

2019 年 4 月 20 日於清華園

凡 例

一、《甲骨拼合五集》（簡稱《拼五》）是繼《甲骨拼合集》（學苑出版社，2010）、《甲骨拼合續集》（學苑出版社，2011）、《甲骨拼合三集》（學苑出版社，2013）和《甲骨拼合四集》（學苑出版社，2016）之後的第五本甲骨綴合專書。《拼五》收入了 2015 年 1 月 1 日至 2017 年 6 月 30 日的綴合成果共 191 則（自第 1016 則起至第 1206 則止）。本書綴合成果先按作者編排，然後在每位作者之下再按綴合文章發表時間的先後排序。

二、本書由"綴合圖版""說明與考釋"和"附錄"三部分組成。

三、"綴合圖版"既有拓本又有摹本，以達到取長補短的效果。因排版關係，有些綴合圖版縮小尺寸，以便把同一塊甲骨的拓本和摹本，儘量排在一頁上，或排在對開頁上，便於對照閱讀。

四、"說明與考釋"多數是編輯《拼五》時補寫的；少數源於已刊佈的綴合文章。綴合文章並非一人一時所寫，體例未能劃一，收入本書時，除了技術性修改外，儘量保持原貌。但是，為了方便學者按流水號閱讀綴合圖版的需要，對已刊佈的綴合文章，如果有若干則綴合，就分列為若干則，並在每則流水號前加"頁下注"，首則詳細注明綴合者、題目和出處，以備查尋。原綴合文章的注解，一律改為頁下注。如果增加新注，則用"編按"加以說明，外加黑魚尾括號"【】"標示。

五、本書引用甲骨著錄書多用簡稱。書末附有《本書引用甲骨著錄書簡稱表》備查。

六、本書所用甲骨資料主要是《合集》。凡《合集》著錄號又見於他書者，詳為注明。例如：《合集》19765（《乙》8649 + 《乙》8650），表示《合集》

的第 19765 片又見於《乙編》的第 8649 片加綴第 8650 片。"＋"號，表示某片與某片可以綴合。"（）"號表示重見；或以"＝"號表示重見。例如：《合集》29065(《甲》580)，表示《合集》的第 29065 片又見於《甲》的第 580 片。

七、關於卜辭的分類以及各類卜辭的時代，參看黃天樹《殷墟王卜辭的分類與斷代》。類名採用簡稱。例如："賓一"指賓組一類。

八、本書用繁體字排印。卜辭釋文一般用寬式。卜辭釋文裏，缺一字的用"□"號表示；所缺字數目不詳的用"☑"號表示；引文有所省略的用"……"號表示；依據殘字或文例擬補的字，外加"［］"號表示；異體字、假借字一般隨文注明正字和本字，外加"（）"號表示。

綴合圖版

第 1016 則：龜腹甲 "王狩敝" 綴合一則（黃天樹）

A《拼集》307 + B《合》8250 正 + C《合》11447 + D《京》2849

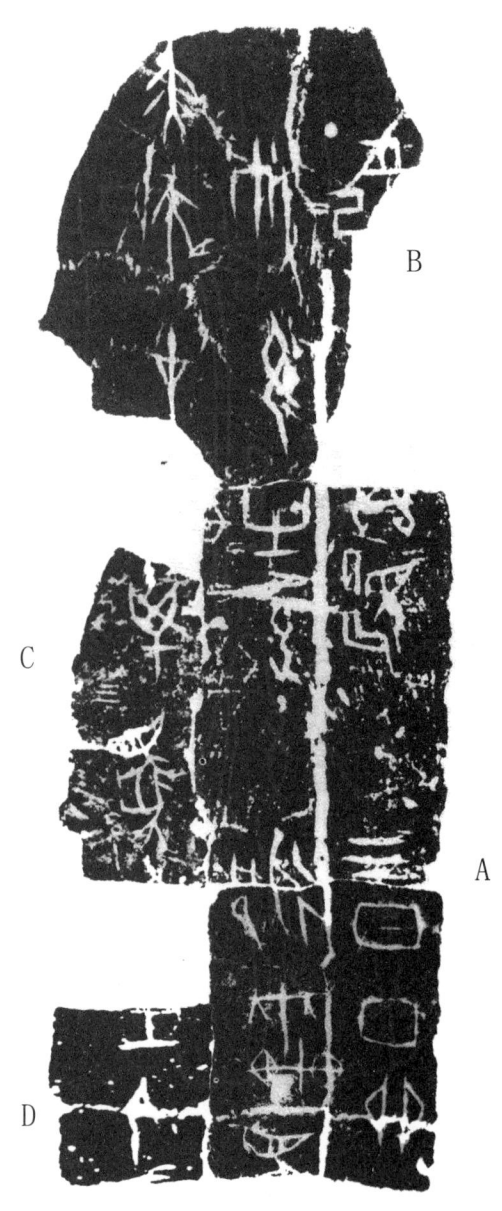

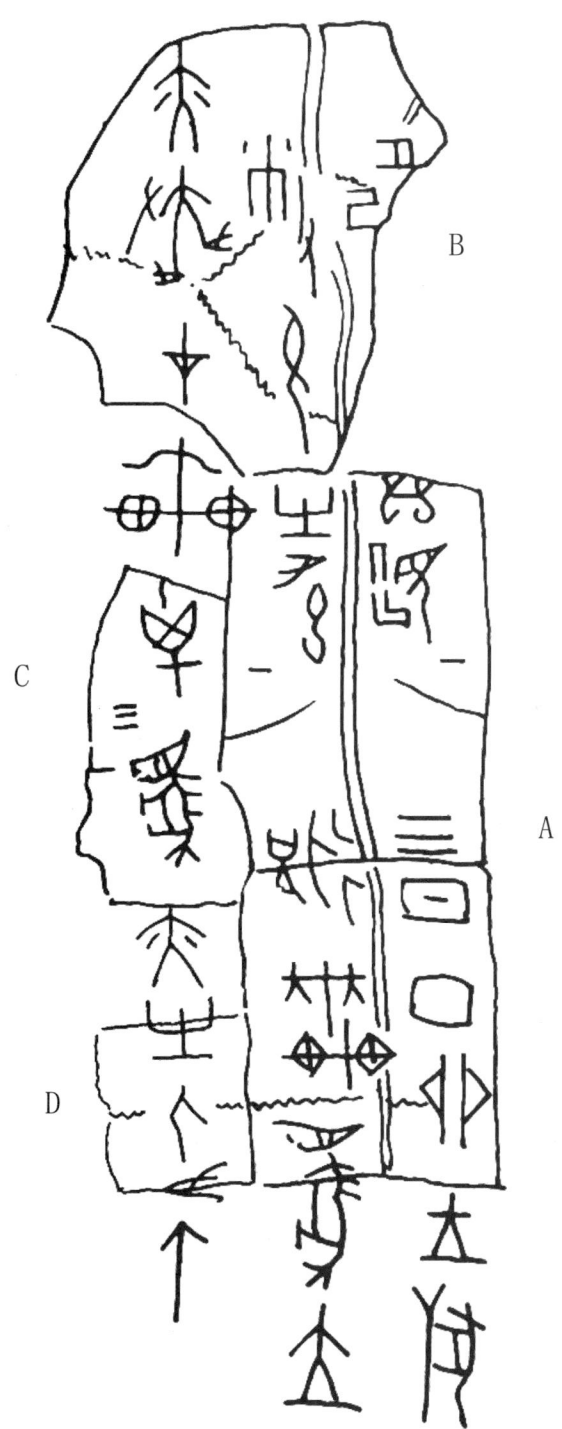

綴合圖版 · 3

第 1017 則：胛骨試綴一則（趙鵬）

A《合》14260 ＋ B《合》40446

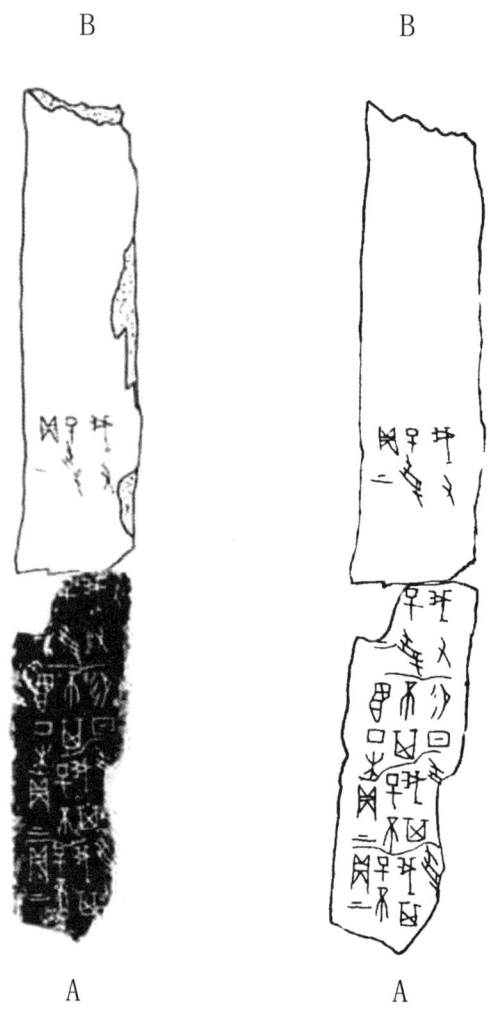

第 1018 則：胛骨綴合一則（趙鵬）

A《合》39074 ＋ B《合》39311

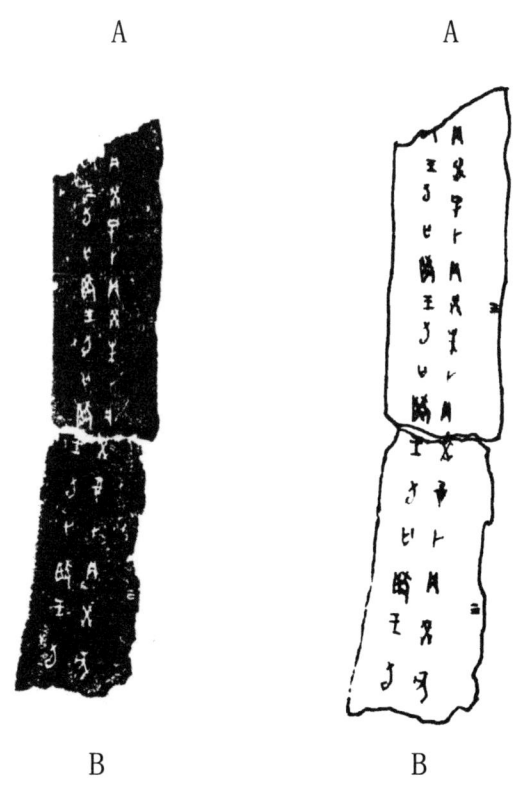

第 1019 則：《小屯南地甲骨》綴合一則（方稚松）

A《屯南》887 ＋ B《屯南》1697

《合》32122

《合》31126

《合》32122

《合》31126

第 1020 則：甲骨新綴第 193 組（劉影）

A《英》2090 ＋ B《合補》7045

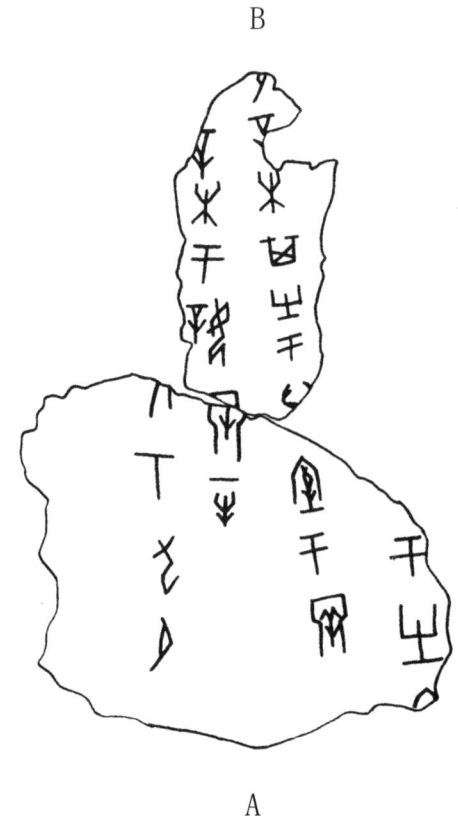

第 1021 則：甲骨新綴第 194 組（劉影）

A《合集》1494 ＋ B《北大》2167

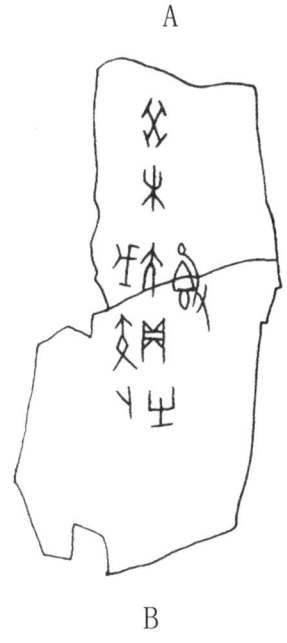

第 1022 則：甲骨新綴第 195 組（劉影）

A《合集》7464 ＋ B《合補》1658 ＋ C《合集》6134

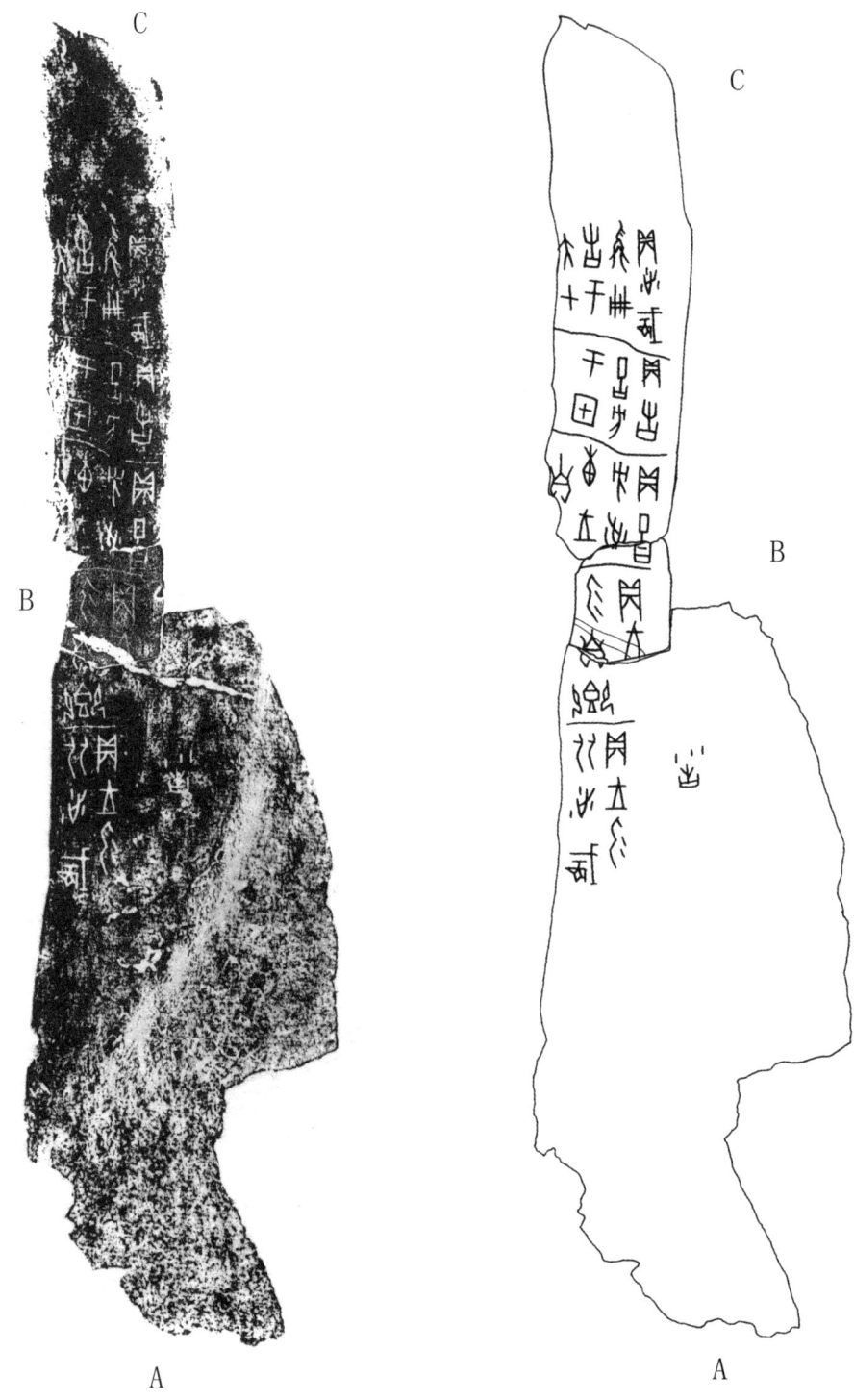

縮至 70%

第 1023 則：甲骨新綴第 196～199 組（劉影）

A《合集》38216 ＋ B《北大》2904

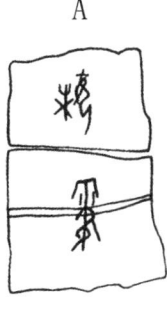

第 1024 則：甲骨新綴第 196 ～ 199 組（劉影）

A《英藏》543 ＋ B《京人》777 ＋ C《合補》933 ＋ D《合集》7316

綴合圖版・13

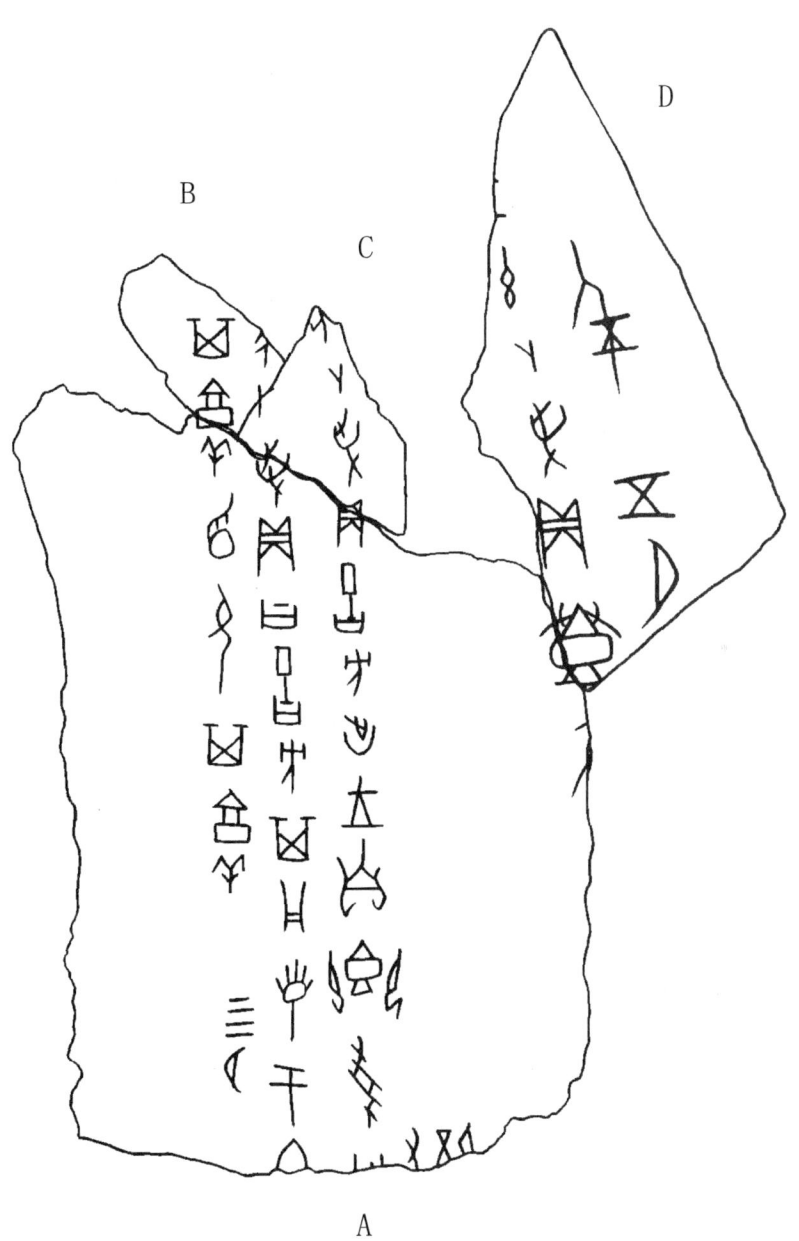

縮至 65%

第 1025 則：甲骨新綴第 196～199 組 (劉影)

A《合集》23574 ＋ B《山東》1144 ＋ C《法藏》17 ＋ D《合集》15432

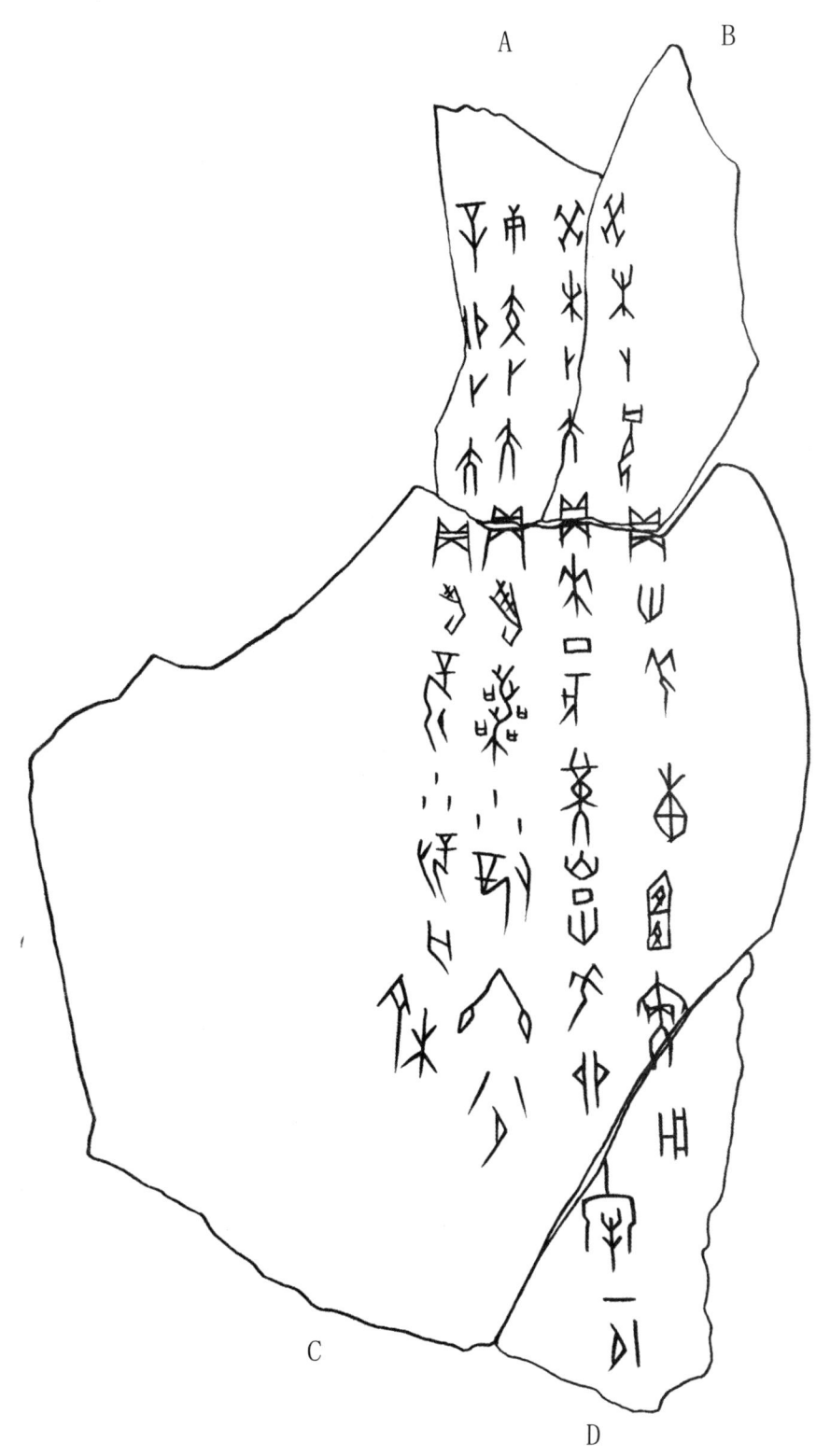

第 1026 則：甲骨新綴第 196～199 組（劉影）

A《合集》23711 ＋ B《合補》3439 ＋ C《合集》5294

綴合圖版・17

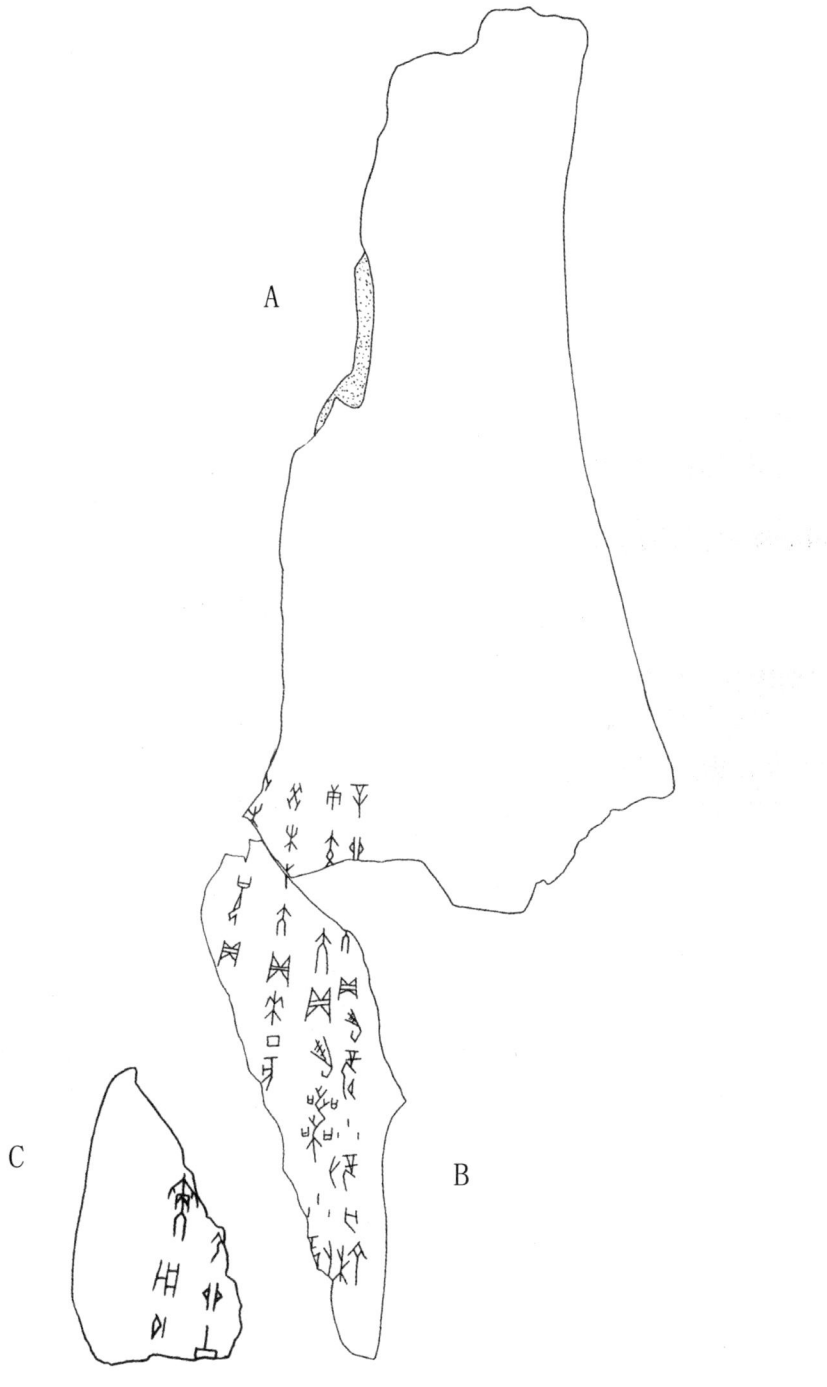

縮至 55%

第 1027 則：甲骨新綴第 200～201 組（劉影）

A《合集》5454 ＋ B《合集》4240 ＋ C《合集》586

綴合圖版 · 19

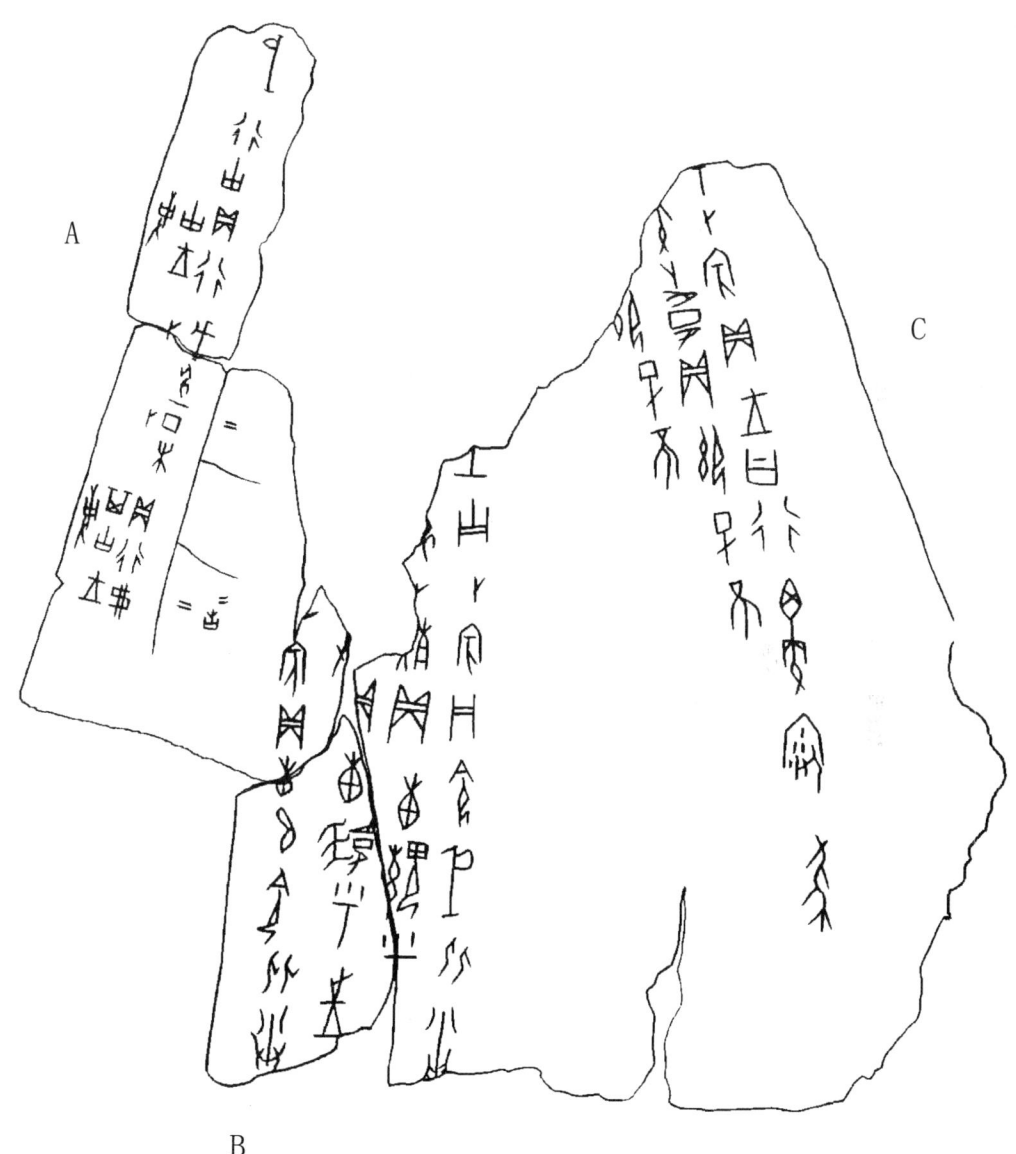

縮至 65%

第 1028 則：甲骨新綴第 200～201 組（劉影）

A《合集》15905 ＋ B《笀（二）》394

第 1029 則：甲骨新綴第 202～203 組（劉影）

A《合補》7557 ＋ B《拾遺》346

第 1030 則：甲骨新綴第 202 ~ 203 組（劉影）

A《拾遺》383 ＋ B《合集》24190

第 1031 則：甲骨新綴第 205 ~ 208 組（劉影）

A《合補》7765 ＋ B《合集》25032

A

B

A

B

第1032則：甲骨新綴第205～208組（劉影）

A《拾遺》313正＋B《輯佚》319

第 1033 則：甲骨新綴第 205 ~ 208 組（劉影）

A《合集》23105 ＋ B《合集》2100

第 1034 則：甲骨新綴第 205～208 組（劉影）

A《北大》2500 ＋ B《合集》15927

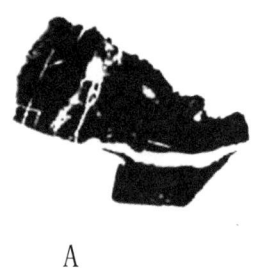

A

B

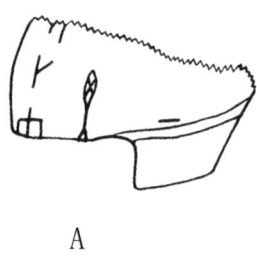

A

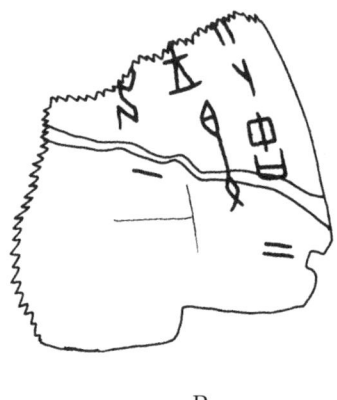

B

第 1035 則：甲骨新綴第 209～211 組（劉影）

A《合集》2861 ＋ B《北圖》2382 ＋ C《合集》11573

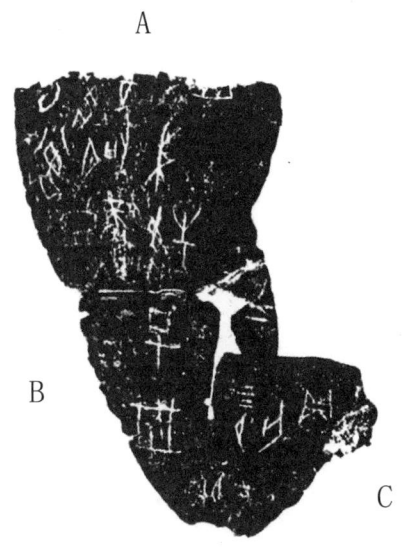

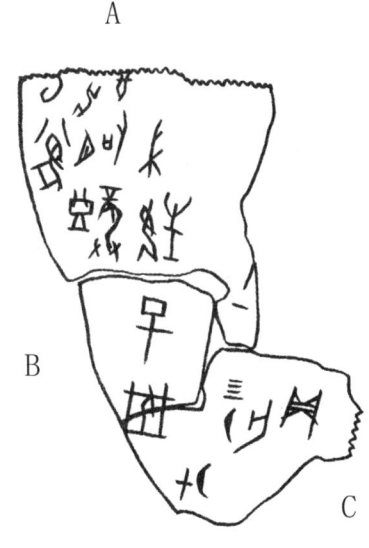

第1036則：甲骨新綴第209～211組（劉影）

A《合補》5964 正反＋B《合集》5568 正反

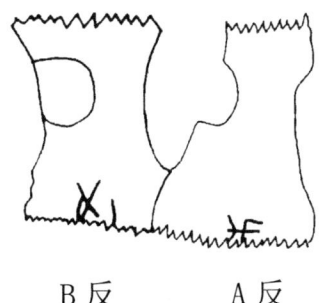

第1037則：甲骨新綴第209～211組（劉影）

A《合集》11454 ＋ B《合集》40663

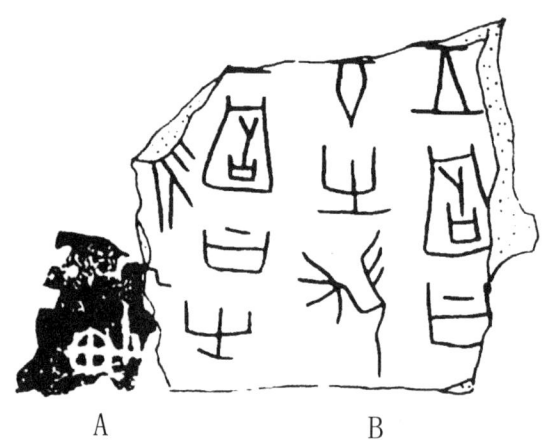

A　　　　　B

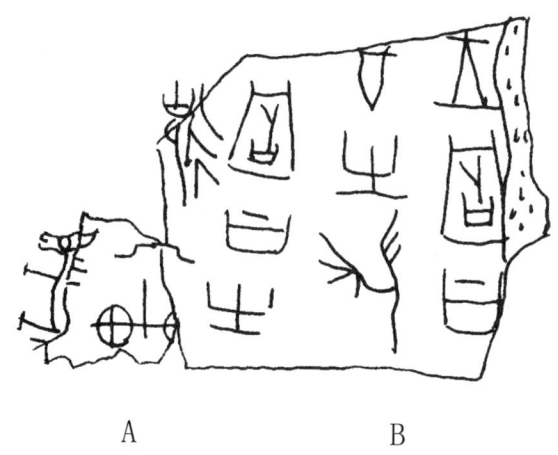

A　　　　　B

第1038則：甲骨新綴第212～213組（劉影）

A《合集》23651＋B《英》2085

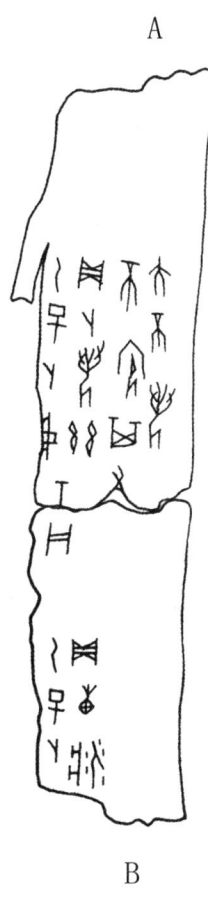

第1039則：甲骨新綴第212～213組（劉影）

A《拾遺》383 ＋ B《合集》24190 ＋ C《合集》24688

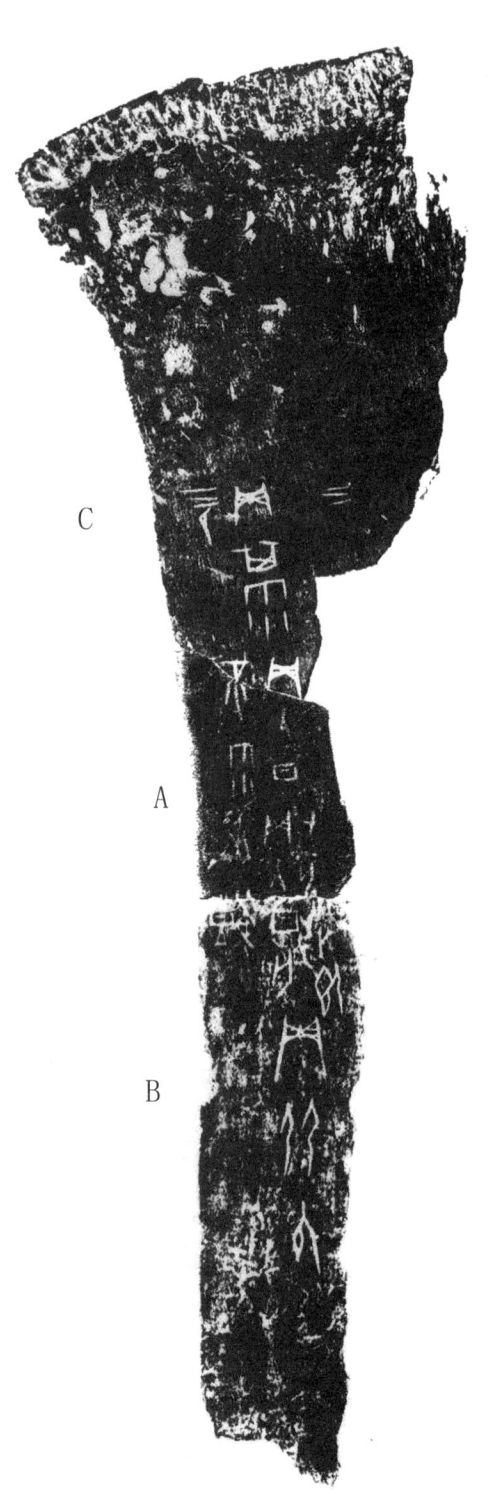

綴合圖版 · 33

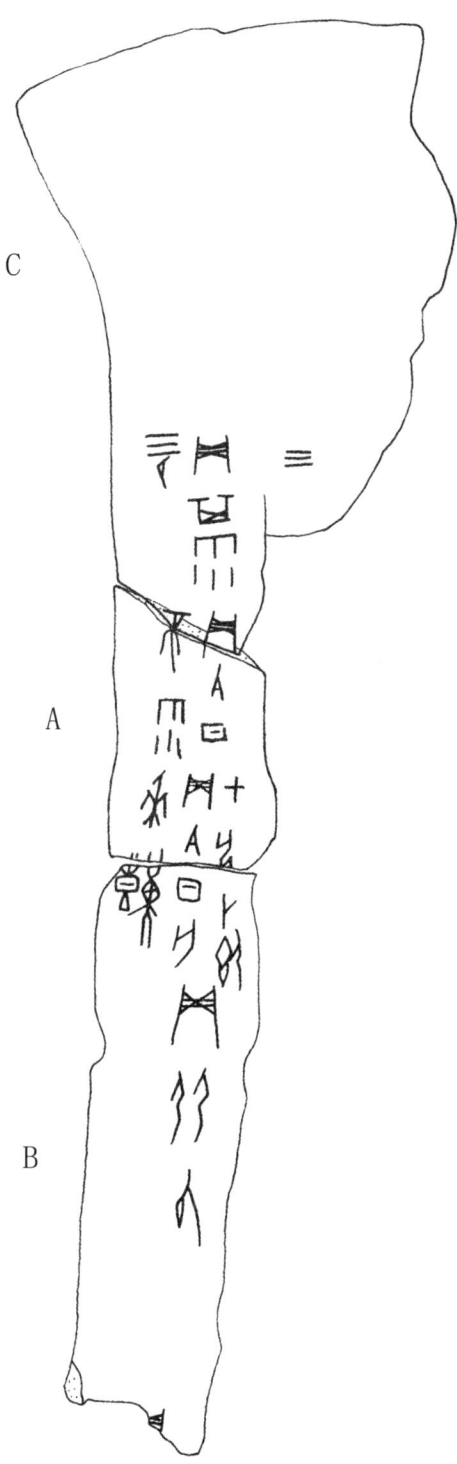

第1040則：甲骨新綴第214～220組（劉影）

A《合集》26186 ＋ B《英藏》2082 ＋ C《合集》24136

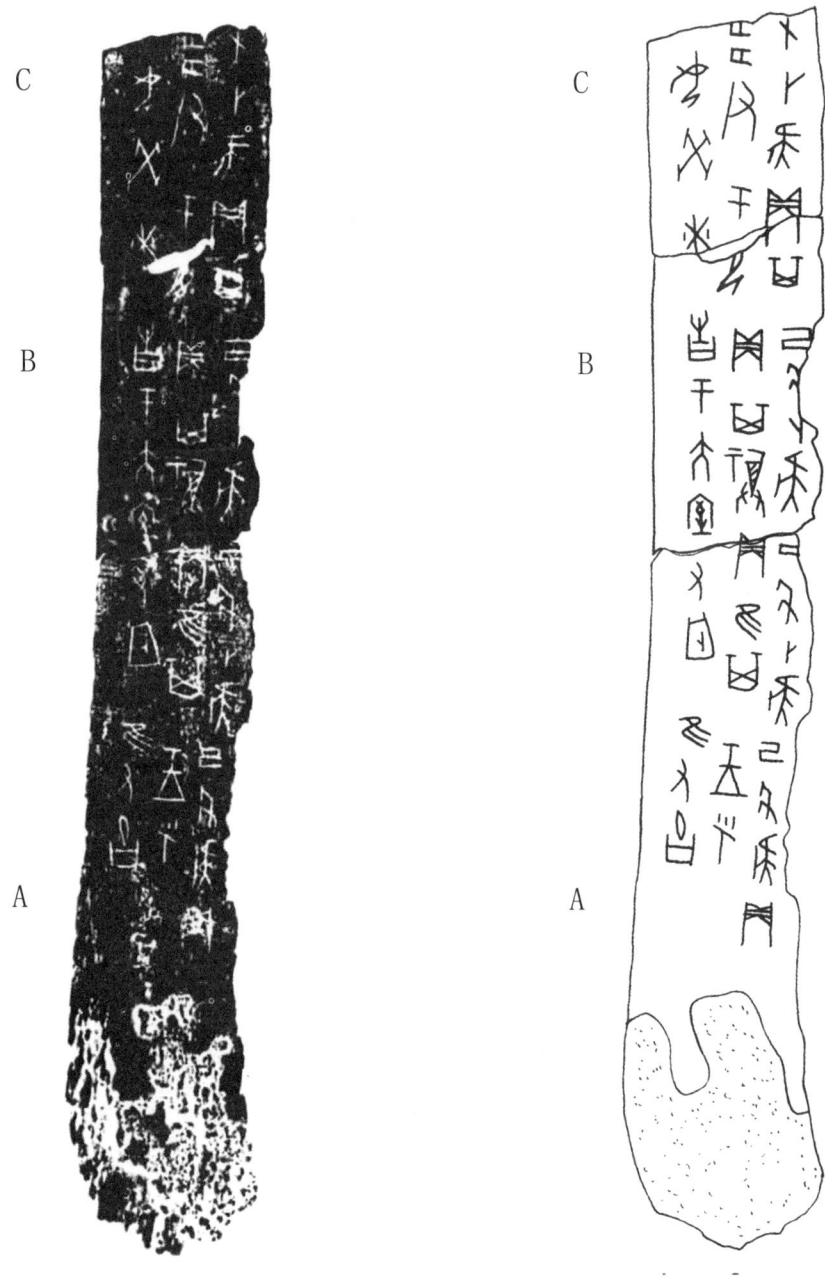

第 1041 則：甲骨新綴第 214 ~ 220 組（劉影）

A《上博》17645.99 ＋ B《安明》1120

第 1042 則：甲骨新綴第 214 ~ 220 組（劉影）

A《合補》972 ＋ B《合補》1714

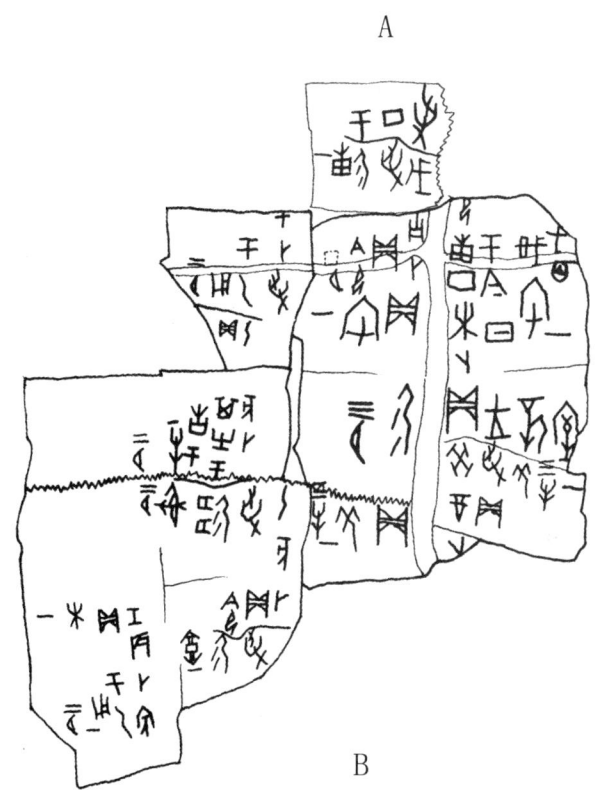

第 1043 則：甲骨新綴第 214～220 組（劉影）

A《懷特》839 ＋ B《存補》3.69.2

A

B

A

B

第 1044 則：甲骨新綴第 214 ~ 220 組（劉影）

A《英藏》1999 ＋ B《合集》25907

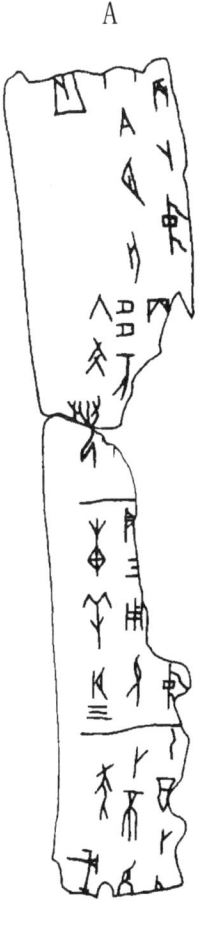

第1045則：甲骨新綴第214～220組（劉影）

A《合補》5926正＋B《合補》4018

第 1046 則：甲骨新綴第 220 ～ 221 組（劉影）

A《東洋文庫》246 ＋ B《合補》172

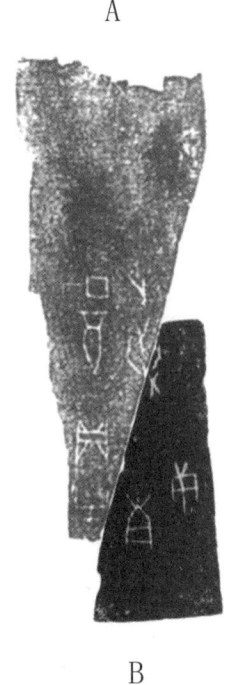

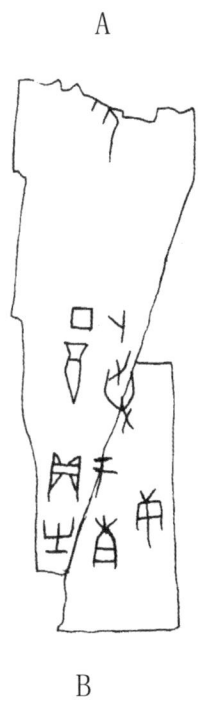

第 1047 則：甲骨新綴第 220 ~ 221 組（劉影）

A《合集》14708 ＋ B《合集》15596

A
B

A

B

第 1048 則：甲骨新綴第 222 組（劉影）

A《合集》583 正＋B《合集》7139＋C《合集》11454＋D《合集》40663

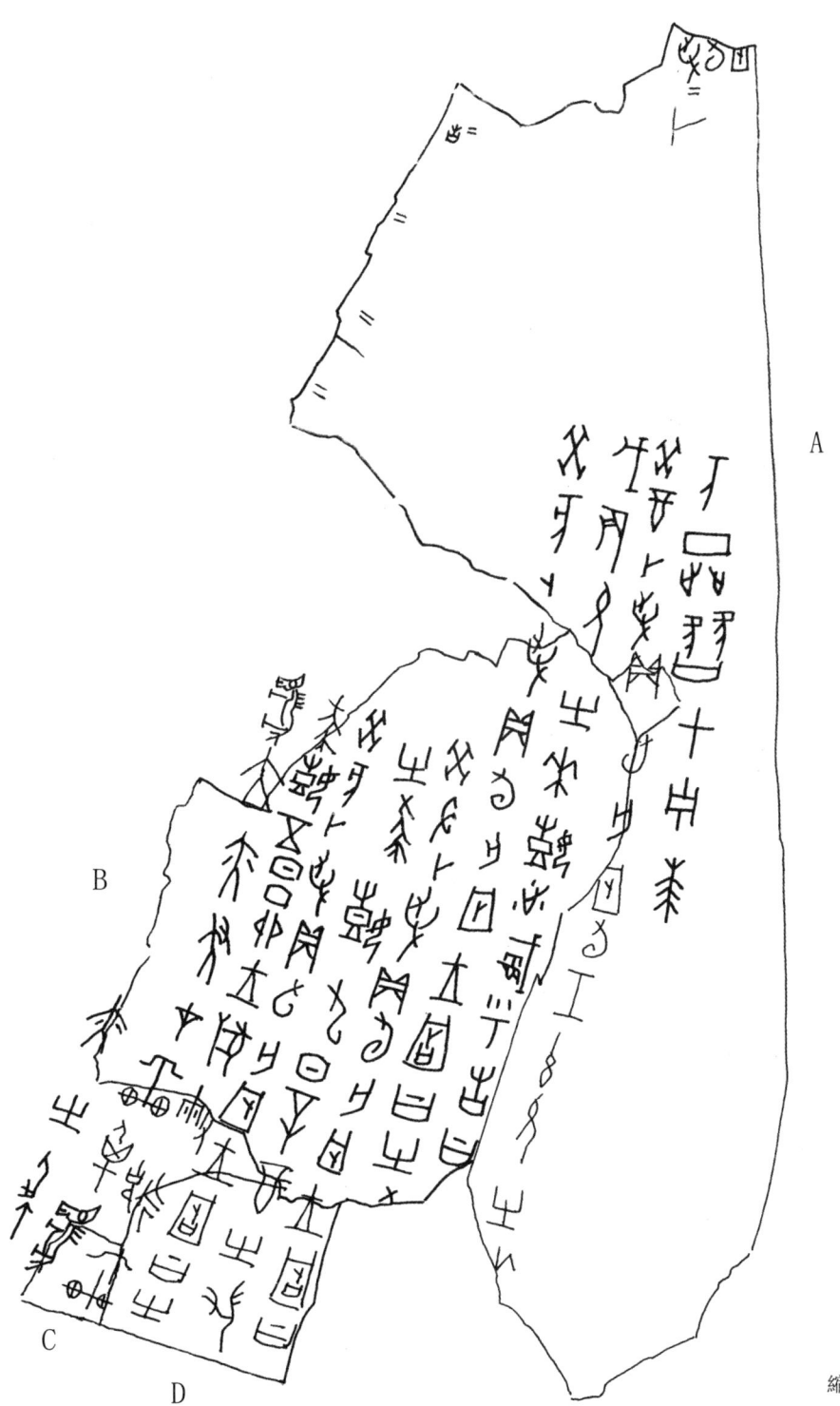

綴合圖版 · 45

縮至 60%

第1049則：甲骨新綴第223組（劉影）

A《合集》6800 ＋ B《合集》7421 ＋ C《合集》6801 ＋ D《合集》11004

第 1050 則：周原甲骨新綴及相關問題分析（劉影）

A《周原甲骨文》H11:133 ＋ B《周原甲骨文》H11:52

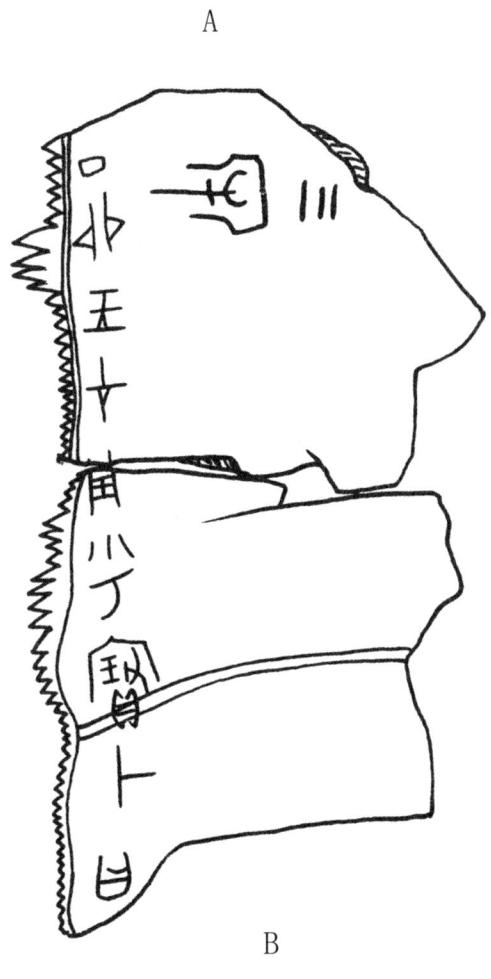

第 1051 則:甲骨新綴第 224 組(劉影)

A《合集》14261 ＋ B《筎(二)》362

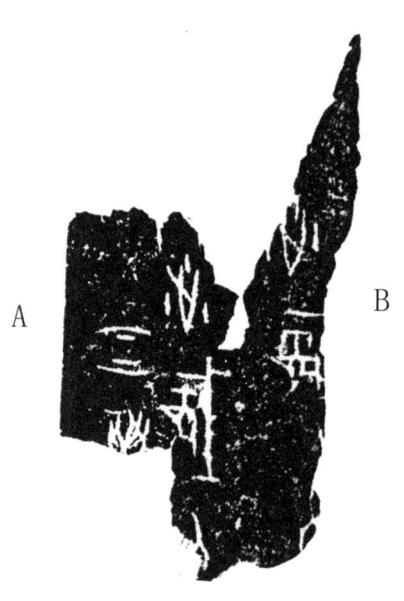

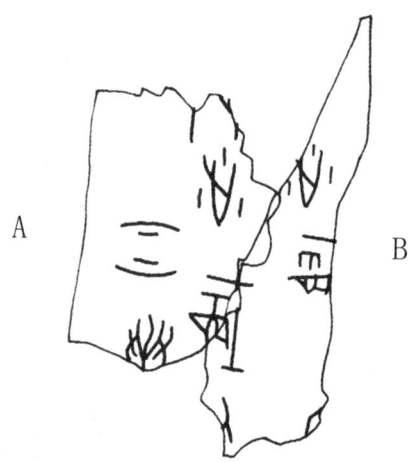

第 1052 則：上博綴合一則（莫伯峰）

A《上博》2426.263 ＋ B《上博》2426.197

第 1053 則：《笏之甲骨拓本集》綴合一則（莫伯峰）

A《綴彙》206 ＋ B《笏（一）》35

綴合圖版 · 51

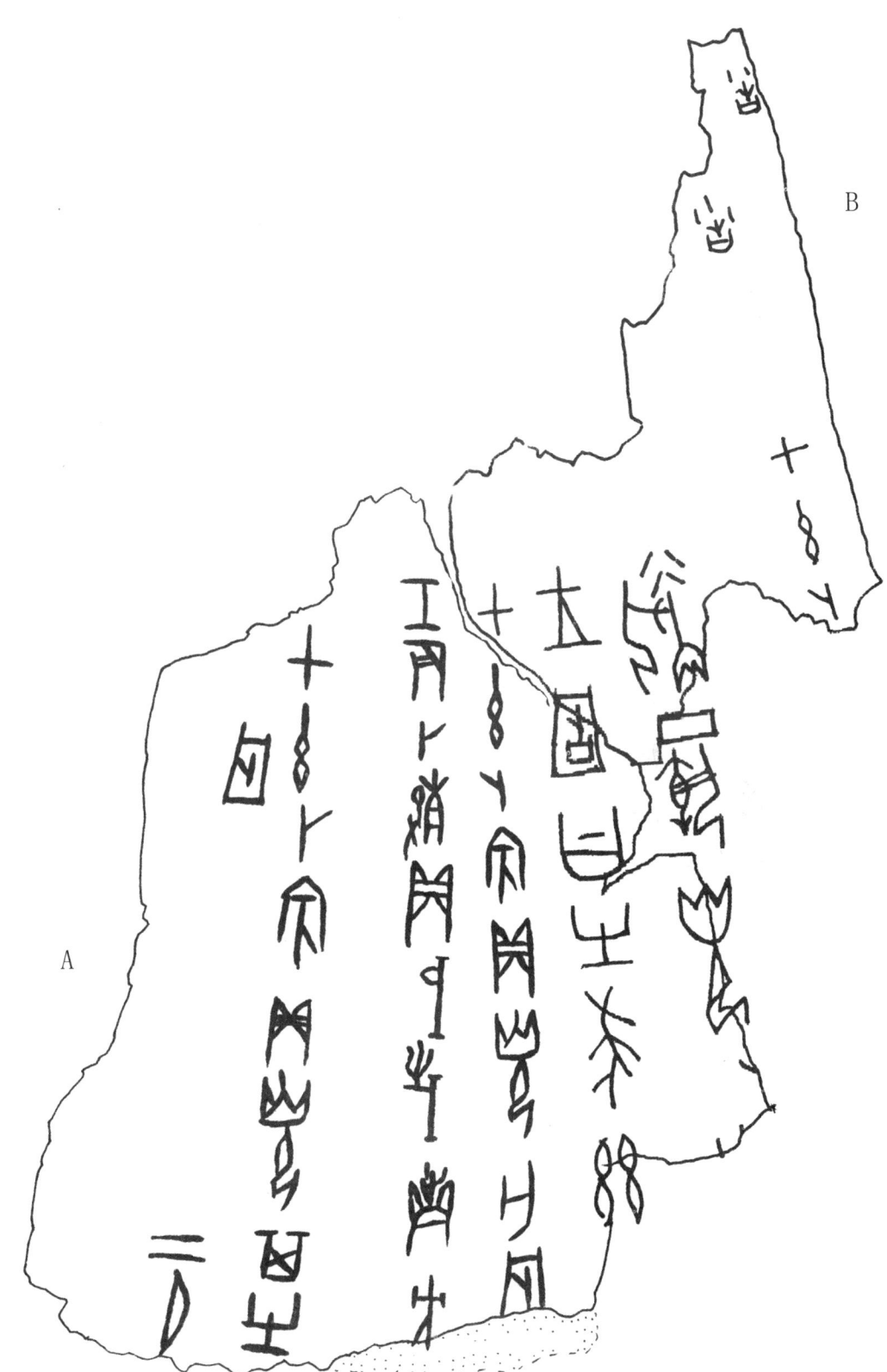

第 1054 則：無名組綴合一例（王子楊）

A《史購》252 ＋ B《合集》20670

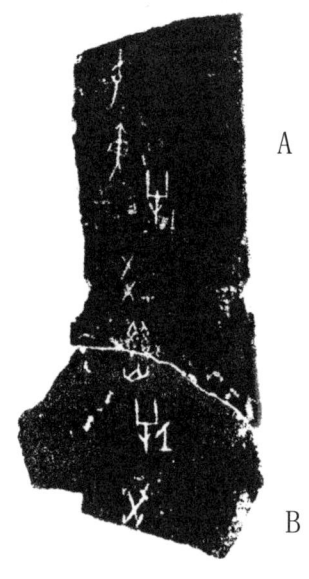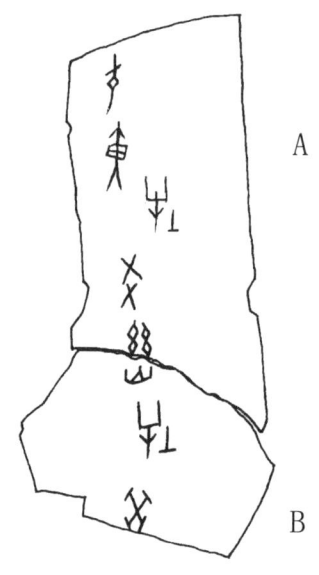

第 1055 則：甲骨綴合二則（門藝）

A《合》9045 ＋ B《英》1177 正

第 1056 則：《笥之甲骨拓本集》新綴一則（何會）

A《合集》5817 正 ＋ B《笥（二）》363

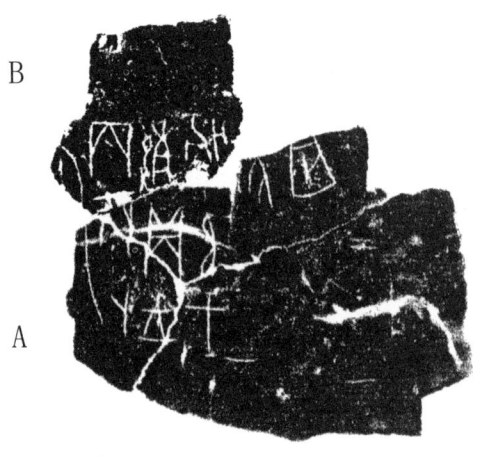

綴合圖版 · 55

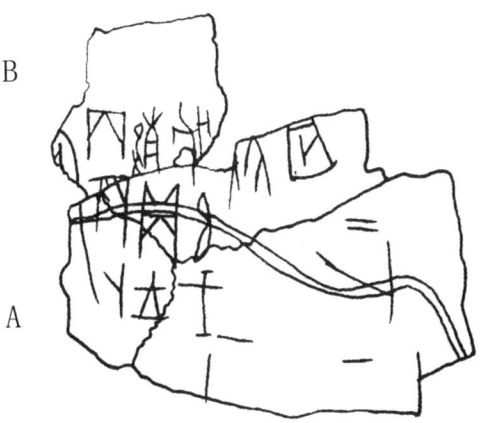

第 1057 則：甲骨拼合第 278 ~ 279 則 (李愛輝)

A《合》907 正反＋B《合》2947 正反＋C《合》1156 正反

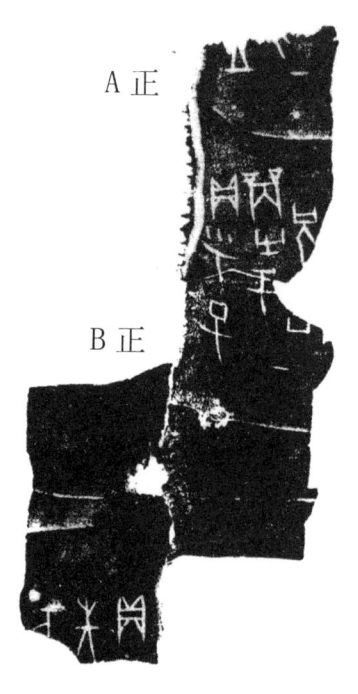

綴合圖版 · 57

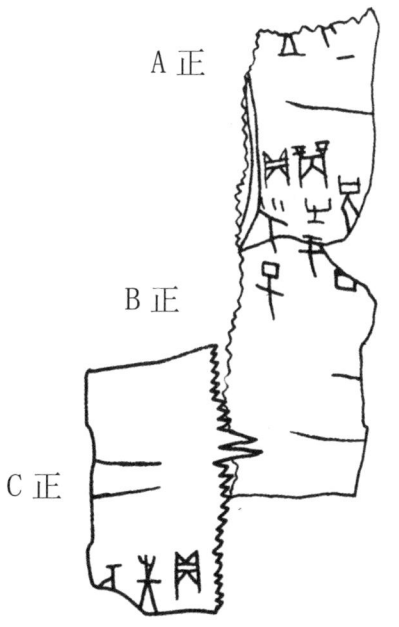

第 1058 則：甲骨拼合第 278～279 則（李愛輝）

A《東文庫》49 正反＋B《東文庫》138

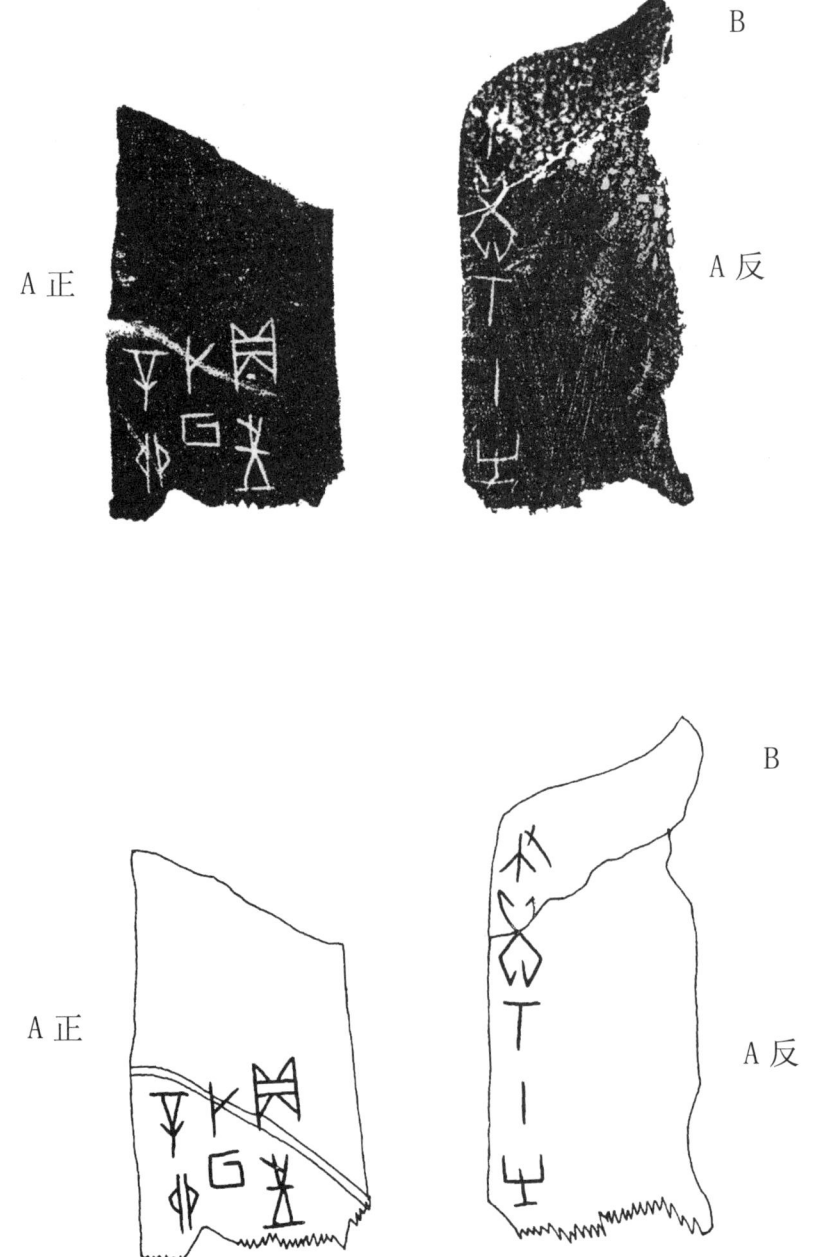

第 1059 則：甲骨拼合第 280 則（李愛輝）

A《合》14430 ＋ B《北圖》728

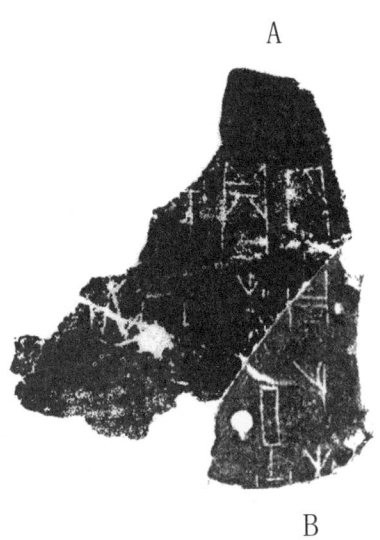

第 1060 則：甲骨拼合第 281 則（李愛輝）

A《上博》17645.208 正反 ＋ B《上博》49003.112 正反

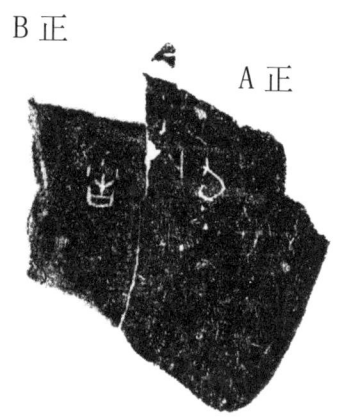
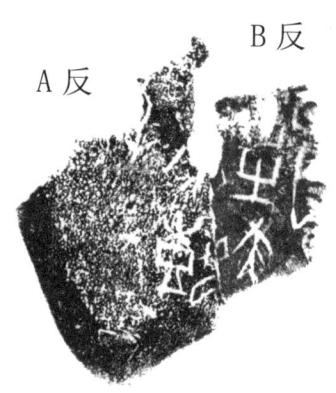
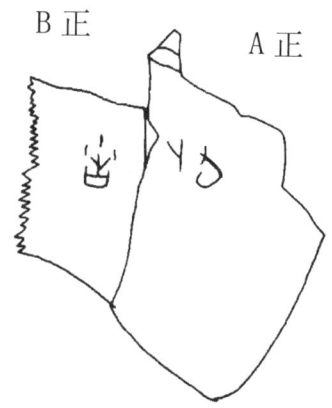
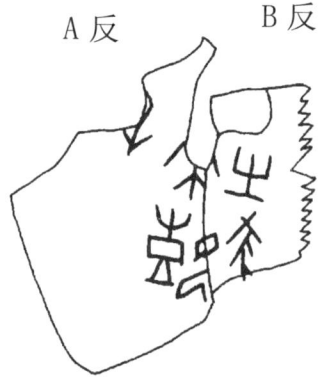

第1061則：甲骨拼合第282則（李愛輝）

A《合》3733＋B《合》6025

第 1062 則：甲骨拼合第 283～284 則（李愛輝）

A《上博》2426.406 ＋ B《上博》75415（第 382 頁）

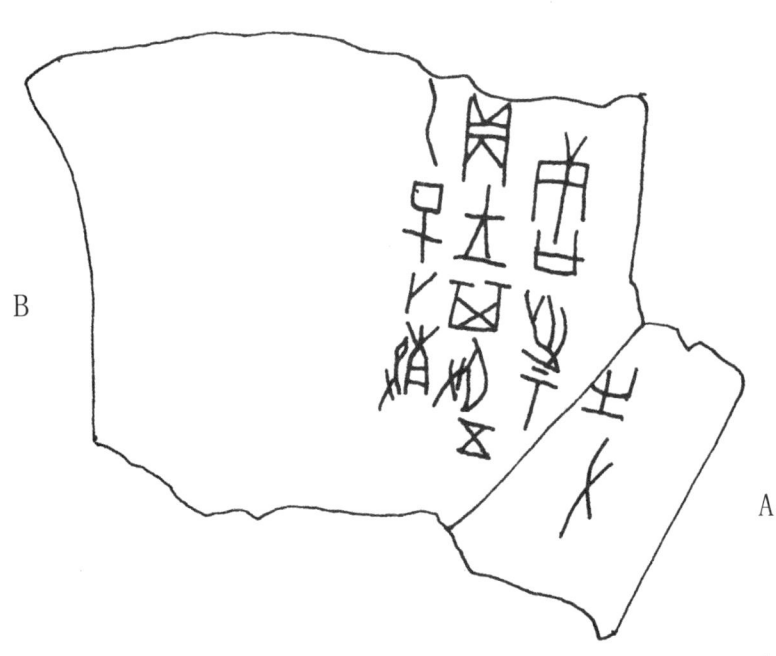

第 1063 則：甲骨拼合第 283 ~ 284 則（李愛輝）

A《合補》10495 ＋ B《上博》48947.12

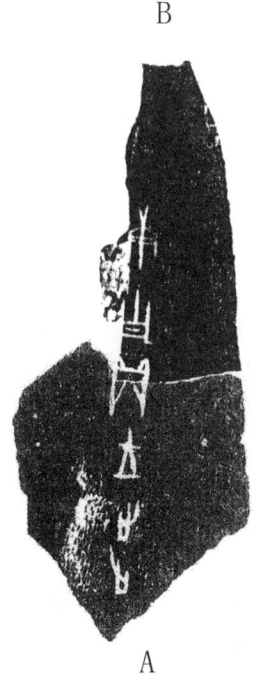

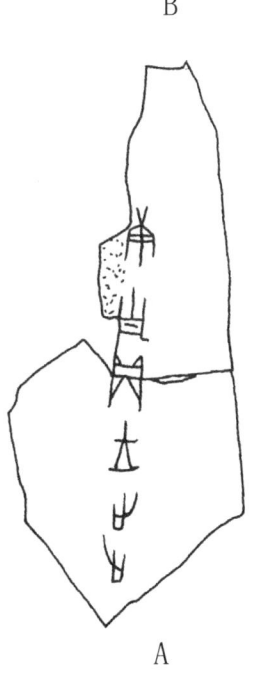

第 1064 則：甲骨拼合第 285 則（李愛輝）

A《合》1030 正反＋B《合》11278 正反

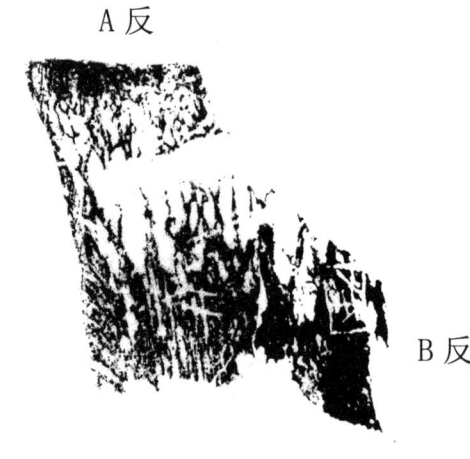

綴合圖版 · 65

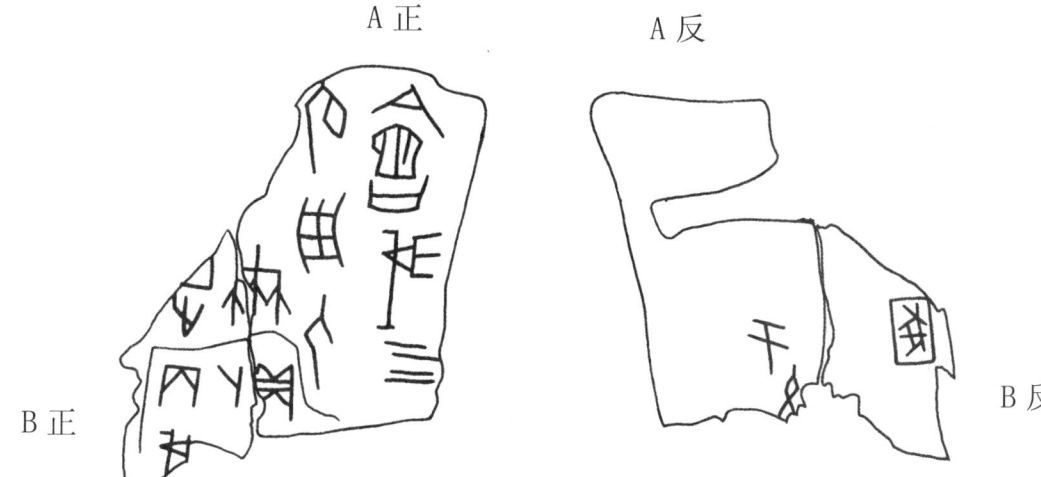

第 1065 則：甲骨拼合第 286 則（李愛輝）

A《合》626 ＋ B《北圖》2375

第1066則：甲骨拼合第287則（李愛輝）

A《合》3769 ＋ B《合》8333 ＋ C《合》14420

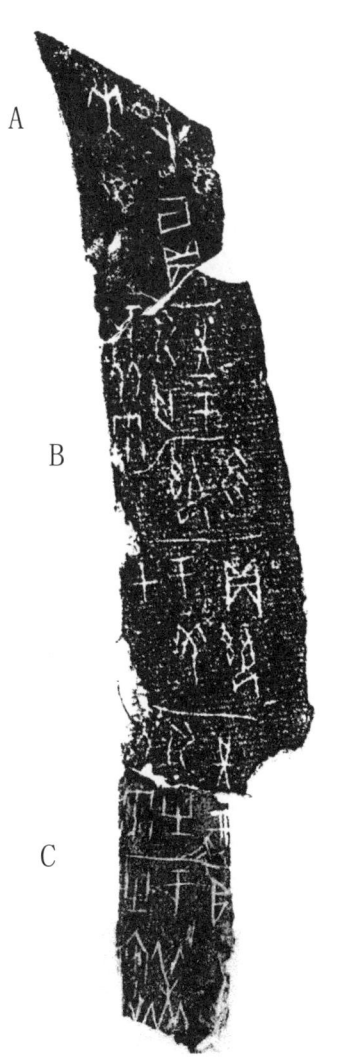
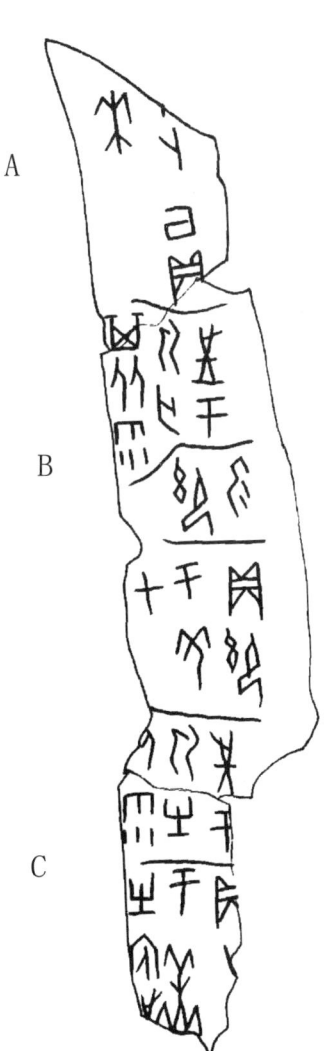

第 1067 則：甲骨拼合第 288～290 則（李愛輝）

A 正《合》13442 正＋B《歷》621＋A 反《合》13442 反＋C《合》17274

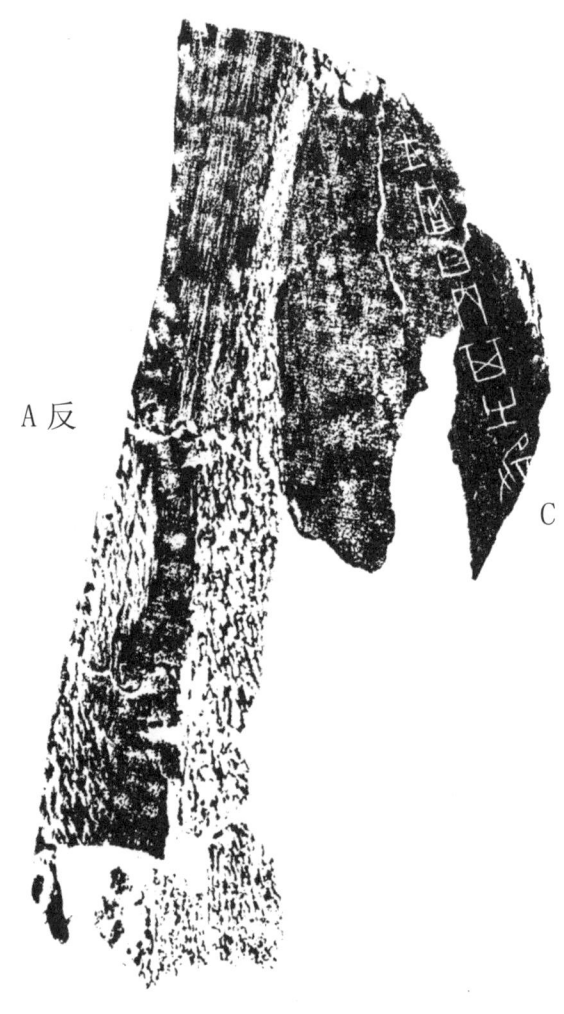

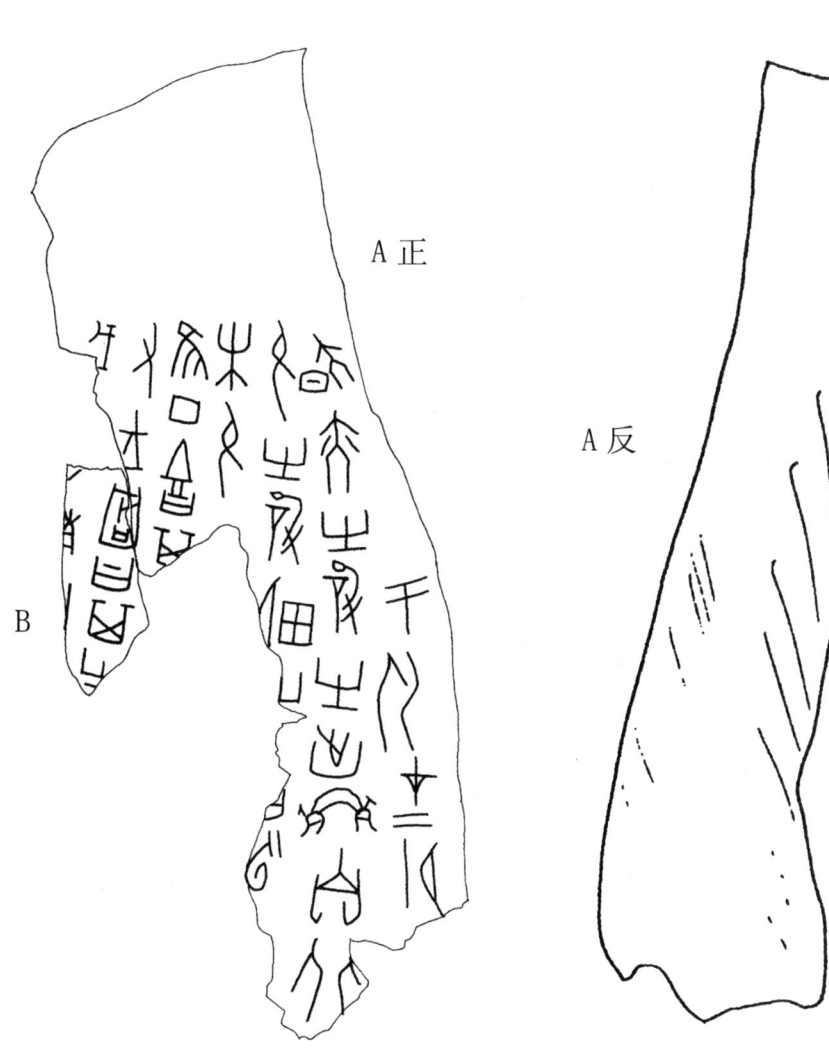

縮至 60%

第 1068 則：甲骨拼合第 288 ~ 290 則（李愛輝）

A《合》268 正＋B《合補》5191 正

第1069則：甲骨拼合第288～290則（李愛輝）

A《合》526＋B《合》8723

綴合圖版 · 73

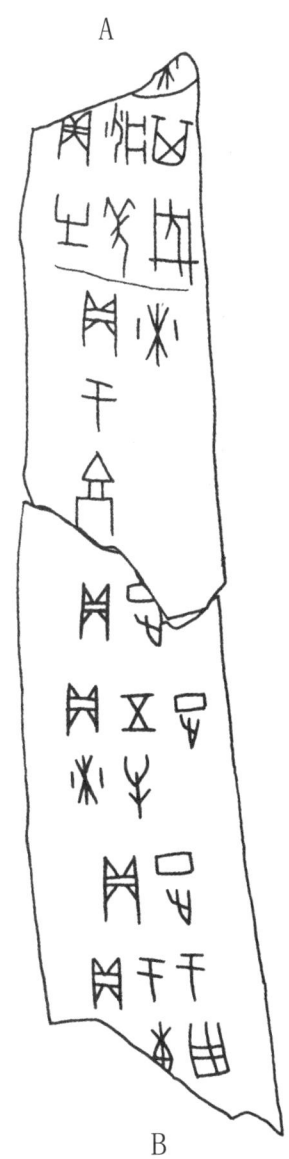

第 1070 則：甲骨拼合第 291～292 則（李愛輝）

A《合》1168 正反＋B《合補》5362 正反

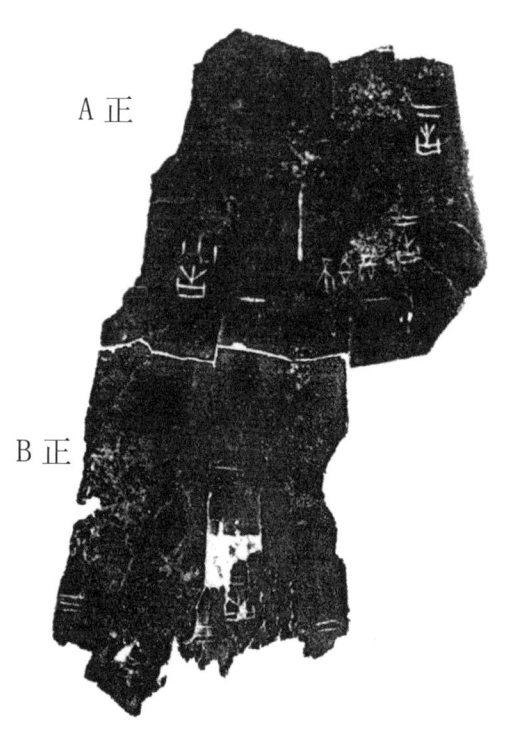

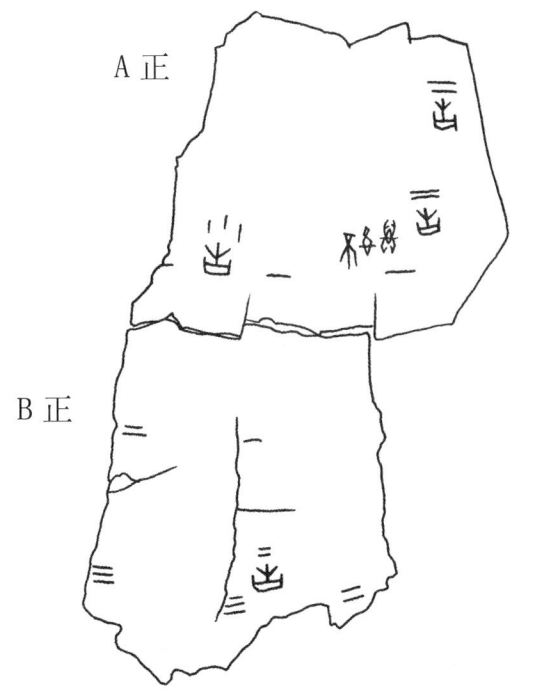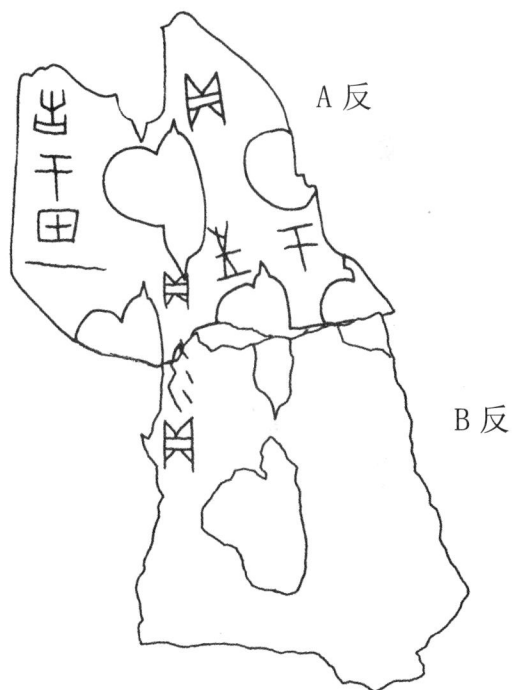

第1071則：甲骨拼合第291 ~ 292則（李愛輝）

A《合》15396 正反 ＋ B《合》15540 正反

綴合圖版 · 77

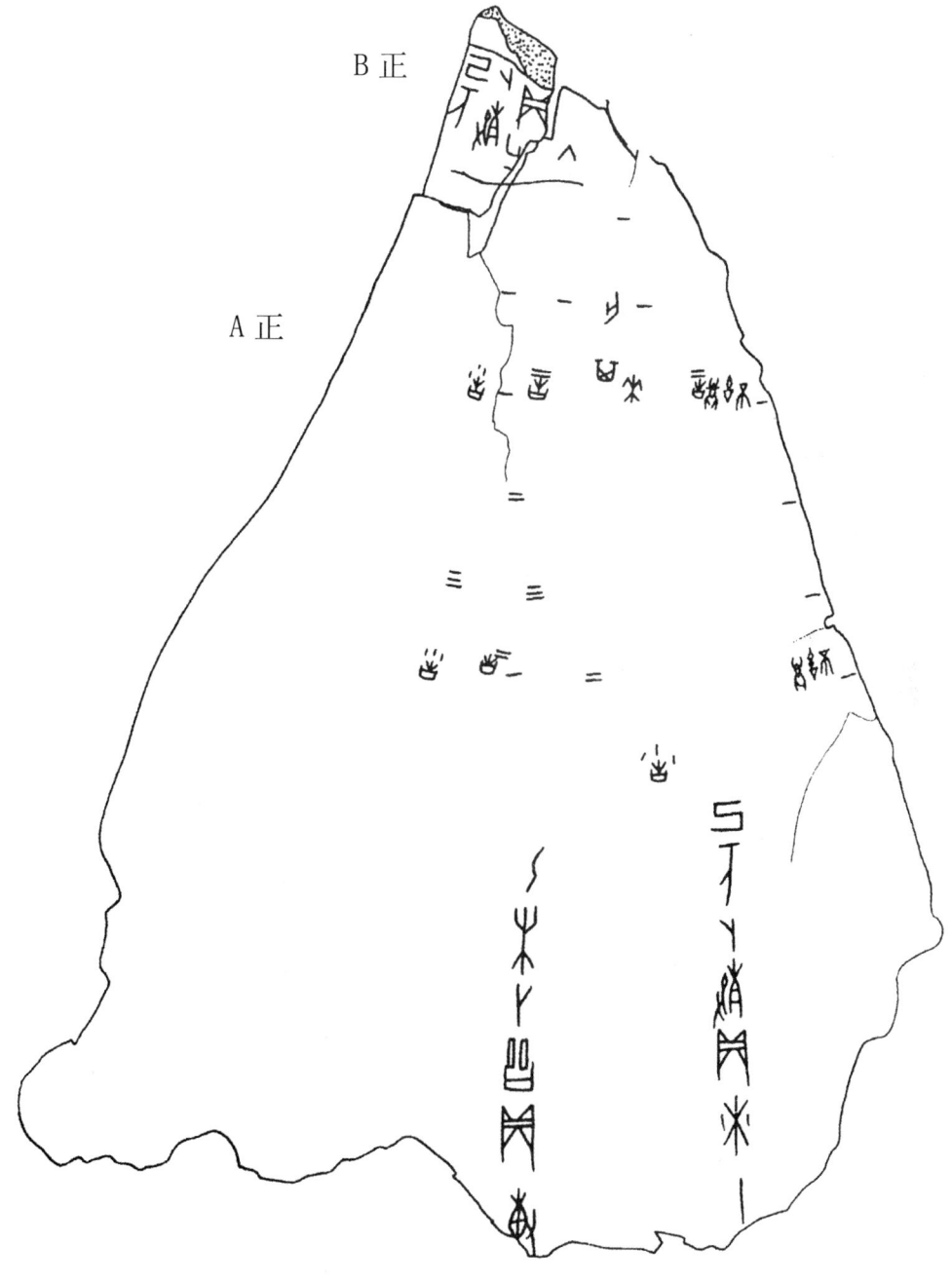

縮至 65%

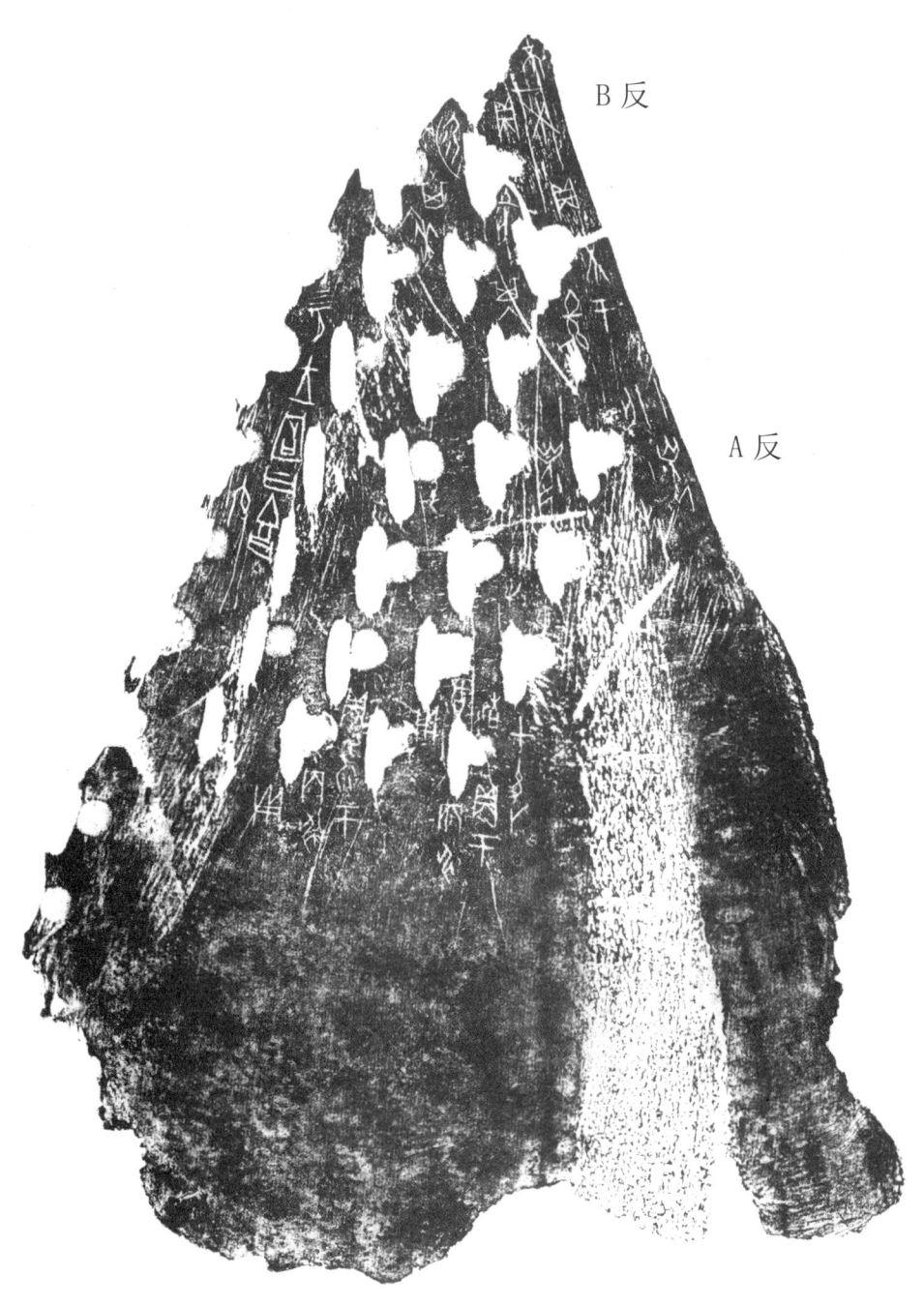

綴合圖版 · 79

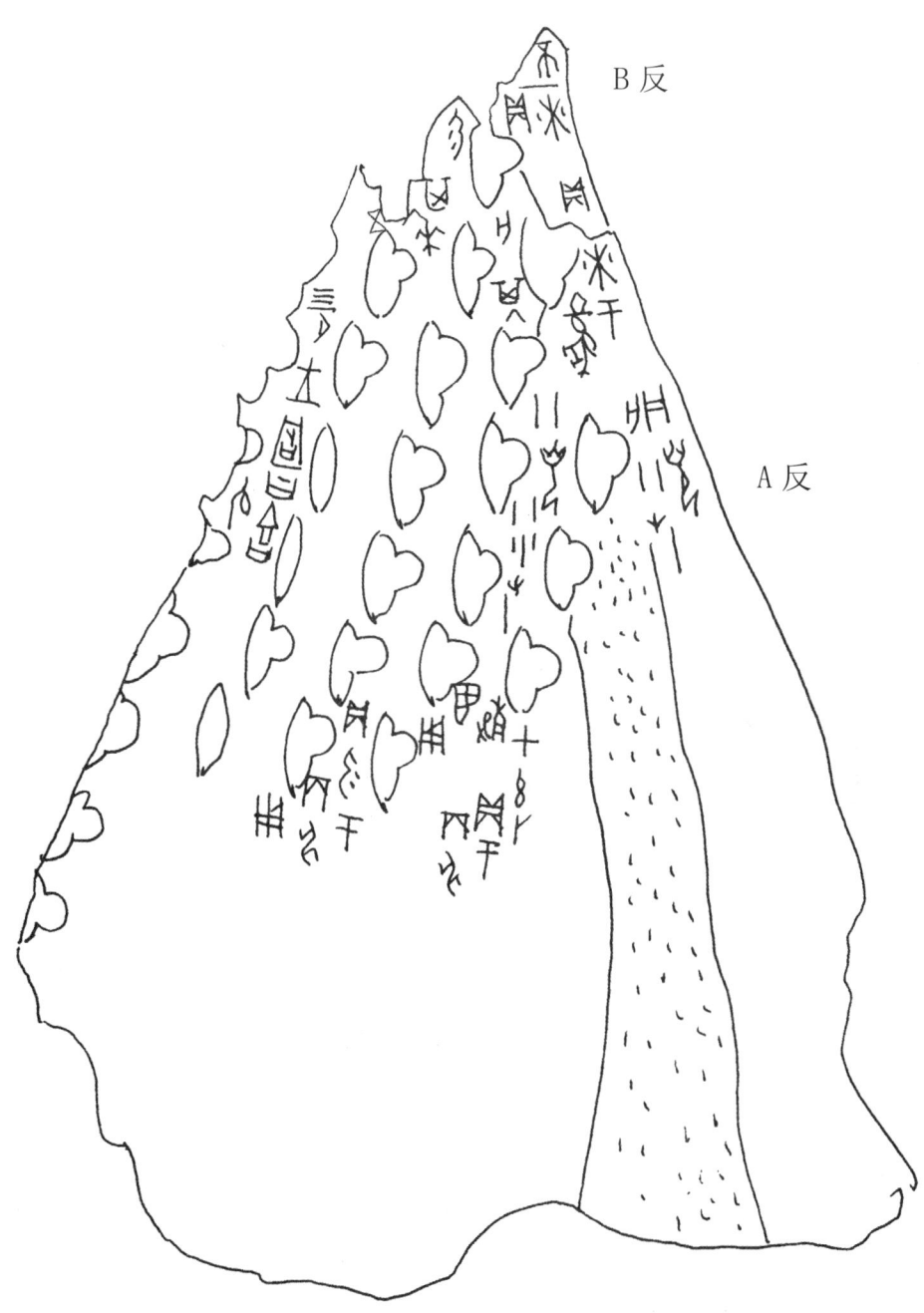

縮至 65%

第 1072 則：甲骨拼合第 293～295 則（李愛輝）

A《合補》545 正＋B《合補》3297

綴合圖版 · 81

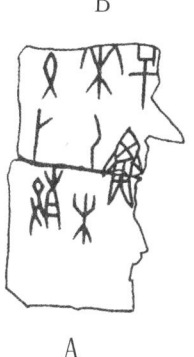

第 1073 則：甲骨拼合第 293～295 則（李愛輝）

A《英藏》610 正反＋B《英藏》173 正反

綴合圖版 · 83

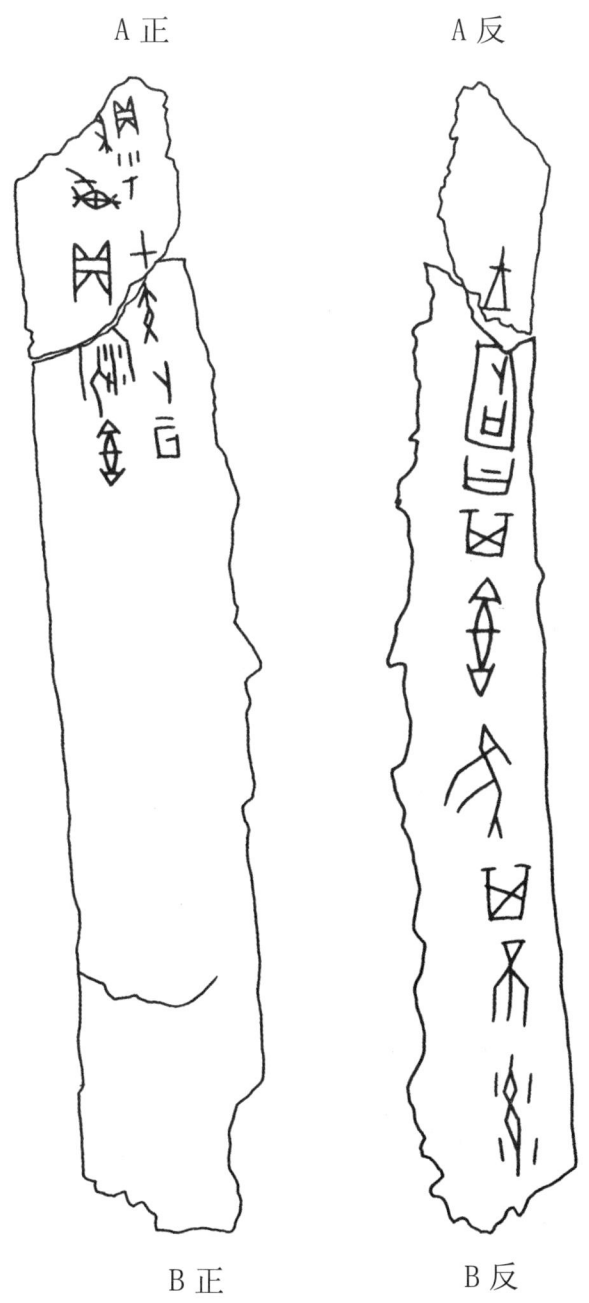

A正　　A反

B正　　B反

第 1074 則：甲骨拼合第 293 ～ 295 則（李愛輝）

A《拼五》1071 ＋ B《合補》1489 正反

綴合圖版・85

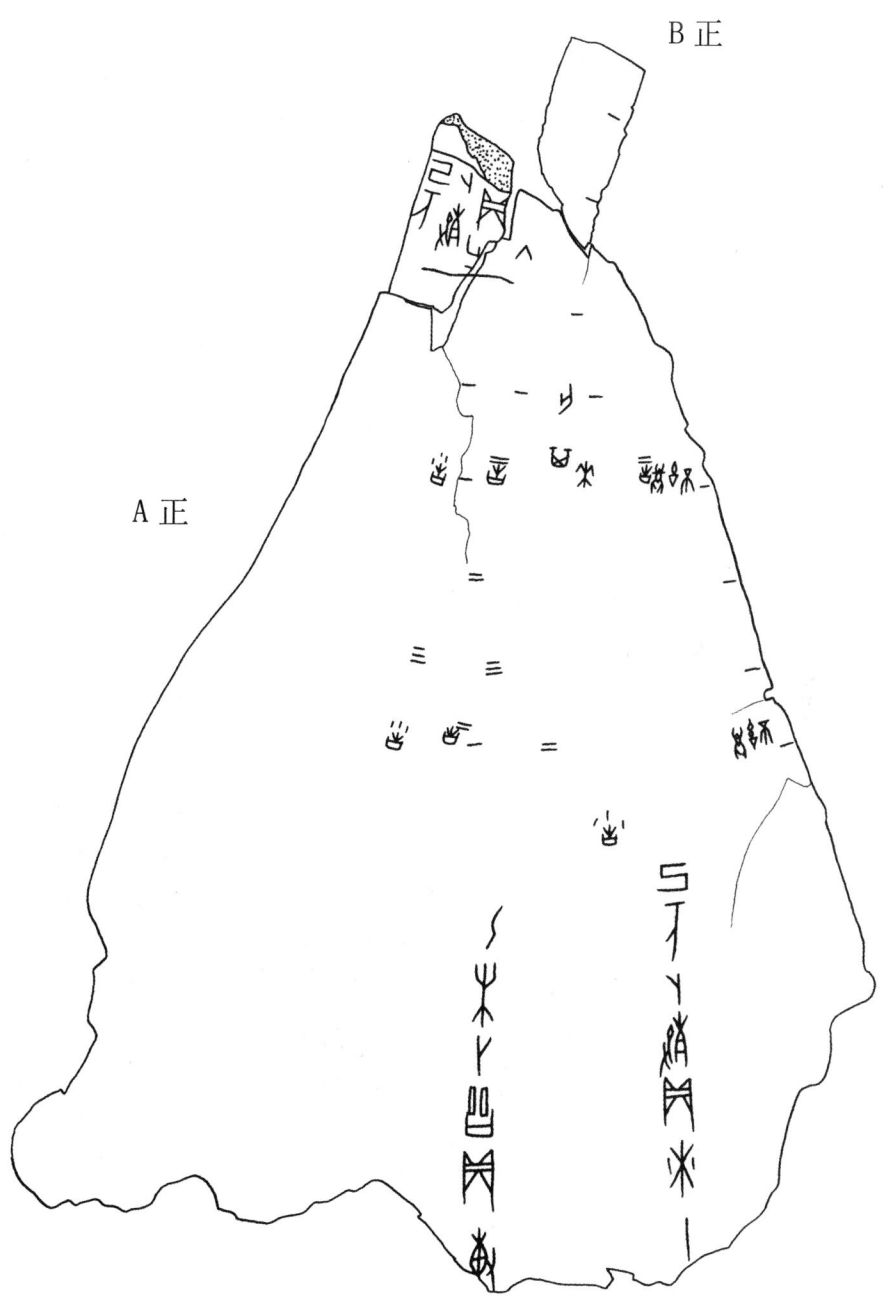

縮至 60%

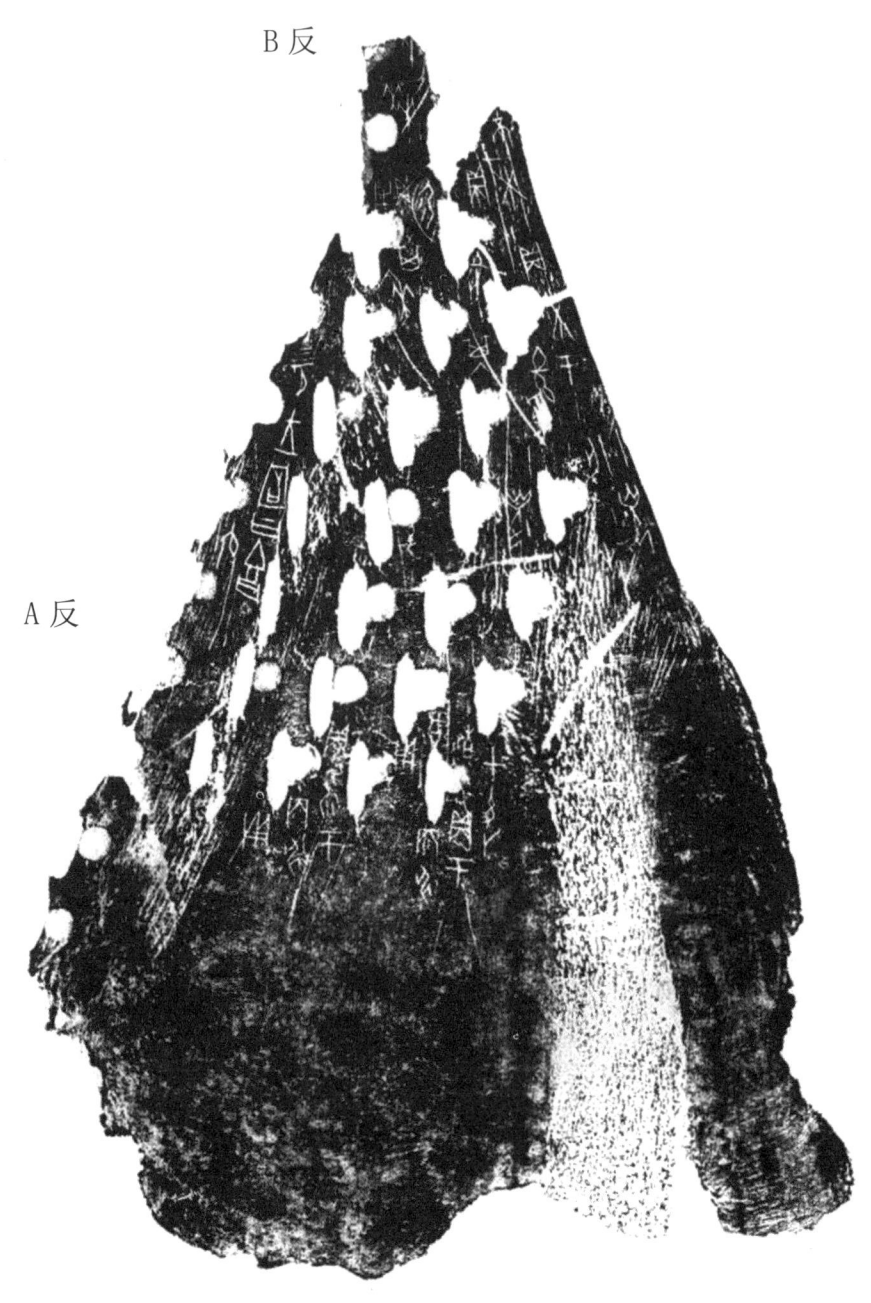

綴合圖版 · 87

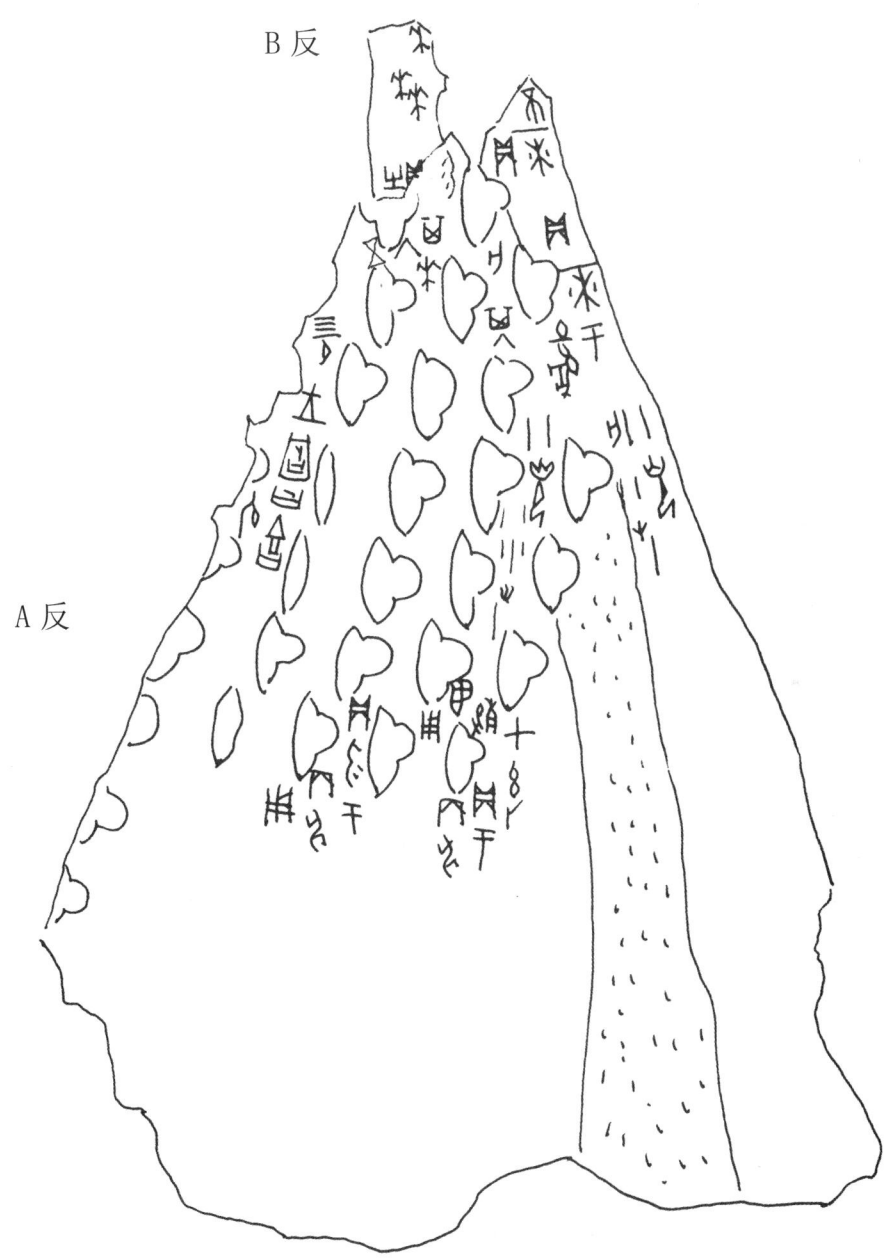

縮至 60%

第 1075 則：甲骨拼合第 296 則（李愛輝）

A《合》2387 正反 ＋ B《史購》180 正反

A 正

B 正

A 反

B 反

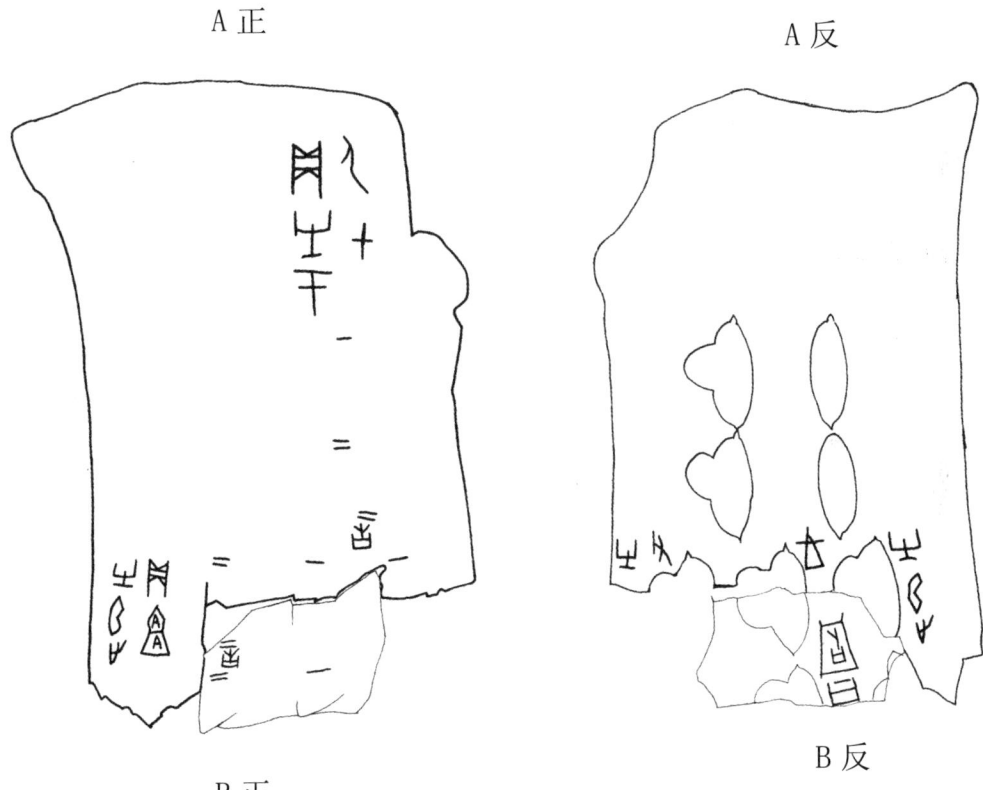

第 1076 則：甲骨拼合第 297 則（李愛輝）

A《合》15621 ＋ B《合補》4348

第 1077 則：甲骨拼合第 298 則（李愛輝）

A《合》541 ＋ B《歷》293

第1078則：甲骨拼合第299則（李愛輝）

A《合》2150 ＋ B《合補》2388 正反

B 正　　　B 反

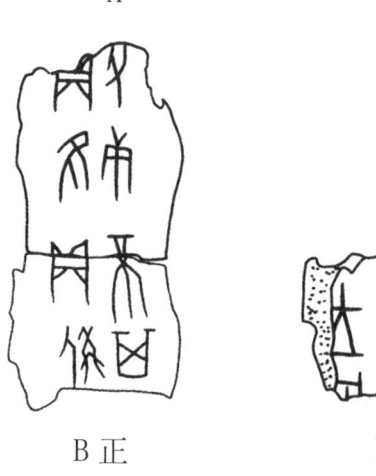

B 正　　　B 反

第 1079 則：甲骨拼合第 300～301 則（李愛輝）

A《合》15895 正反＋B《合》15903 正反

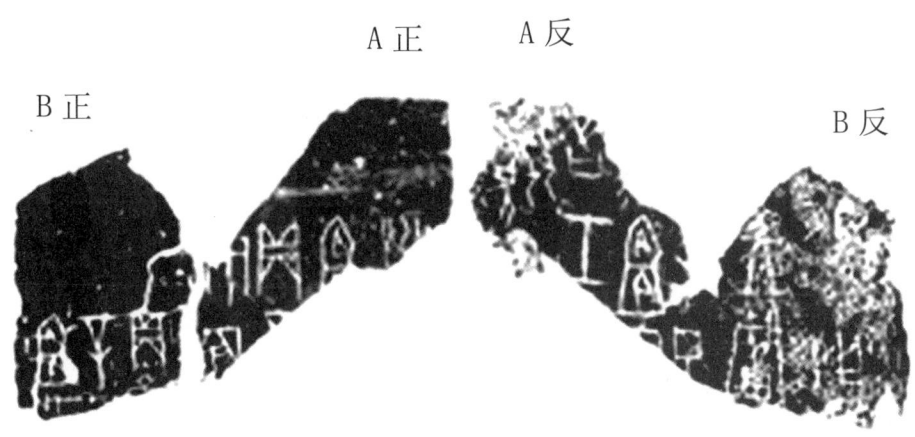

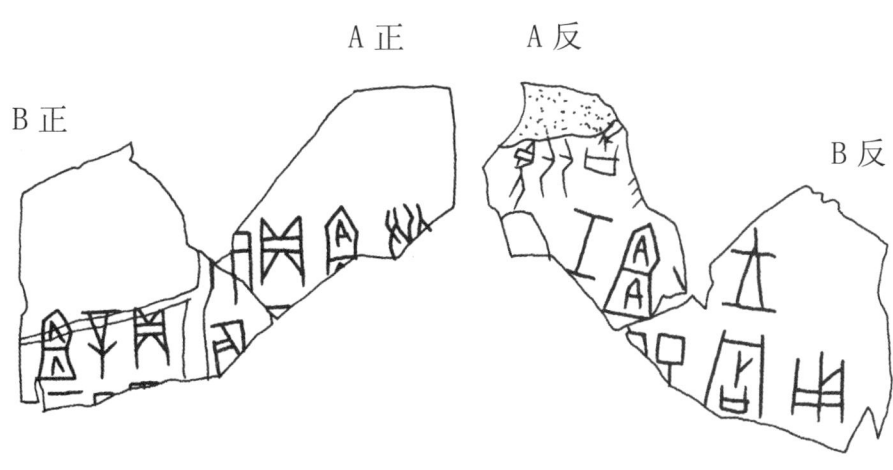

第 1080 則：甲骨拼合第 300 ~ 301 則（李愛輝）

A《合》12670 ＋ B《合》10692 正反 ＋ C《明後》1629 正反

C 正

A

B 正

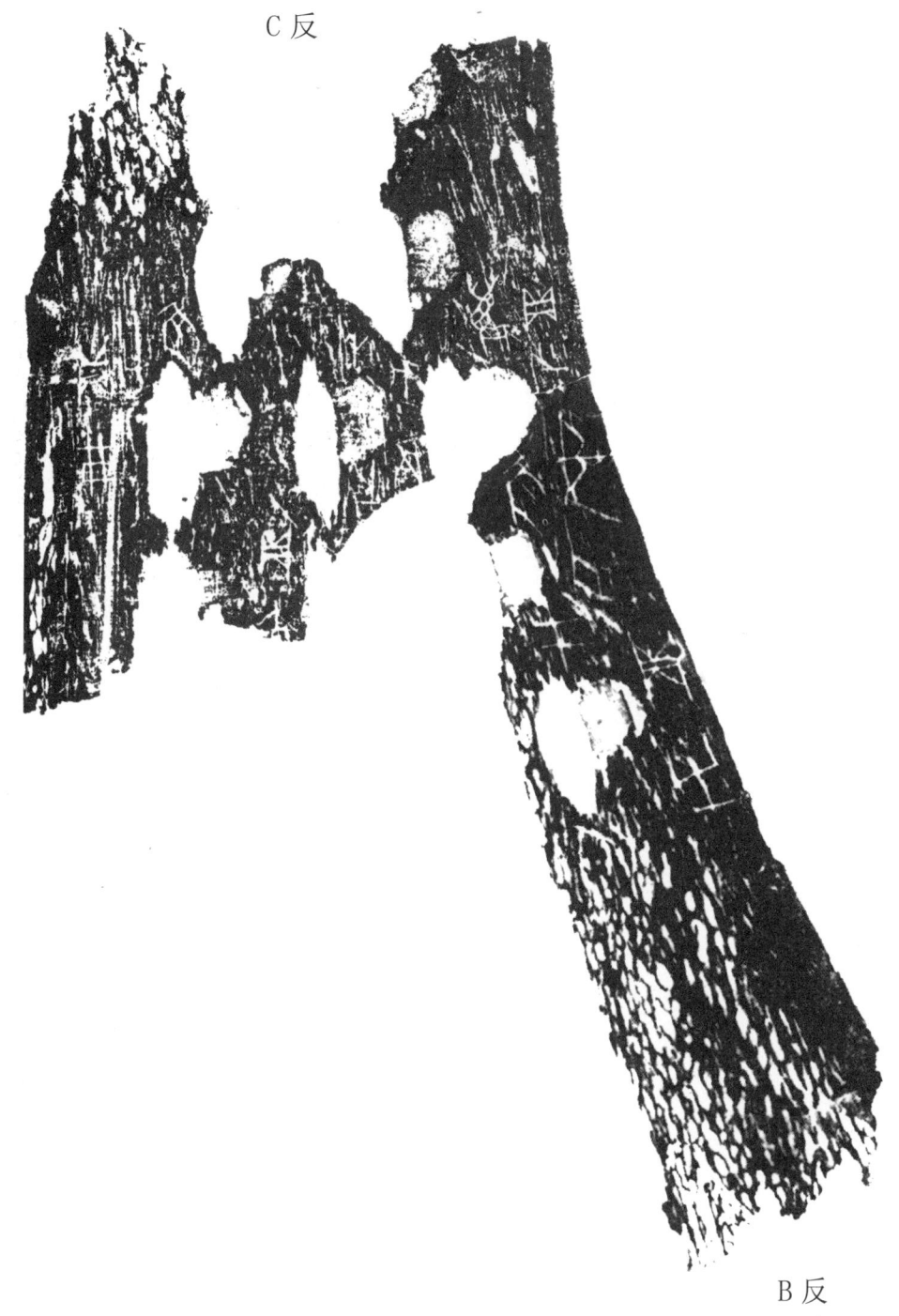

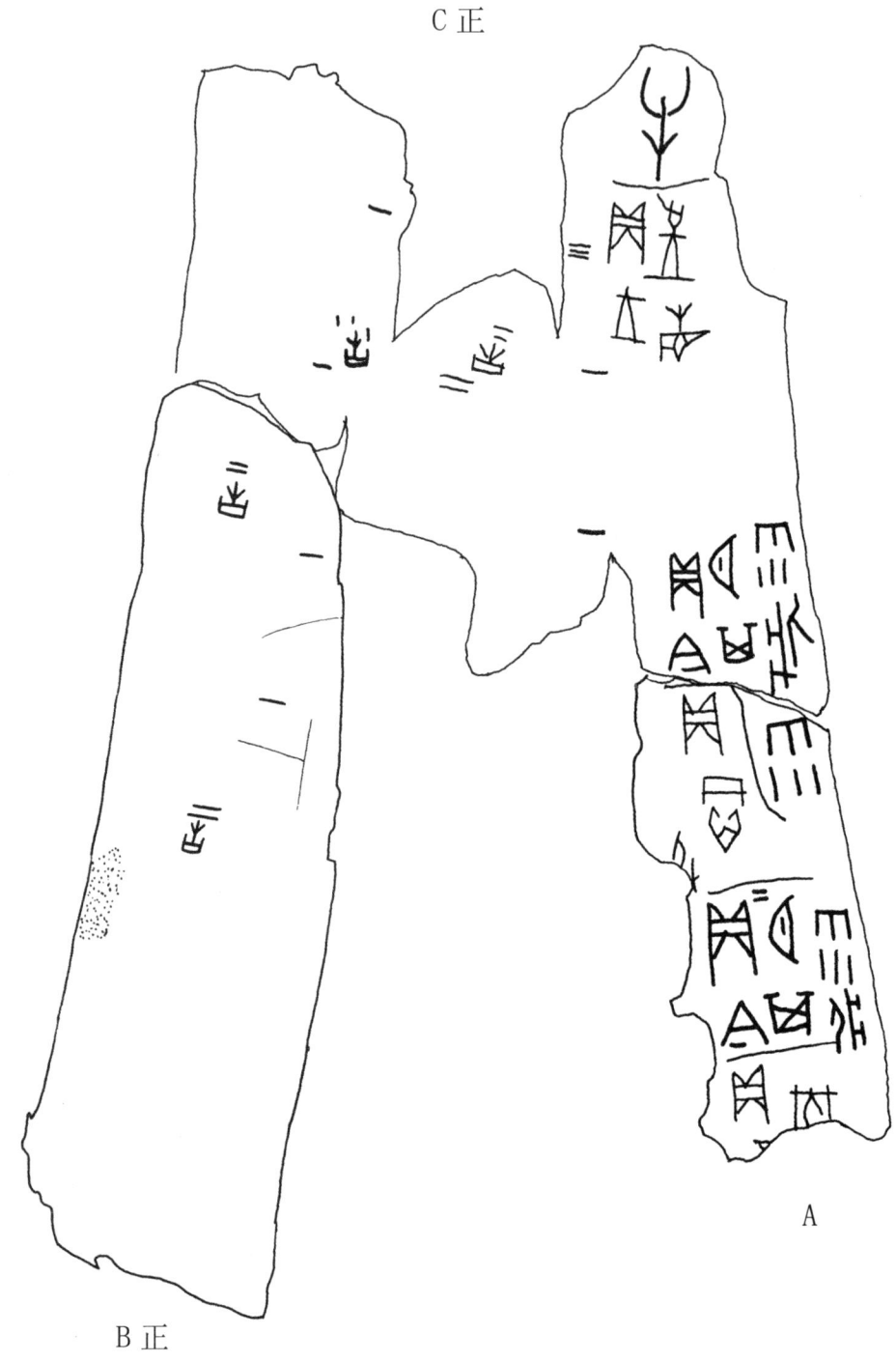

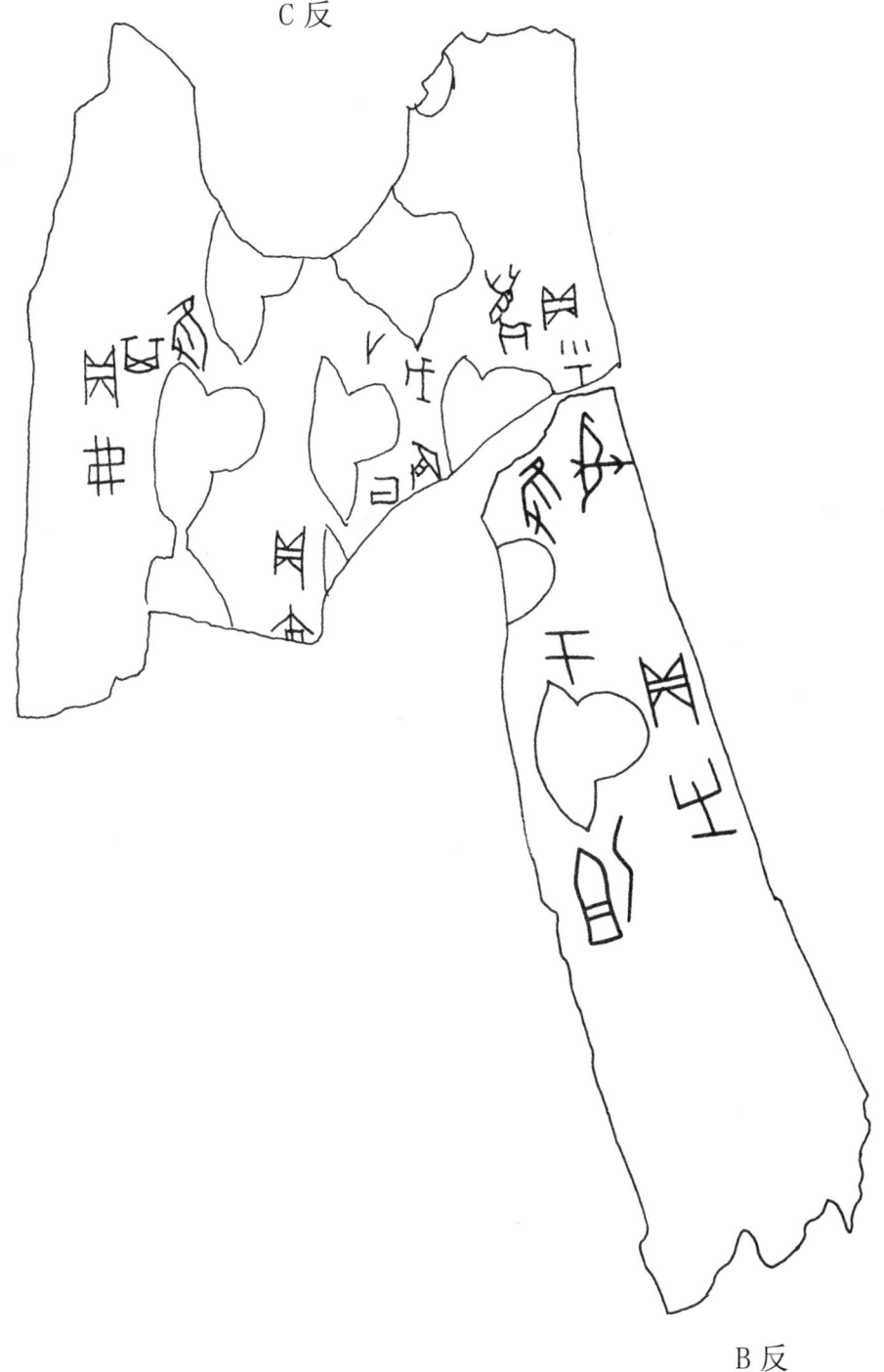

第 1081 則：甲骨拼合第 302 則（李愛輝）

A《旅藏》271 ＋ B《旅藏》383

第 1082 則：甲骨拼合第 303 ~ 304 則（李愛輝）

A《合》14457 ＋ B《合》14482

第 1083 則：甲骨拼合第 303 ~ 304 則（李愛輝）

A《上博》49003.217 正反＋B《殷餘》12.6

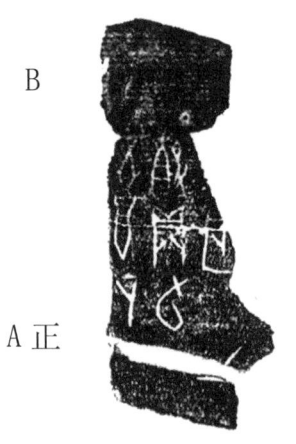

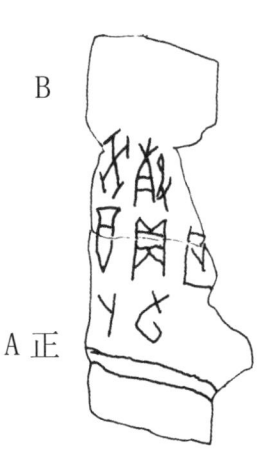

第 1084 則：甲骨拼合第 305 則（李愛輝）

A《合》5030 ＋ B《北圖》3609

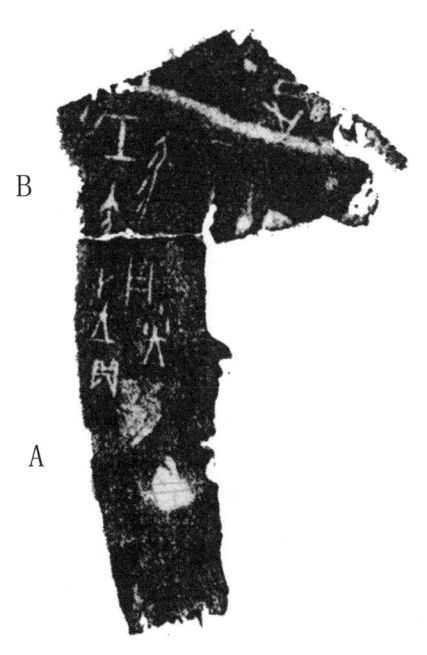

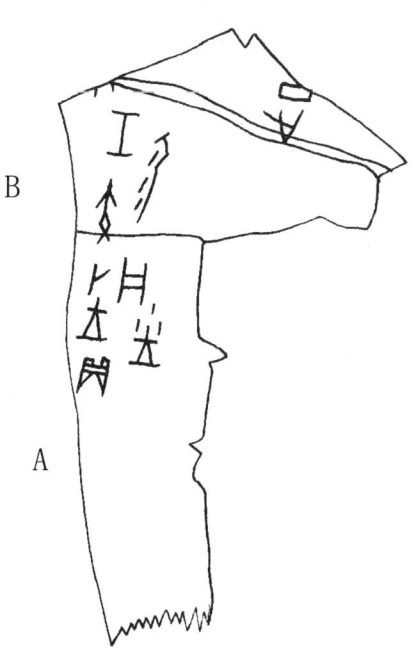

第 1085 則：甲骨拼合第 306 則（李愛輝）

A《合》7327 ＋ B《合》7333 正 ＋ C《北圖》244

綴合圖版 · 103

第 1086 則：甲骨拼合第 307 則（李愛輝）

A《合》2134 ＋ B《合補》1272

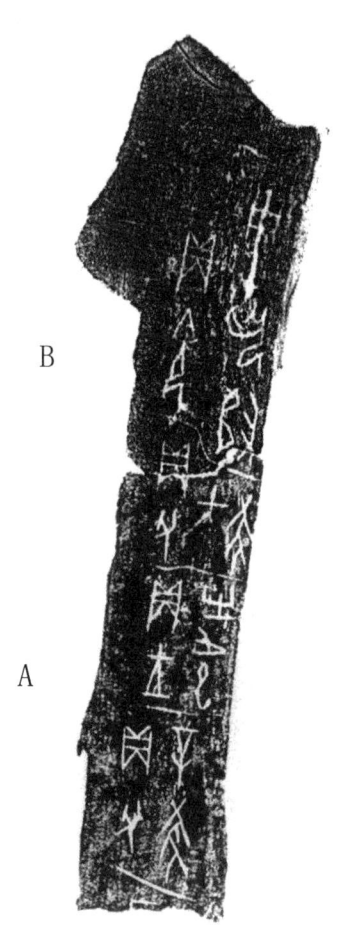

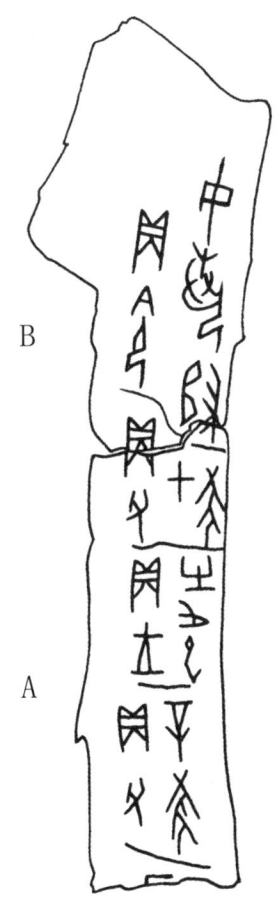

第 1087 則：甲骨拼合第 308 ~ 309 則（李愛輝）

A《英藏》1039 正反 ＋ B《北大》2091

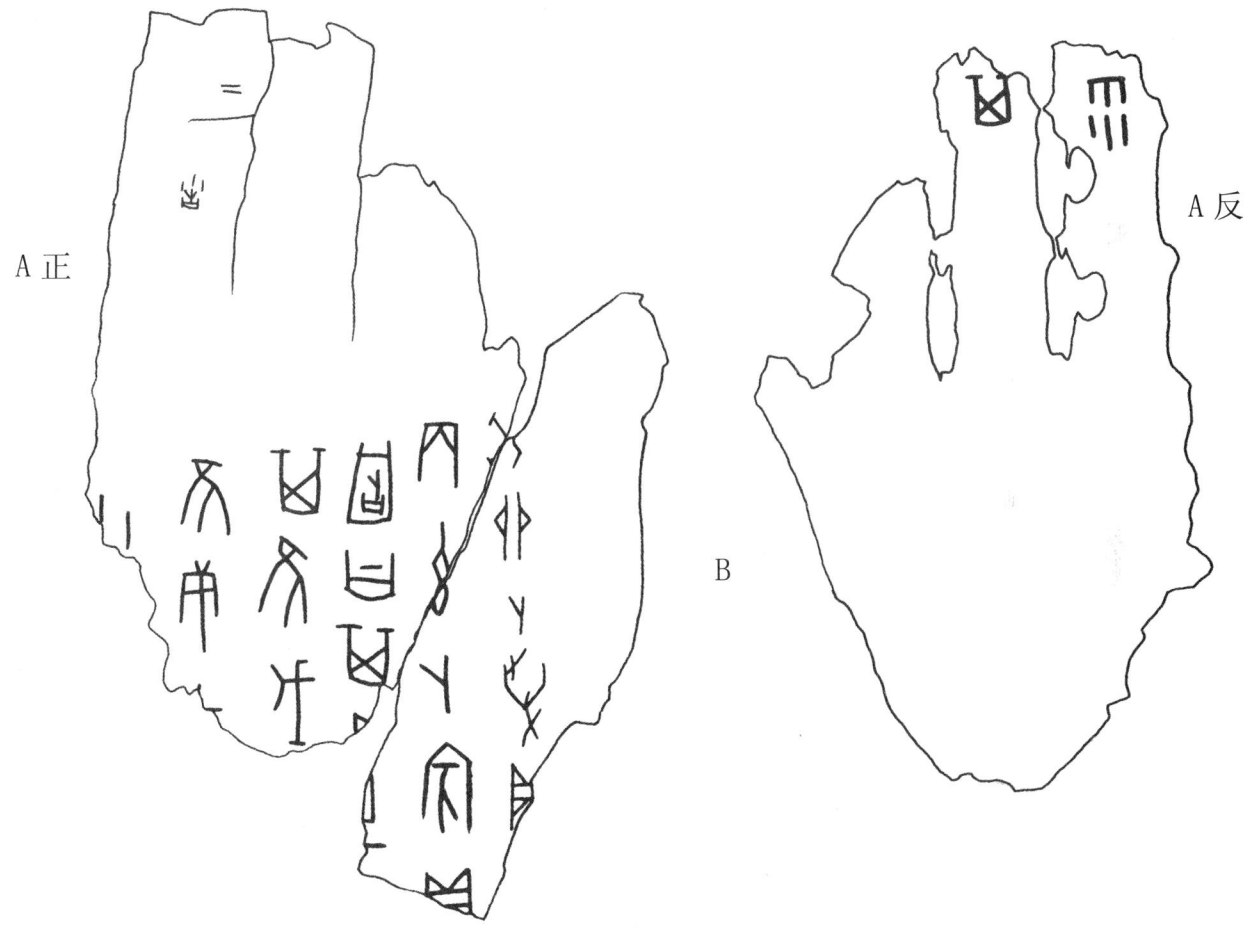

第1088則：甲骨拼合第308～309則（李愛輝）

A《合》9686＋B《合》9890

綴合圖版 · 109

第 1089 則：甲骨拼合第 310～311 則（李愛輝）

A《合》7820 ＋ B《合》14318

第 1090 則：甲骨拼合第 310 ~ 311 則（李愛輝）

A《合》10082 ＋ B《合》10127

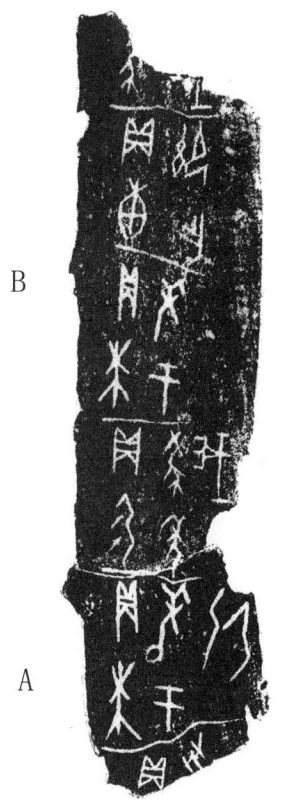
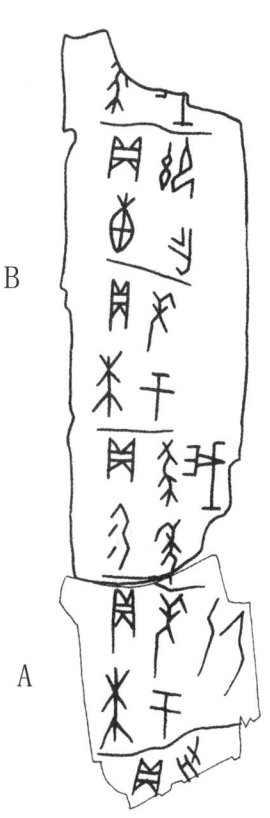

第 1091 則：甲骨拼合第 312 則（李愛輝）

A《合》5760 正＋B《合》11574

綴合圖版 · 113

縮至 60%

第1092則：甲骨拼合第313則（李愛輝）

A《合》16016 ＋ B《北大》942

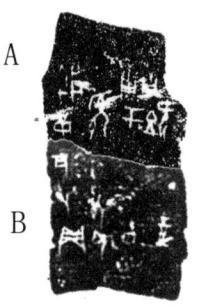

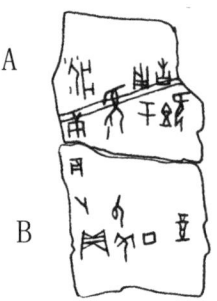

第 1093 則：甲骨拼合第 314 則（李愛輝）

A《合》9689 ＋ B《合》9699

第1094則：甲骨拼合第315～316則（李愛輝）

A《合》11747 ＋ B《合》15026 正反

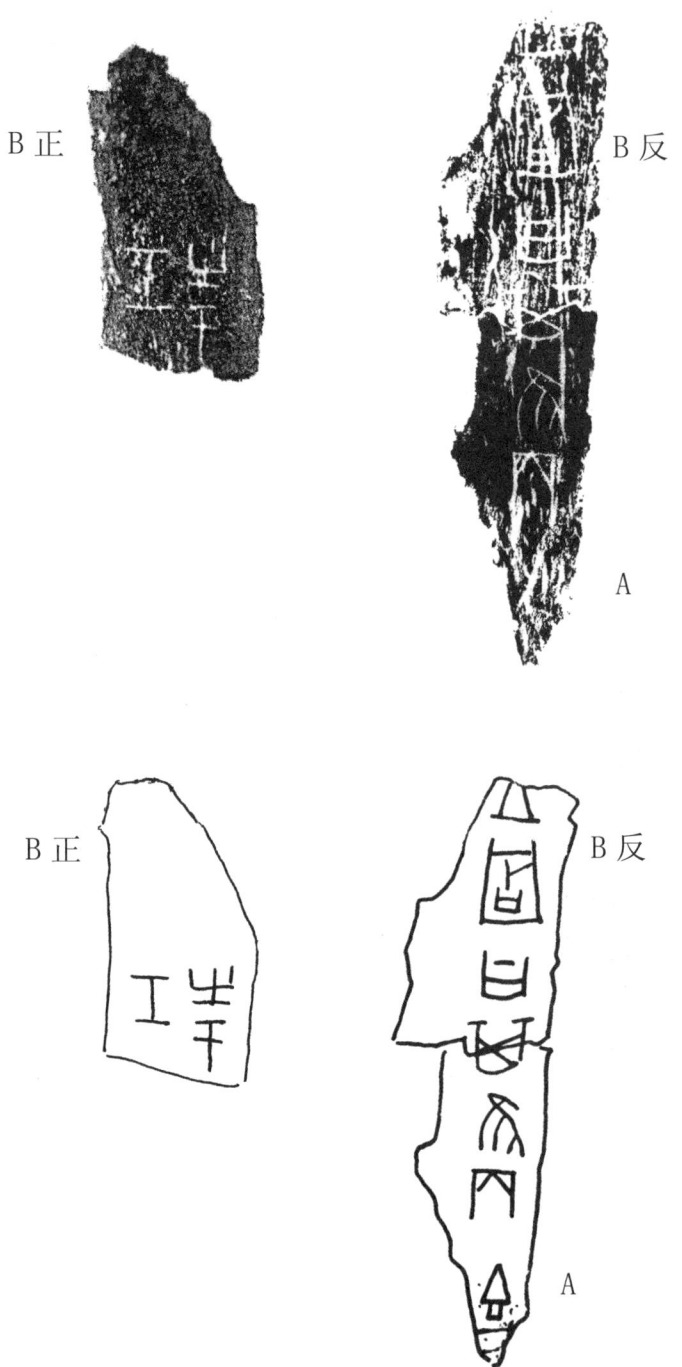

第 1095 則：甲骨拼合第 315～316 則（李愛輝）

A《合》5979 ＋ B《合補》2490

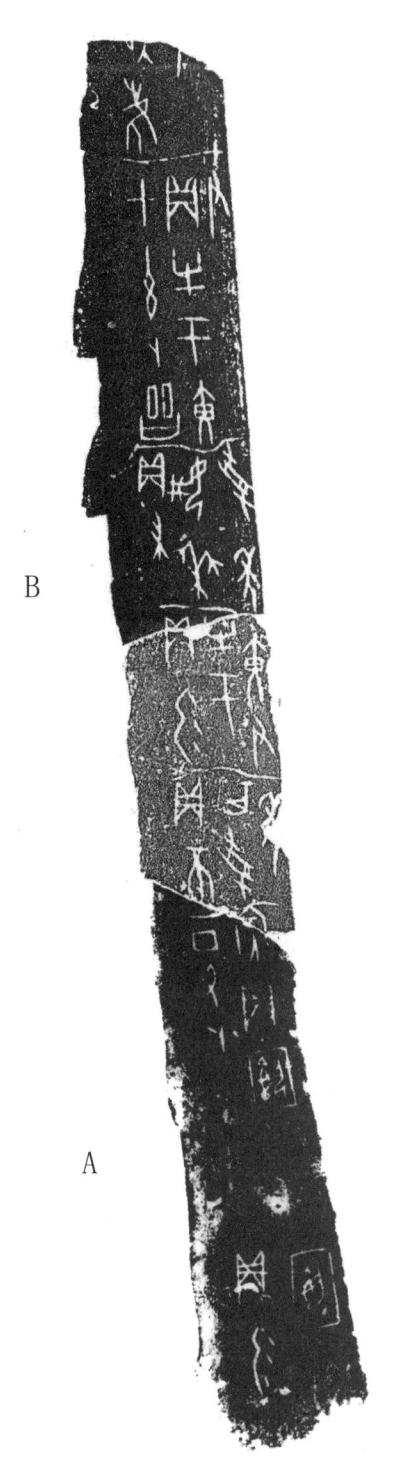
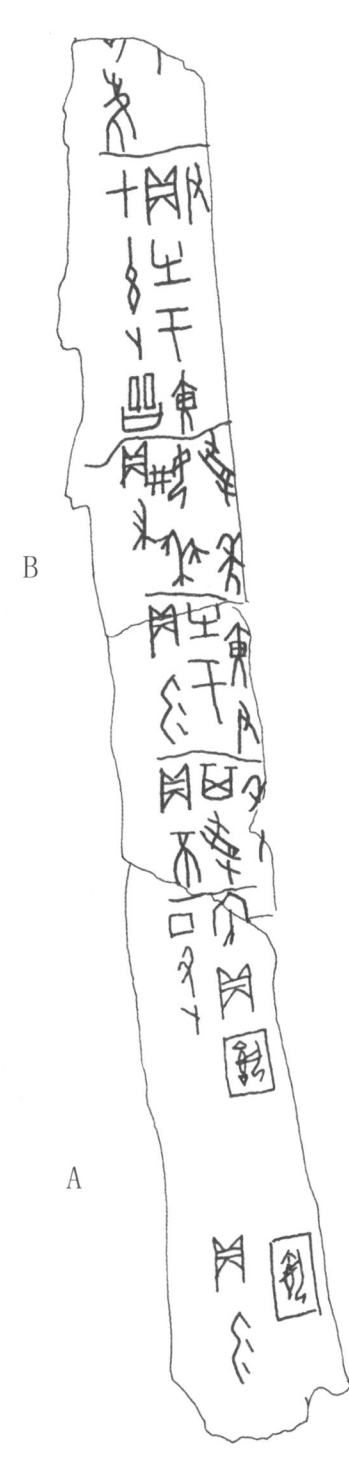

第 1096 則：甲骨拼合第 317 則（李愛輝）

A《合》3222 正反＋B《合》14783 正反

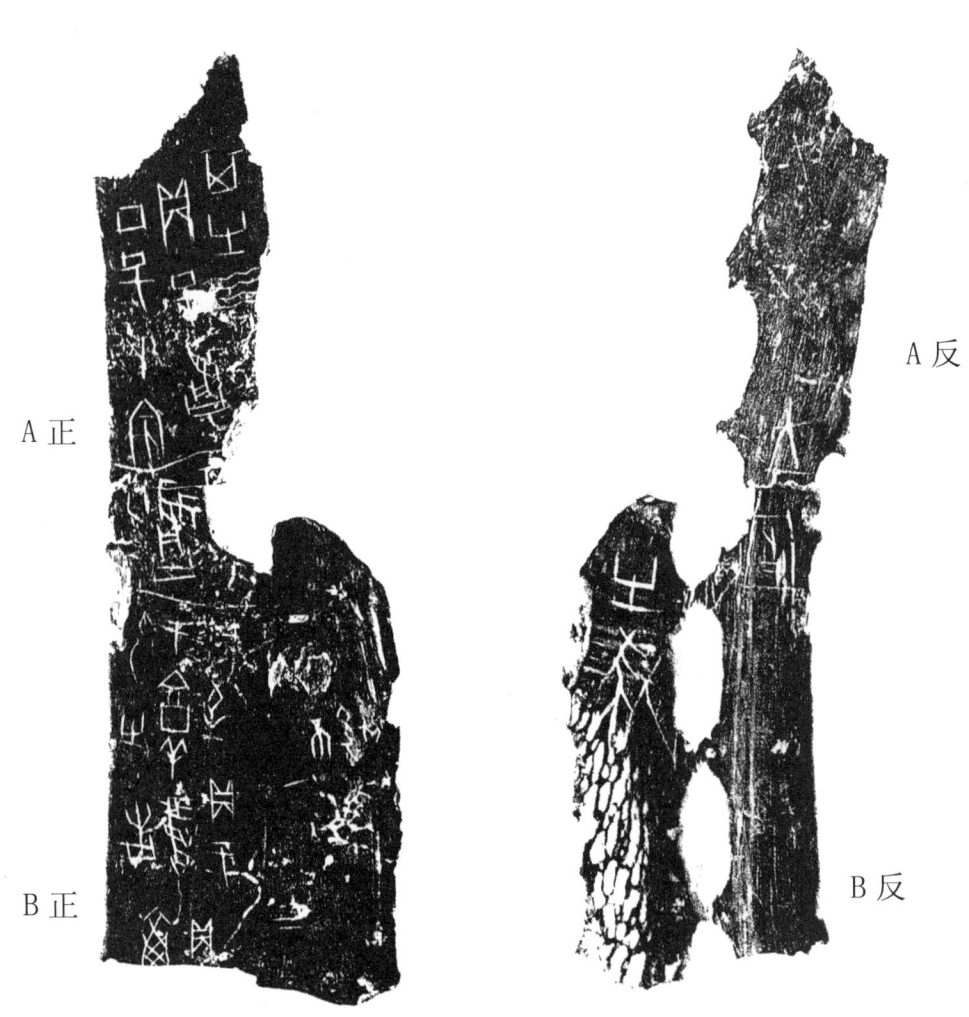

綴合圖版 · 119

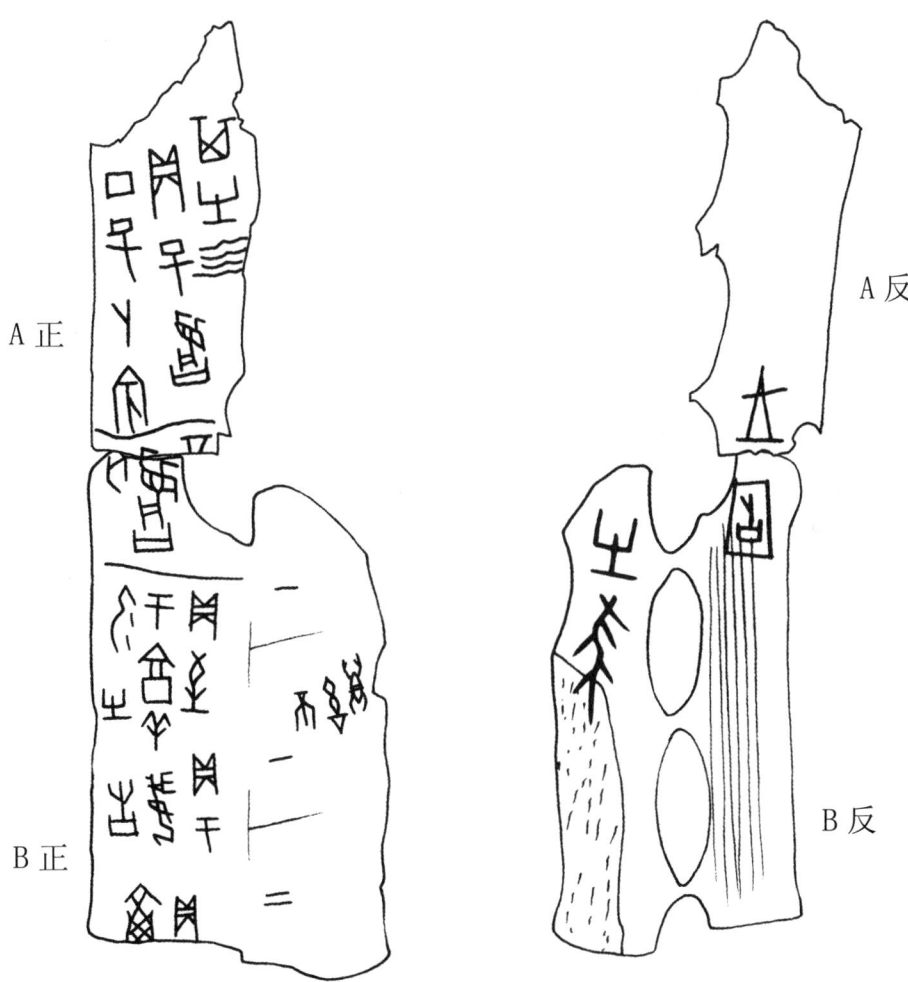

第 1097 則：甲骨拼合第 318 則（李愛輝）

A《合》724 正＋B《合》2975 正＋C《合》6597 正

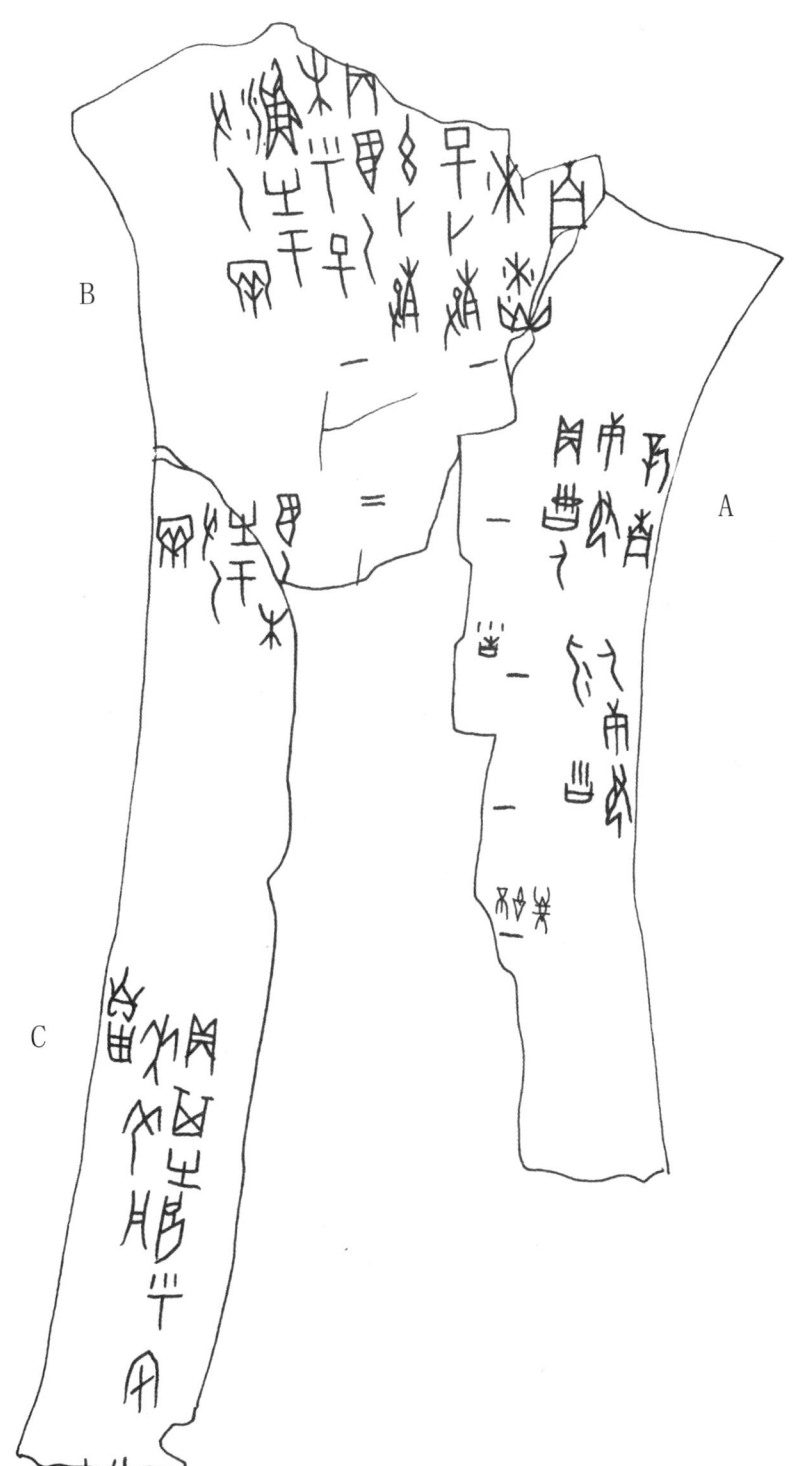

第 1098 則：甲骨拼合第 319 則（李愛輝）

A《合補》1760 正 ＋ B《合》3139 ＋ C《北大》1715

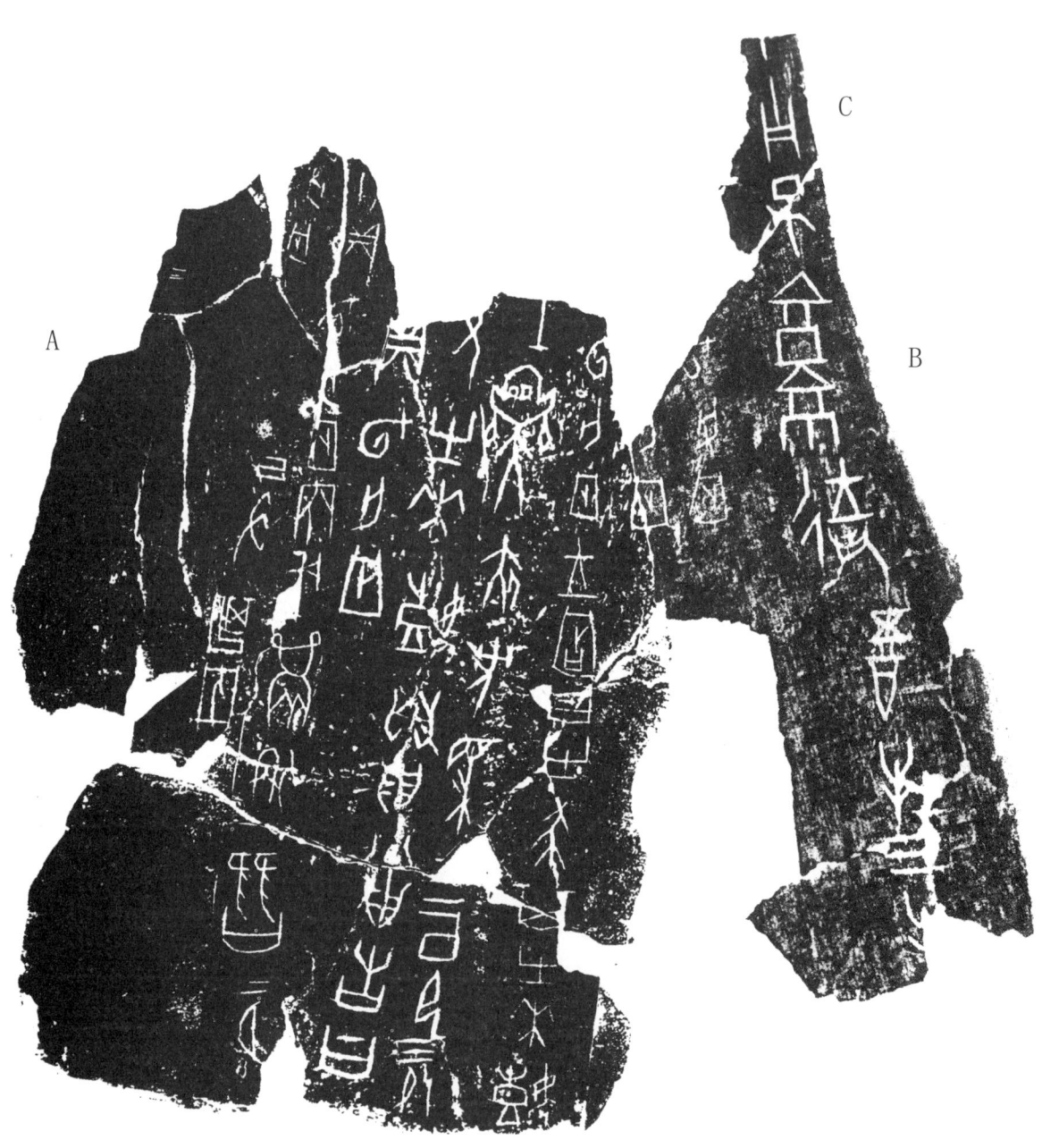

綴合圖版 · 123

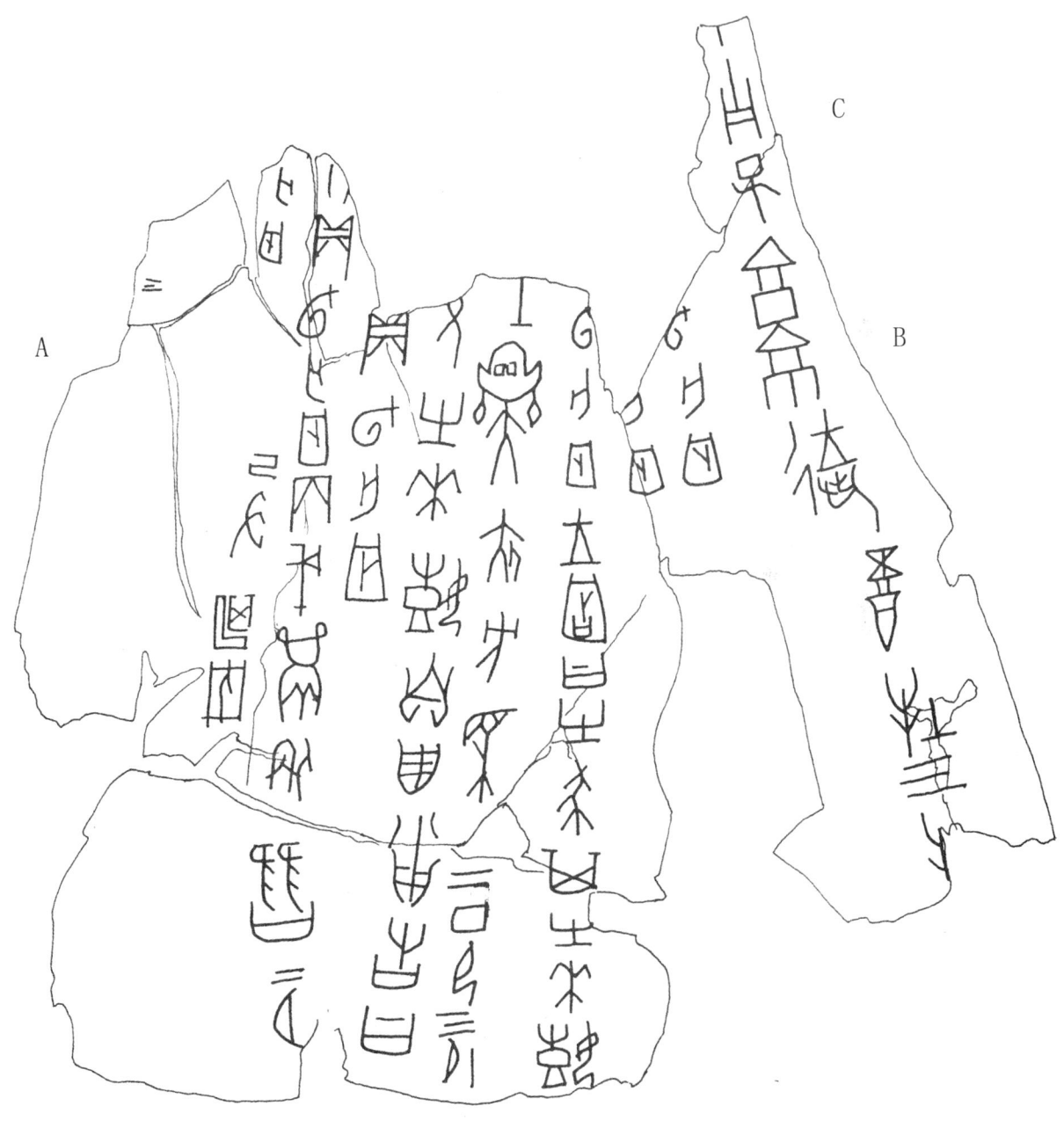

縮至 80%

第 1099 則：甲骨拼合第 320 ～ 321 則（李愛輝）

A《合》14440 ＋ B《合》15396 反 ＋ C《合》15540 反 ＋ D《合補》1489 反

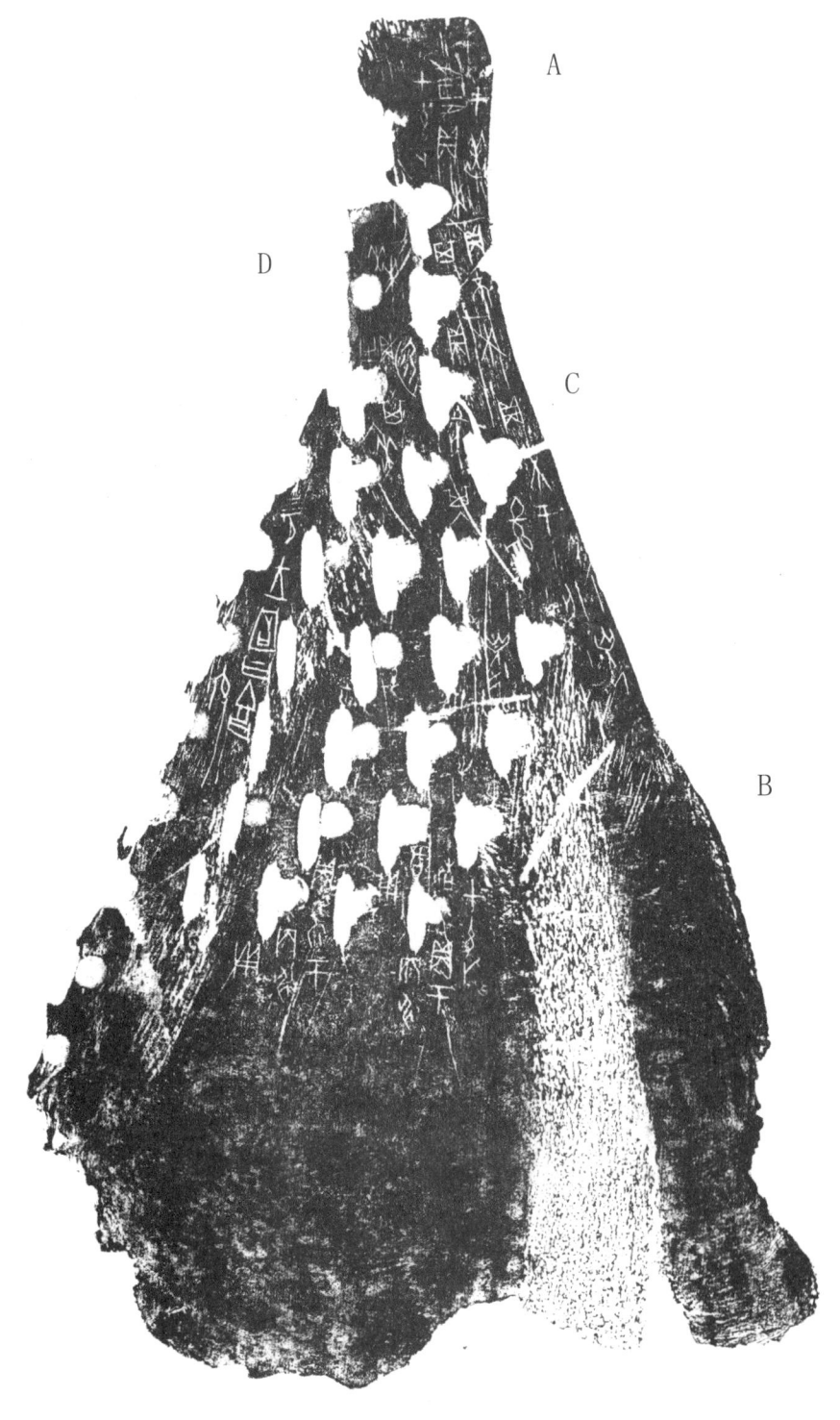

綴合圖版 · 125

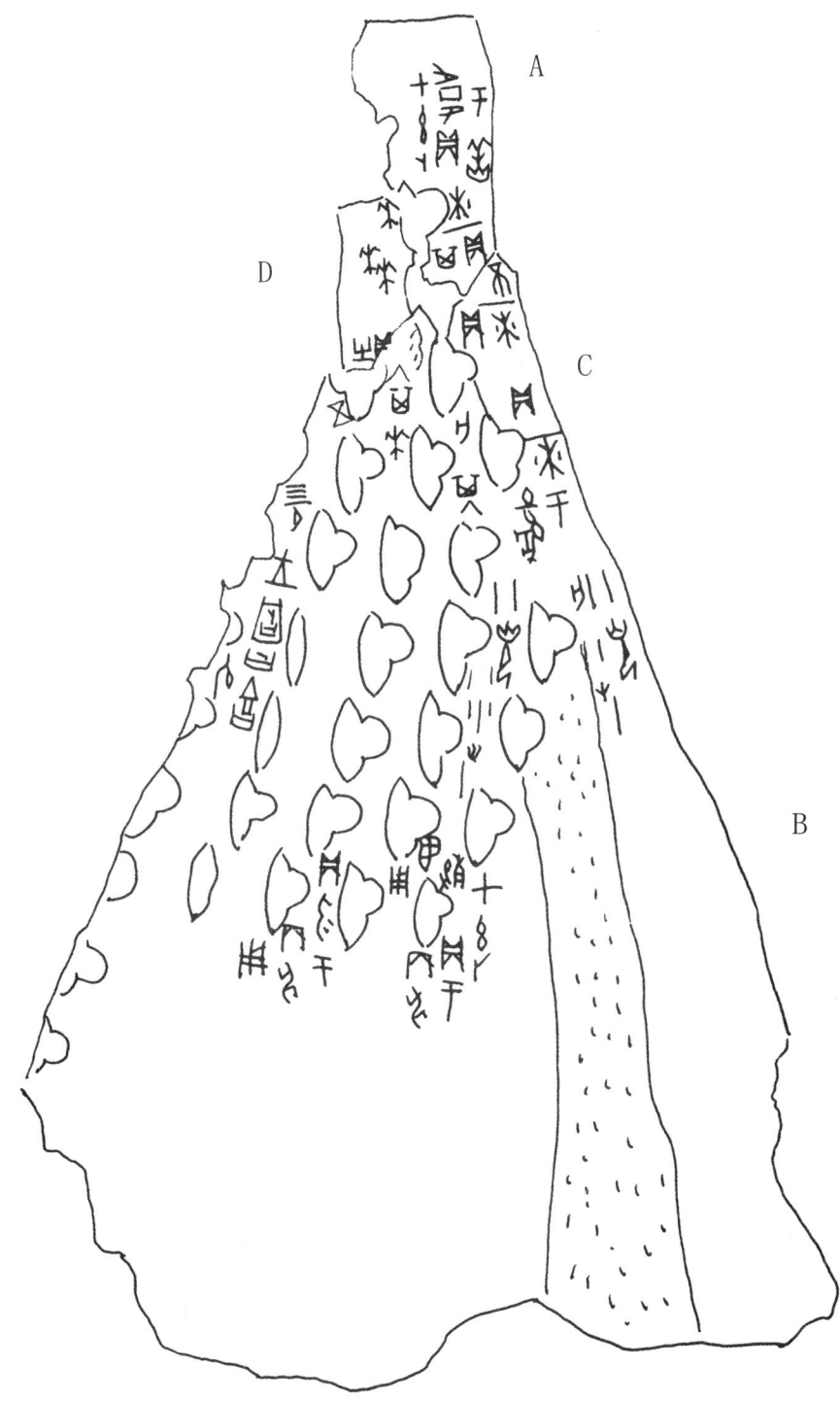

縮至 60%

第 1100 則：甲骨拼合第 320 ~ 321 則（李愛輝）

A《合》2055 ＋ B《合》5122

第 1101 則：甲骨拼合第 322 則（李愛輝）

A《合》6728 ＋ B《合》13212

綴合圖版・129

A

B

縮至 85%

第 1102 則：甲骨拼合第 323 則（李愛輝）

A《合》1164 ＋ B《合》3828

綴合圖版·131

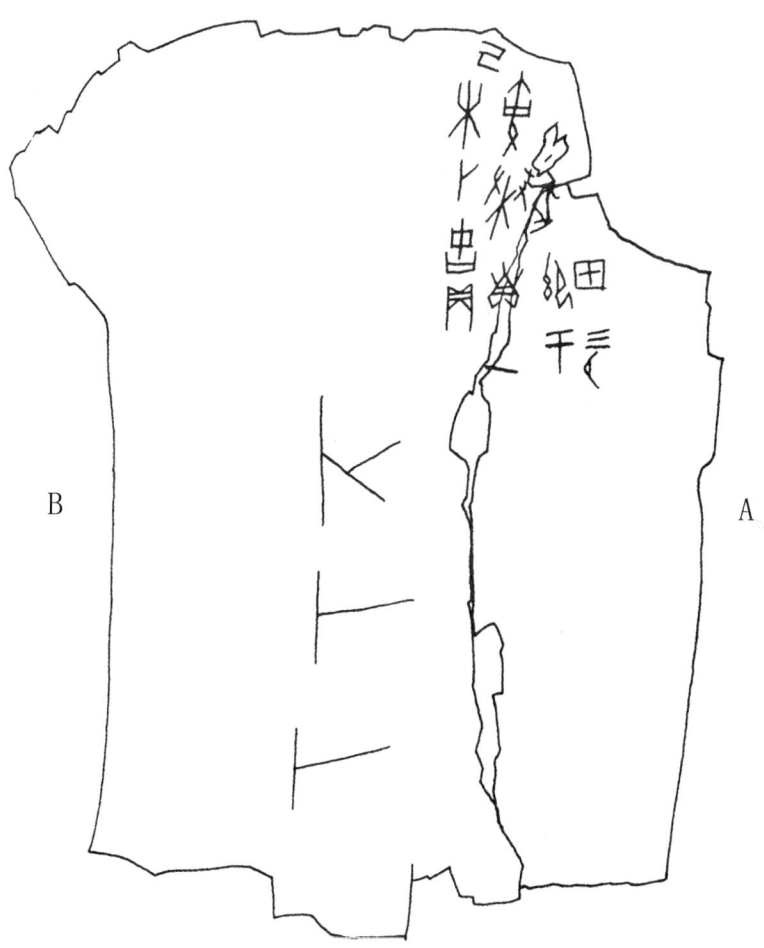

第 1103 則：甲骨拼合第 324 則（李愛輝）

A《合》3804 ＋ B《合》7589

綴合圖版 · 133

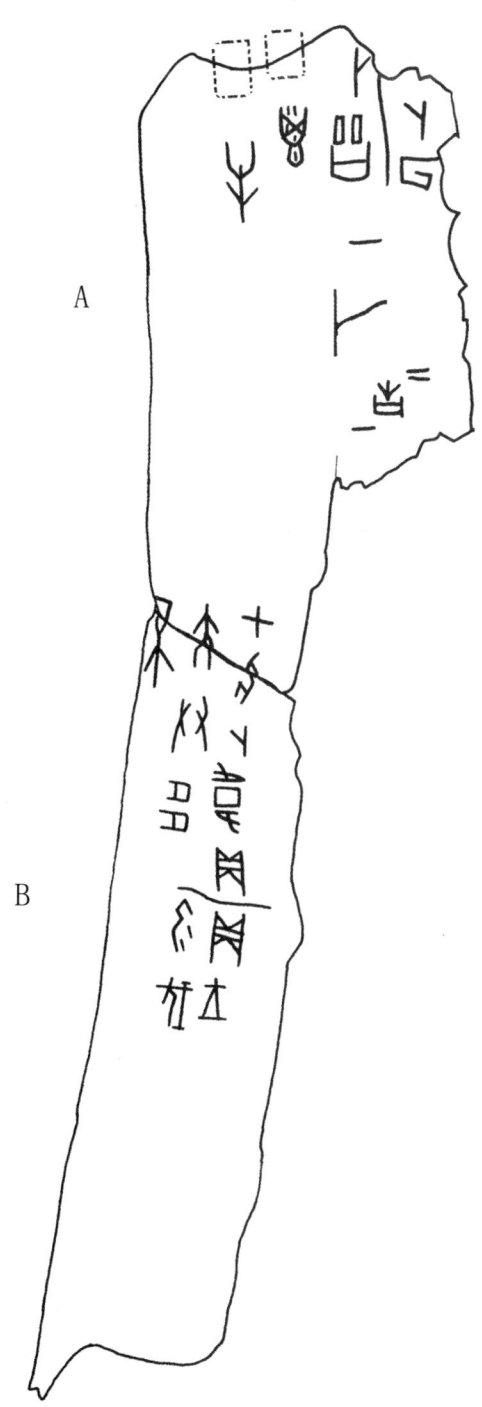

第 1104 則：甲骨拼合第 325 則（李愛輝）

A《合》1303 正＋B《合補》1805 甲

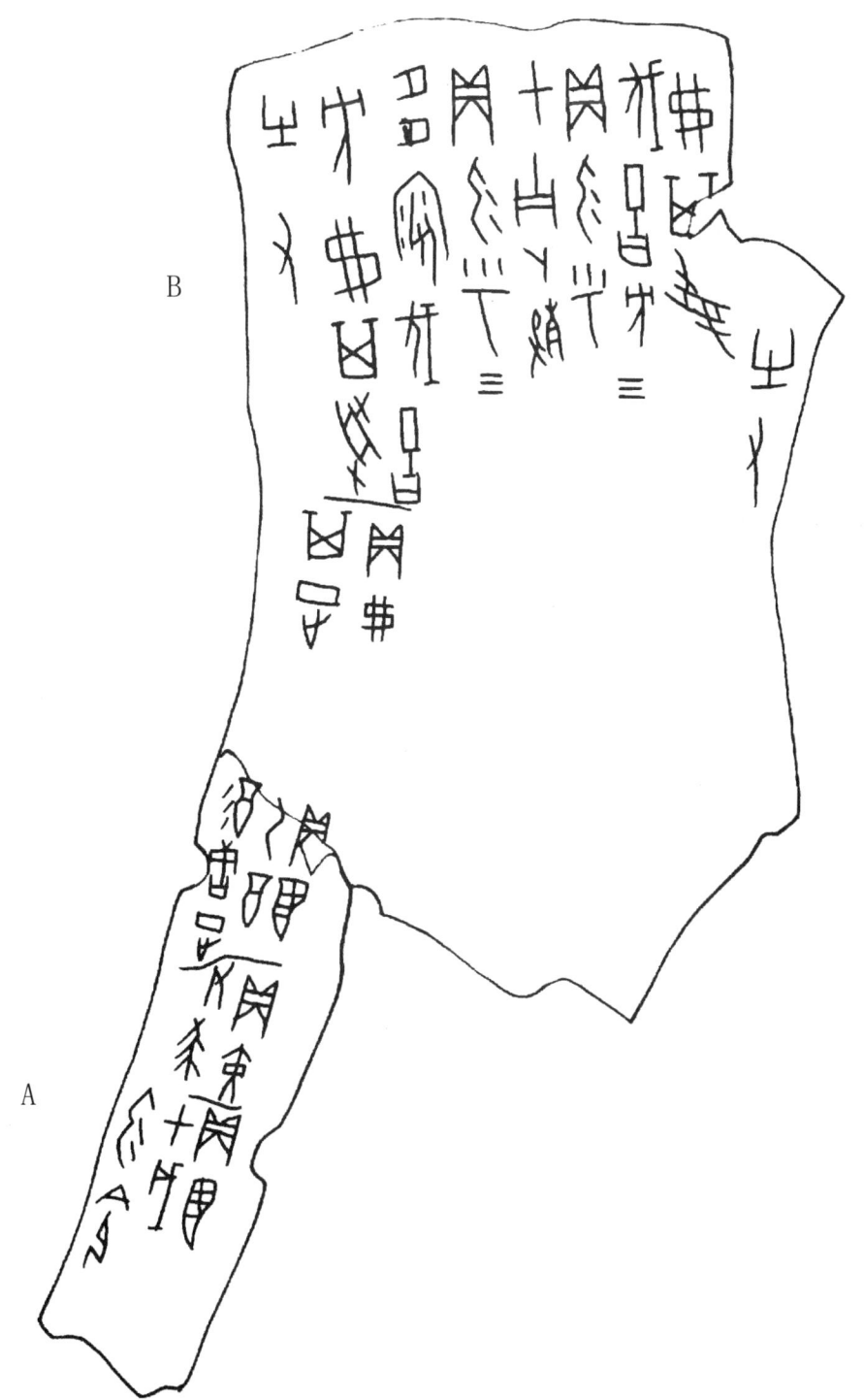

第1105則：甲骨拼合第326則（李愛輝）

A《合》7790 ＋ B《合》19382

綴合圖版 · 137

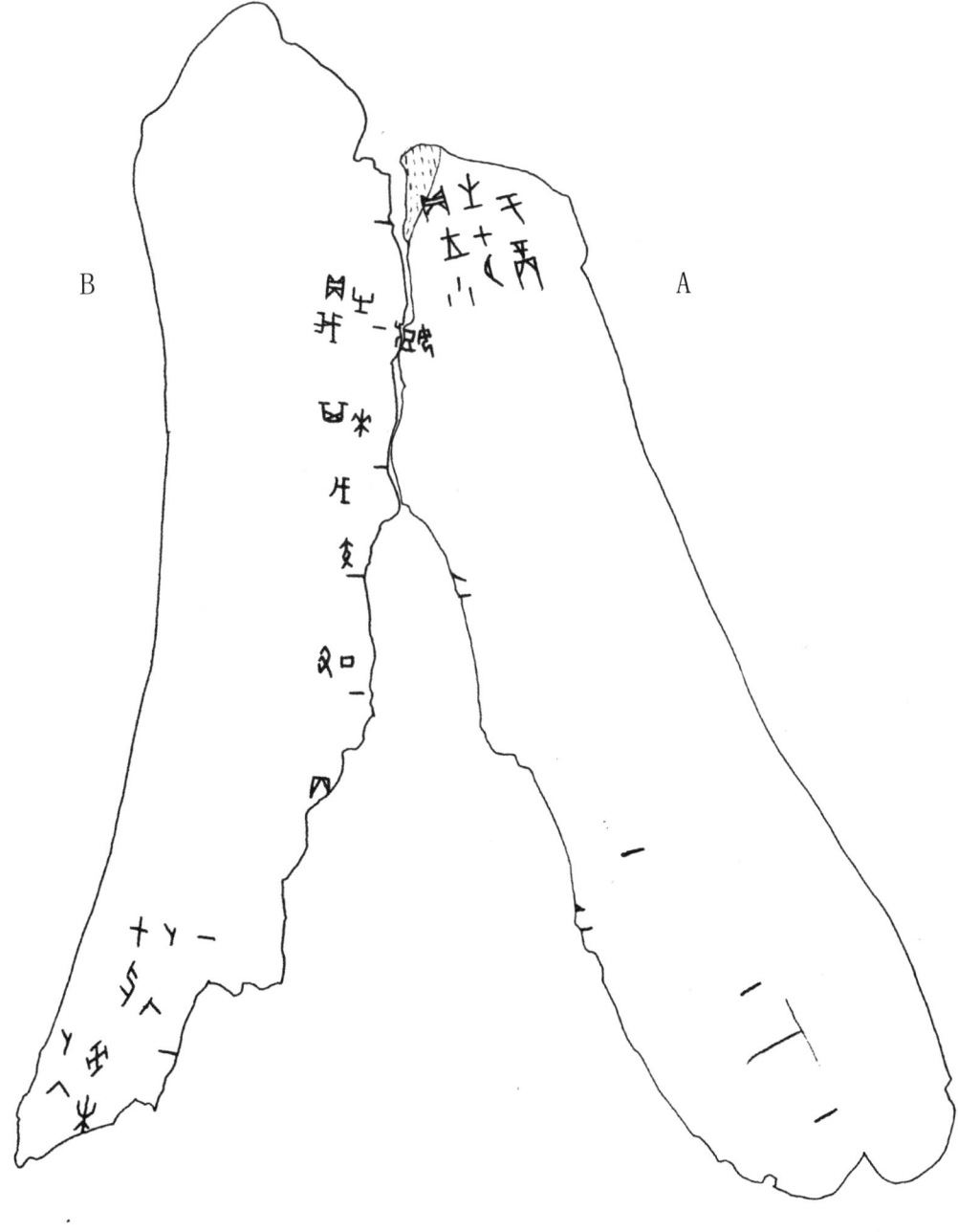

縮至 90%

第 1106 則：甲骨拼合第 327～328 則（李愛輝）

A《村中南》126 ＋ B《村中南》215 ＋ C《村中南》132

綴合圖版 · 139

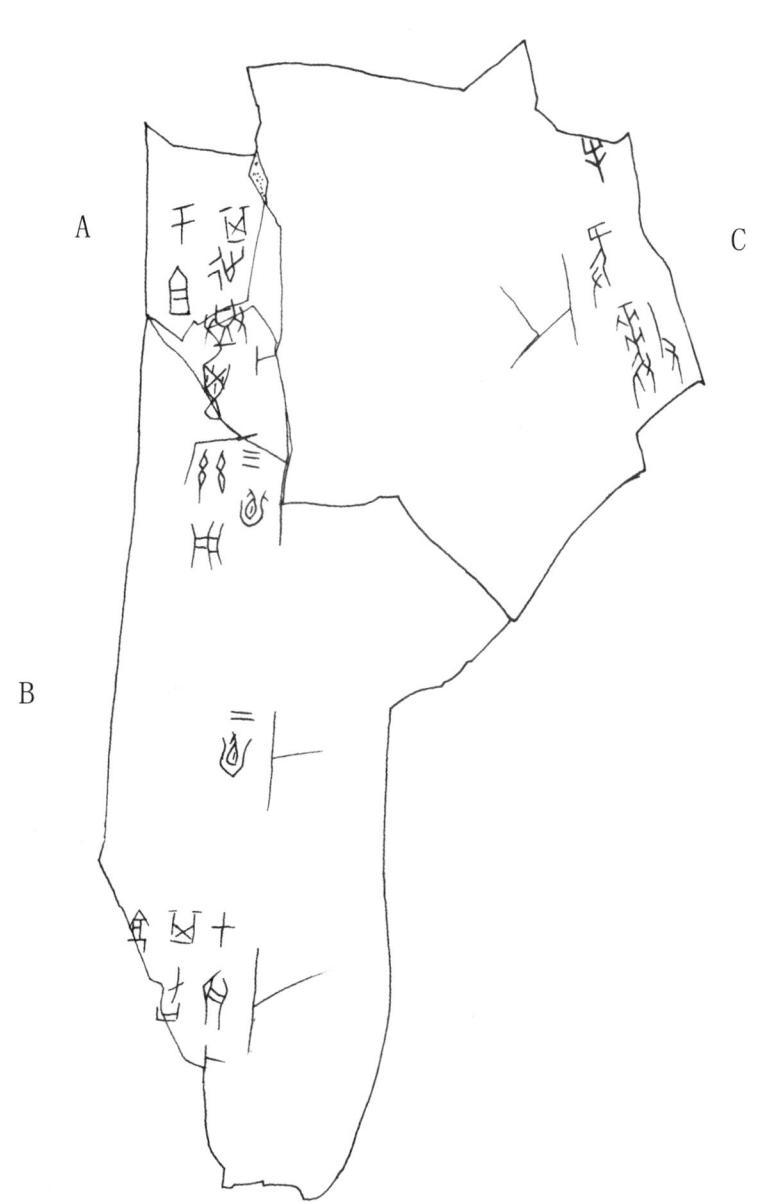

第 1107 則：甲骨拼合第 327 ~ 328 則（李愛輝）

A《合》30622 ＋ B《合》30659

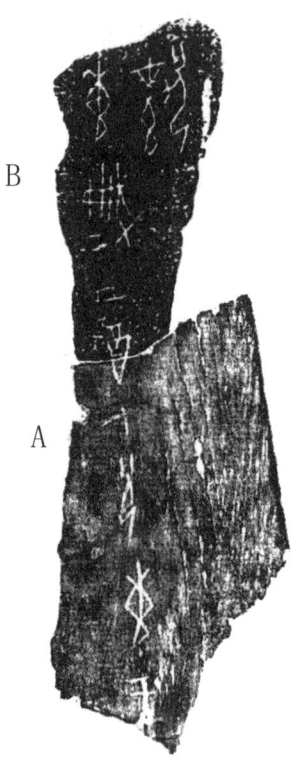

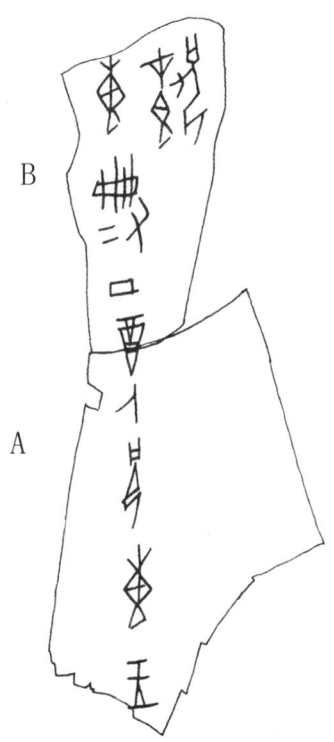

第 1108 則：甲骨拼合第 329 則（李愛輝）

A《合》6706 ＋ B《旅》554 ＋ C《旅》996 ＋ D《旅》344 ＋ E《旅》907

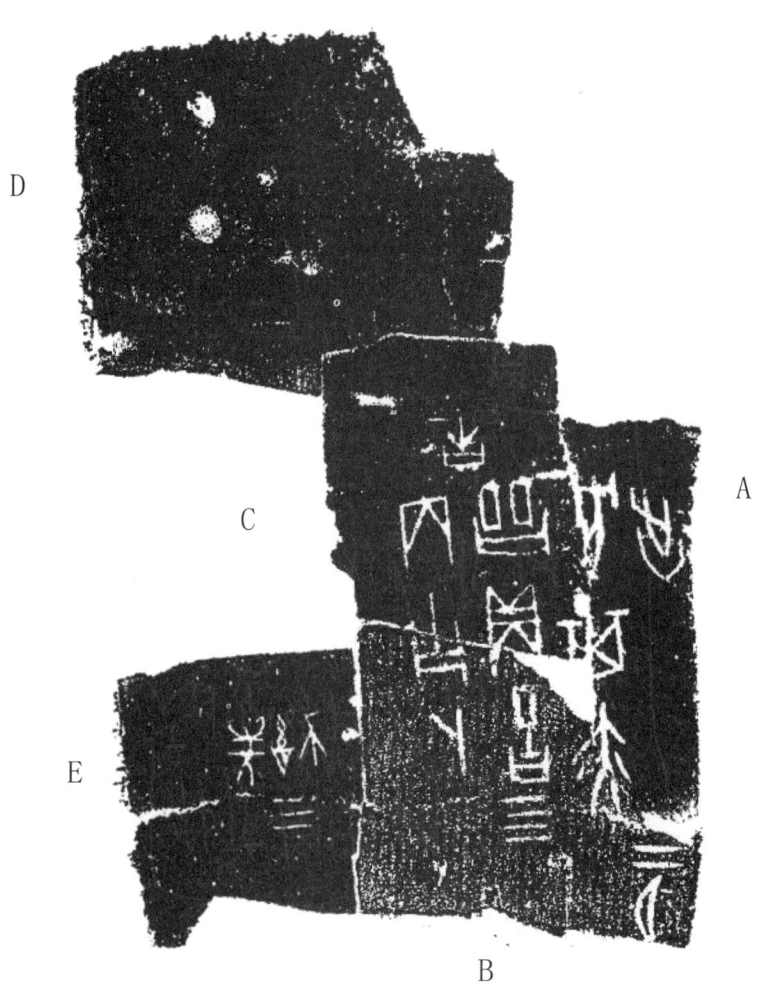

綴合圖版 · 143

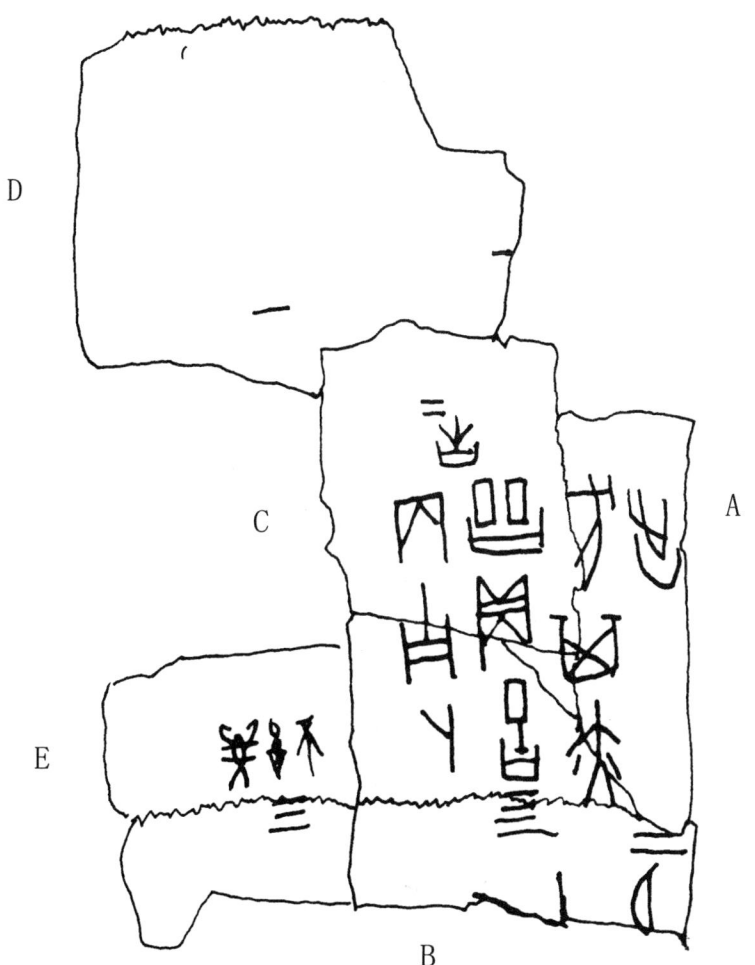

第 1109 則：甲骨拼合第 330 則（李愛輝）

A《合》22554＋B《合》26914

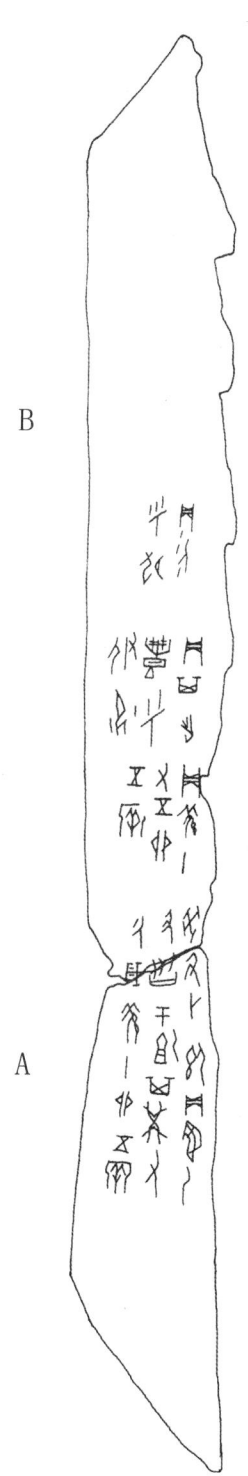

第 1110 則：甲骨拼合第 331 則（李愛輝）

A《綴續》376 正反＋B《合》5778 正反

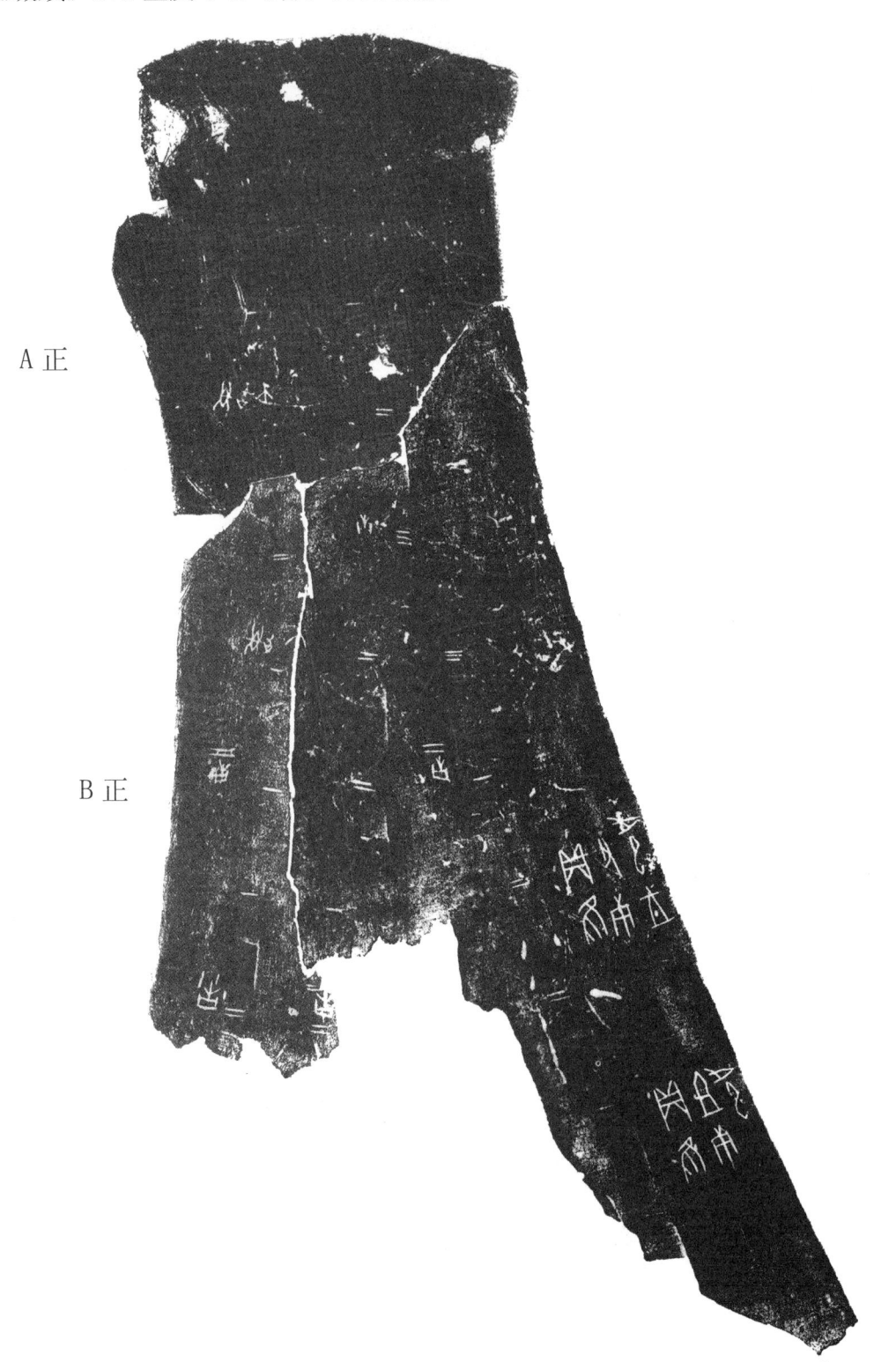

綴合圖版 · 147

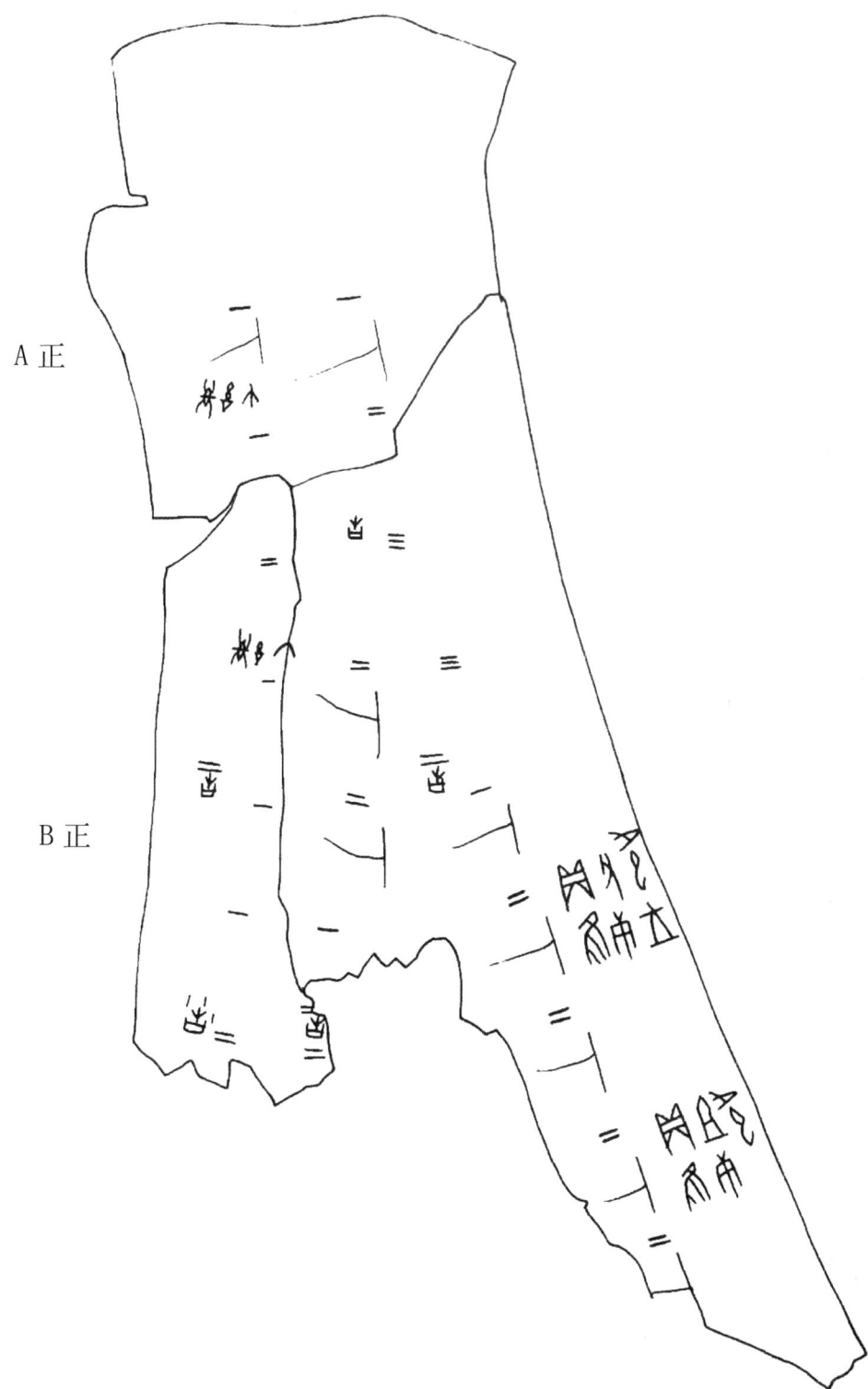

A 正

B 正

縮至 80%

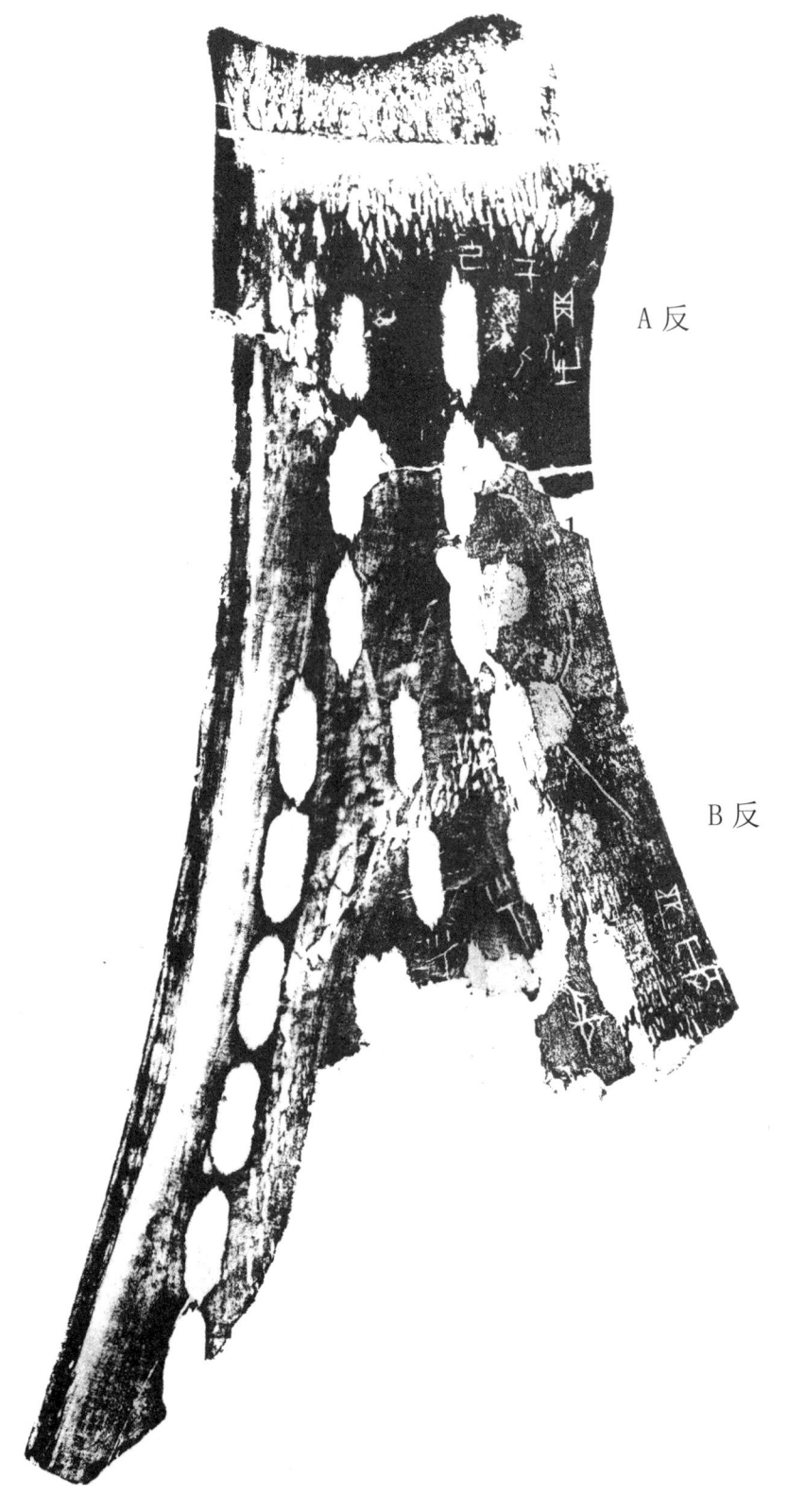

A 反

B 反

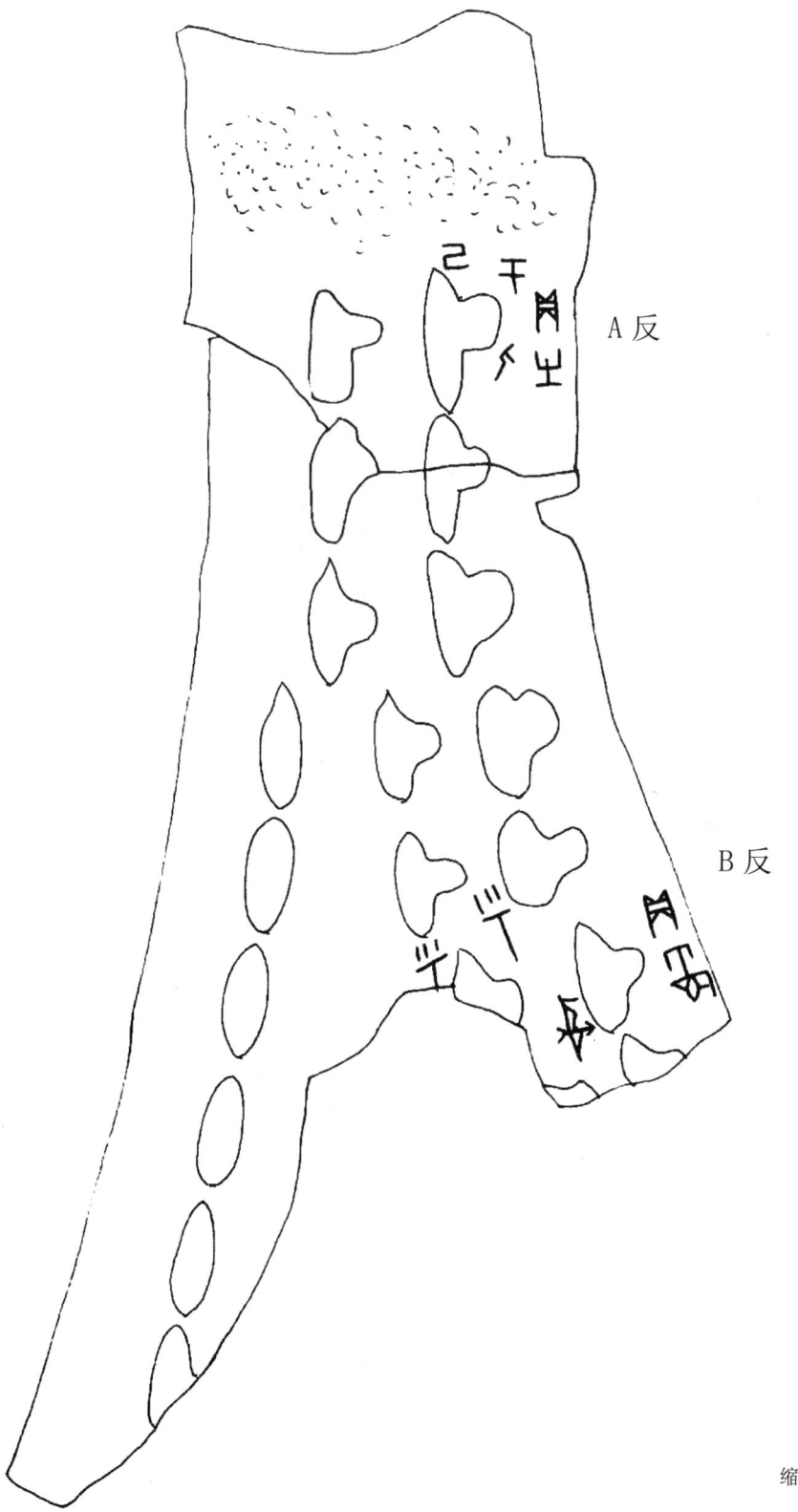

第 1111 則：甲骨拼合第 332 則（李愛輝）

A《合》8142 ＋ B《山東》689

第 1112 則：甲骨拼合第 333～334 則（李愛輝）

A《合》764 ＋ B《合》4061

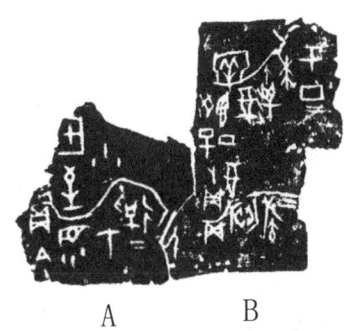

第1113則：甲骨拼合第333～334則（李愛輝）

A《旅》786正反＋B《旅》917＋C《旅》883正反

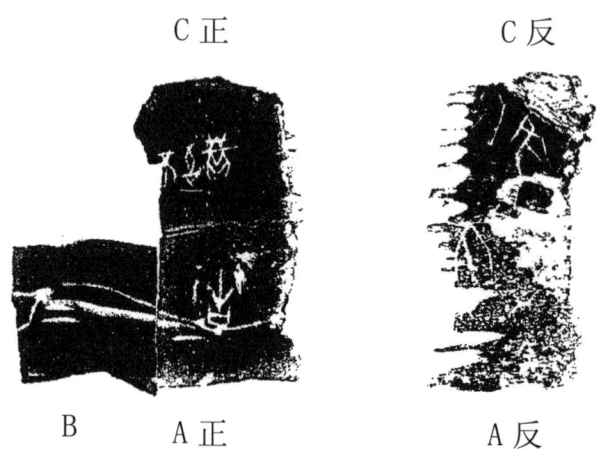

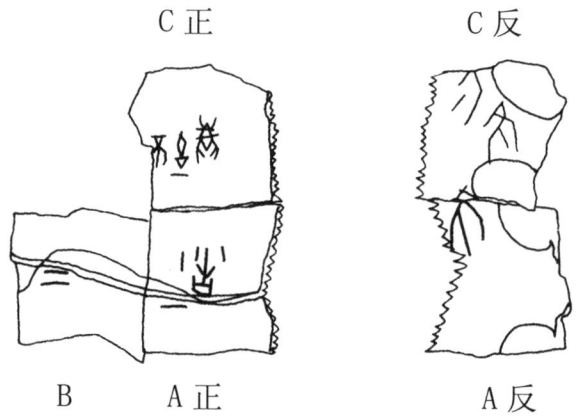

第 1114 則：甲骨拼合第 335 ~ 336 則（李愛輝）

A《合》29888 ＋ B《謝文》505

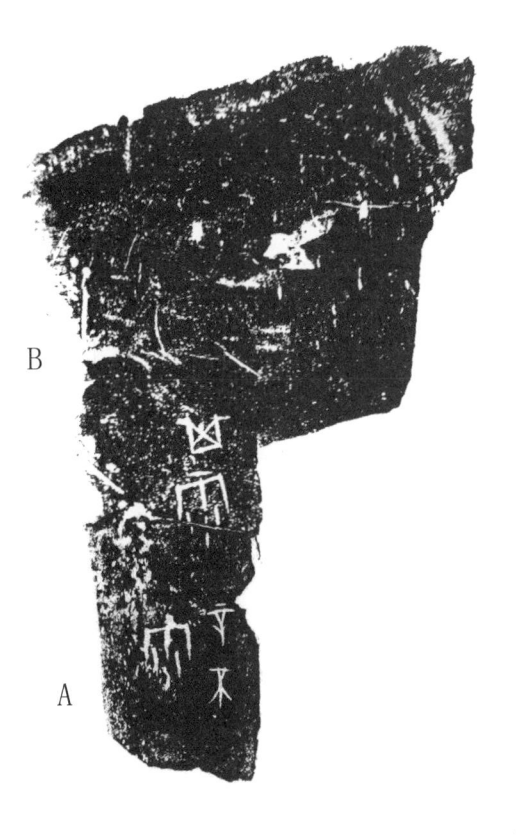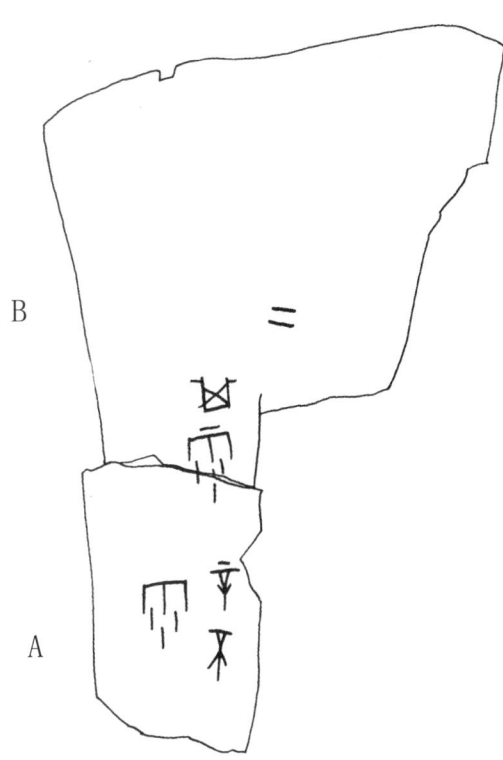

第 1115 則：甲骨拼合第 335～336 則（李愛輝）

A《合》6658 ＋ B《合》11288

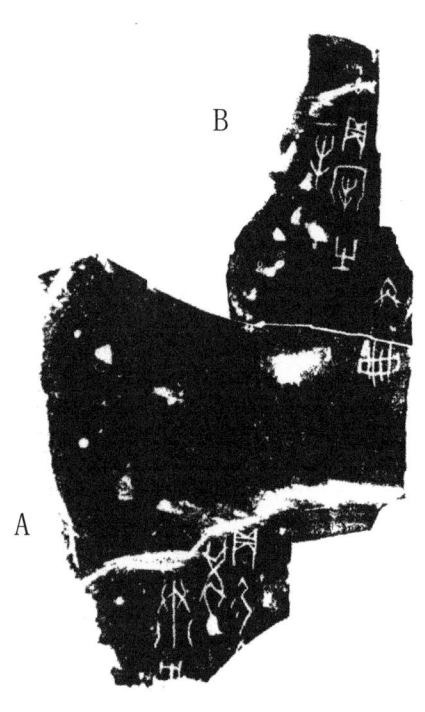

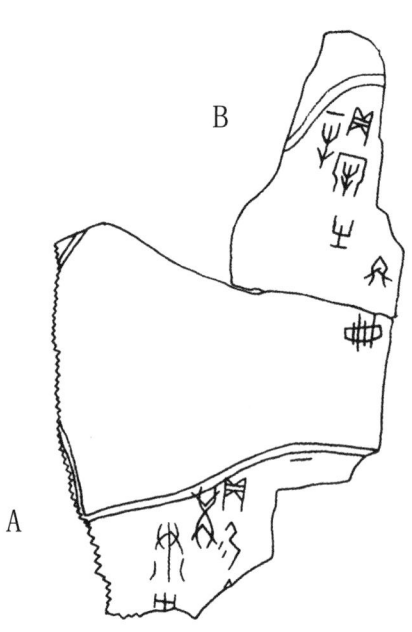

第 1116 則：甲骨拼合第 337 則（李愛輝）

A《合補》6050 ＋ B《北大》202

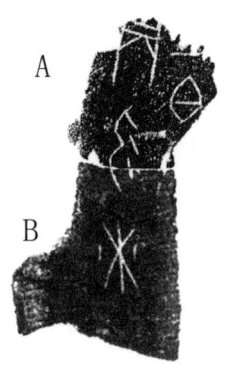

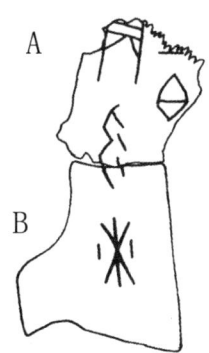

第 1117 則：甲骨拼合第 338 則（李愛輝）

A《合》10106 ＋ B《合》10500

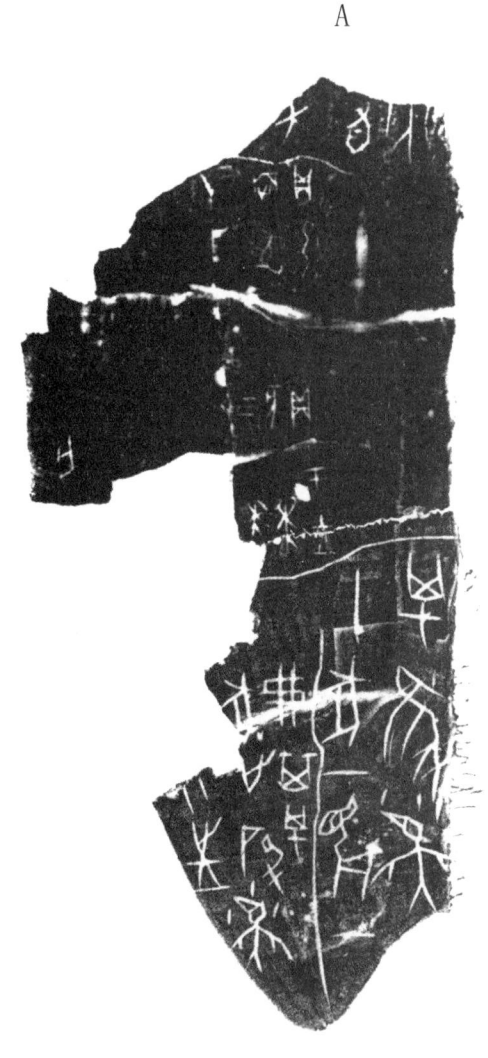

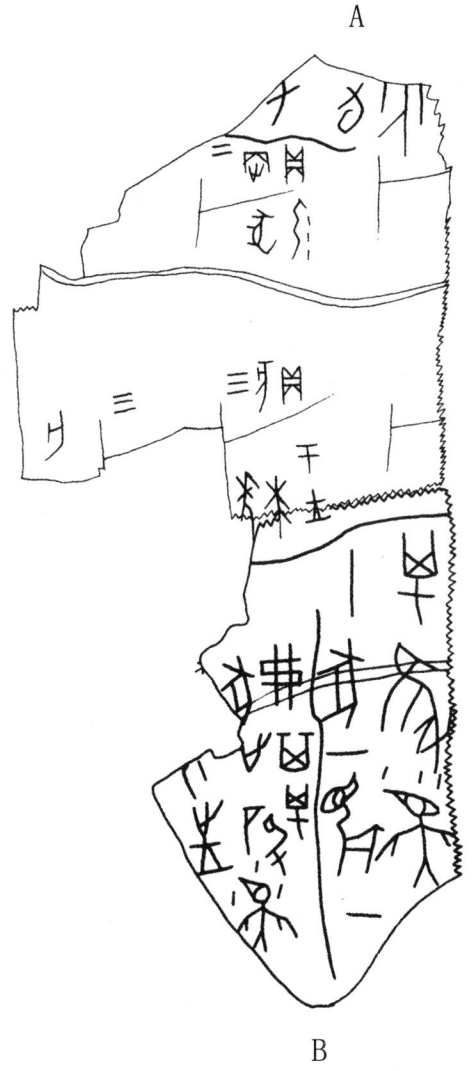

第1118則：甲骨拼合第339～340則（李愛輝）

A《合》9629 ＋ B《歷》1116 ＋ C《合》3311 ＋ D《合》9630 ＋ E《合》13016

綴合圖版 · 159

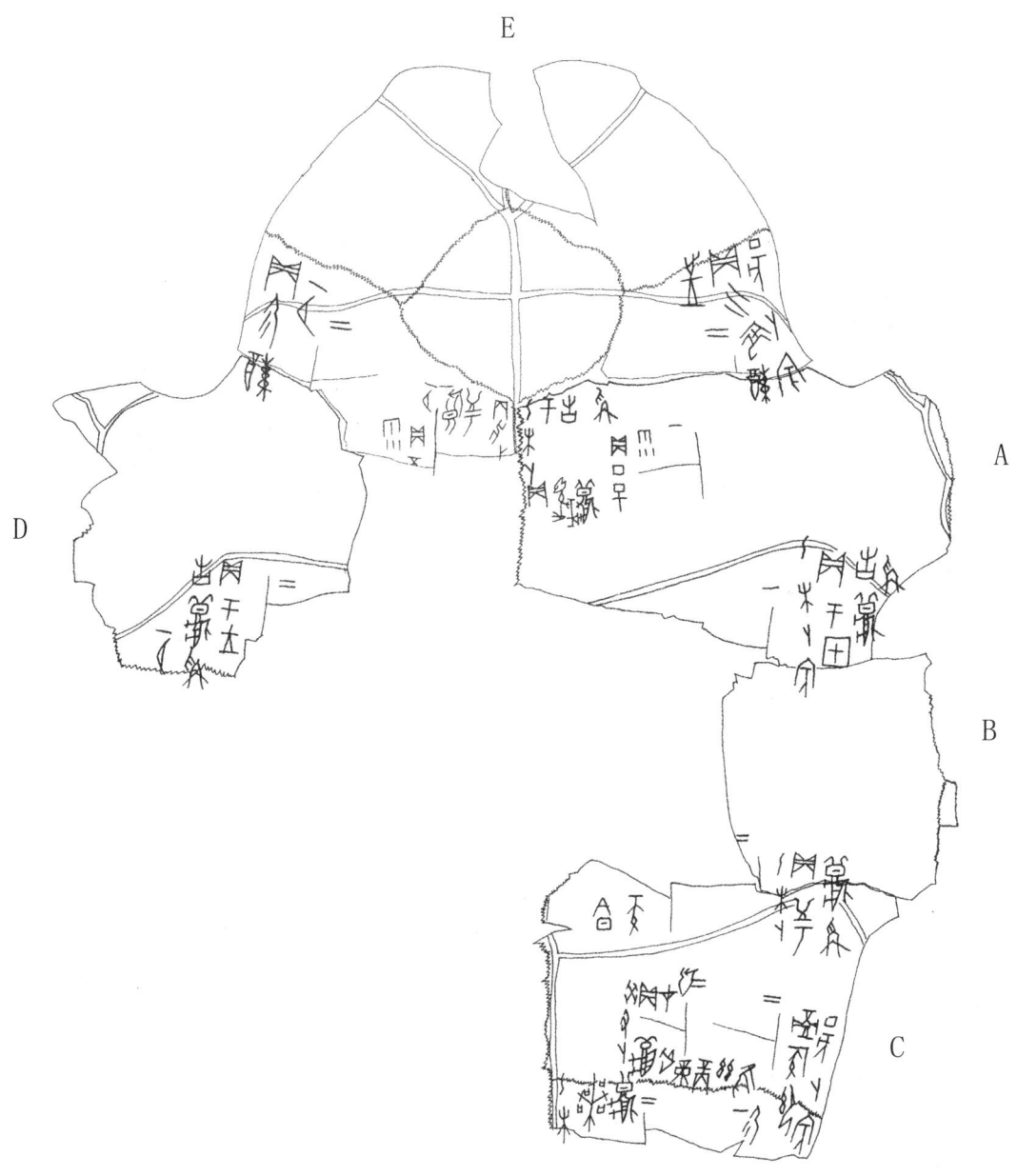

縮至 70%

第 1119 則：甲骨拼合第 339 ~ 340 則（李愛輝）

A《合》5881 正反 ＋ B《合》9606

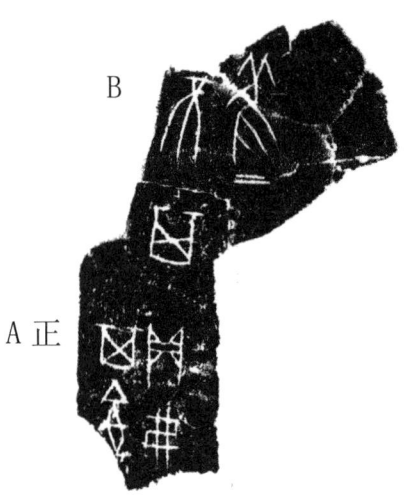

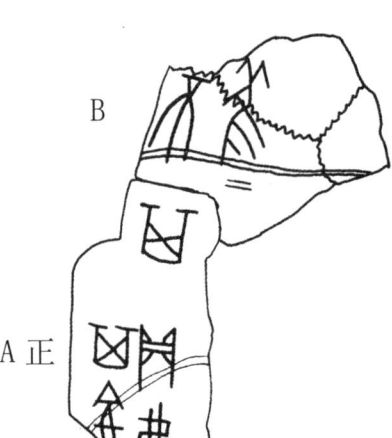

第 1120 則：甲骨拼合第 341～343 則（李愛輝）

A《合補》3264 正反＋B《合補》6282 正反

B 正

B 反

A 正　　　　　　　A 反

B 正

B 反

A 正　　　　　　　A 反

第1121則：甲骨拼合第341～343則（李愛輝）

A《合》13475 ＋ B《合》17731 正

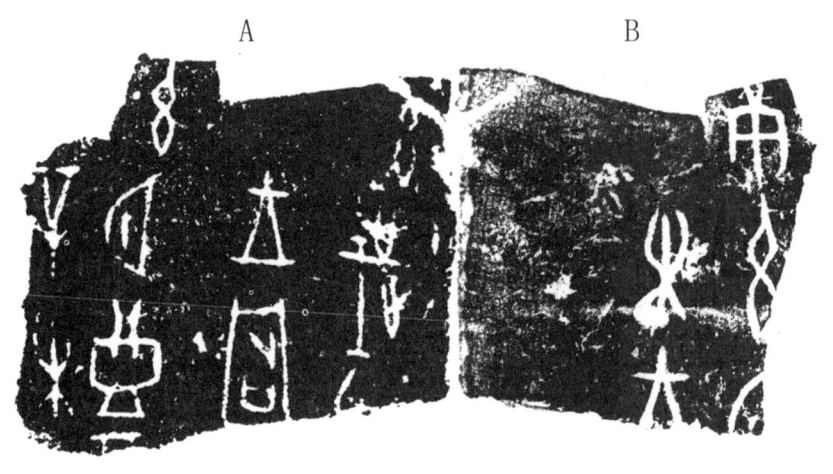

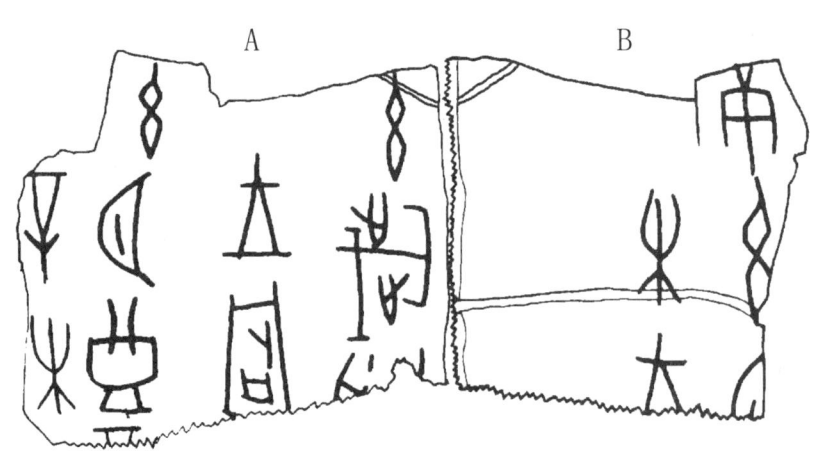

第 1122 則：甲骨拼合第 341 ~ 343 則（李愛輝）

A《合》13037 ＋ B《掇一》19 ＋ C《英藏》398

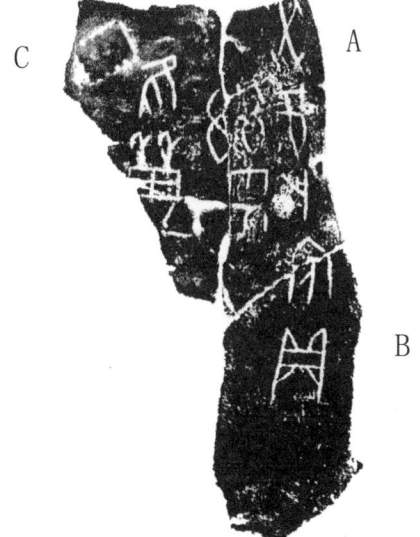
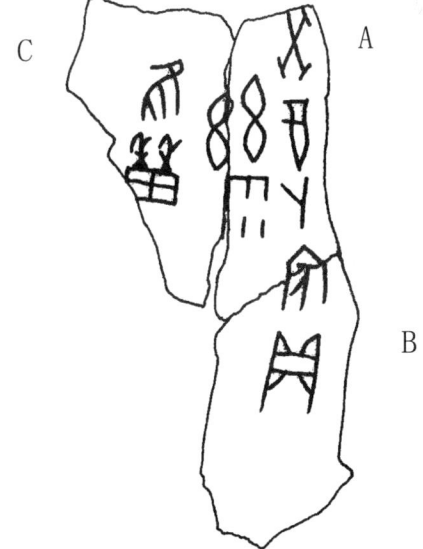

第 1123 則：甲骨拼合第 344 ~ 346 則（李愛輝）

A《合》10246 ＋ B《合補》2325

綴合圖版 · 165

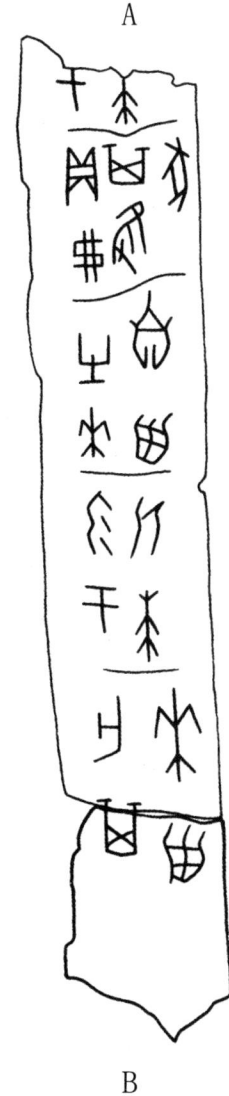

第 1124 則：甲骨拼合第 344 ~ 346 則（李愛輝）

A《合》16901 ＋ B《合補》4845 ＋ C《合》16794

綴合圖版 · 167

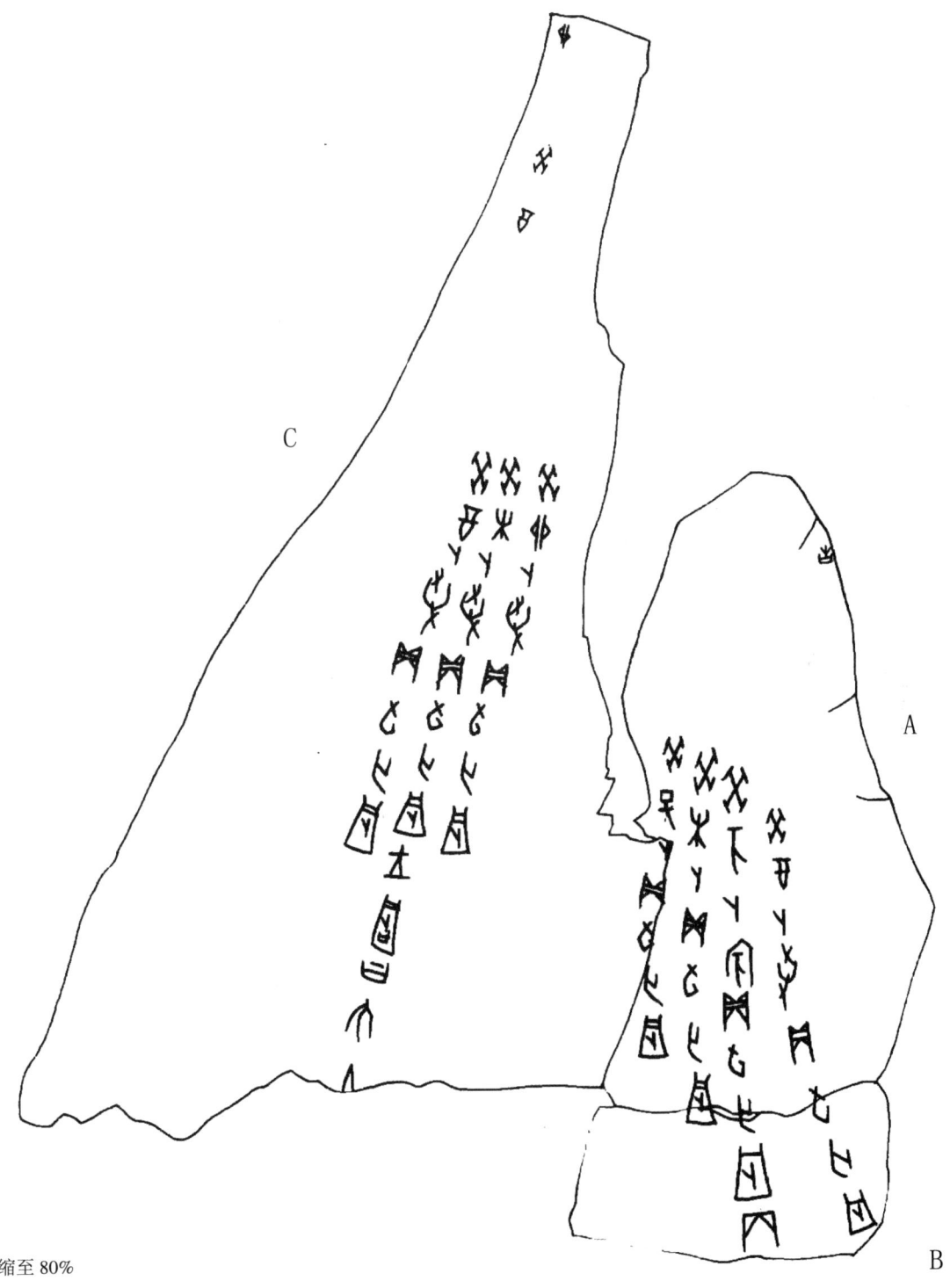

第 1125 則：甲骨拼合第 344～346 則（李愛輝）

A《合》16943 正反＋B《英藏》1590 正反＋C《合》16945 正反

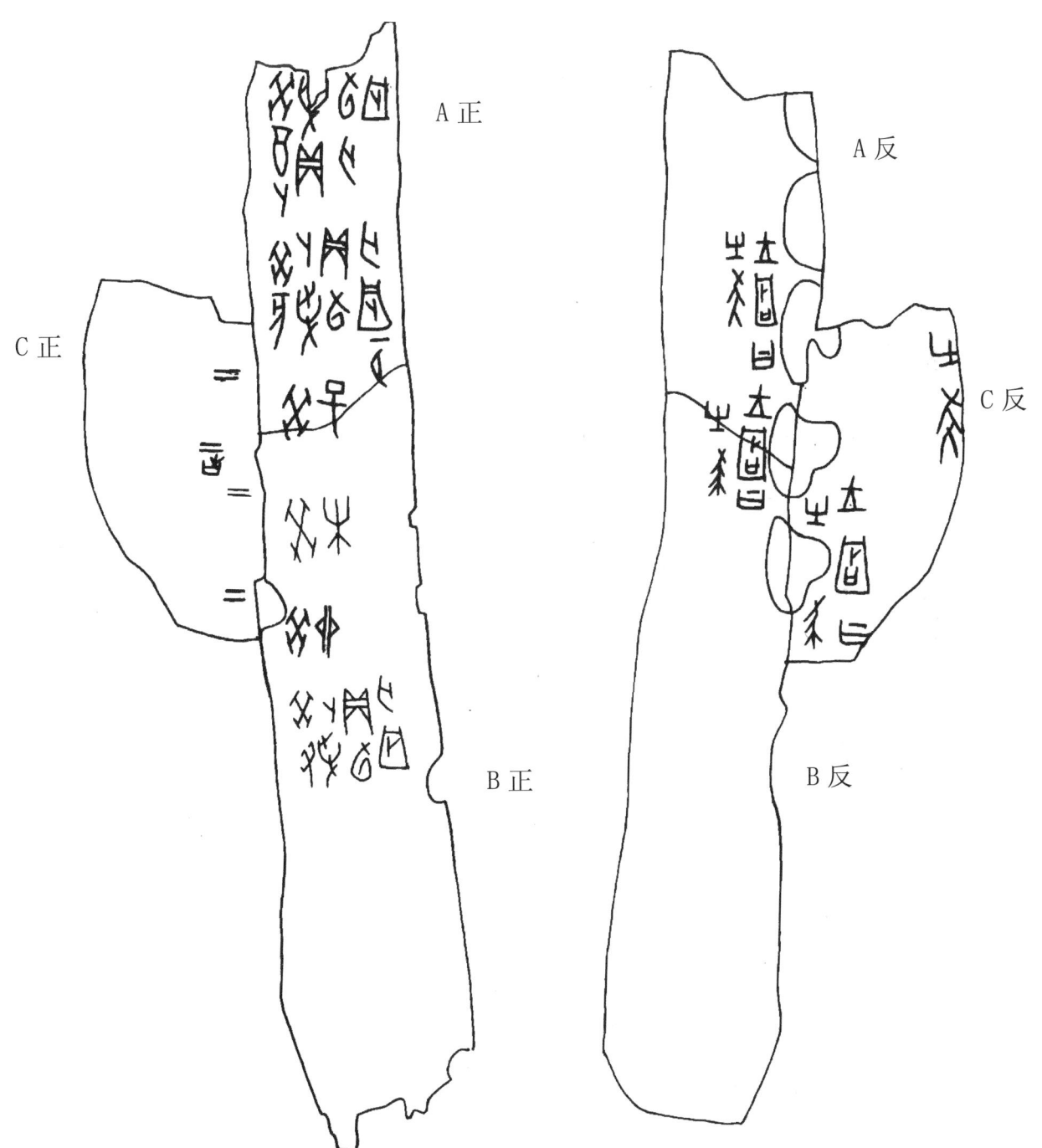

縮至 80%

第 1126 則：甲骨拼合第 347 則（李愛輝）

A《東文研》502 ＋ B《北大》2508

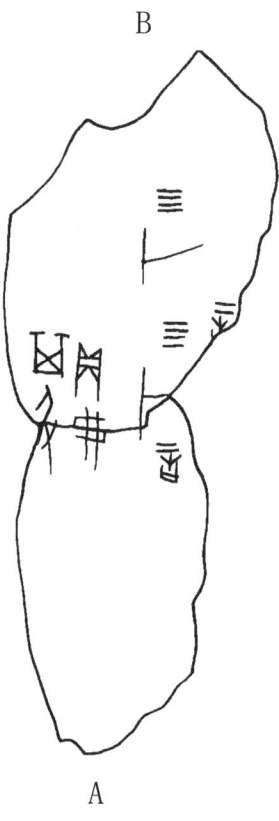

第 1127 則：甲骨拼合第 348 則（李愛輝）

A《合》9740 ＋ B《合》16453

第 1128 則：甲骨拼合第 349 ~ 350 則（李愛輝）

A《合》3336 正反 ＋ B《合》25746

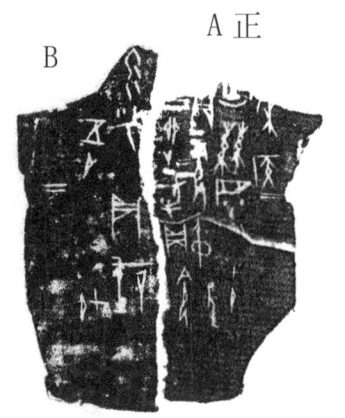

第 1129 則：甲骨拼合第 349 ~ 350 則（李愛輝）

A《合》2542 ＋ B《合》8967 ＋ C《合》9046

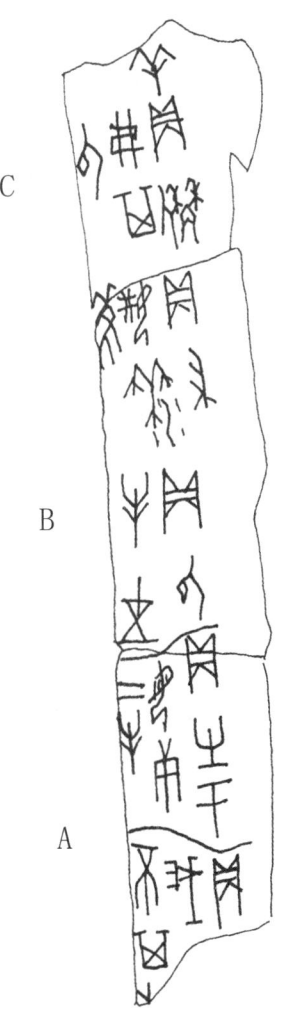

第 1130 則：甲骨拼合第 351 則（李愛輝）

A《合》3337 ＋ B《合》19073 正反

第 1131 則：甲骨拼合第 352 ~ 353 則（李愛輝）

A《合》27965 ＋ B《合》29855

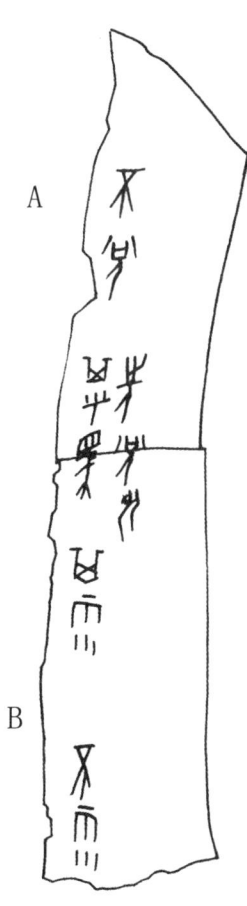

176 · 甲骨拼合五集

第 1132 則：甲骨拼合第 352 ～ 353 則（李愛輝）

A《合》295 ＋ B《合》340 ＋ C《合補》4469 ＋ D《山東》197

第1133則：甲骨拼合第354則（李愛輝）

A《合》32067 ＋ B《合》32105 ＋ C《山東》1451（倒）

綴合圖版 · 179

第 1134 則：甲骨拼合第 355 則（李愛輝）

A《合》8652 ＋ B《珠》580

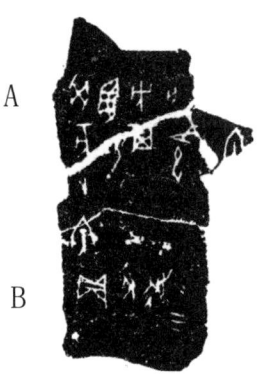

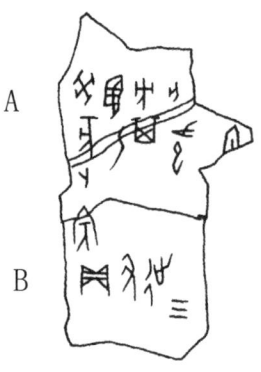

第 1135 則：甲骨拼合第 356 ~ 358 則（李愛輝）

A《合》4876 ＋ B《合》9100

第 1136 則：甲骨拼合第 356 ~ 358 則（李愛輝）

A《合》6800＋B《合》7421

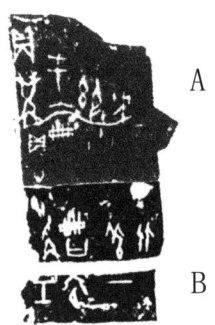 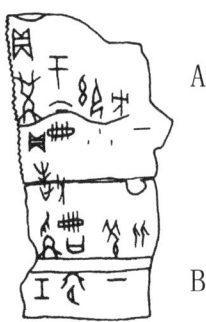

第 1137 則：甲骨拼合第 356 ~ 358 則（李愛輝）

A《合》3749 ＋ B《合》11508

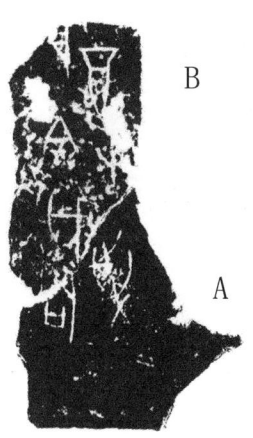

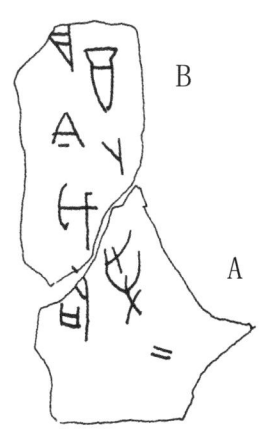

第 1138 則：甲骨拼合第 359 ~ 360 則（李愛輝）

A《合》13548 ＋ B《合》14871

第 1139 則：甲骨拼合第 359～360 則（李愛輝）

A《合補》3666 ＋ B《合補》3667

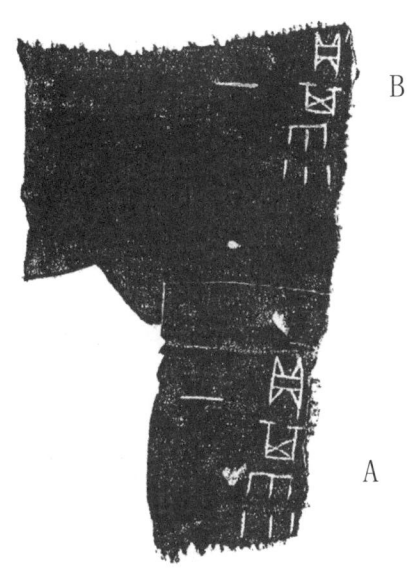

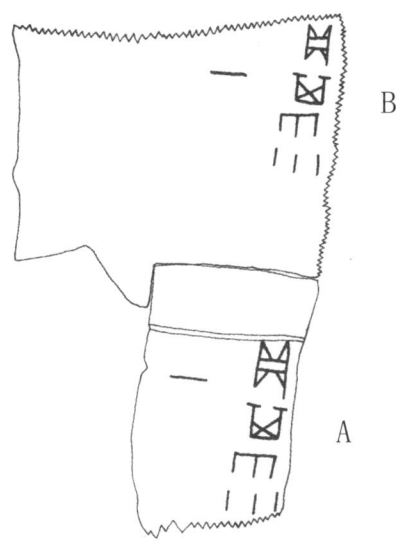

第 1140 則：甲骨拼合第 361 則（李愛輝）

A《合》6612 ＋ B《合》14791

第 1141 則：甲骨拼合第 362 則（李愛輝）

A《合》10168 ＋ B《合》14157 ＋ C《合》14158

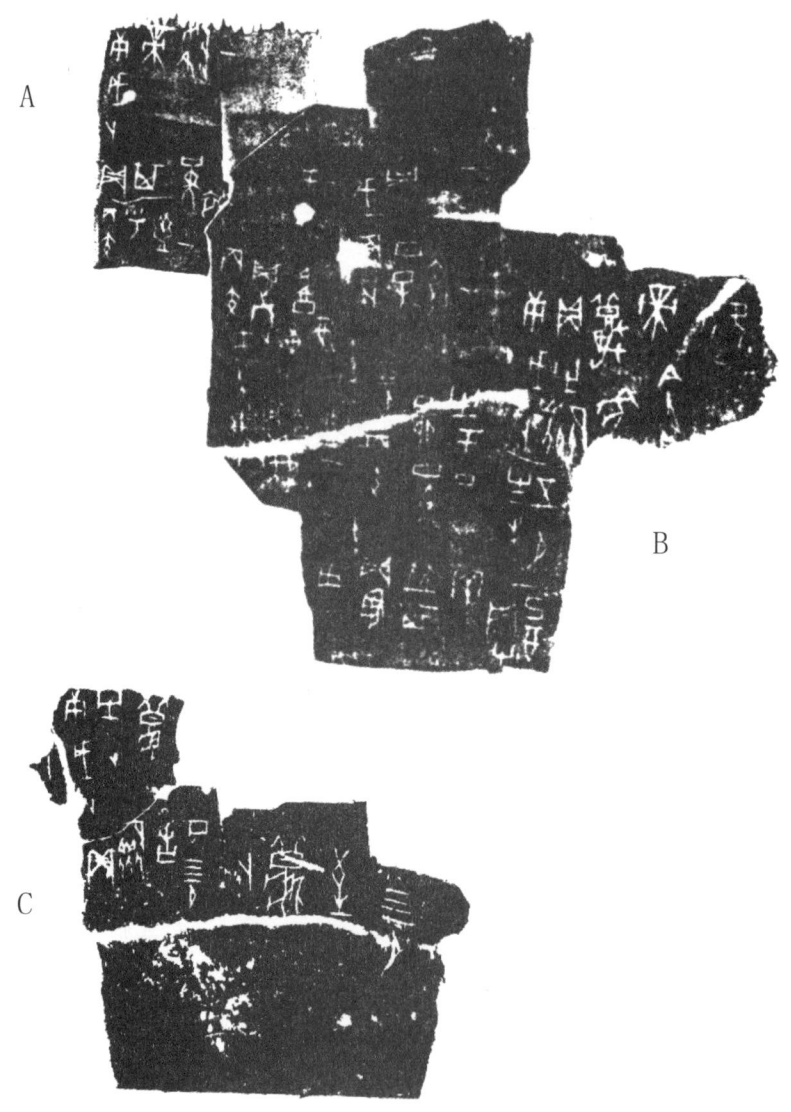

綴合圖版 · 189

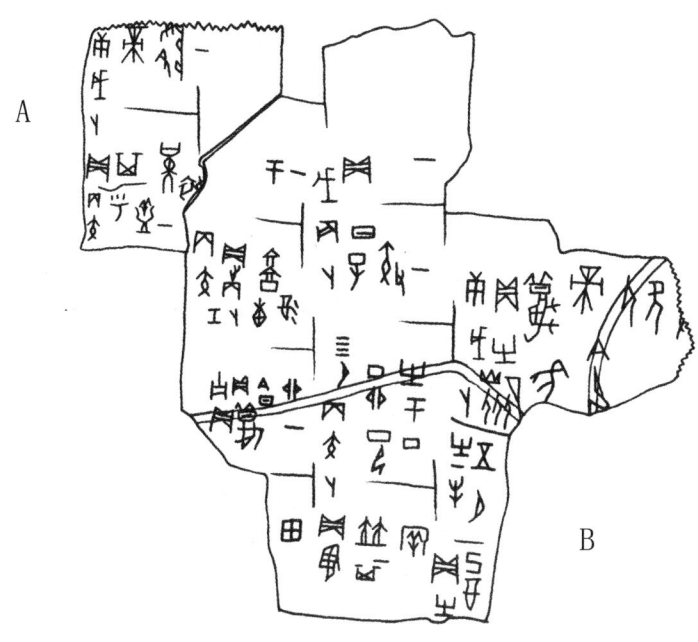

第 1142 則：甲骨拼合第 363 則（李愛輝）

A《合》1910 ＋ B《合》8626

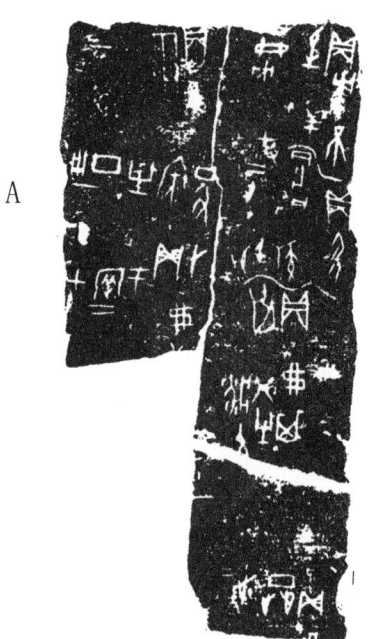

綴合圖版 · 191

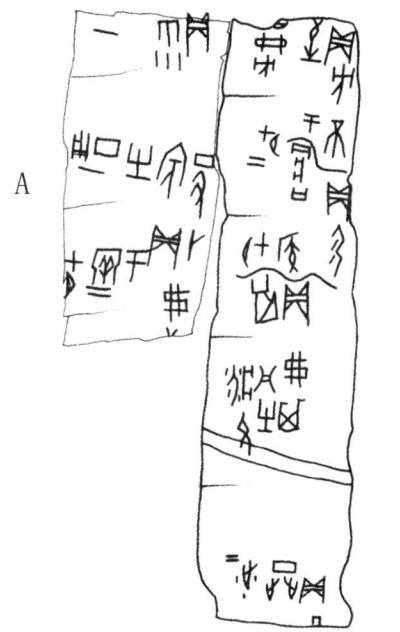

第 1143 則：甲骨拼合第 364～367 則（李愛輝）

A《合》10676 ＋ B《合》19590

第 1144 則：甲骨拼合第 364 ~ 367 則（李愛輝）

A《合》3268 ＋ B《合》9480

第 1145 則：甲骨拼合第 368 則（李愛輝）

A《合》1828 ＋ B《合》1846

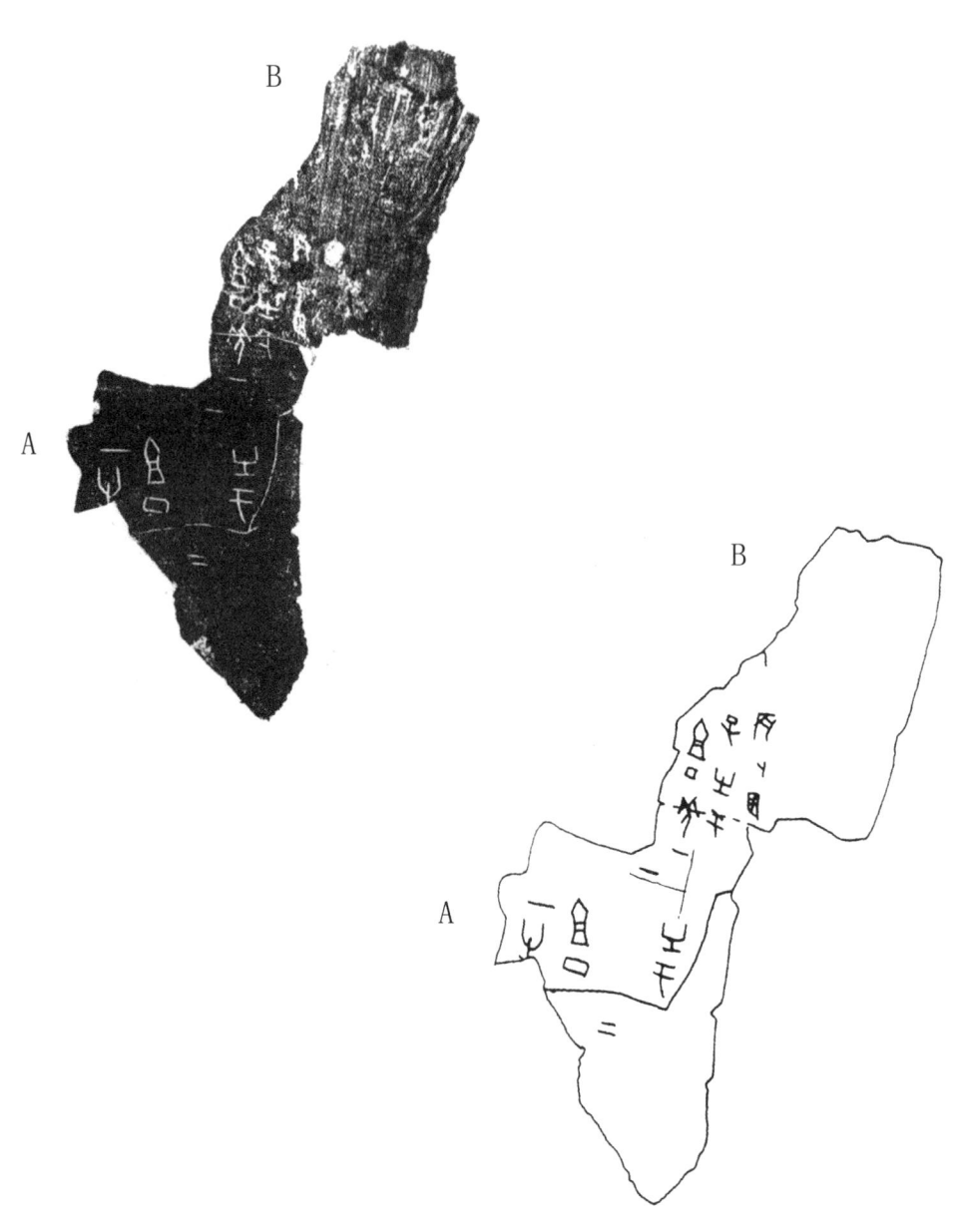

第 1146 則：甲骨拼合第 369 則（李愛輝）

A《合》2688 ＋ B《京》2053 ＋ C《合》11646

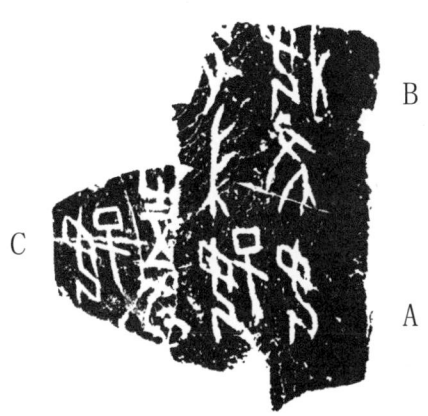

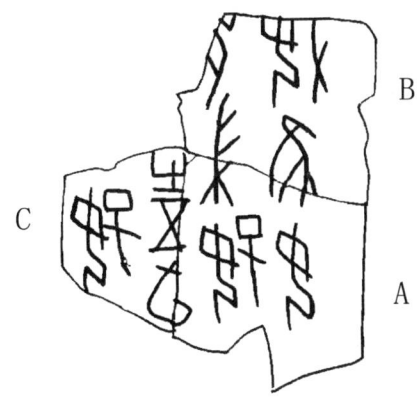

第 1147 則：甲骨拼合第 370 ~ 373 則（李愛輝）

A《合》10506 ＋ B《合》18765 ＋ C《合》13564 ＋ D《安明》357 ＋ E《合》13843 ＋ F《北圖》1980

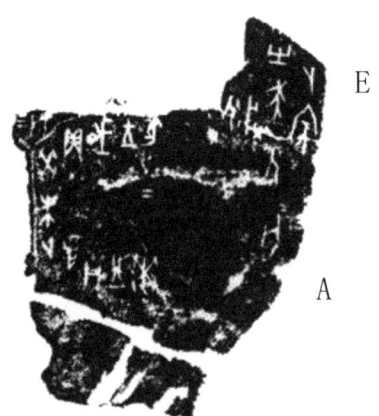
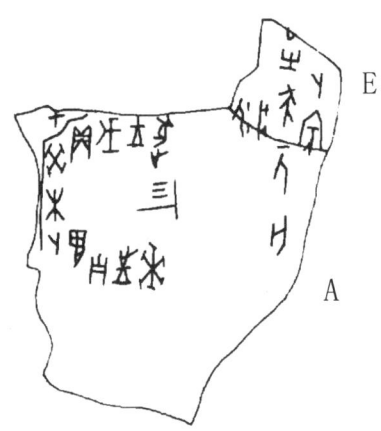

第 1148 則：甲骨拼合第 370～373 則（李愛輝）

A《合補》7069 ＋ B《合補》7490

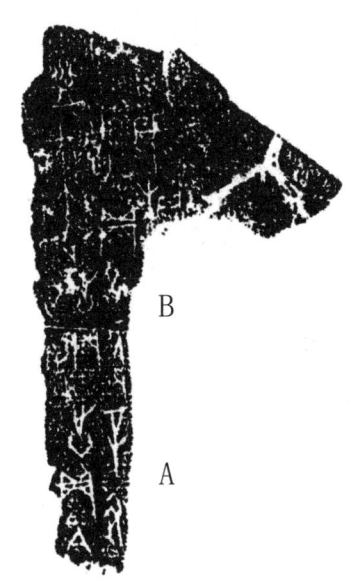

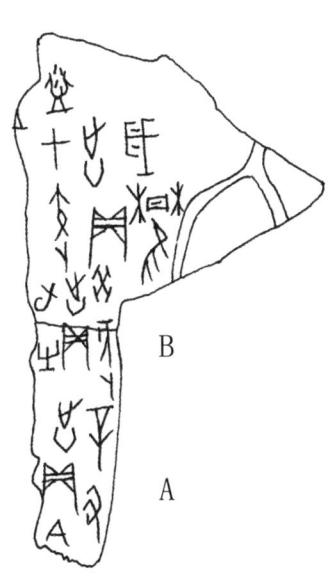

第 1149 則：甲骨拼合第 370 ～ 373 則（李愛輝）

A《合》37536 ＋ B《合》37538

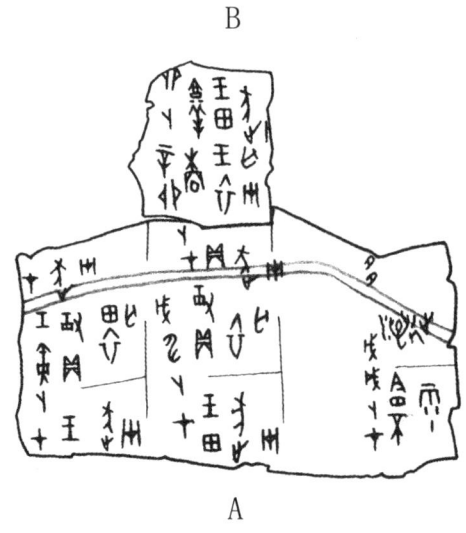

第 1150 則：甲骨拼合第 370 ~ 373 則（李愛輝）

A《殷餘》20.2 ＋ B《殷餘》20.7

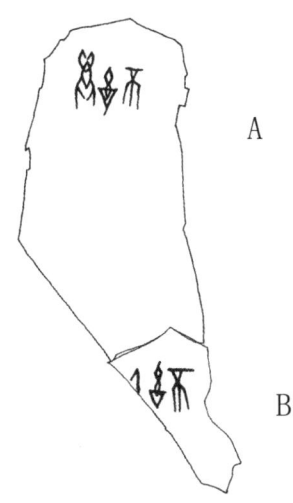

第 1151 則：甲骨拼合第 374～376 則（李愛輝）

A《合補》2247 ＋ B《合補》1993 ＋ C《笏（二）》210 ＋ D《合》7077

第 1152 則：甲骨拼合第 374～376 則（李愛輝）

A《合》11300 ＋ B《合》15783

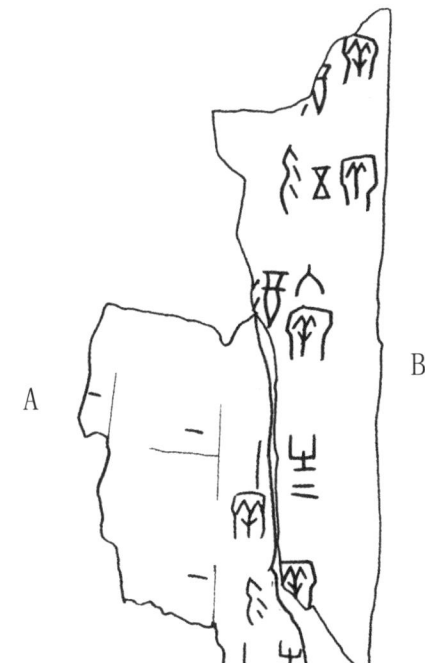

第 1153 則：甲骨拼合第 374～376 則（李愛輝）

A《合補》9635 ＋ B《北圖》1803 正反

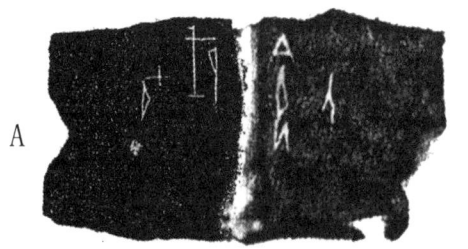
A　　　　　　　　　B 正

B 反

A　　　　　　　　　B 正

B 反

第 1154 則：甲骨試綴第五則（連任鵬）

A《合補》6662 ＋ B《合補》6727

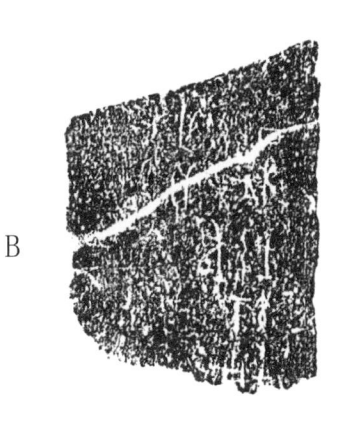

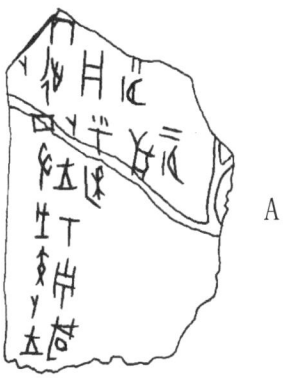

第1155則：甲骨試綴第六則（連佳鵬）

A《合》5444 ＋ B《合》17916

A

B

A

B

第1156則：甲骨拼合一則（張志強）

A《京人》195 ＋ B《合》4025 ＋ C《合》8731

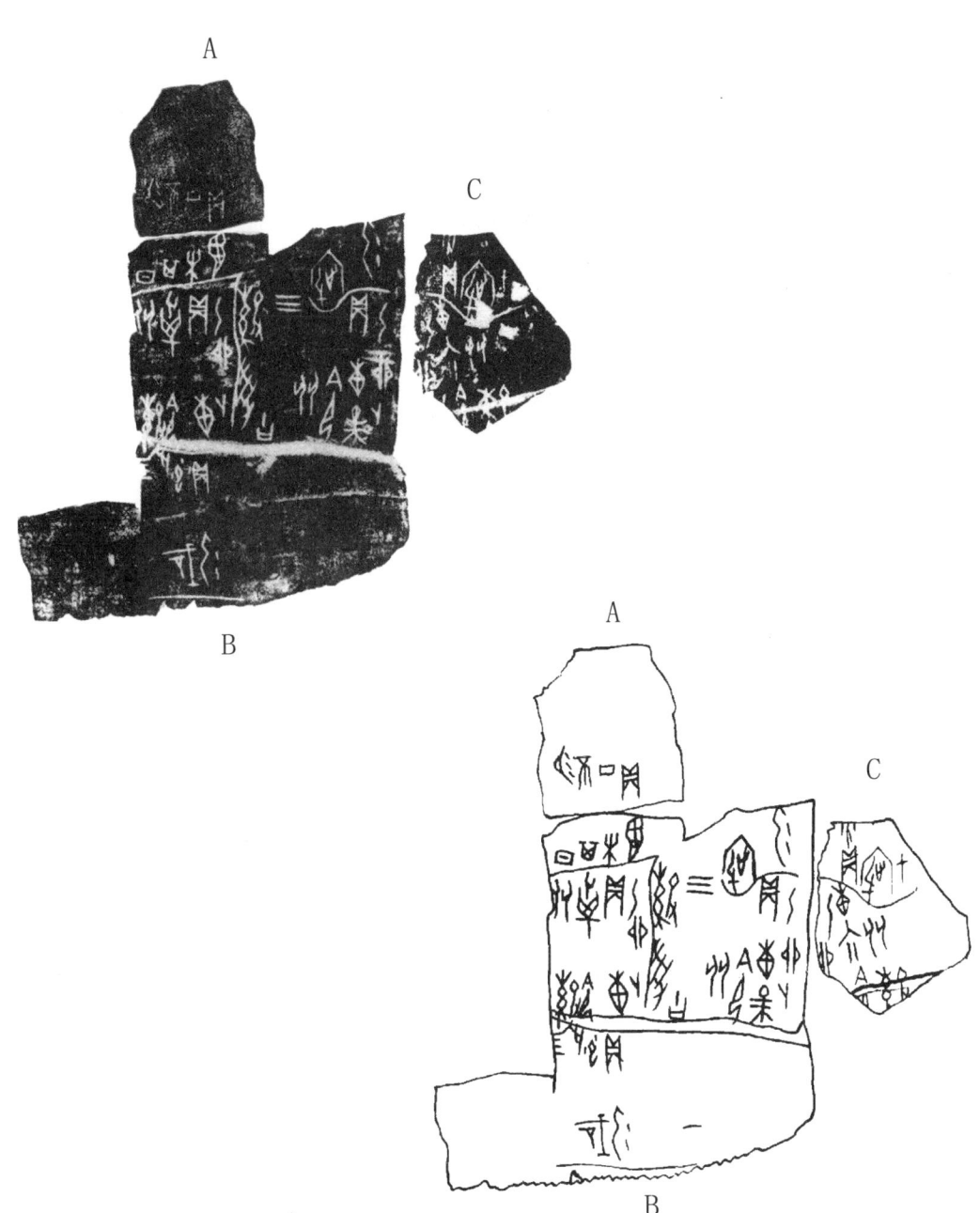

第1157則：甲骨拼合第 7 則（吳麗婉）

A《合》14179 ＋ B《合》14583

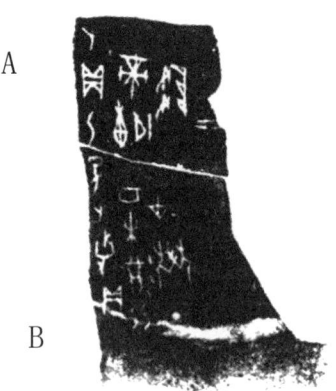

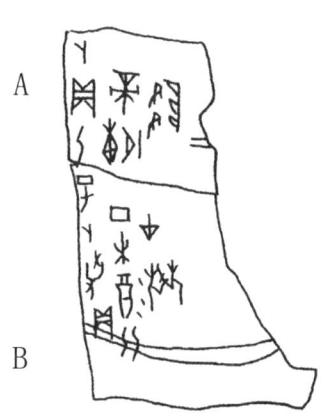

第 1158 則：甲骨拼合第 8～9 則（吳麗婉）

A《上博》17645.645 正反＋B《英藏》1674

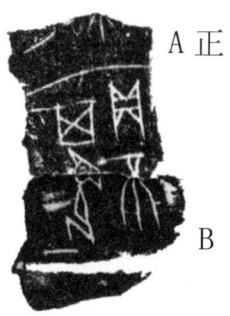

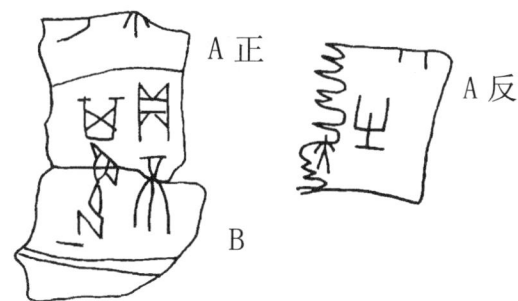

第 1159 則：甲骨拼合第 8～9 則（吳麗婉）

A《英藏》685 ＋ B《合補》1880

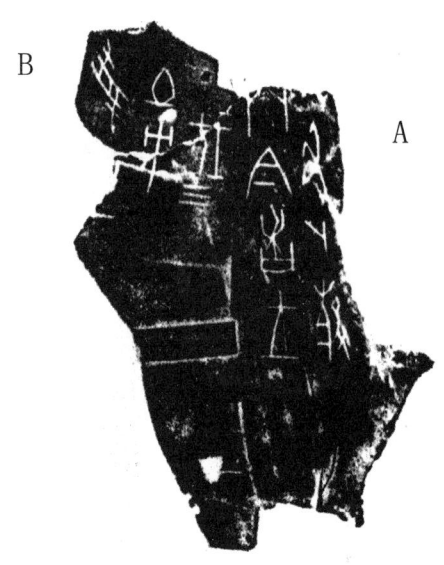

第 1160 則：甲骨拼合第 10 ~ 11 則（吳麗婉）

A《合補》1658 ＋ B《合》7464

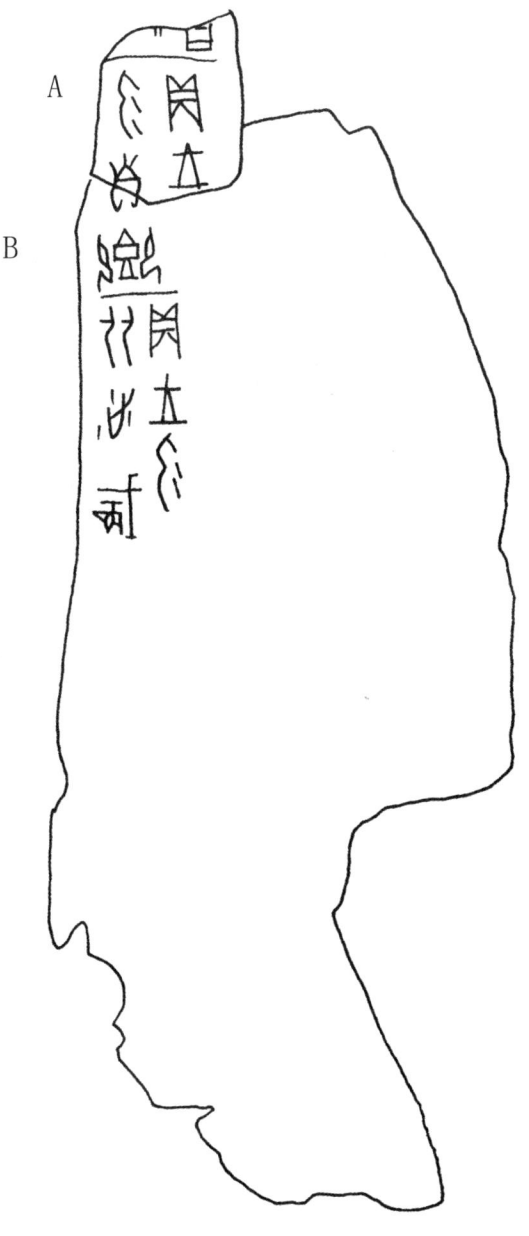

第 1161 則：甲骨拼合第 10 ~ 11 則（吳麗婉）

A《合》10716 ＋ B《上博》21691.302 ＋ C《合補》1651

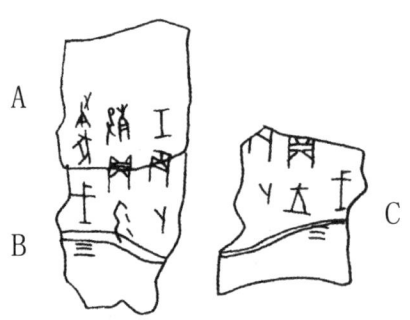

第 1162 則：甲骨拼合第 12～13 則（吳麗婉）

A《合補》4393 ＋ B《文錄》136

第 1163 則：甲骨拼合第 12～13 則（吳麗婉）

A《合補》1776 ＋ B《合補》4637

第 1164 則：甲骨拼合第 14 ～ 20 則（吳麗婉）

A《合補》8497 ＋ B《合》23051

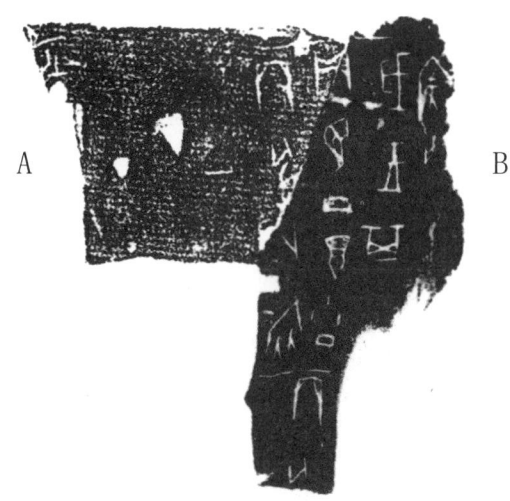

第 1165 則：甲骨拼合第 14～20 則（吳麗婉）

A《合》22803 ＋ B《粹》306

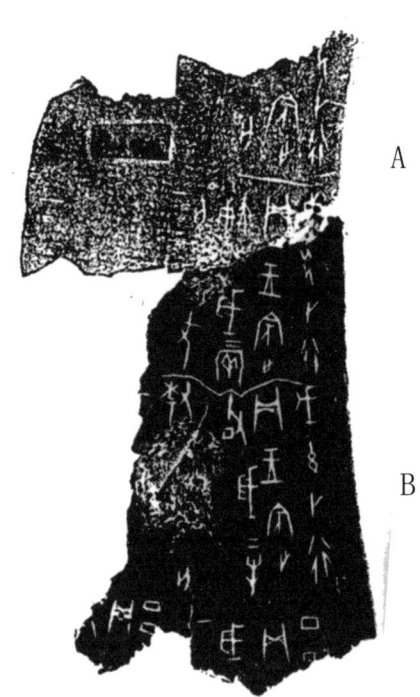

綴合圖版 · 217

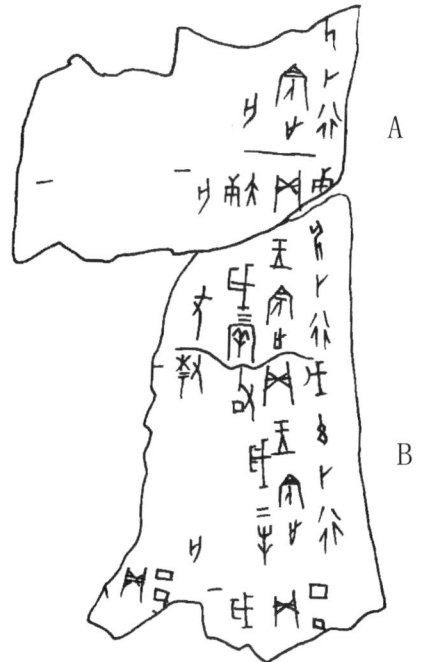

第 1166 則：甲骨拼合第 14 ~ 20 則（吳麗婉）

A《合》26443 ＋ B《合》26362

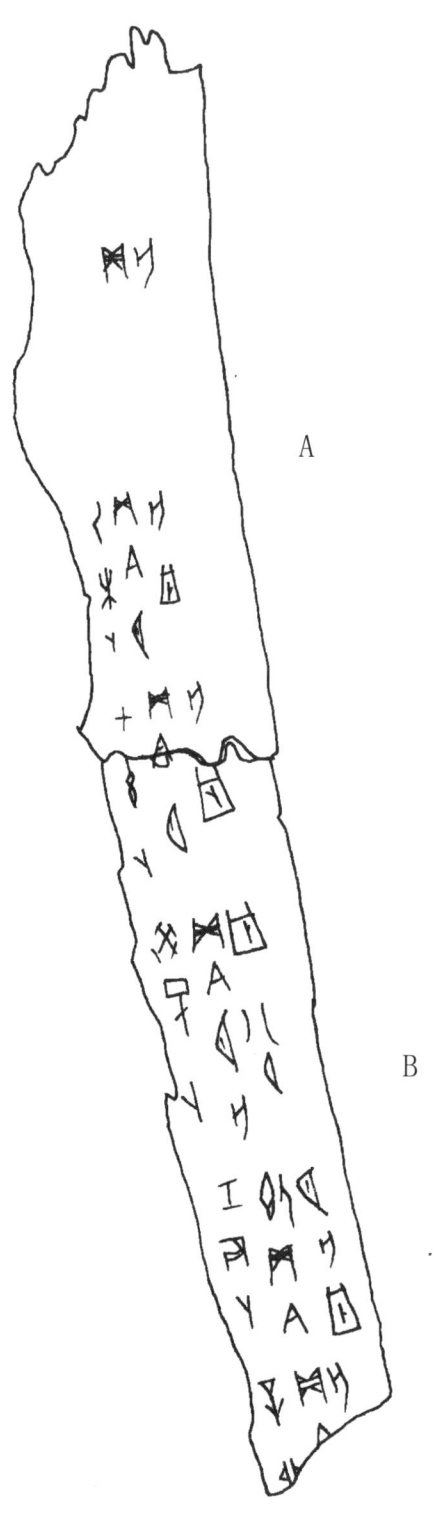

第 1167 則：甲骨拼合第 14 ~ 20 則（吳麗婉）

A《東文庫》355 ＋ B《合》26646

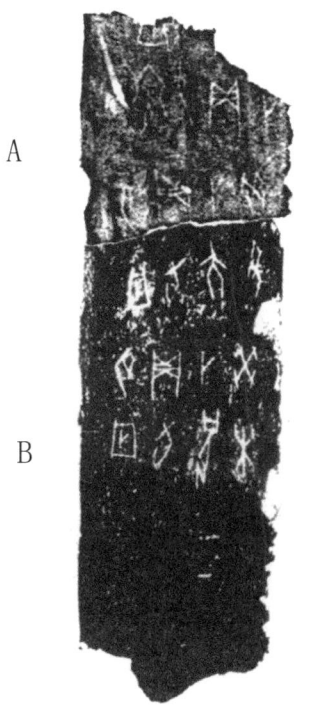

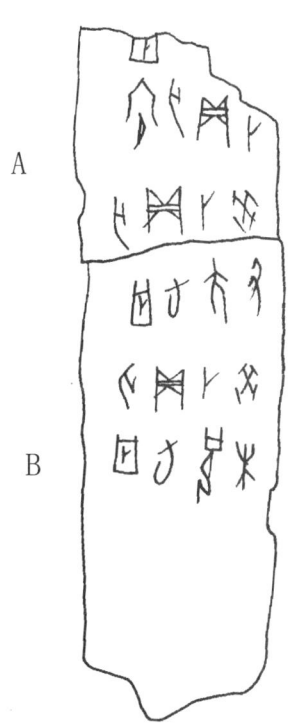

第 1168 則：甲骨拼合第 14 ~ 20 則（吳麗婉）

A《合》34878 ＋ B《殷遺》458 正

綴合圖版 · 221

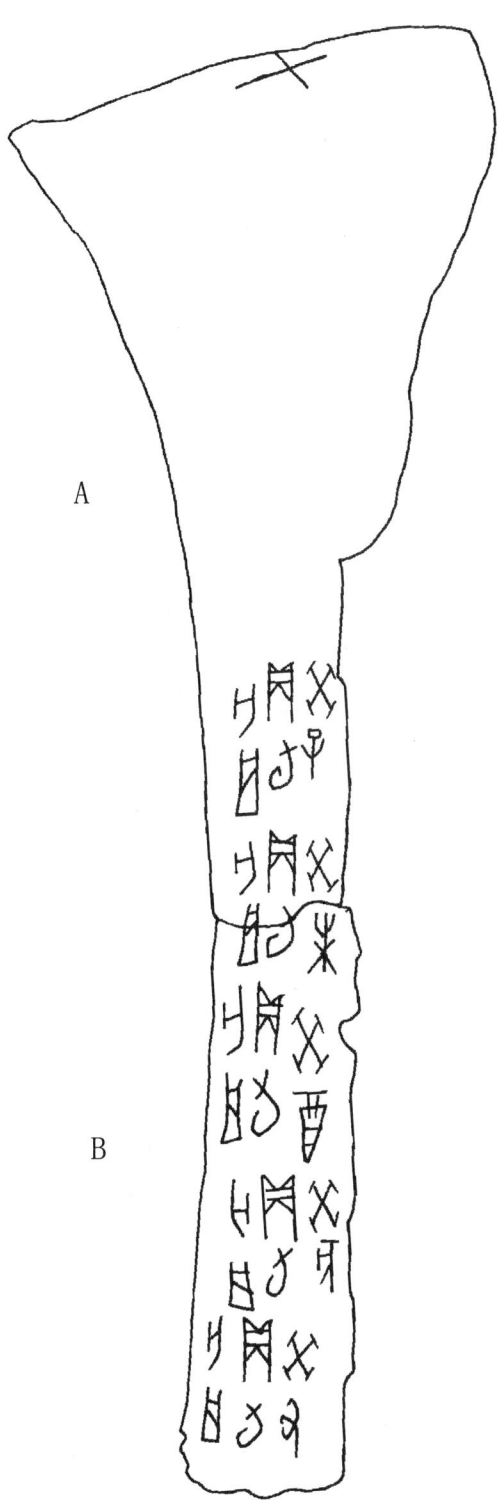

縮至 80%

第 1169 則：甲骨拼合第 14～20 則（吳麗婉）

A《合補》10765 ＋ B《村中南》161

綴合圖版 · 223

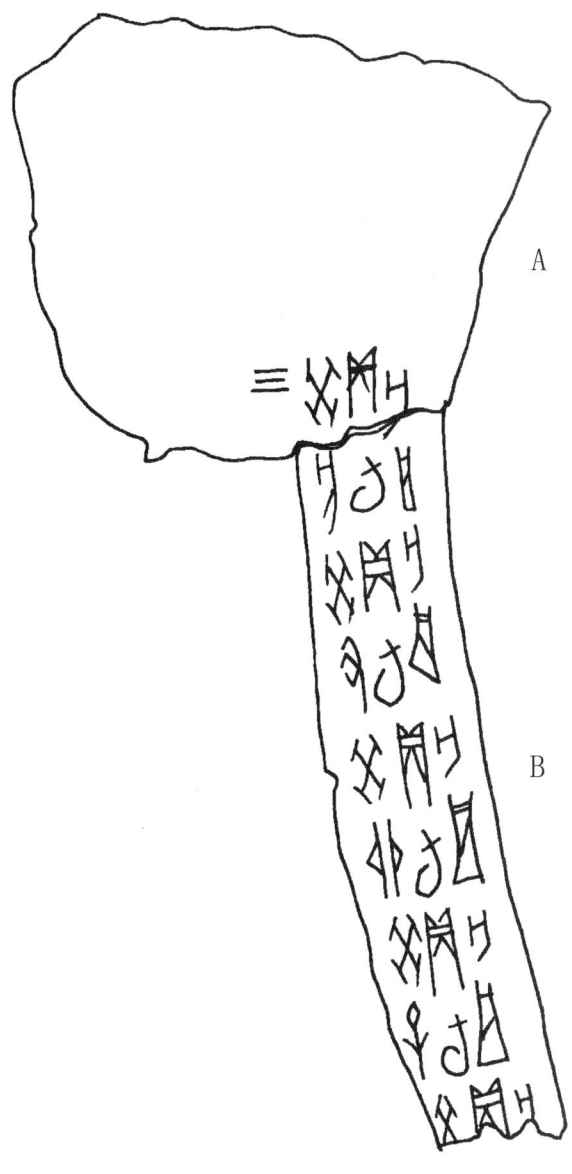

第 1170 則：甲骨拼合第 14 ~ 20 則（吳麗婉）

A《殷遺》96 ＋ B《旅博》555 正

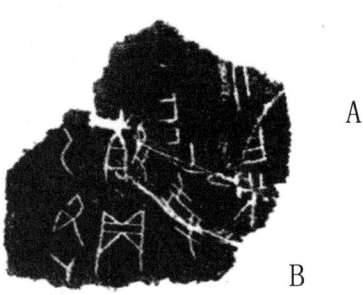

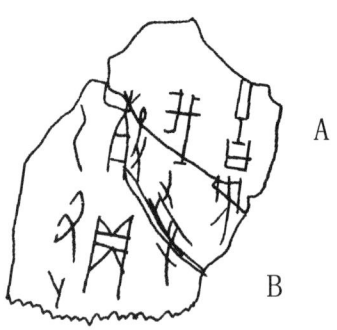

第 1171 則：甲骨拼合第 21 ~ 23 則（吳麗婉）

A《美藏》484 ＋ B《合》27898

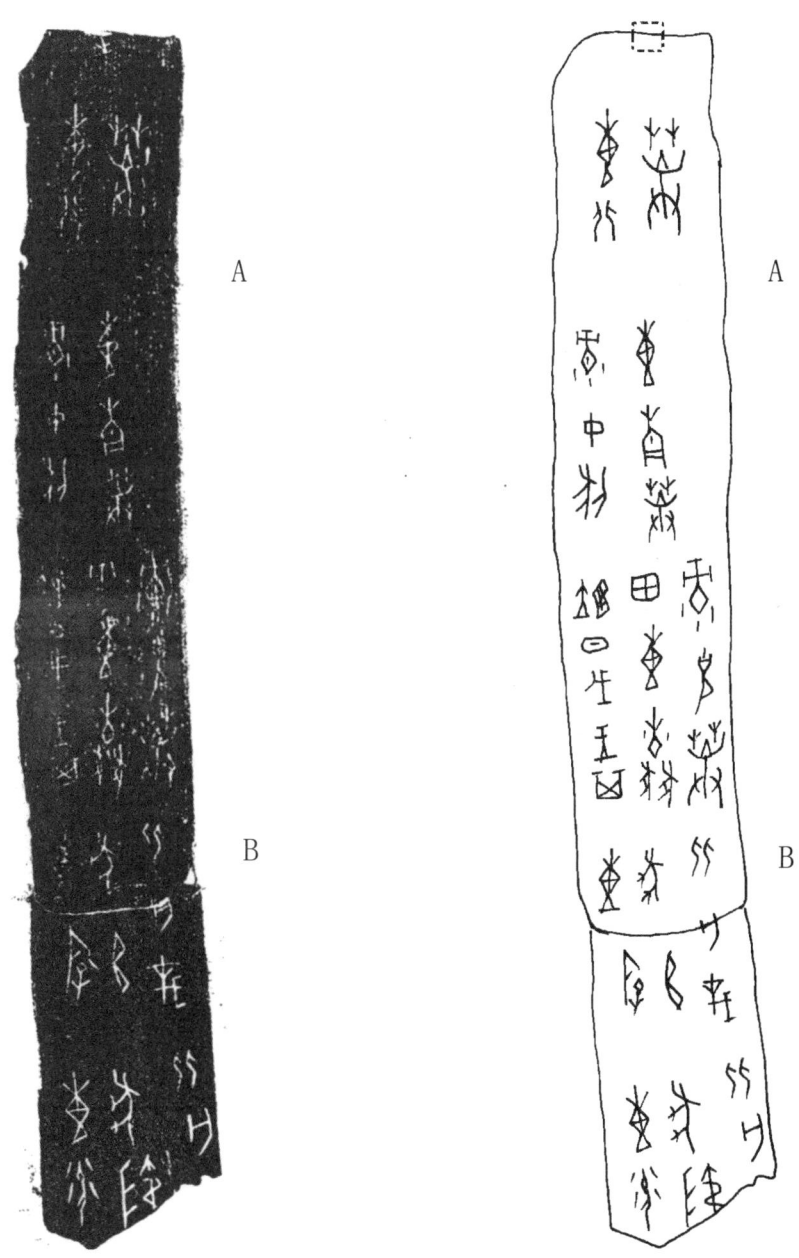

第 1172 則：甲骨拼合第 21 ~ 23 則（吳麗婉）

A《合》28633 ＋ B《合補》7455

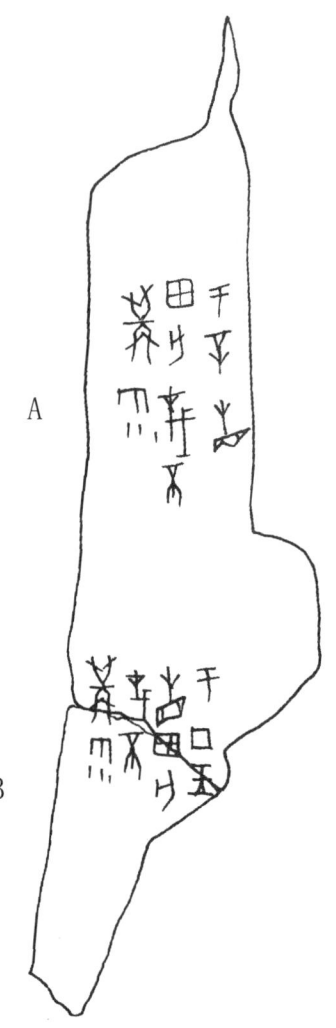

第 1173 則：甲骨拼合第 21 ～ 23 則（吳麗婉）

A《合》31470 ＋ B《北珍》1706

第 1174 則：甲骨拼合第 24 ~ 26 則（吳麗婉）

A《合》13074 乙＋B《合》13074 甲＋C《合》13449＋D《北珍》2108

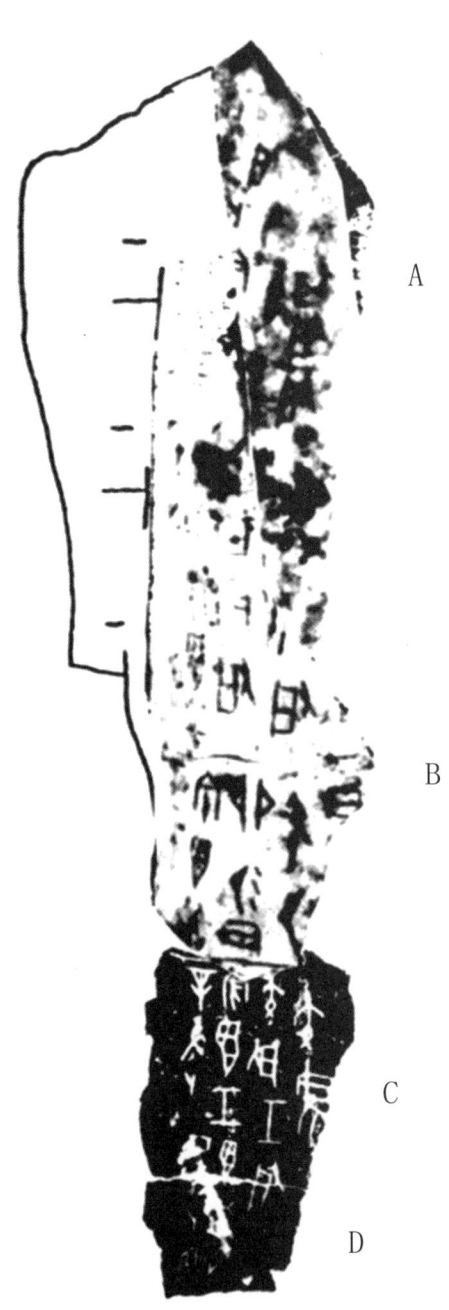

綴合圖版 · 229

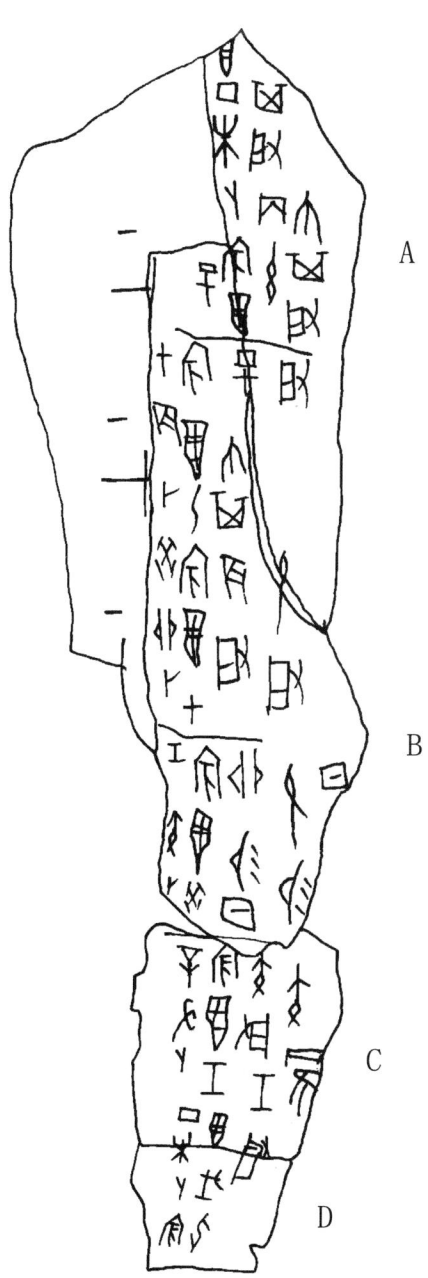

第 1175 則：甲骨拼合第 24 ~ 26 則（吳麗婉）

A《合》合 29688 ＋ B《京人》2228 ＋ C《合》30272

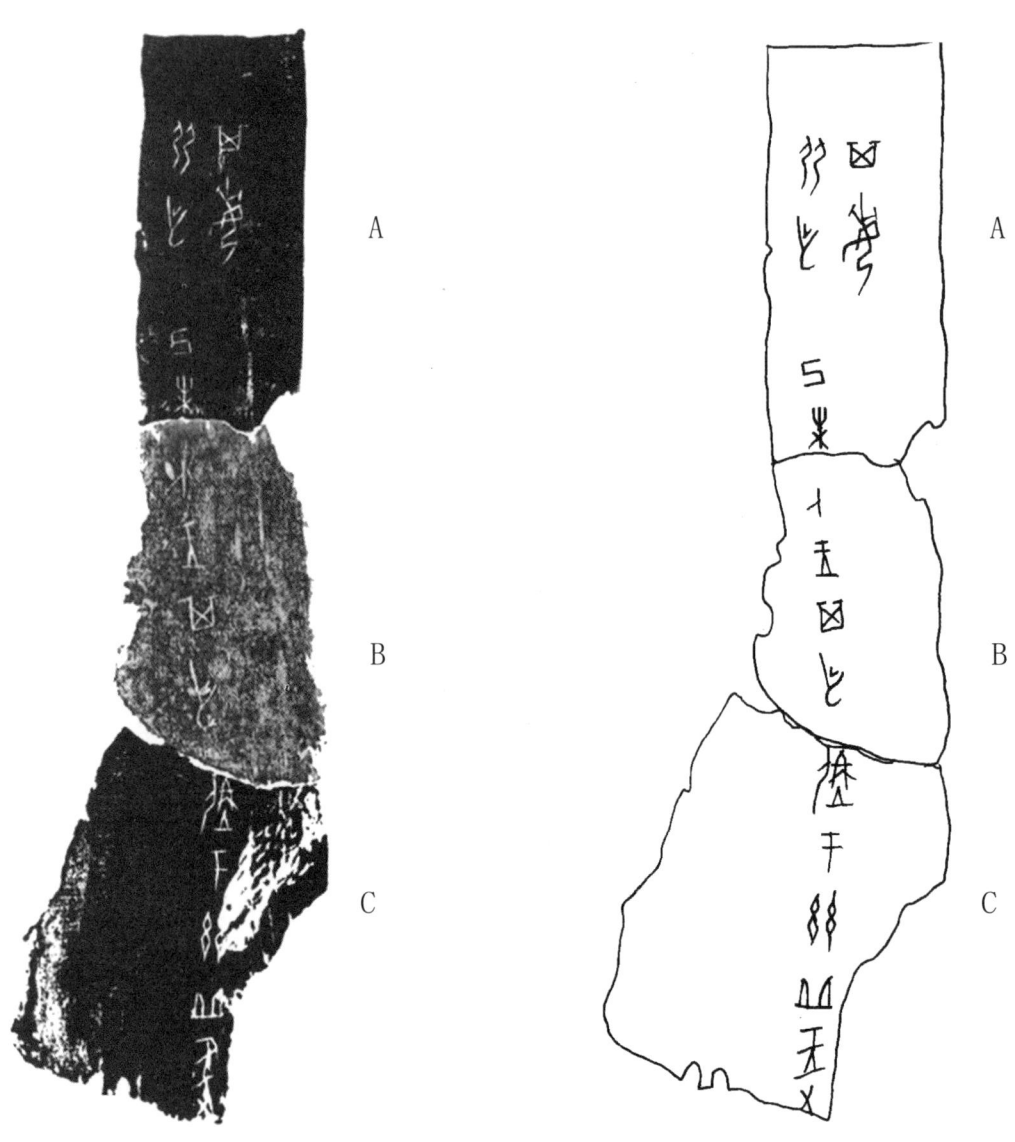

第 1176 則：甲骨拼合第 27 ~ 28 則、替換原第 25 則（吳麗婉）

A《合》178 ＋ B《合》7700 ＋ C《籑遊》27

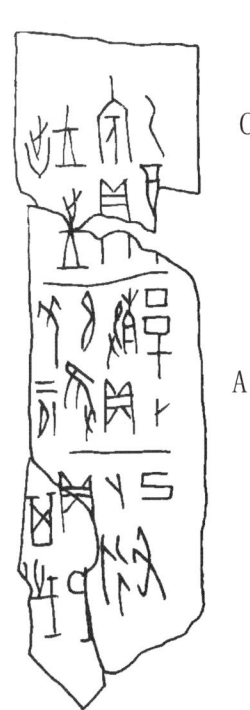

第 1177 則：甲骨拼合第 27～28 則、替換原第 25 則（吳麗婉）

A《合》16375 正反＋B《存補》5.95.1、《存補》5.95.2

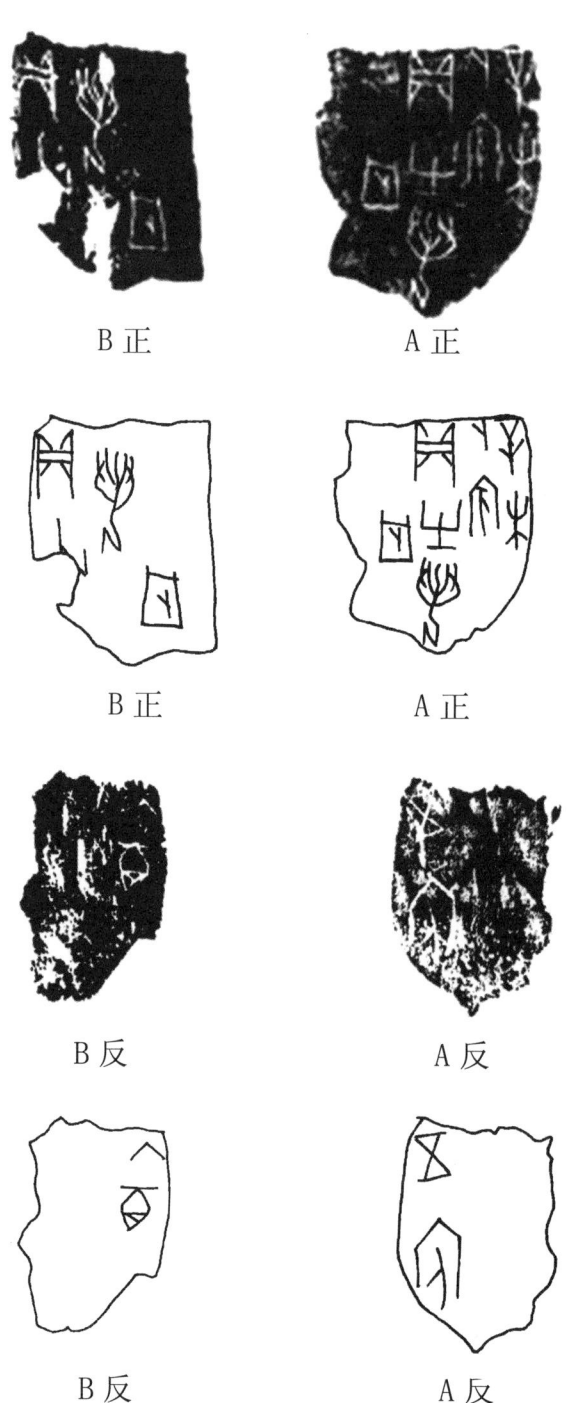

B 正　　　A 正

B 正　　　A 正

B 反　　　A 反

B 反　　　A 反

第 1178 則：甲骨拼合第 29 則、替換原第 25 則（吳麗婉）

A《合》8609 ＋ B《安明》618

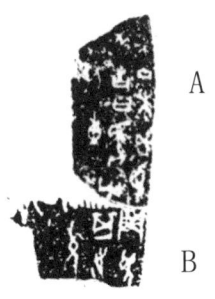

《輯佚》18

《合》8409
同文圖版（蔣玉斌先生綴合）

第 1179 則：甲骨拼合第 29 則、替換原第 25 則（吳麗婉）

A《英藏》1399 ＋ B《合》13540 ＋ C《合》1365

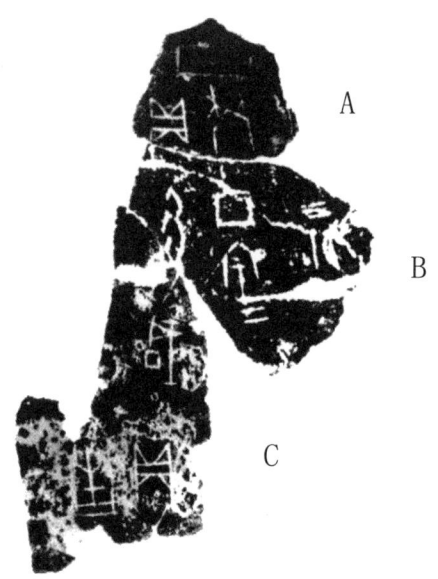
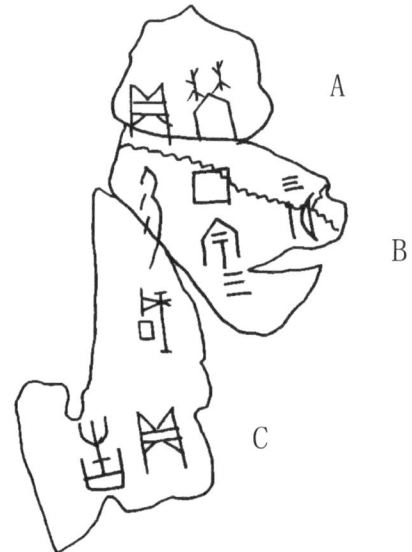

第 1180 則：甲骨拼合第 30 ~ 31 則（吳麗婉）

A《合》19696 ＋ B《后》下 11.9

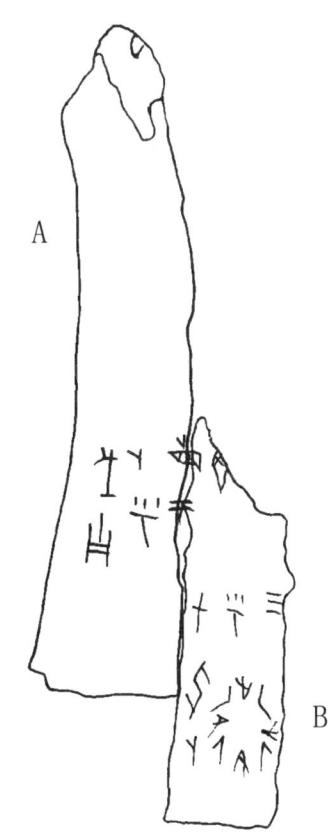

第 1181 則：甲骨拼合第 30 ~ 31 則（吳麗婉）

A 2015 年西泠印社秋季拍賣會甲骨彩圖之一＋B《合》34195＋C《合》34534

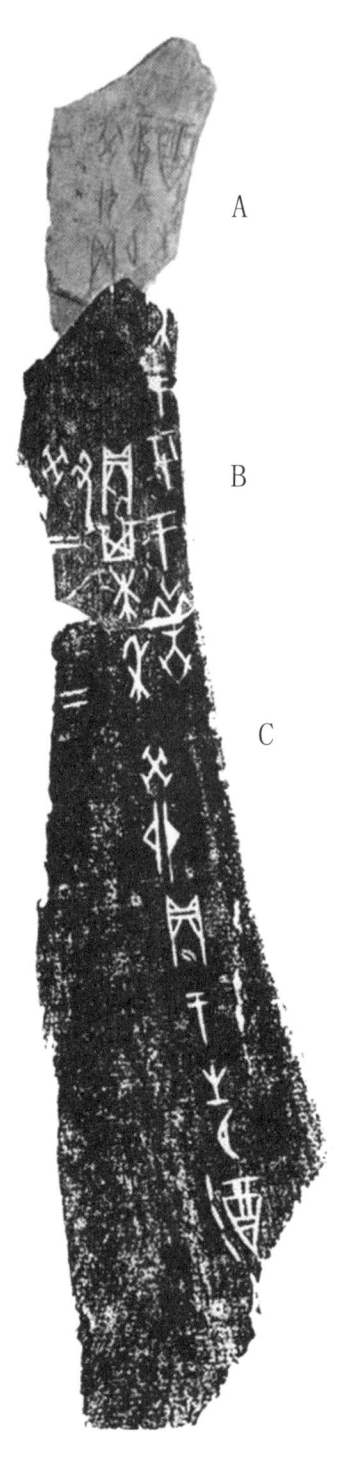

綴合圖版 · 237

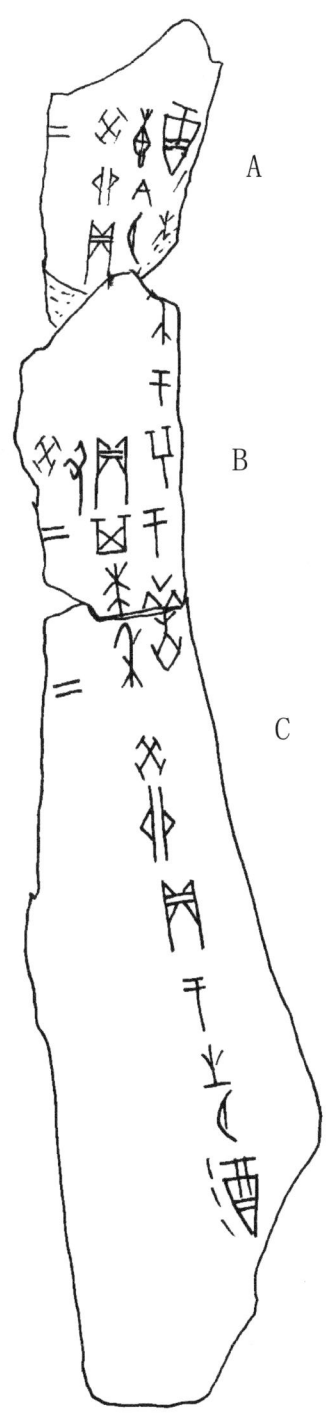

第 1182 則：甲骨拼合第 32 ～ 33 則（吳麗婉）

A《合》12897 ＋ B《合》9059 正＋ C《合》13037 ＋ D《掇一》19 ＋ E《英藏》398

綴合圖版 · 239

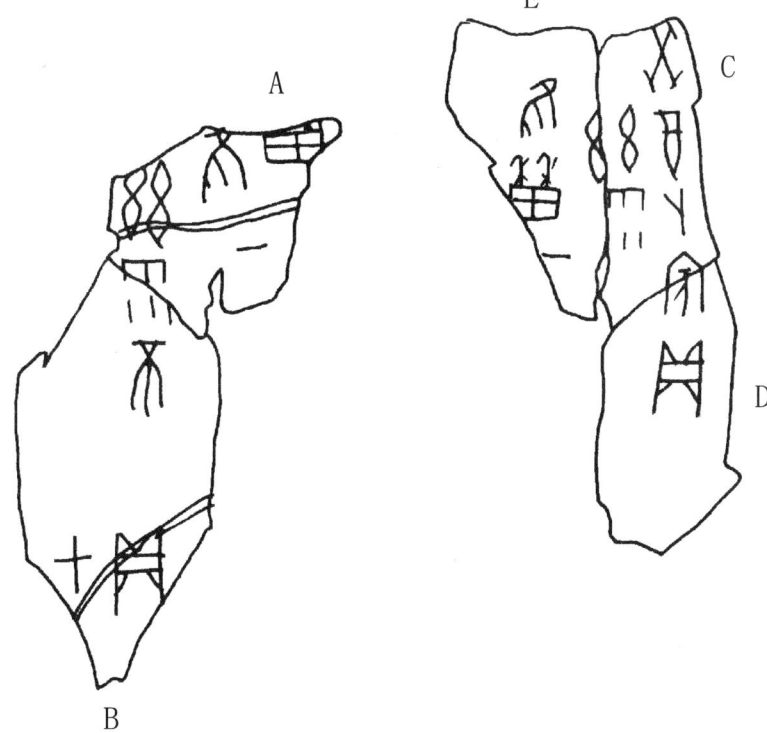

第 1183 則：甲骨拼合第 34 則（吳麗婉）

A《合補》457 ＋ B《北珍》2576

第 1184 則：替換原第 33 則（吳麗婉）

A《合》31935 ＋ B《合補》8760

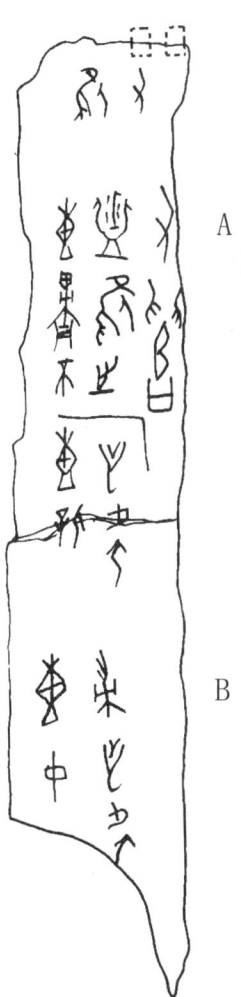

第 1185 則：甲骨拼合第 35 ~ 36 則（吳麗婉）

A《上博》21691.125 ＋ B《合》26609

第 1186 則：甲骨拼合第 35 ~ 36 則（吳麗婉）

A《京》2583 ＋ B《合》6676

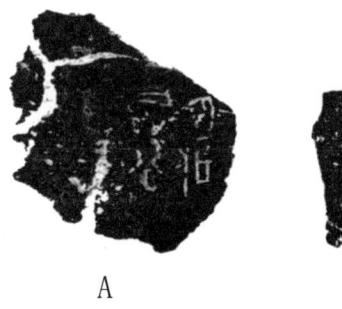

A　　　　　B

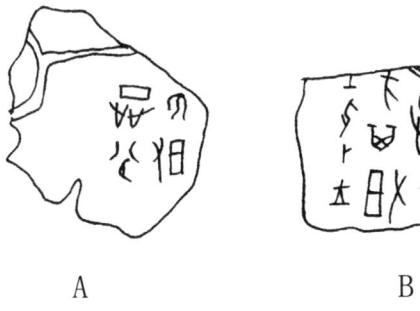

A　　　　　B

第 1187 則：甲骨拼合第 37 則（吳麗婉）

A《合》27747 ＋ B《合》31259

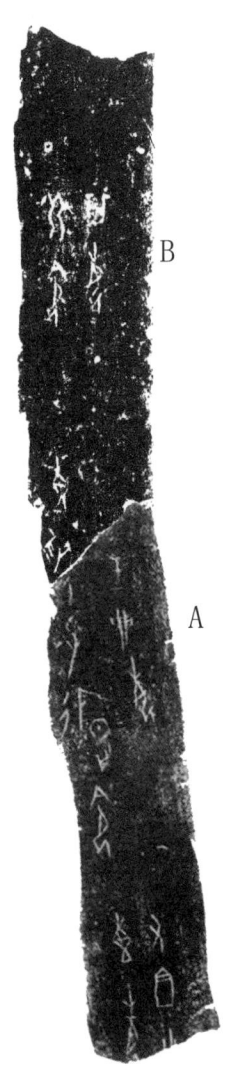

第 1188 則：甲骨拼合第 38 ~ 39 則（吳麗婉）

A《合》7837 ＋ B《上博》17647.400 ＋ C《存補》5.264.1

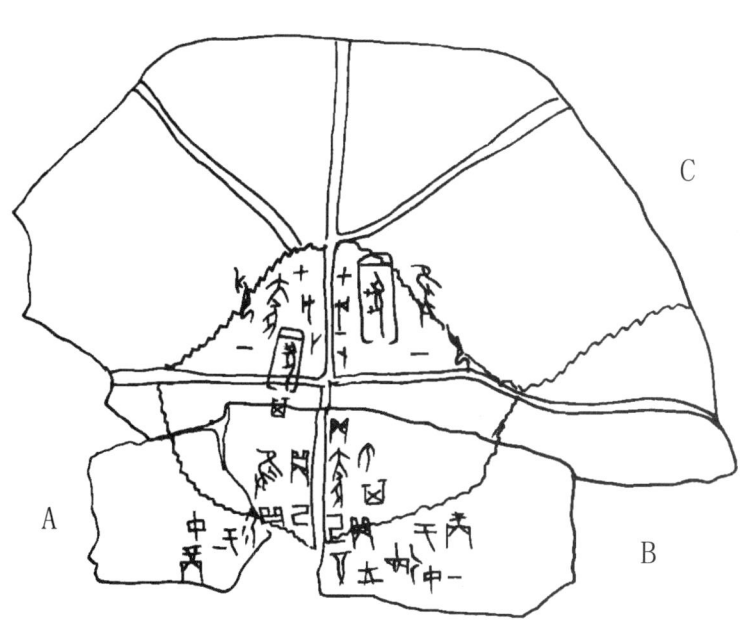

第1189則：甲骨拼合第38～39則（吳麗婉）

A《合》40951＋B《北珍》400

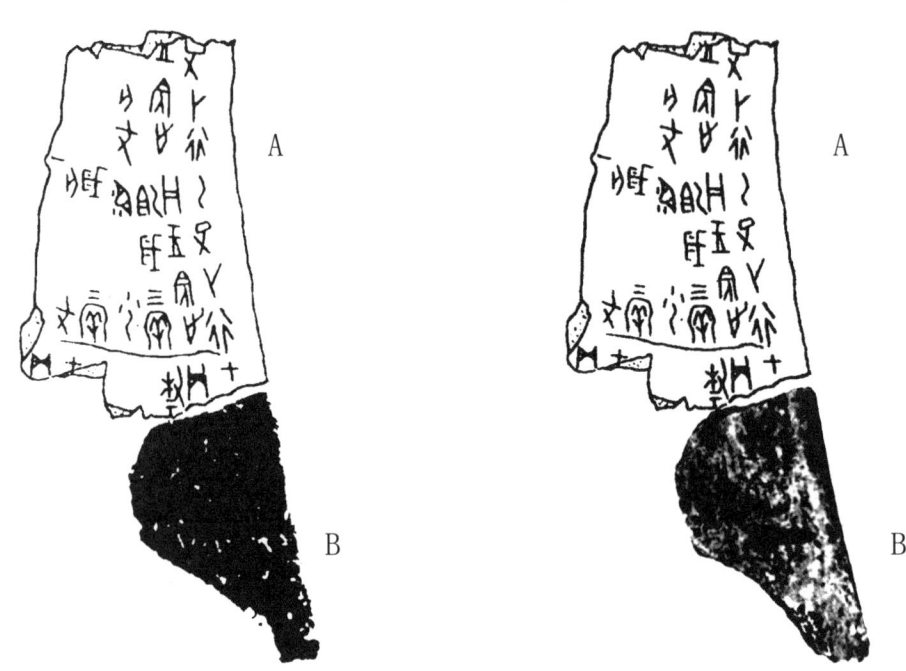

第 1190 則：甲骨拼合第 40 ~ 42 則（吳麗婉）

A《明後》2644 ＋ B《合》29343

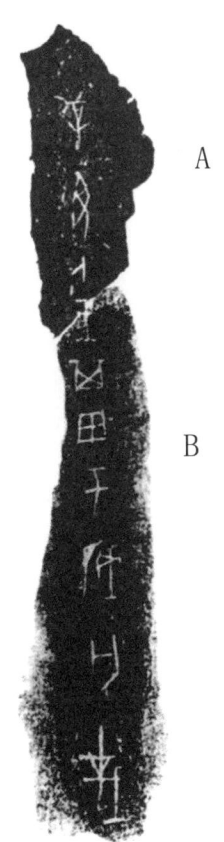
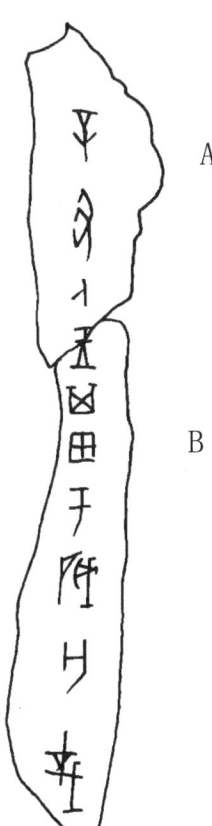

第 1191 則：甲骨拼合第 40～42 則（吳麗婉）

A《旅藏》166 正反＋B《合》4904 正反（京人 881aB）＋C《旅藏》102 正反

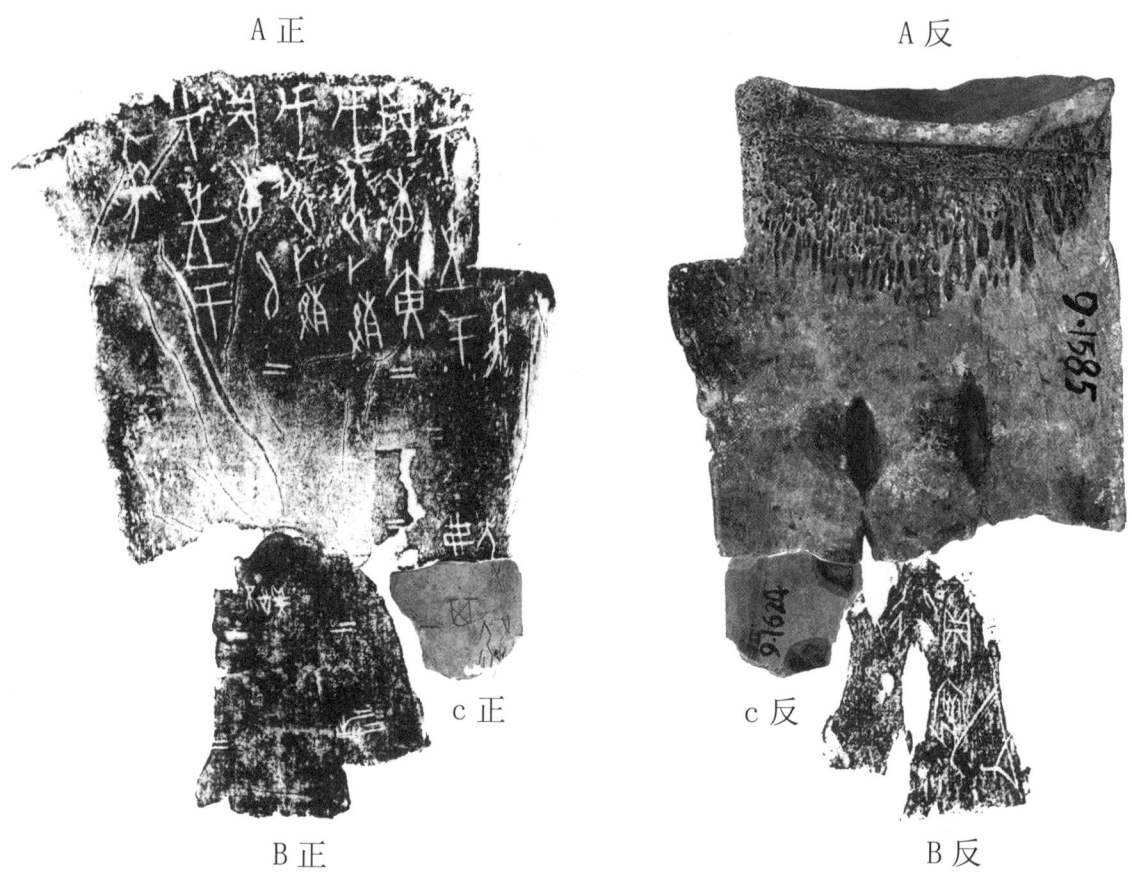

缩至 80%

第1192則：甲骨拼合第40～42則（吳麗婉）

A《合》25746＋B《合》3336正反＋C《合》13079＋D《合》15236

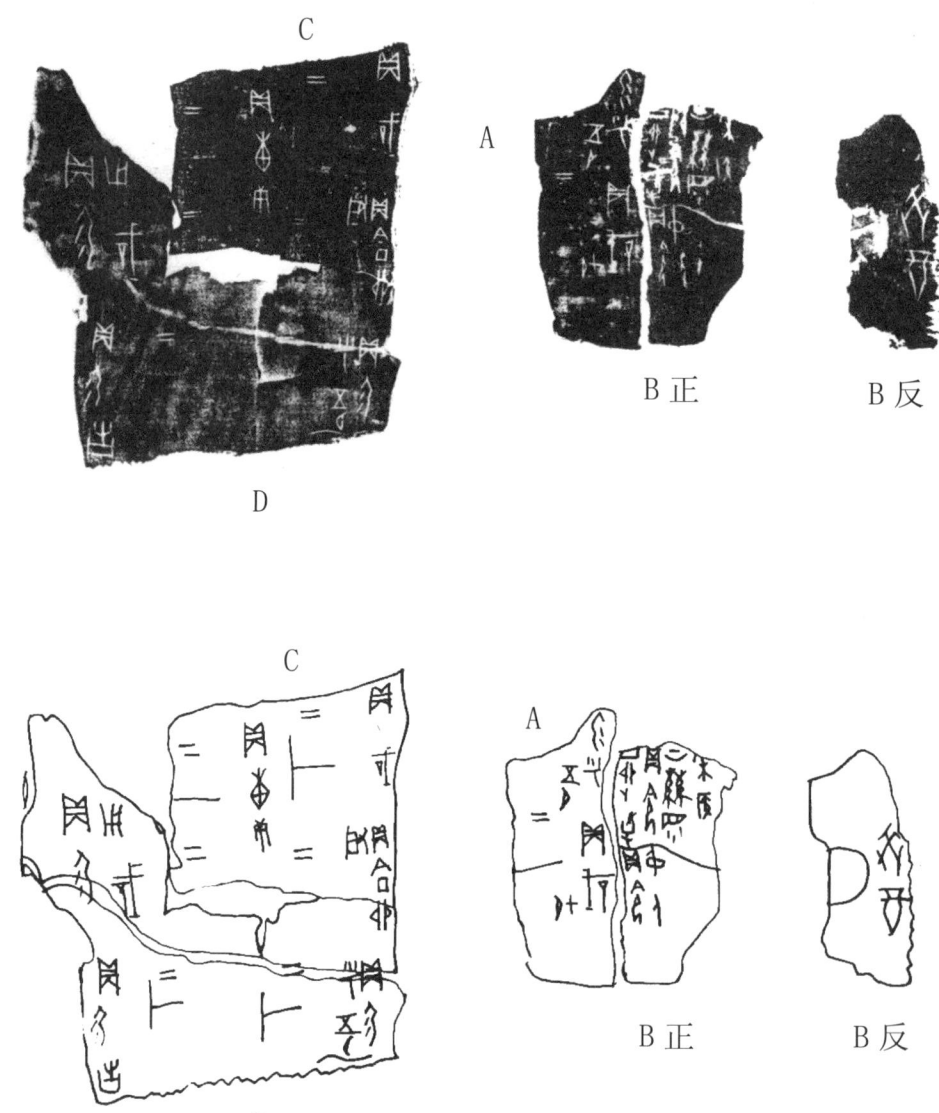

第 1193 則：甲骨拼合第 43 則（吳麗婉）

A《合》11355 ＋ B《山東》802 ＋ C《山東》1893

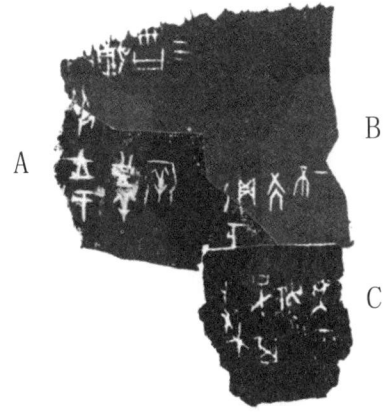

第 1194 則：甲骨拼合第 44 則（吳麗婉）

A《合》7339 ＋ B《合》7424

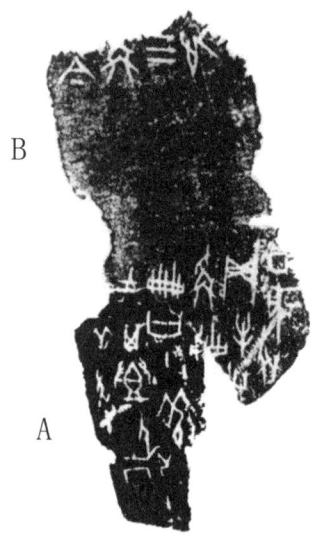
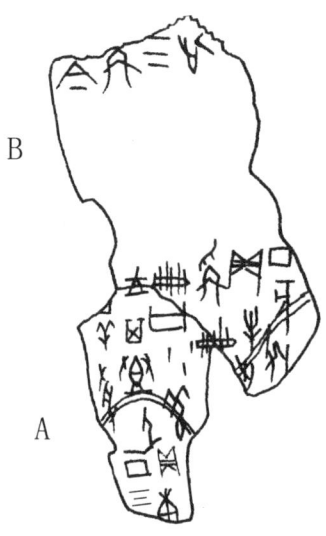

第 1195 則：甲骨拼合第 45～46 則（吳麗婉）

A《合補》2147 ＋ B《合》6858

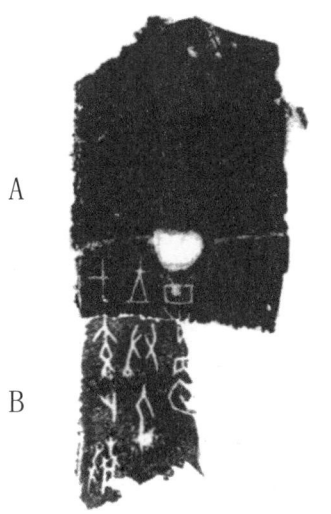

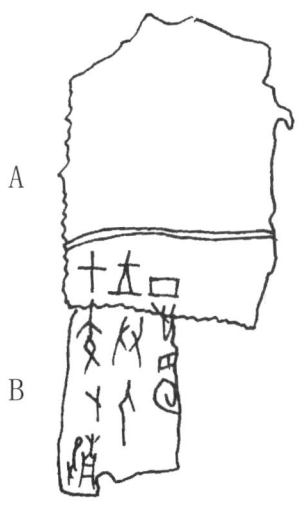

第 1196 則：甲骨拼合第 45 ~ 46 則（吳麗婉）

A《合》5092 ＋ B《合》9558

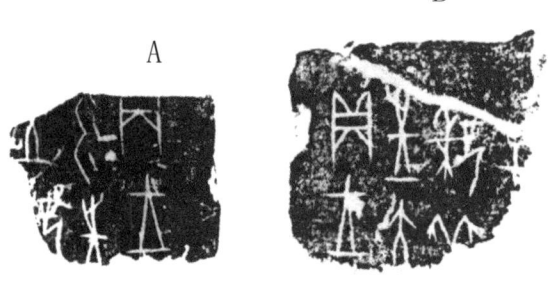

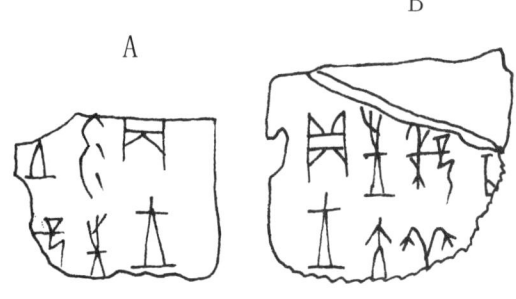

第1197則：甲骨拼合第47～50則（吳麗婉）

A《明後》396（倒）＋B《合》9082

第 1198 則：甲骨拼合第 47 ~ 50 則（吳麗婉）

A《中歷藏》43 ＋ B《合》6782

第 1199 則：甲骨拼合第 47～50 則（吳麗婉）

A《安散》53 ＋ B《合》36841

第 1200 則：甲骨拼合替換原第 47 則（吳麗婉）

A《笏（二）》26 ＋ B《合》6426

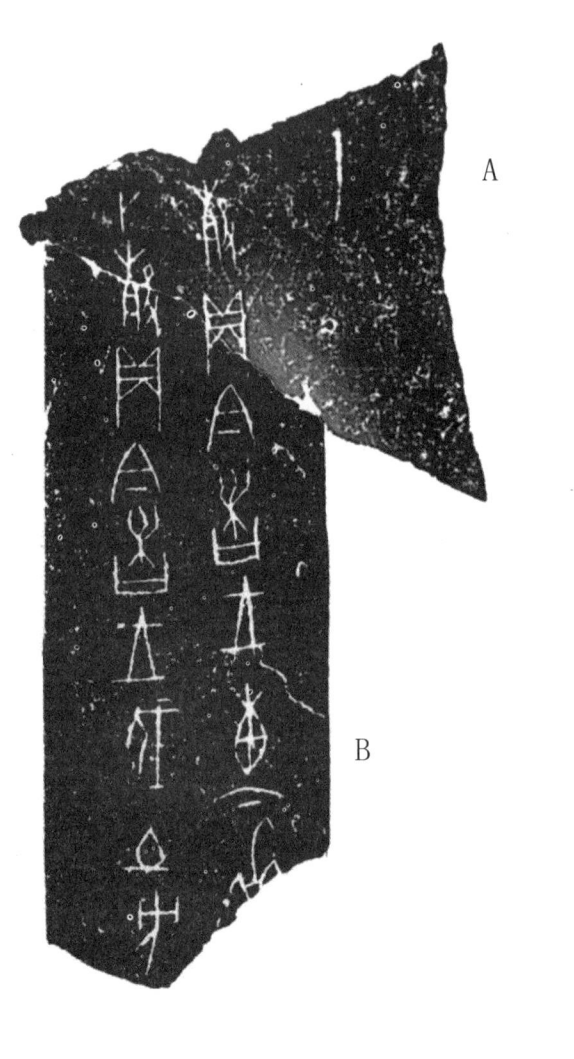
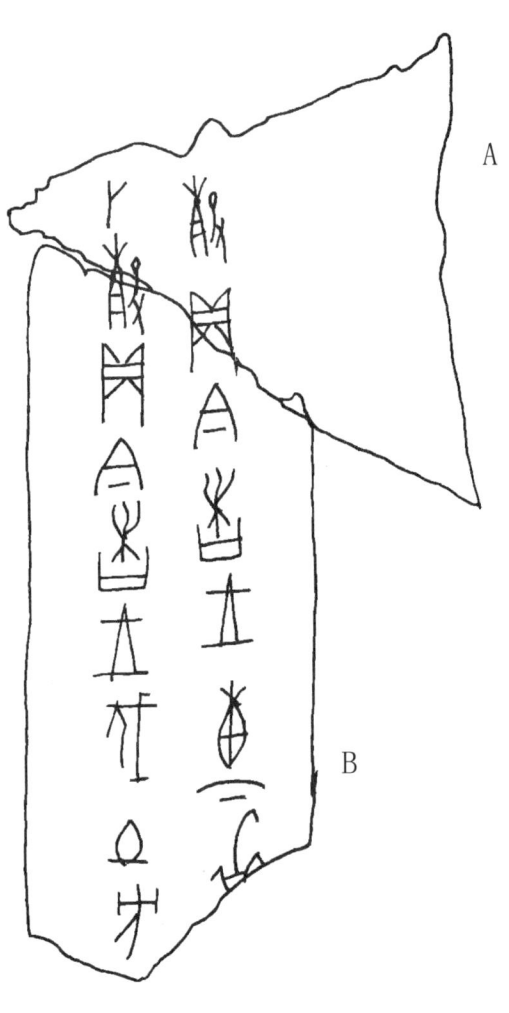

第 1201 則：甲骨拼合第 51 則（吳麗婉）

A《笏（二）》924 ＋ B《山東》131

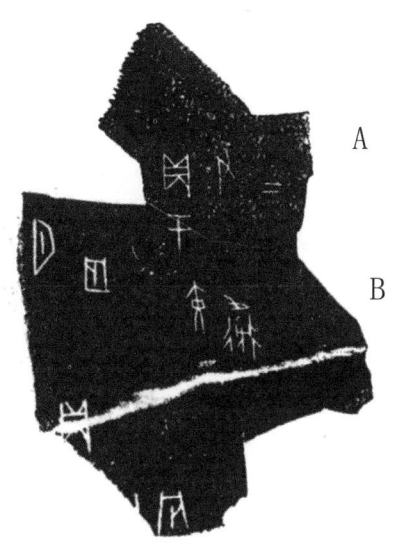

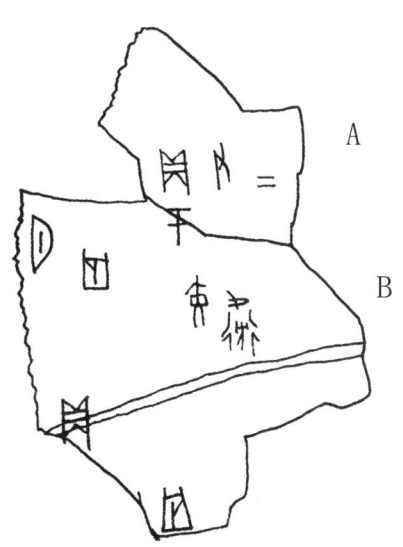

第 1202 則：甲骨拼合第 52 ~ 53 則（吳麗婉）

A《重慶三峽博物館藏甲骨集》93 ＋ B《合補》536

第1203則：甲骨拼合第52～53則（吳麗婉）

A《合》13536正＋B《合》3664＋C《合》6158＋D《重慶三峽博物館藏甲骨集》8

綴合圖版 · 263

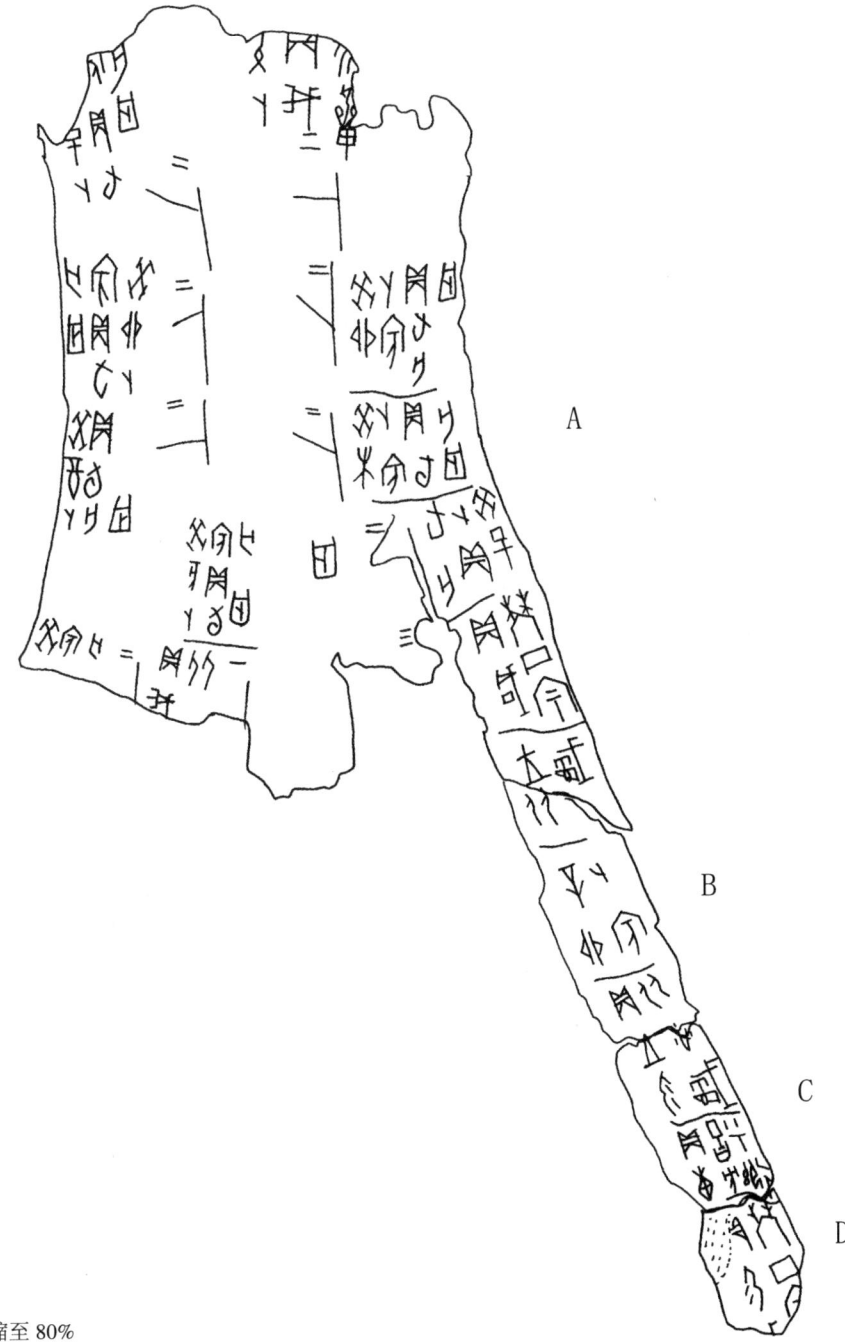

縮至 80%

第 1204 則：甲骨拼合第 54 則（吳麗婉）

A《合》36833 ＋ B《合》37769 ＋ C《合》37762

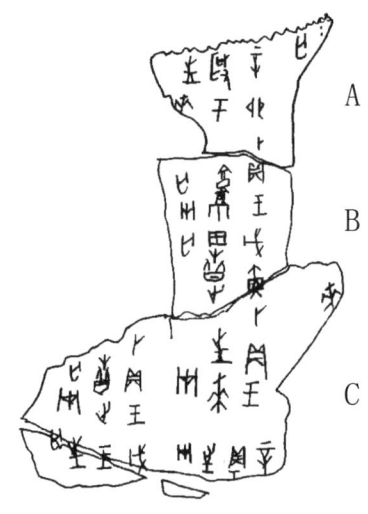

第 1205 則：甲骨綴合第 1 則（桑金木 <Safin Timur>）

A《合集》3314 ＋ B《合集》6029

第 1206 則：甲骨綴合第 2 則（桑金木 <Safin Timur>）

A《合集》1381 ＋ B《合集》5565 ＋ C《合集》3301 ＋ D《合集》2859

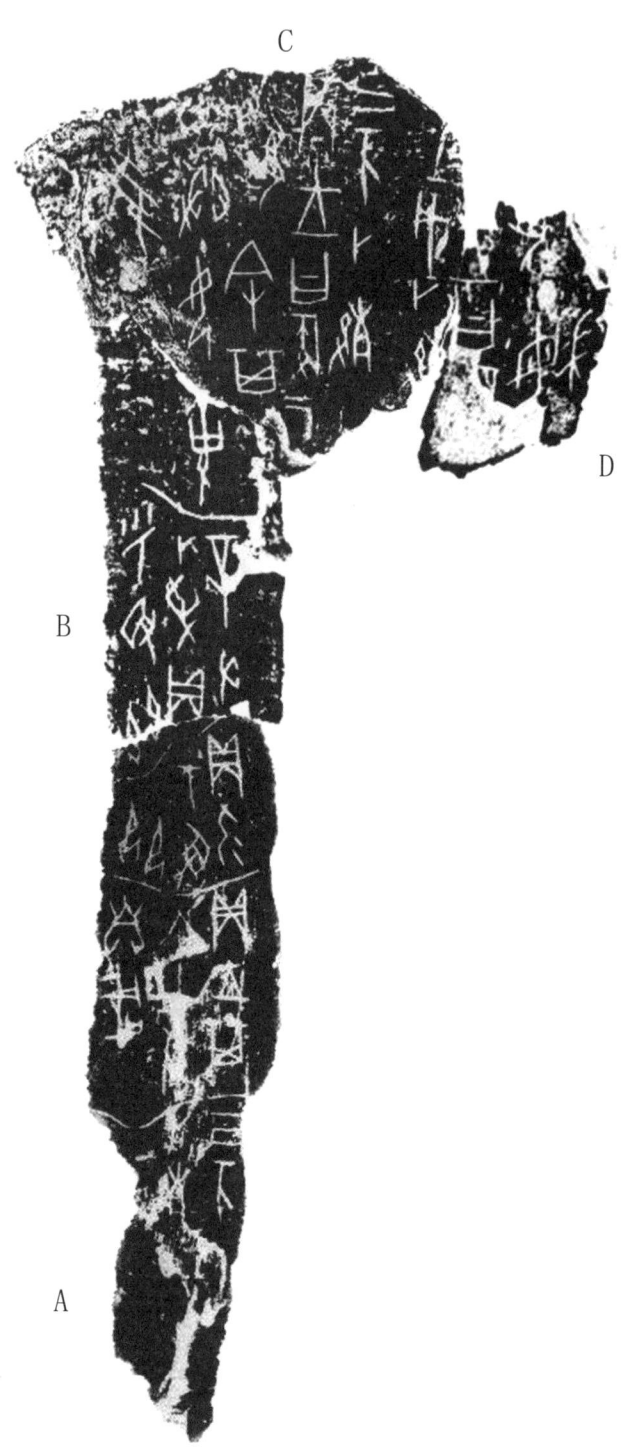

綴合圖版・267

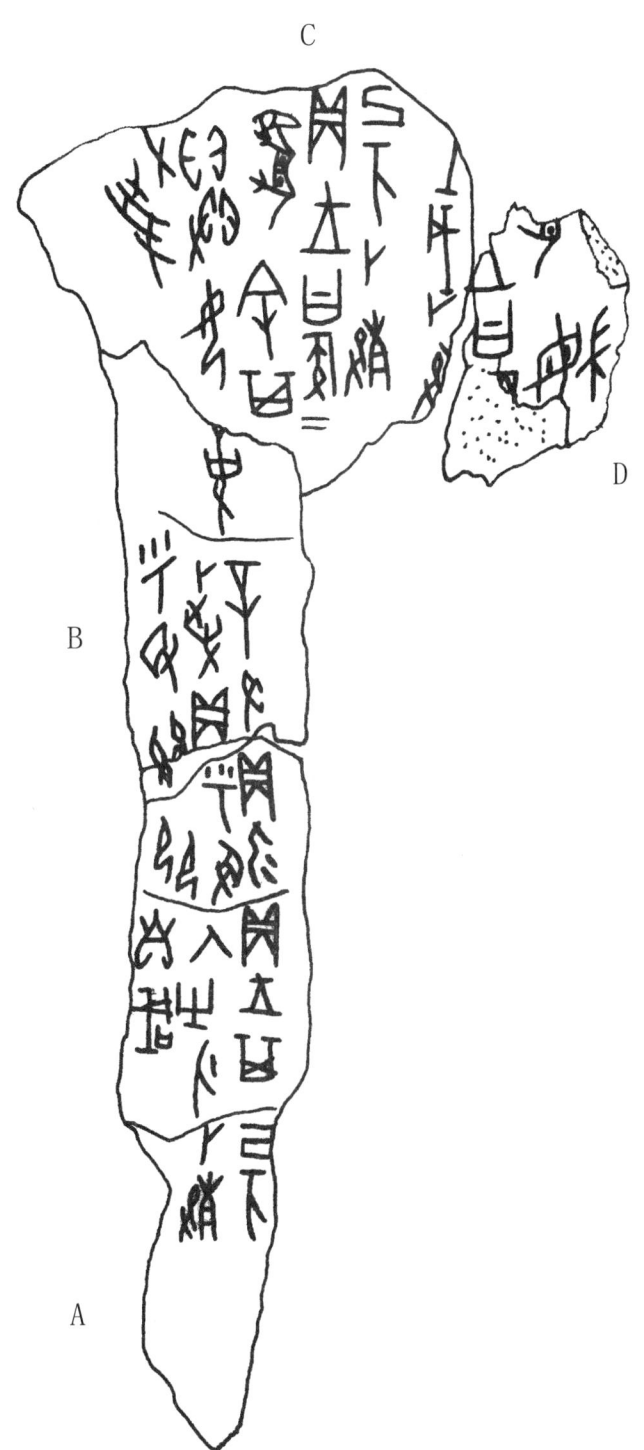

說明與考釋

[注①] 第 1016 則

A：《拼集》307（《合》17031+《合》11448）。

B：《合》8250 正（《合補》6475、《北圖》2181）。

C：《合》11447(《林》1.7.11、《珠》1368)。

D：《京》2849。

釋文：

☐自󰏓。三日丁卯［王狩］敝，允㞢蚩（害）。󰏔󰏔，馬［立］，亦仆才（在）車，畢馬［亦］㞢𠦪。

説明：李愛輝將《合》17031 和《合》11448 兩片綴合，即《拼集》307。筆者加綴 B 片《合》8250 正，參看黃天樹《龜腹甲"王狩敝"綴合一則》，發表在中國社會科學院歷史研究所先秦史研究室網站上（2017 年 6 月 27 日）。李愛輝又加綴 C 片《合》11447 和 D 片《京》2849[注②]。筆者根據新綴合撰有《卜辭"畢馬亦有傷"補説》一文，刊於《古文字研究》第 32 輯上，可以參看。

[注③] 第 1017 則

A：《合》14260（《後》上 8.8）。

B：《合》40446（日彙 43）。

釋文：

貞：上子不我其受［又］。

貞：上子不我其受［又］。

翌丁未不其易日。

［貞］：上子受我又。

貞：上子受我又。

---

① 第 1016 則選自黃天樹《龜腹甲"王狩敝"綴合一則》。黃文原載"中國社會科學院歷史研究所先秦史研究室網站"，http://www.xianqin.org/blog/archives/8393.html，2017 年 6 月 28 日。

② 李愛輝：《甲骨拼合第 434-440 則》之第 434 則，李文原載"中國社會科學院歷史研究所先秦史研究室網站"，2018 年 10 月 30 日。

③ 第 1017 則選自趙鵬《胛骨試綴一則》。趙文原載"中國社會科學院歷史研究所先秦史研究室網站"，http://www.xianqin.org/blog/archives/6972.html，2016 年 10 月 13 日。

說明：本組綴合與《合》14257（《後》上8.7）+《合》14258（海楸11）+《北大》1154+《北大》1748①、《合》14259是同文卜辭。

② 第1018則

A：《合》39074（《善》10251）。

B：《合》39311（《龜卜》61）。

釋文：

  癸亥[卜，貞]：王旬[亡㐭]。三

  癸酉卜，貞：王旬亡㐭。[三]

  癸未卜，貞：王旬亡㐭。三

  癸巳卜，貞：王旬亡㐭。[三]

  [癸酉卜]，貞：[王旬亡㐭。三]

說明：本組綴合與《合》38977為成套卜辭之一、三。

③ 第1019則

A：《屯南》887（H24:66）。

B：《屯南》1697（H24:1090）。

釋文：

  辛☐三牢。

  [丁丑貞：]其卯伐。

  弜卯伐。

  于祖乙用羌。

說明：近日，筆者在整理材料時，發現《屯南》887與《合集》32122+《合集》31126（周忠兵《歷組卜辭新綴十組》第七組，《中國文字研究》第12輯，大

---

① 張宇衛：《甲骨綴合第八則》，先秦史研究室網站，2011年12月10日，網址：http://www.xianqin.org/blog/archives/2517.html。

② 第1018則選自趙鵬《胛骨綴合一則》。趙文原載"中國社會科學院歷史研究所先秦史研究室網站"，http://www.xianqin.org/blog/archives/7444.html，2016年11月22日。

③ 第1019則選自方稚松《〈小屯南地甲骨〉綴合一則》。方文原載"中國社會科學院歷史研究所先秦史研究室網站"，http://www.xianqin.org/blog/archives/8301.html，2017年3月20日。小文蒙黃天樹師審閱，《屯南》綴合圖版由同門李愛輝幫助處理，特此致謝！

象出版社，2009年）兩版上皆有"于祖乙用羌"和"弜卯伐"的內容，其中《屯南》887舊多釋為"卯伐"，但仔細觀察，"弜"字筆畫還是可以看出的（如圖中加圈的地方）。《屯南》1697也有"卯伐"一語，各家釋文多作"☐辛☐卯伐三牢"，而《合集》32122+《合集》31126上正好有"辛☐三牢"和"丁丑貞其卯伐"的內容，考慮到《屯南》887與《屯南》1697同出一坑，且在內容上正好能與《合集》32122+《合集》31126相對應，故懷疑兩者可以綴合，不過由於骨面漫漶不清，無法確認殘字筆畫是否密合。為此特就正於各位專家學者。

① 第1020則

    A：《英》2090（《合》41088）。

    B：《合補》7045（《懷》907）。

    釋文：

        ☐［翼（翌）］辛未于母辛宰一牛。

        ☐示。九月。

        ☐［翼（翌）］辛未其㞢（侑）于㽙室于〈二〉宰。

        ☐于㞢☐。

② 第1021則

    A：《合集》1494（《龜》1.12.13）。

    B：《北大》2167。

    釋文：

        戊寅卜，大貞：㞢殷。

        癸未。

---

① 第1020則選自劉影《甲骨新綴第193組》。劉文原載"中國社會科學院歷史研究所先秦史研究室網站"，http://www.xianqin.org/blog/archives/4927.html，2015年1月6日。綴合得到了黃天樹師的悉心指導，謹致謝忱！

② 第1021則選自劉影《甲骨新綴第194組》。劉文原載"中國社會科學院歷史研究所先秦史研究室網站"，http://www.xianqin.org/blog/archives/5057.html，2015年3月26日。綴合得到了黃天樹師的悉心指導，謹致謝忱！

① 第 1022 則

  A：《合集》7464（《歷拓》7348）。

  B：《合補》1658（《歷藏》18486）。

  C：《合集》6134（《文攗》812）。

  釋文：

    貞：王弓（勿）比沚戬。小告。

    貞：王弓（勿）自鄉（向）。

    貞：舌方出。叀（惠）王自［鄉（向）］。

    貞：告舌方于上甲。

    貞：沚戬冓冊，告于大甲。

  說明：

  其中，A、B 為吳麗婉綴合，即本書第 1160 則，C 為筆者加綴。

② 第 1023 則

  A：《合集》38216（善 20775）。

  B：《北大》2904。

  釋文：

    ☐妹霎（霽）。

③ 第 1024 則

  A：《英藏》543（《合集》39854、《金璋》673）。

  B：《京人》777。

  C：《合補》933（《歷藏》14800）。

---

① 第 1022 則選自劉影《甲骨新綴第 195 組》。劉文原載"中國社會科學院歷史研究所先秦史研究室網站"，http://www.xianqin.org/blog/archives/5131.html，2015 年 4 月 21 日。綴合得到了黃天樹師的悉心指導，謹致謝忱！
② 第 1023 則選自劉影《甲骨新綴第 196~199 組》第 196 則。劉文原載"中國社會科學院歷史研究所先秦史研究室網站"，http://www.xianqin.org/blog/archives/5212.html，2015 年 5 月 16 日。
③ 第 1024 則選自劉影《甲骨新綴第 196~199 組》第 197 則。劉文原載"中國社會科學院歷史研究所先秦史研究室網站"，http://www.xianqin.org/blog/archives/5212.html，2015 年 5 月 16 日。

D：《合集》7316（《續存》上709、《歷拓》10346）。

釋文：

　　［辛］丑卜，爭貞：曰："舌方其同（興），皇于土［方］，其敦◯。"允其敦。四月。

　　［癸］丑卜，爭貞：舌方出，王自鄉（向），受屮（有）又（祐）。五月。

　　［戊］午卜，爭貞：嗀［人］五千。五月。

說明：A、B、C三版為林宏明先生所綴，已收入《契合集》第295組。D為筆者加綴。

① 第1025則

A：《合集》23574（《誠》416）。

B：《山東》1144。

C：《法藏》17。

D：《合集》15432（《歷拓》12176）。

釋文：

　　癸未卜，祝鼎（貞）：三十羌惠宜◯用。

　　癸未卜，大鼎（貞）：來丁亥莫丁三十羌，卯十牢。十一月。

　　庚寅卜，大鼎（貞）：乍（作）喪小刉（司）冬（終）。八月。

　　辛卯卜，大鼎（貞）：乍（作）孽小刉（司），亡（無）榆（渝）。

說明：A、B、C三版為蔡哲茂先生所綴，已收入《甲骨綴合集》第98組。筆者加綴D版。

② 第1026則

A：《合集》23711（《前》7.28.1）。

---

① 第1025則選自劉影《甲骨新綴第196~199組》第198則。劉文原載"中國社會科學院歷史研究所先秦史研究室網站"，http://www.xianqin.org/blog/archives/5212.html，2015年5月16日。
② 第1026則選自劉影《甲骨新綴第196~199組》第199則。劉文原載"中國社會科學院歷史研究所先秦史研究室網站"，http://www.xianqin.org/blog/archives/5212.html，2015年5月16日。

B：《合補》3439（《合補》3333、《存》上1727）。

C：《合集》5294（《簠典》110、《簠拓》946）。

釋文：

〔癸〕未卜，祝鼎（貞）：〔三十羌惠宜〕✦用。十一月。

癸未卜，大鼎（貞）：來丁亥〔莫丁〕三十羌，卯十〔牢。十一月〕。

庚寅〔卜〕，大鼎（貞）：乍（作）喪小刞（司）〔冬（終）。八月〕。

辛卯〔卜〕，大鼎（貞）：乍（作）孽小刞（司），亡（無）榆（渝）。

說明：A、B為蔡哲茂先生所綴，已收入《甲骨綴合集》第353組。C版為筆者加綴。本組綴合與《拼五》1025同文，是據之遙綴。據同文與綴合，可糾正《合集》5294釋文之誤。

① 第1027則

A：《合集》5454（《合補》1700、《東大》412a不全、《後》下25.12+《龜》2.11.17）。

B：《合集》4240（《合補》1966、《前》7.6.4、《龜》2.6.1）。

C：《合集》586（《合補》1966、《簠人》11+《簠雜》5、《續》5.3.2、《續》5.9.1）。

釋文：

□□卜，㝱鼎（貞）：王曰：行✦✦求。

□寅卜，韋鼎（貞）：钔（禦）子不。

☒钔（禦）子不。

壬子卜，㝱鼎（貞）：令或比甾☒。

□申卜，殼鼎（貞）：叀（惠）魏乎（呼）☒。

□□〔卜，殼〕鼎（貞）：叀（惠）𦎫乎（呼）㞷（往）☒。

□□卜，㝱鼎（貞）：叀（惠）自（師）令比甾☒。

鼎（貞）：行弗其由（堪）王史（事）。二。二告。

---

① 第1027則選自劉影《甲骨新綴第200~201組》第200則。劉文原載"中國社會科學院歷史研究所先秦史研究室網站"，http://www.xianqin.org/blog/archives/5250.html，2015年6月10日。綴合得到了黃天樹師的悉心指導及趙鵬師姐的幫助，謹致謝忱！

说明与考释 · 277

  丁未卜。二。
  戊申卜。
  鼎（貞）：行由（堪）王史（事）。
  行由（堪）。
  ☐或☐。

說明：B、C 為蔡哲茂先生所綴，見《甲骨綴合集》第 17 組，即《合補》1966。A 版為筆者加綴。且《甲骨綴合集》第 17 組之拓片較本處拓片完整，可見兩個"殼"字，可參看。

^① 第 1028 則

  A：《合集》15905（《珠》1349）。
  B：《笏（二）》394（《東大》605 不全）。
  釋文：
    ☐宜。四月。
    ☐若。

說明：筆者於趙鵬師姐《讀〈笏之考文手稿〉》^②一文中見到 B 版拓本，文中將《笏之考文手稿》拓本集的第二部分稱為"笏二"，《笏（二）》394 即《東大》605，但較《東大》605 完整。用此完整的拓本與 A 版綴合後，"若"字可被補全，骨版邊緣整齊，斷痕吻合。圖中 B 版字體略顯纖細，A 版字體略粗，可能是由於施拓的原因。

^③ 第 1029 則

  A：《合補》7557（《歷藏》2223）。
  B：《拾遺》346。

---

① 第 1028 則選自劉影《甲骨新綴第 200~201 組》第 201 則。劉文原載"中國社會科學院歷史研究所先秦史研究室網站"，http://www.xianqin.org/blog/archives/5250.html，2015 年 6 月 10 日。綴合得到了黃天樹師的悉心指導及趙鵬師姐的幫助，謹致謝忱。
② 趙鵬：《讀〈笏之考文手稿〉》，《甲骨文與殷商史》（新三輯），第 283—316 頁，上海古籍出版社，2013 年 4 月。
③ 第 1029 則選自劉影《甲骨新綴第 202~203 組》第 202 則。劉文原載"中國社會科學院歷史研究所先秦史研究室網站"，http://www.xianqin.org/blog/archives/5317.html，2015 年 7 月 1 日。綴合得到了黃天樹師的悉心指導，謹致謝忱！

釋文：

　　丁□［卜］，旅［鼎（貞）：王］窋（儐）☒。

　　丁酉卜，旅鼎（貞）：王窋（儐）叙，亡（無）［尤］。一。

　　☒窋（儐）☒亡（無）［尤］。

① 第 1030 則

A：《拾遺》383。

B：《合集》24190（《京人》1589）。

釋文：

　　鼎（貞）：弜（勿）以。

　　甲申卜，即鼎（貞）：今日亡（無）來艱（艱）。

　　［鼎（貞）］：今日不雨。

② 第 1031 則

A：《合補》7765（《懷特》1263、《合集》26836 照片）。

B：《合集》25032（《柏俗》21）。

釋文：

　　庚☒才（在）☒。

　　辛酉卜，［中］鼎（貞）：叀（惠）示其弗鄉（饗）。才（在）十二月。

　　辛酉卜，中鼎（貞）：叀（惠）其又󰀀（？）。十二月。

　　☒若☒其言之☒。十二月。

③ 第 1032 則

A：《拾遺》313 正。

---

① 第1030則選自劉影《甲骨新綴第202~203組》第203則。劉文原載"中國社會科學院歷史研究所先秦史研究室網站"，http: //www.xianqin.org/blog/archives/5317.html，2015年7月1日。綴合得到了黃天樹師的悉心指導，謹致謝忱！
② 第1031則選自劉影《甲骨新綴第205~208組》第205則。劉文原載"中國社會科學院歷史研究所先秦史研究室網站"，http: //www.xianqin.org/blog/archives/5417.html，2015年7月27日。綴合得到了黃天樹師的悉心指導，謹致謝忱！
③ 第1032則選自劉影《甲骨新綴第205~208組》第206則。劉文原載"中國社會科學院歷史研究所先秦史研究室網站"，http: //www.xianqin.org/blog/archives/5417.html，2015年7月27日。綴合得到了黃天樹師的悉心指導，謹致謝忱！

B：《輯佚》319。

釋文：

☒鼎（貞）。☒。

丙子卜，行鼎（貞）：翼（翌）丁丑叠于且（祖）丁，亡（無）虫（害）。才（在）□［月］。

甲午卜，行鼎（貞）：翼（翌）乙未彡于小乙，亡（無）虫（害）。才（在）十月。

丙子卜，行鼎（貞）：翼（翌）丁丑彡于父丁，亡（無）虫（害）。才（在）二月。

□□［卜］，行［鼎（貞）：王］窒（儐）☒伐羌☒，亡（無）尤。才（在）六月。

① 第 1033 則

A：《合集》23105（《龜》2.8.14）。

B：《合集》2100（《京》710、《京》3267、《北圖》2862）。

釋文：

乙亥卜，鼎（貞）：嵒隹（唯）昝甲。

鼎（貞）：隹（唯）般庚。

丁丑卜，大鼎（貞）：翼（翌）庚辰易（賜）日。

☒且（祖）☒。

② 第 1034 則

A：《北大》2500。

B：《合集》15927（《存上》1406）。

釋文：

□［卯］卜，古［鼎（貞）］：王畀☒。一。

---

① 第1033則選自劉影《甲骨新綴第205~208組》第207則。劉文原載"中國社會科學院歷史研究所先秦史研究室網站"，http://www.xianqin.org/blog/archives/5417.html，2015年7月27日。綴合得到了黃天樹師的悉心指導，謹致謝忱！
② 第1034則選自劉影《甲骨新綴第205~208組》第208則。劉文原載"中國社會科學院歷史研究所先秦史研究室網站"，http://www.xianqin.org/blog/archives/5417.html，2015年7月27日。綴合得到了黃天樹師的悉心指導，謹致謝忱！

□［卯］卜，古［鼎（貞）］：☒畀☒。一。

二。

① 第 1035 則

A：《合集》2861（《北圖》2352）。

B：《北圖》2382。

C：《合集》11573（《北圖》2353）。

釋文：

☒旬龟［壬］申夕㫃（向）［癸］酉司龏［羍（失）火］。帚（婦）
娃子囚（殞）。七月。

☒鼎（貞）。［旬］亡（無）［囗（憂）］。四月。

說明：B、C為李延彥女士所綴，見《甲骨拼合三集》第774組。本組綴合與《拼續》第366則、《合集》17069、《合集》14815等同文，故《拼三》釋文中的"十月"當為"七月"。

② 第 1036 則

A：《合補》5946 正、反（《合集》13582、《北圖》2081、《文攟》882 正）。

B：《合集》5568 正、反（《安明》630 正、反）。

釋文：

正面：

鼎（貞）：隹（唯）丁家▨。

隹（唯）王臣▨。一。

反面：

☒爭☒弗☒。

---

① 第1035則選自劉影《甲骨新綴第209~211組》第209則。劉文原載"中國社會科學院歷史研究所先秦史研究室網站"，http: //www.xianqin.org/blog/archives/5555.html，2015 年 10 月 9 日。
② 第1036則選自劉影《甲骨新綴第209~211組》第210則。劉文原載"中國社會科學院歷史研究所先秦史研究室網站"，http: //www.xianqin.org/blog/archives/5555.html，2015 年 10 月 9 日。

① 第 1037 則

A：《合集》11454（《北圖》4608）。

B：《合集》40663（《日彙》447）。

釋文：

[王]固（占）曰："㞢（有）☐ 祱☒☐馬☐。"

王固（占）曰："㞢（有）☐[酉]㞢（有）髟。"

說明：本組綴合與《合集》11446、《合集》11449等同文，可補足一個"☒"字，亦可據同文推斷出"☒"字上當為"祱"字。但摹本所摹"祱"字失真，折轅之"車"字亦不見右輪之殘劃【編按：本書第1037則又可以和《甲骨綴合集》12（《合集》583＋《合集》7139）相綴合，請參看本書第1048則】。

② 第 1038 則

A：《合集》23651（《善》14649）。

B：《英》2085（《合集》40374、《金》55）。

釋文：

乙子（巳）卜，[中]鼎（貞）：叀（惠）疒（疾）☐。

壬子。

乙子（巳）卜，中鼎（貞）：卜若茲不宁，其又（有）大不若。

說明：綴合理由：二者同為出組二類字體，同為貞人"中"所卜，斷口吻合，綴合後的干支"壬子"與"乙巳"在同一旬。

③ 第 1039 則

A：《拾遺》383。

---

① 第1037則選自劉影《甲骨新綴第209~211組》第211則。劉文原載"中國社會科學院歷史研究所先秦史研究室網站"，http://www.xianqin.org/blog/archives/5555.html，2015年10月9日。
② 第1038則選自劉影《甲骨新綴第212~213組》第212則。劉文原載"中國社會科學院歷史研究所先秦史研究室網站"，http://www.xianqin.org/blog/archives/5758.html，2015年11月3日。綴合得到了黃天樹師的悉心指導，謹致謝忱！
③ 第1039則選自劉影《甲骨新綴第212~213組》第213則。劉文原載"中國社會科學院歷史研究所先秦史研究室網站"，http://www.xianqin.org/blog/archives/5758.html，2015年11月3日。綴合得到了黃天樹師的悉心指導，謹致謝忱！

B：《合集》24190（《京人》1589）。

C：《合集》24688（《戩》15.5、《歷拓》9267、《續》4.20.10 不全、《上博》17647.707）。

釋文：

鼎（貞）：弜（勿）以。

甲申卜，即鼎（貞）：今日亡（無）來艱（囏）。

鼎（貞）：今日不雨。

鼎（貞）：其雨。三月。三。

說明：A、B 為筆者綴合，見先秦史研究室網站：http://www.xianqin.org/blog/archives/5317.html【編按：即本書第 1030 則】。C 為筆者加綴。

第 1040 則

A：《合集》26186（《上博》17647.336、《續》5.28.12 不全、《戩》45.4、《歷拓》9588）。

B：《英藏》2082（《合集》41184、《金璋》46）。

C：《合集》24136（《京》3309、《善》1246）。

釋文：

己丑，屰（疑）鼎（貞）：王乎（呼），隹（唯）又（有）由。

己丑卜，屰（疑）鼎（貞）：隹（唯）其又（有）囗（憂）。

己丑卜，屰（疑）鼎（貞）：其禴（祼）告于大室。

囗［子（巳）］卜，屰（疑）鼎（貞）：其☐多尹于母☐母癸寮（燎）。

第 1041 則

A：《上博》17645.99（《合集》10943、《佚》668）。

B：《安明》1120。

釋文：

鼎（貞）。茲雨不隹（唯）若。

---

① 第 1040 則選自劉影《甲骨新綴第 214~220 組》第 214 則。劉文原載"中國社會科學院歷史研究所先秦史研究室網站"，http://www.xianqin.org/blog/archives/6126.html，2016 年 3 月 18 日。綴合得到了黃天樹師的悉心指導，謹致謝忱！
② 第 1041 則選自劉影《甲骨新綴第 214~220 組》第 215 則。劉文原載"中國社會科學院歷史研究所先秦史研究室網站"，http://www.xianqin.org/blog/archives/6126.html，2016 年 3 月 18 日。綴合得到了黃天樹師的悉心指導，謹致謝忱！

☑弓（勿）从☑㲃。

① **第 1042 則**

A：《合補》972（《歷藏》14327）。

B：《合補》1714（《合集》5733+《合集》13563+《合集》15388）。

釋文：

癸酉卜，爭鼎（貞）：☑羌☑三牛☑。一。

鼎（貞）：☑羌☑三牛☑。一。

乙亥卜，爭鼎（貞）：弓（勿）令多射。二月。

□□[卜]，爭[鼎（貞）]：☑弓（勿）☑韋☑。

乙亥卜，鼎（貞）：其㞢（侑）于☑告于☑一牛。二月。

戊子卜，爭鼎（貞）：弓（勿）令甫。□月。一。

☑令甫☑于☑肇☑戈百☑。

壬辰卜，㱿鼎（貞）：于乙未用。二月。一。

[癸子（巳）]卜，爭[鼎（貞）]：于乙[未]用。二月。

丁未卜，鼎（貞）：今日王宅新室。一。

鼎（貞）：弓（勿）宅。三月。一。

□□[卜]，爭[鼎（貞）]：☑丁☑于☑。

② **第 1043 則**

A：《懷特》839。

B：《存補》3.69.2。

釋文：

☑㞢（又）二日☑允[㞢（有）]☑。

說明：綴合的兩片斷痕吻合，可補足一個"允"字，綴合可信。

---

① 第1042則選自劉影《甲骨新綴第214~220組》第216則。劉文原載"中國社會科學院歷史研究所先秦史研究室網站"，http: //www.xianqin.org/blog/archives/6126.html，2016年3月18日。綴合得到了黃天樹師的悉心指導，謹致謝忱！

② 第1043則選自劉影《甲骨新綴第214~220組》第217則。劉文原載"中國社會科學院歷史研究所先秦史研究室網站"，http: //www.xianqin.org/blog/archives/6126.html，2016年3月18日。綴合得到了黃天樹師的悉心指導，謹致謝忱！

第 1044 則

A：《英藏》1999（《金璋》36）。

B：《合集》25907（《合集》26100 重、《美藏》668 全、清、7P101）。

釋文：

　　乙酉卜，［中鼎（貞）］：卜不［再］☑求（咎）我☑。

　　□□［卜］，中鼎（貞）：气用允重（惠）羊。十三月。

　　丙□［卜，中鼎（貞）］：多万入爻（學），若。

　　□辰卜，中［鼎（貞）］：今夕亡（無）囚（憂）。

說明：綴合的兩片均為出組二類字體，且均為貞人"中"所卜。綴合後左側邊緣整齊，可以補足一個"若"字。B 版最下端一辭干支為"乙酉"，A 版末端一辭之干支裘錫圭先生在卜辭中作"丙戌"，則"乙酉"與"丙戌"為相接續的兩天，亦可證兩版之綴合是正確的。

第 1045 則

A：《合補》5926 正（《歷藏》18428 正）。

B：《合補》4018（《歷藏》21008）。

釋文：

　　鼎（貞）：隹（唯）父□□子心。

第 1046 則

A：《東洋文庫》246。

B：《合補》172（《前》1.13.7）。

---

① 第 1044 則選自劉影《甲骨新綴第 214~220 組》第 218 則。劉文原載"中國社會科學院歷史研究所先秦史研究室網站"，http：//www.xianqin.org/blog/archives/6126.html，2016 年 3 月 18 日。綴合得到了黃天樹師的悉心指導，謹致謝忱！
② 第 1045 則選自劉影《甲骨新綴第 214~220 組》第 219 則。劉文原載"中國社會科學院歷史研究所先秦史研究室網站"，http：//www.xianqin.org/blog/archives/6126.html，2016 年 3 月 18 日。綴合得到了黃天樹師的悉心指導，謹致謝忱！
③ 第 1046 則選自劉影《甲骨新綴第 220~221 組》第 220 則。劉文原載"中國社會科學院歷史研究所先秦史研究室網站"，http：//www.xianqin.org/blog/archives/6302.html，2016 年 5 月 7 日。

釋文：

  鼎（貞）：㞢（侑）〔于〕南庚。

  丁酉卜，爭。

  ☐羌☐。

① 第 1047 則

A：《合集》14708（《前》4.33.4、《歷拓》6817、《山東》546）。

B：《合集》15596（《契》15、《北大》193）。

釋文：

  戊辰卜，韋鼎（貞）：尞（燎）三宰。

  ☐王矢。

② 第 1048 則

A：《合集》583 正（《存補》3.6.1、《寧》2.28+2.30、《歷拓》3894 正）。

B：《合集》7139（《故宮》366）。

C：《合集》11454（《北圖》4608）。

D：《合集》40663（《日匯》447）。

釋文：

  癸丑卜，爭鼎（貞）：旬亡（無）囚（憂）。王固（占）曰："㞢（有）求（咎）婎（艱）。"九日辛酉㞢（有）彡。"

  癸亥卜，爭鼎（貞）：旬亡（無）囚（憂）。〔王〕固（占）曰："㞢（有）〔求（咎）〕婎（艱）。"五日丁卯王狩〔敝〕。〔麀〕，〔馬立〕，亦付（仆）才（在）車，〔畢〕馬亦〔㞢（有）焬（傷）〕。

  癸亥卜，爭鼎（貞）：旬亡（無）囚（憂）。王固（占）曰："㞢（有）〔求（咎）。"五日〕戊辰允㞢（有）來婎（艱）。沚馘乎（呼）告曰☐。

---

① 第 1047 則選自劉影《甲骨新綴第 220~221 組》第 221 則。劉文原載"中國社會科學院歷史研究所先秦史研究室網站"，http://www.xianqin.org/blog/archives/6302.html，2016 年 5 月 7 日。

② 第 1048 則選自劉影《甲骨新綴第 222 組》。劉文原載"中國社會科學院歷史研究所先秦史研究室網站"，http://www.xianqin.org/blog/archives/6592.html，2016 年 7 月 28 日。本組綴合有賴於方稚松師兄材料整理的前期工作，有賴於黃天樹師的指點，綴合圖片亦為李愛輝師妹製作，在此一併致謝！

癸酉卜，爭鼎（貞）：旬亡（無）囚（憂）。旬壬午允㞢（有）來
☒ 万疛（圍）晳。甲㞢祰（禱）。

［癸］□［卜］，爭［鼎（貞）］：旬［亡（無）］囚（憂）。二。
二。二。二。二告。

說明：A、B 為蔡哲茂先生所綴，見《甲骨綴合集》第 12 組，收入《合補》4923。C、D 為筆者綴合，見先秦史研究室網站：http://www.xianqin.org/blog/archives/5555.html。現筆者將 A、B 與 C、D 綴合。

① 第 1049 則

A：《合集》6800（《前》5.11.7）。

B：《合集》7421（《續存上》349）。

C：《合集》6801（《明後》11、《故宮》55）。

D：《合集》11004（《前》5.45.6、《龜》1.26.1）。

釋文：

□［酉］卜，鼎（貞）：［莘于］上钔（禦）方。五月。

鼎（貞）：莘于下钔（禦）方。

鼎（貞）：牧冓冊，𢦏小羌，比。一。

丁亥卜，鼎（貞）：勿（勿）比牧。六月。

壬辰［卜，鼎（貞）］：勿（勿）☒脟☒多☒。一。

壬□［卜］，☒。六月。一。

說明：A、B 為李愛輝女士所綴，見先秦史研究室網站：http://www.xianqin.org/blog/archives/6704.html【編按：本書第 1136 則】。王子楊先生在留言中認為 A+B 左側可與 D 版綴合，筆者加綴 C 版後，證明 D 版綴合正確，A、B、C、D 四版可以實綴。

---

① 第 1049 則選自劉影《甲骨新綴第 223 組》。劉文原載 "中國社會科學院歷史研究所先秦史研究室網站"，http://www.xianqin.org/blog/archives/6969.html，2016 年 10 月 13 日。

① **第 1050 則**

A：《周原甲骨文》H11:133（《合補》第四冊"殷墟以外遺址出土甲骨"第 18 片）。

B：《周原甲骨文》H11:52（《合補》第四冊"殷墟以外遺址出土甲骨"第 136 片）。

釋文：

　　丁卯王才（在）周，乎（呼）寶卜曰☒。

　　☒三牢。

② **第 1051 則**

A：《合集》14261（《龜》1.30.6）。

B：《笏（二）》362。

釋文：

　　☒沚馘☐☒上下若。

　　☒沚馘禹☒。

③ **第 1052 則**

A：《上博》2426.263。

B：《上博》2426.197。

釋文：

　　甲戌卜，王貞：乙亥其雨。才（在）二月。

　　甲戌卜，王貞：翌乙亥王其窒。

　　☐☐[卜]，王[貞]☒丑☒。

---

① 第 1050 則選自劉影《周原甲骨新綴及相關問題分析》，《出土文獻》第九輯，第 3—7 頁，中西書局，2016 年 10 月。
② 第 1051 則選自劉影《甲骨新綴 224 組》。劉文原載"中國社會科學院歷史研究所先秦史研究室網站"，http://www.xianqin.org/blog/archives/7671.html，2016 年 12 月 29 日。
③ 第 1052 則係 2015 年莫伯峰所綴，當時沒有發表。莫伯峰曾請上海博物館葛亮先生驗證過，綴合可靠。

① 第 1053 則

A：《綴彙》206（《合》6566 正 +《簋文》28）。

B：《笏（一）》35。

釋文：

壬辰卜，殼貞：或𢦏𢀛方。
甲午卜，𡧊貞：光其㞢囚。二月。
甲午卜，𡧊貞：光亡囚。王固（占）曰："㞢求（咎）"。茲𥎦［𩁟］光。
甲午卜☒。
小告。
小告。

② 第 1054 則

A：《史購》252（《合集》41692）。

B：《合集》20670。

釋文：

屯（純）黃牡。
爻（駁）幽牡。
癸☒。

說明：林宏明先生在《甲骨釋讀二題》中詳細討論了《史購》252 二辭的含義，指出"黃牡"上一字當為"屯"的一種寫法，讀為"純"，意義跟另一辭的"爻（駁）"相對，又指出，所謂的"茲"當跟"黃"相對，乃"幽"字的上部殘筆。從這組綴合看，林先生的懷疑是十分正確的。本版"屯（純）黃牡"跟"爻（駁）幽牡"處於選貞的地位，再次向我們展示了殷人對祭祀牛牲

---

① 第1053則選自莫伯峰《〈笏之甲骨拓本集〉綴合一則》。莫文原載"中國社會科學院歷史研究所先秦史研究室網站"，http：//www.xianqin.org/blog/archives/7674.html，2016年12月29日。趙鵬師姐惠贈新作《笏之甲骨拓本集》，方有此綴合，十分感謝。綴合得到了黃天樹師的指導，謹誌謝忱。

② 第 1054 則選自王子楊《無名組綴合一例》。王文原載"中國社會科學院歷史研究所先秦史研究室網站"，http：//www.xianqin.org/blog/archives/8219.html，2017 年 2 月 19 日。本組綴合得到了黃天樹師、同門莫伯峰先生、李愛輝先生的指導，作者十分感謝。

的毛色要求是非常細緻的。

① 第 1055 則

  A：《合》9045（《合補》1975、《北圖》1918）。

  B：《英》1177 正（《合》40437、《金》449）。

  釋文：

    儔以。

    王恆易（賜）卩（孚）。

    貞：王恆易（賜）卩（孚）。

    貞：或來。

    貞：王恆易（賜）卩（孚）。

    貞：或來。

    ［貞］：儔［弗］其以。

  說明：兩版書寫風格相同，斷口可以咬合，"或"字下一橫筆隱然在焉。界劃線以及占卜內容均相符合。

② 第 1056 則

  A：《合集》5817 正（《上博》17647.604 正、《鐵》4.3、《南誠》38、《歷拓》9677 正）。

  B：《笏（二）》363。

  釋文：

    丙辰卜，㱿貞：王夢白戈，隹（唯）囚。一二

  說明：兩版字體風格相同，皆為典賓類。斷口密合，碎裂的殘字"辰""夢"，經過綴合，復原成完整的字。

---

① 第 1055 則選自門藝《甲骨綴合二則》。門文原載"中國社會科學院歷史研究所先秦史研究室網站"，http://www.xianqin.org/blog/archives/8198.html，2017 年 1 月 16 日。
② 第 1056 則選自何會《〈笏之甲骨拓本集〉新綴一則》。何文原載"中國社會科學院歷史研究所先秦史研究室網站"，http://www.xianqin.org/blog/archives/7704.html，2017 年 1 月 3 日。承蒙趙鵬師姐惠賜佳作，謹致謝忱！綴合得到黃天樹師的悉心指導和李愛輝師妹的幫助，十分感謝！

第 1057 則

A：《合》907 正反（《善》22795 正反）。

B：《合》2947 正反（《京》2073 正、《善》3807 正反）。

C：《合》1156 正反（《善》4946 正反）。

釋文：

正面：

貞：呼子商屮于兄丁。

貞：☒往☒其☒。

反面：

☒令邑☒。

王亡（無）不若唐。

來卅☒上甲☒伐☒。

不唯多☒。

☒屮上甲☒

說明：A、B 兩版為林宏明先生綴合，收入《契合集》第75組（臺北：萬卷樓，2013年）。

第 1058 則

A：《東文庫》49 正反（《合》17583、《掇三》179、《林》1.2.7）。

B：《東文庫》138。

釋文：

正面：

辛卯卜，亙貞：往。

反面：

妻（晝）示十屮（又）☒。

---

① 第1057則選自李愛輝《甲骨拼合第278~279則》第278則。李文原載"中國社會科學院歷史研究所先秦史研究室網站"，http://www.xianqin.org/blog/archives/4982.html，2015年1月30日。

② 第1058則選自李愛輝《甲骨拼合第278~279則》第279則。李文原載"中國社會科學院歷史研究所先秦史研究室網站"，http://www.xianqin.org/blog/archives/4982.html，2015年1月30日。

說明：《合集》17583（《東文庫》49 反）是腹甲反面。《合集》未收其正面拓本。今補出《合集》17583 正面拓本《東文庫》49 正（《掇三》157），即 A 正。

① 第 1059 則

A：《合》14430（《鐵》90.3）。

B：《北圖》728。

釋文：

　　丁酉卜，殼貞：奉（禱）舌方于岳。

② 第 1060 則

A：《上博》17645.208 正反。

B：《上博》49003.112 正反。

釋文：

　　正面：

　　□□卜☒旬☒。小告。

　　反面：

　　☒㞢（有）求（咎）☒來艱☒至（？）☒。

③ 第 1061 則

A：《合》3733（《京人》533）。

B：《合》6025（《鐵》59.3）。

釋文：

　　甲辰［卜］，爭［貞］：兹雨不唯艱。一。

---

① 第 1059 則選自李愛輝《甲骨拼合第 280 則》。李文原載"中國社會科學院歷史研究所先秦史研究室網站"，http://www.xianqin.org/blog/archives/4992.html，2015 年 2 月 2 日。
② 第 1060 則選自李愛輝《甲骨拼合第 281 則》。李文原載"中國社會科學院歷史研究所先秦史研究室網站"，http://www.xianqin.org/blog/archives/5000.html，2015 年 2 月 5 日。
③ 第 1061 則選自李愛輝《甲骨拼合第 282 則》。李文原載"中國社會科學院歷史研究所先秦史研究室網站"，http://www.xianqin.org/blog/archives/5042.html，2015 年 3 月 9 日。

貞：茲［雨］唯艱。二

辛酉卜，爭貞：醬用于西。一

貞：☐。一

第 1062 則

A：《上博》2426.406。

B：《上博》75415（第 382 頁）。

釋文：

乙巳卜，殼貞：王其取唐叔，㞢（有）左。五。

說明：

此則綴合與《合》1295 為成套卜辭。

第 1063 則

A：《合補》10495。

B：《上博》48947.12。

釋文：

庚子貞：王步。

第 1064 則

A：《合》1030 正反（《山東》819）。

B：《合》11278 正反（《京》2542 正、2543 反）。

釋文：

正面：

☐疋（圍）☐爾以西人會我。四［月］。

---

① 第 1062 則選自李愛輝《甲骨拼合第 283~284 則》第 283 則。李文原載"中國社會科學院歷史研究所先秦史研究室網站"，http://www.xianqin.org/blog/archives/5062.html，2015 年 3 月 26 日。承蒙葛亮先生以實物驗證綴合無誤，在此深表感謝。

② 第 1063 則選自李愛輝《甲骨拼合第 283~284 則》第 284 則。李文原載"中國社會科學院歷史研究所先秦史研究室網站"，http://www.xianqin.org/blog/archives/5062.html，2015 年 3 月 26 日。

③ 第 1064 則選自李愛輝《甲骨拼合第 285 則》。李文原載"中國社會科學院歷史研究所先秦史研究室網站"，http://www.xianqin.org/blog/archives/5111.html，2015 年 4 月 14 日。

丙戌卜，[爭]貞：☐。

反面：

☐于☐允。

☐囡。

① **第 1065 則**

A：《合》626（《文攟》938）。

B：《北圖》2375（《文攟》1152）。

釋文：

辛☐。

亡耤。

㞢伐。

㞢耤。

貞：多臣㞢（有）逸羌，[不]其得。

② **第 1066 則**

A：《合》3769（《善》4911）。

B：《合》8333（《鐵》70.3、《天理》30、《合補》152、《京》601）。

C：《合》14420（《京人》711）。

釋文：

貞：往于岳，㞢窜。

往于河，㞢（有）从雨。

貞：禦于羌甲。

勿禦。

---

① 第 1065 則選自李愛輝《甲骨拼合第 286 則》。李文原載"中國社會科學院歷史研究所先秦史研究室網站"，http://www.xianqin.org/blog/archives/5135.html，2015 年 4 月 27 日。綴合得到馬季凡老師和孫亞冰師姐的幫助，謹致謝忱。
② 第 1066 則選自李愛輝《甲骨拼合第 287 則》。李文原載"中國社會科學院歷史研究所先秦史研究室網站"，http://www.xianqin.org/blog/archives/5175.html，2015 年 4 月 27 日。

往于河，亡（無）其从雨。

□□卜，亘貞：☒來。

說明：B、C兩版為劉影所綴，見黃天樹主編《甲骨拼合集》第128則（學苑出版社，2010年）。李愛輝加綴A版。

① 第1067則

A正：《合》13442正（《龜》1.10.12+《龜》1.21.2、《通》427、《前》7.43.2不全）。

B：《歷》621。

A反：《合》13442反（《珠》1422）。

C：《合》17274（《誠》423、《京》1956不全、《善》20302）。

釋文：

正面：

戊□卜，殼貞：☒又。王占曰：其有☒唯丁，吉；其☒未，允☒允有異，明有各云［自］☒昃亦有異，有出虹自北，［飲］于河。在十二月。

反面：

王占曰：丙其有異☒。

說明：反面A反、C兩版為劉影所綴，見黃天樹主編《甲骨拼合集》第109則（學苑出版社，2010年）。李愛輝加綴正面A正、B兩版。

② 第1068則

A：《合》268正（《山東》870正、《續存》下53、《歷拓》7075正）。

B：《合補》5191正（《歷藏》901正）。

釋文：

癸酉卜，箙貞：翌甲戌用□以羌，易日。甲［戌］用自上甲，允易［日］。

一 小告 二

---

① 第1067則選自李愛輝《甲骨拼合第288~290則》第288則。李文原載"中國社會科學院歷史研究所先秦史研究室網站"，http://www.xianqin.org/blog/archives/5203.html，2015年5月16日。

② 第1068則選自李愛輝《甲骨拼合第288~290則》第289則。李文原載"中國社會科學院歷史研究所先秦史研究室網站"，http://www.xianqin.org/blog/archives/5203.html，2015年5月16日。

丁酉卜，🆎貞：告于囗甲。一不🆎黽一

① 第 1069 則

A：《合》526（《山東》615、《前》6.1.5、《歷拓》6857）。
B：《合》8723（《山東》66、《前》1.48.6、《歷拓》6434）。
釋文：

貞：囗于東于西。
貞：正。
貞：燎五牛，正。
貞：正。
貞：于高燎。
貞：㞢疾羌，其瘟。

② 第 1070 則

A：《合》1168 正反（《歷》194 正反、《歷拓》606 正反）。
B：《合補》5362 正反（《歷》938 正反、《歷拓》604 正反）。
釋文：

正面：
一二三 二告 一二三 小告 一 二告 不🆎黽 一 小告
反面：
貞：囗。
貞：弜（勿）往于囗。
貞：囗。
囗告于上甲。

---

① 第1069則選自李愛輝《甲骨拼合第288~290則》第290則。李文原載"中國社會科學院歷史研究所先秦史研究室網站"，http：//www.xianqin.org/blog/archives/5203.html，2015 年 5 月 16 日。
② 第1070則選自李愛輝《甲骨拼合第291~292則》第291則。李文原載"中國社會科學院歷史研究所先秦史研究室網站"，http：//www.xianqin.org/blog/archives/5234.html，2015 年 5 月 26 日。

第 1071 則

A：《合》15396 正反（《北大》182 正反、《歷拓》5879 正反）。

B：《合》15540 正反（《善》15753 正反、《京》875 正、《京》876 反）。

釋文：

正面：

己亥卜，殼貞：业入。一

亡其來。一，二告，不䳒黽。一

乙未卜，[图]貞：專☐。

乙亥卜，殼貞：燎十☐。

一 小告

一 二告

一

三小告

三二告

一二小告

一一不䳒黽，一

反面：

☐弓（勿）☐。

貞：其來入五☐。

亡其入。

☐燎于坈。

貞：光亡其䎽。（缺刻橫畫）

貞：光其业䎽。（缺刻橫畫）

☐四月。

王占曰："吉，以。"

甲午卜，殼貞：于翌丙申用。

---

① 第 1071 則選自李愛輝《甲骨拼合第 291~292 則》第 292 則。李文原載"中國社會科學院歷史研究所先秦史研究室網站"，http://www.xianqin.org/blog/archives/5234.html，2015 年 5 月 26 日。

貞：弓（勿）于丙申用。

① 第 1072 則

A：《合補》545 正（《歷藏》25418 正）。

B：《合補》3297（《歷藏》5072）。

釋文：

[庚]寅卜，殼[貞]：來乙未☐子魚☐。

② 第 1073 則

A：《英藏》610 正反（《合》39513 正反、《金》509 正）。

B：《英藏》173 正反（《合》39671、《庫》1583）。

釋文：

正面：

甲寅卜，亘貞：㞢(有)羍。

貞：呼帚㚤。

反面：

王占曰："其羍，唯其不率。"

③ 第 1074 則

A：《拼五》1071[《合》15396 正反（《北大》182 正反、《歷拓》5879 正反）+《合》15540 正反（《善》15753 正反、《京》875 正：《京》876 反）]④。

B：《合補》1489 正反（《歷藏》21742）。

釋文：

正面：

己亥卜，殼貞：㞢入。

---

① 第1072則選自李愛輝《甲骨拼合第293~295則》第293則。李文原載"中國社會科學院歷史研究所先秦史研究室網站"，http://www.xianqin.org/blog/archives/5280.html，2015年6月10日。綴合得到趙鵬師姐的幫助，謹此謝忱。
② 第1073則選自李愛輝《甲骨拼合第293~295則》第294則。李文原載"中國社會科學院歷史研究所先秦史研究室網站"，http://www.xianqin.org/blog/archives/5280.html，2015年6月10日。綴合得到趙鵬師姐的幫助，謹此謝忱。
③ 第1074則選自李愛輝《甲骨拼合第293~295則》第295則。李文原載"中國社會科學院歷史研究所先秦史研究室網站"，http://www.xianqin.org/blog/archives/5280.html，2015年6月10日。綴合得到趙鵬師姐的幫助，謹此謝忱。
④ 李愛輝：《甲骨拼合第291~292》第292則，http://www.xianqin.org/blog/archives/5234.html，2015年5月26日。

亡其來。一，二告，不䶂黽。

乙未卜，㿫貞：專☒。

乙亥卜，殼貞：燎十☒。

一　小告

一二告

一

三小告

三二告

一二小告

一一不䶂黽。

反面：

☒弖（勿）☒。

貞：其來入五☒。

亡其入。

☒燎于玌。

貞：光亡其𢦏。（缺刻橫畫）

貞：光其㞢𢦏。（缺刻橫畫）

☒四月。

王占曰："吉，以。"

甲午卜，殼貞：于翌丙申用。

貞：弖（勿）于丙申用。

☒來☒。

☒來來。

說明：第 1074 則是在本書第 1070 則上加綴 B《合補》1489 而成的。

①第 1075 則

A：《合》2387 正反（《山東》850、《歷拓》7054 正反）。

---

① 第 1075 則選自李愛輝《甲骨拼合第 296 則》。李文原載"中國社會科學院歷史研究所先秦史研究室網站"，http://www.xianqin.org/blog/archives/5285.html，2015 年 6 月 12 日。

B：《史購》180 正反。

釋文：

正面：

貞：㞢（侑）于妣甲。一　二　二告

貞：宜㞢（有）追。二　二告

一一一　二

反面：

㞢☐父☐。

王占曰："☐㞢（有）追。"

① 第 1076 則

A：《合》15621（《上博》17647.185正反、《戬》24.10、《歷拓》9369、《續》2.23.2不全）。

B：《合補》4348（《歷藏》503）。

釋文：

貞：燎五牛，沉五☐，十☐，☐眔☐☐酒。

② 第 1077 則

A：《合》541（《歷》350、《歷拓》1025）。

B：《歷》293。

釋文：

☐貞：翌辛未☐。

☐多宂伐吾☐。

③ 第 1078 則

A：《合》2150（《京》753、《合補》292）。

---

① 第 1076 則選自李愛輝《甲骨拼合第 297 則》。李文原載"中國社會科學院歷史研究所先秦史研究室網站"，http://www.xianqin.org/blog/archives/5296.html，2015 年 6 月 28 日。
② 第 1077 則選自李愛輝《甲骨拼合第 298 則》。李文原載"中國社會科學院歷史研究所先秦史研究室網站"，http://www.xianqin.org/blog/archives/5299.html，2015 年 7 月 1 日。
③ 第 1078 則選自李愛輝《甲骨拼合第 299 則》。李文原載"中國社會科學院歷史研究所先秦史研究室網站"，http:

B：《合補》2388 正（《歷藏》24283 正）。

釋文：

正面：

貞：俥不其☒。

貞：唯父庚☒。

反面：

王占［曰］："☒以☒。"

① 第 1079 則

A：《合》15895 正反（《上博》21569.98、《續存》上 359、《合補》4422）。

B：《合》15903 正反（《合補》5548、《東文研》988、《珠》986）。

釋文：

正面：

庚辰［卜，☐］貞：☒宜☒若。

貞：翌辛巳宜☒。

反面：

☒早比望☒。

壬☒宜☒。王占［曰］："☒用☒。"

② 第 1080 則

A：《合》12670（《海柉》14）。

B：《合》10692 正反（《續存》上 749、《北珍》61 正）。

C：《明後》1629 正反（《合》10282 正反＋《合》正反 12671）。

//www.xianqin.org/blog/archives/5302.html，2015 年 7 月 1 日。
① 第 1079 則選自李愛輝《甲骨拼合第 300~301 則》第 300 則。李文原載"中國社會科學院歷史研究所先秦史研究室網站"，http：//www.xianqin.org/blog/archives/5307.html，2015 年 7 月 1 日。綴合得到黃天樹師的悉心指導和趙鵬師姐的幫助，謹致謝忱。
② 第 1080 則選自李愛輝《甲骨拼合第 300~301 則》第 301 則。李文原載"中國社會科學院歷史研究所先秦史研究室網站"，http：//www.xianqin.org/blog/archives/5307.html，2015 年 7 月 1 日。綴合得到黃天樹師的悉心指導和趙鵬師姐的幫助，謹致謝忱。

釋文：

　　正面：

　　　　貞：不瘟。

　　　　貞：今夕其雨，疾。

　　　　貞：念☒。

　　　　貞：今夕其雨，疾雨。一

　　　　貞：王往省☒。☒ 二告

　　　　☒牛☒。

　　　　一二 二告 一二 二告 一 小告 一 一二 二告

　　反面：

　　　　貞：㞢于祖乙。

　　　　貞：呼射鹿，獲。

　　　　戊辰卜，亘。

　　　　貞：☒☒。

　　　　貞：弗其獲。

說明：B、C 兩版為林宏明所綴。李愛輝加綴 A 版。

① 第 1081 則

A：《旅藏》271（《合》40019、《续存》下 517）。

B：《旅藏》383。

釋文：

　　　　于⿰骨万。

　　　　貞：呼☒㞢于☒。

② 第 1082 則

A：《合》14457（《珠》3）。

---

① 第 1081 則選自李愛輝《甲骨拼合第 302 則》。李文原載"中國社會科學院歷史研究所先秦史研究室網站"，http://www.xianqin.org/blog/archives/5366.html，2015 年 7 月 22 日。
② 第 1082 則選自李愛輝《甲骨拼合第 303~304 則附錄〈上博〉甲骨復原校重六組》第 303 則。李文原載"中國社會科學院歷史研究所先秦史研究室網站"，http://www.xianqin.org/blog/archives/5453.html，2015 年 8 月 3 日。

B：《合》14482（《前》5.18.4）。

釋文：

　　□亥［卜］，爭［貞］：☒。

　　癸酉卜，貞：取岳廼燎。

　　癸酉卜，貞：寧雨于岳，叀□。

第 1083 則

A：《上博》49003.217 正反。

B：《殷餘》12.6。

釋文：

　　正面：

　　癸酉卜，㱿貞：旬［無］憂。

　　反面：

　　王占［曰］："其☒。"

第 1084 則

A：《合》5030（《北圖》3300、《合》20021、《京》2100）。

B：《北圖》3609。

釋文：

　　☒正。

　　壬寅卜，王貞：勿同（興）小王。

第 1085 則

A：《合》7327（《北圖》2207、《文捃》1214）。

---

① 第 1083 則選自李愛輝《甲骨拼合第 303~304 則附錄〈上博〉甲骨復原校重六組》第 304 則。李文原載"中國社會科學院歷史研究所先秦史研究室網站"，http://www.xianqin.org/blog/archives/5453.html，2015 年 8 月 3 日。
② 第 1084 則選自李愛輝《甲骨拼合第 305 則》。李文原載"中國社會科學院歷史研究所先秦史研究室網站"，http://www.xianqin.org/blog/archives/5458.html，2015 年 8 月 10 日。
③ 第 1085 則選自李愛輝《甲骨拼合第 306 則》。李文原載"中國社會科學院歷史研究所先秦史研究室網站"，http://www.xianqin.org/blog/archives/5487.html，2015 年 8 月 12 日。

B：《合》7333 正（《歷》327 正、《南坊》5.36、《歷拓》497 正、《掇》二 467 正）。

C：《北圖》244。

釋文：

□□[卜]，殼貞：眔人三千呼☒異。其唯丙不☒吉。九旬㞢一日☒四日庚戌☒。

說明：

A、B 兩版為劉影所綴，見黃天樹主編《甲骨拼合集》第 122 則（學苑出版社，2010 年）。李愛輝加綴 C 版。

① 第 1086 則

A：《合》2134（《簠拓》250、《簠帝》180+《續》1.34.1）。

B：《合補》1272（《文捃》1037）。

釋文：

己☒。

貞：父辛求（咎）。

貞：王㞢（有）蚩（害）。

貞：父甲求（咎）。

貞：令中（？）枏歸。

② 第 1087 則

A：《英藏》1039 正反（《金》467）。

B：《北大》2091。

釋文：

癸卯卜，爭貞：☒。

丙午卜，賓貞：☒。[王]占曰："其唯☒其唯戌☒唯庚☒。"

二　小告

---

① 第 1086 則選自李愛輝《甲骨拼合第 307 則》。李文原載"中國社會科學院歷史研究所先秦史研究室網站"，http://www.xianqin.org/blog/archives/5496.html，2015 年 8 月 19 日。
② 第 1087 則選自李愛輝《甲骨拼合第 308~309 則》第 308 則。李文原載"中國社會科學院歷史研究所先秦史研究室網站"，http://www.xianqin.org/blog/archives/5502.html，2015 年 9 月 6 日。

① **第 1088 則**

　　A：《合》9686（《珠》1180、《合補》2485 不全、《東文研》306 不全）。
　　B：《合》9890（《北大》22、《契》132）。
　　釋文：
　　　　貞：我受年。□告
　　　　貞：不其受年。

② **第 1089 則**

　　A：《合》7820（《戩》9.13、《上博》17647.63 不全、《續》3.13.6）。
　　B：《合》14318（《佚》459）。
　　釋文：
　　　　貞：弜（勿）歸。
　　　　貞：歸。
　　　　貞：弜（勿）歸于商。
　　　　貞：燎于東。
　　　[貞]：燎于東。

③ **第 1090 則**

　　A：《合》10082（《南明》46、《歷拓》5122、《考塙》143）。
　　B：《合》10127（《歷拓》10609）。
　　釋文：
　　　　貞：□受□。
　　　　貞：桒（禱）年于河。

---

① 第 1088 則選自李愛輝《甲骨拼合第 308~309 則》第 309 則。李文原載"中國社會科學院歷史研究所先秦史研究室網站"，http://www.xianqin.org/blog/archives/5502.html，2015 年 9 月 6 日。
② 第 1089 則選自李愛輝《甲骨拼合第 310~311 則》第 310 則。李文原載"中國社會科學院歷史研究所先秦史研究室網站"，http://www.xianqin.org/blog/archives/5520.html，2015 年 9 月 30 日。
③ 第 1090 則選自李愛輝《甲骨拼合第 310~311 則》第 311 則。李文原載"中國社會科學院歷史研究所先秦史研究室網站"，http://www.xianqin.org/blog/archives/5520.html，2015 年 9 月 30 日。

貞：弜（勿）求年我（宜）。

貞：秦（禱）年于。

貞：叀禦乍（作）。

［貞］：求［年］我（宜）。

① **第 1091 則**

A：《合》5760 正（《北大》761、《歷拓》6092 正）。

B：《合》11574（《善》5762、《京》2862）。

釋文：

□㗊□。

丙午卜，永貞：瞽射百，令黃旋畀徵。四月。

甲戌卜，賓貞：攸侯令其□舌曰：□若之。五月。

不□黽 小告 不□黽 二告 三 小告 四 三告

② **第 1092 則**

A：《合》16016（《北大》287、《契》654）。

B：《北大》942。

釋文：

□疾□。

庚辰卜，貞：瞽以羌用于丁，告既奠。

③ **第 1093 則**

A：《合》9689（《粹》875、《善》9054）。

B：《合》9699（《善》15258）。

---

① 第 1091 則選自李愛輝《甲骨拼合第 312 則》。李文原載"中國社會科學院歷史研究所先秦史研究室網站"，http://www.xianqin.org/blog/archives/5532.html，2015 年 10 月 7 日。
② 第 1092 則選自李愛輝《甲骨拼合第 313 則》。李文原載"中國社會科學院歷史研究所先秦史研究室網站"，http://www.xianqin.org/blog/archives/5535.html，2015 年 10 月 7 日。本則綴合得到了趙鵬師姐的幫助，謹致謝忱。
③ 第 1093 則選自李愛輝《甲骨拼合第 314 則》。李文原載"中國社會科學院歷史研究所先秦史研究室網站"，http://www.xianqin.org/blog/archives/5601.html，2015 年 10 月 12 日。

釋文：

　　弜（勿）☐伐☐。

　　我受年。

　　我受年。

　　貞：弜（勿）呼伐。

　　我受［年］。

　　貞：呼伐。

　　［貞］：弜（勿）［呼］伐。

第 1094 則[①]

A：《合》11747（《粹》875、《善》9054）。

B：《合》15026 正反（《續存》下 237、《歷拓》3101）。

釋文：

　　壬☐屮于☐

　　王占曰："其隹（唯）丙吉。☐。"

第 1095 則[②]

A：《合》5979（《前》6.53.1）。

B：《合補》2490（《合》9856+《合》9965）。

釋文：

　　貞：弜（勿）圍。

　　丁丑卜，賓貞：圍。

　　貞：不其受年。

　　貞：弜（勿）屮于黃尹。

　　貞：婦妌黍受年。

　　甲午卜，㽙貞：屮于黃尹。

[①] 第1094則選自李愛輝《甲骨拼合第315~316則》第315則。李文原載"中國社會科學院歷史研究所先秦史研究室網站"，http://www.xianqin.org/blog/archives/5643.html，2015年10月19日。

[②] 第1095則選自李愛輝《甲骨拼合第315~316則》第316則。李文原載"中國社會科學院歷史研究所先秦史研究室網站"，http://www.xianqin.org/blog/archives/5643.html，2015年10月19日。

☐☐雀☐☐。

第 1096 則

A:《合》3222 正反（《上博》17647.302、《戬》44.2 正、《殷餘》10.9 反、《歷拓》9574 正反、《續》3.45.5 正，不全）。

B:《合》14783 正反（《上博》17647.61 正反、《戬》9.4 正、《殷餘》11.1、《歷拓》9202 正反）。

釋文：

正面：

丁巳卜，賓貞：子齒其ㄓ（有）災。

☐［子］齒亡（無）☐。一

貞：至于臺，弜（勿）ㄓ（侑）。不▮龜

貞：于娥告。一

貞：☐卒☐。二

反面：

王占［曰］："ㄓ（有）求（咎）。"

第 1097 則

A:《合》724 正（《山東》704、《歷拓》6875 正）。

B:《合》2975 正（《山東》866、《歷拓》7073 正）。

C:《合》6597 正（《山東》424、《歷拓》6720 正）。

釋文：

呼宅。

肩興。

貞：其有來羌自西。

［癸］巳卜，殼［貞］：燎▮☐南☐。一

---

① 第 1096 則選自李愛輝《甲骨拼合第 317 則》。李文原載"中國社會科學院歷史研究所先秦史研究室網站"，http://www.xianqin.org/blog/archives/5657.html，2015 年 10 月 23 日。

② 第 1097 則選自李愛輝《甲骨拼合第 318 則》。李文原載"中國社會科學院歷史研究所先秦史研究室網站"，http://www.xianqin.org/blog/archives/5674.html，2015 年 10 月 30 日。

［甲］午卜，殼貞：翌乙未呼子漁屮于父乙宰。一

翌乙未屮于父乙宰。二

貞：酉妣庚艮，新穀。一 小告

弓（勿）酉妣庚艮。一

一　不▮黽

說明：B、C兩版為蔡哲茂先生所綴，見《甲骨綴合集》第349組（樂學書局，1999年9月）。A版為李愛輝加綴。

① 第 1098 則

A：《合補》1760正（《合》6063正＋《東大》388）。

B：《合》3139（《簠文》81、《簠拓》339）。

C：《北大》1715。

釋文：

［癸未卜］，□貞：旬無憂。丙戌覴俾昝。二月。

［癸未卜，□貞：旬］無憂。己丑匿殟。

癸巳卜，□貞：旬無憂。［四日丙申］允屮來艱自西。沚告曰："［舌方］戋魁、夾、方、罙四邑。"十三月。

□□卜，□貞：旬無憂。王占曰："屮咎，其屮來艱。"

□無憂。

□旬無憂。

甲子，子橐禳䍙牡三、牝□。

說明：B、C兩版為李愛輝所綴，見黃天樹主編《甲骨拼合續集》第476則（學苑出版社，2011年12月）。後加綴A版。

② 第 1099 則

A：《合》14440（《簠人》22）。

---

① 第1098則選自李愛輝《甲骨拼合第319則》。李文原載"中國社會科學院歷史研究所先秦史研究室網站"，http://www.xianqin.org/blog/archives/5722.html，2015年11月1日。本則綴合得到趙鵬師姐的幫助，謹致謝忱。

② 第1099則選自李愛輝《甲骨拼合第320~321則》第320則。李文原載"中國社會科學院歷史研究所先秦史研究室網站"，http://www.xianqin.org/blog/archives/5776.html，2015年11月13日。本則綴合得到趙鵬師姐的幫助，謹致謝忱。

B：《合》15396 反（《北珍》182 反）。

C：《合》15540 反（《京》876）。

D：《合補》1489 反。

釋文：

　　甲午卜，韋，貞：燎于岳。

　　☒來☒。

　　貞：不其來來。

　　貞：其屮來入五。

　　弜（勿）☒。

　　亡（無）其入。

　　貞：燎于䂣。

　　貞：光亡（無）其戋。（缺刻橫畫）

　　貞：光其屮（有）戋。（缺刻橫畫）

　　☒。四月。

　　王占曰："吉。以。"

　　甲午卜，㱿貞：于翌丙申用。

　　貞：弜（勿）于丙申用。

說明：此版綴合在本書第 1070 則、1074 則上加綴而成。

① 第 1100 則

A：《合》2055（《合補》123）。

B：《合》5122（《京》1525）。

釋文：

　　貞：王往出省。

　　貞：屮于祖乙。

---

① 第1100則選自李愛輝《甲骨拼合第320~321則》第321則。李文原載"中國社會科學院歷史研究所先秦史研究室網站"，http: //www.xianqin.org/blog/archives/5776.html，2015 年 11 月 13 日。

贞：弓（勿）往出。

［贞］：弓（勿）☒。

第 1101 则

A：《合》6728（《山東》490 不全、《前》7.29.1）。

B：《合》13212（《善》439）。

釋文：

易日。

不其［易日］。

貞：翌癸丑易日。

不其來。

其來。三

方不其來。三

方其來于氿。三

不其來。一

貞：方允其來于氿。一二告

貞：呼往正。□不㲋黽

第 1102 则

A：《合》1164（《北大》210、《南師》2.51）。

B：《合》3828（《合》14379 小、《北大》2109、《南南》2.253）。

釋文：

己未卜，古貞：㝅奏自夔，禦于上甲。三月。

---

① 第 1101 則選自李愛輝《甲骨拼合第 322 則》。李文原載"中國社會科學院歷史研究所先秦史研究室網站"，http://www.xianqin.org/blog/archives/5782.html，2015 年 11 月 13 日。

② 第 1102 則選自李愛輝《甲骨拼合第 323 則》。李文原載"中國社會科學院歷史研究所先秦史研究室網站"，http://www.xianqin.org/blog/archives/5818.html，2015 年 11 月 24 日。

第 1103 則

A：《合》3804（《山東》841、《前》5.1.7 不全、《歷拓》7045）。

B：《合》7589（北大 764、《歷拓》6164）。

釋文：

□□卜，㕣［貞］：☑□邕☑□牛☑。一　二告

□□卜，亘［貞］：☑。

貞：王弖（勿）伐。

甲申卜，韋貞：大奴多不（？）。一

第 1104 則

A：《合》1303 正（《珠》4 正）。

B：《合補》1805 甲（《合》545+《英藏》554）。

釋文：

甲子卜，殻貞：弖（勿）呼伐舌方，弗其受业又。三

貞：弖（勿）呼多𡨄伐舌方，弗其受业又。三

貞：翌甲戌弖（勿）令。

貞：黃尹求（咎）。

貞：翌乙酉酒唐，正。

貞：弗其正。

第 1105 則

A：《合》7790（《山東》1109、《歷拓》7313）。

B：《合》19382（《善》4503、《粹》1063）。

---

① 第 1103 則選自李愛輝《甲骨拼合第 324 則》。李文原載"中國社會科學院歷史研究所先秦史研究室網站"，http://www.xianqin.org/blog/archives/5836.html，2015 年 12 月 3 日。
② 第 1104 則選自李愛輝《甲骨拼合第 325 則》。李文原載"中國社會科學院歷史研究所先秦史研究室網站"，http://www.xianqin.org/blog/archives/5870.html，2015 年 12 月 11 日。本則綴合得到了趙鵬師姐的幫助，謹致謝忱。
③ 第 1105 則選自李愛輝《甲骨拼合第 326 則》。李文原載"中國社會科學院歷史研究所先秦史研究室網站"，http://www.xianqin.org/blog/archives/5907.html，2015 年 12 月 20 日。

釋文：

貞：王小生七月［入］于商。

癸未卜：入。一

甲申卜：入。一

丙□。一

丁丑。一

戊寅。一

貞：我其有來艱。一

一 二 三

① **第 1106 則**

A：《村中南》126。

B：《村中南》215。

C：《村中南》132。

釋文：

甲辰卜：其舌□高［祖乙］☒。

二卣。

三卣。茲用。

□□卜：其延登鬯于祖□。

叙嫠。

□牛。

說明：A、B 兩版為劉影所綴，見黃天樹主編《甲骨拼合三集》第 623 則（學苑出版社，2013 年 4 月）。今李愛輝加綴 C 版。

② **第 1107 則**

A：《合》30622（《上博》17647.496、《殷餘》18.4 全、《歷拓》

---

① 第1106則選自李愛輝《甲骨拼合第 327~328 則》第 327 則。李文原載"中國社會科學院歷史研究所先秦史研究室網站"，http://www.xianqin.org/blog/archives/5915.html，2015 年 12 月 24 日。

② 第1107則選自李愛輝《甲骨拼合第 327~328 則》第 328 則。李文原載"中國社會科學院歷史研究所先秦史研究室網站"，http://www.xianqin.org/blog/archives/5915.html，2015 年 12 月 24 日。

9725）。

B：《合》30659（《佚》931）。

釋文：

丁酉卜：祝叀王☐。

叀🈳🈳。

説明：《合》30622 即《上博》17647.496。前者未拓全。後者拓全。檢視拓本自明。

① 第 1108 則

A：《合》6706（《旅》565、《續存》下 303）。

B：《旅》554。

C：《旅》996。

D：《旅》344。

E：《旅》907。

釋文：

丙子卜，🈳貞：舌方其亦出。不🈳龜

☐。二月。

一　三　四　二告

說明：A、B、C 三版為劉影所綴，即《甲骨拼合四集》第 876 則。今李愛輝加綴 D、E 兩版。

② 第 1109 則

A：《合》22554（《善》738、《粹》239）。

B：《合》26914（《合》26054（不全）、《粹》540、《京》3954、《善》787）。

---

① 第 1108 則選自李愛輝《甲骨拼合第 329 則》。李文原載 "中國社會科學院歷史研究所先秦史研究室網站"，http://www.xianqin.org/blog/archives/5960.html，2016 年 1 月 1 日。
② 第 1109 則選自李愛輝《甲骨拼合第 330 則》。李文原載 "中國社會科學院歷史研究所先秦史研究室網站"，http://www.xianqin.org/blog/archives/5970.html，2016 年 1 月 5 日。

釋文：

　　癸丑卜，即貞：翌乙丑酚于祖乙，其邁又升歲羌十，卯五宰。

　　貞：羌十又五，卯五宰。

　　貞：其作豐呼伊⬛。

　　貞：勿呼。九月。

① 第 1110 則

A：《綴續》376 正反（《合》2037 正反 +《合》17615 正反）。

B：《合》5778 正反。

釋文：

　　正面：

　　貞：唯祖庚蚩（害）。二。

　　貞：唯父庚蚩（害）王。二

　　二　二　一　三　　二告　三　　二小告一一　　不䜌二　　不䜌一　　二告
一一一　小告二二二二一　二告二

　　反面：

　　□呼□。

　　□呼□。

　　貞：㞢于妣己。

　　貞：冒射。

② 第 1111 則

A：《合》8142（《山東》742、《歷拓》6966）。

B：《山東》689。

釋文：

　　丁巳□。

---

① 第 1110 則選自李愛輝《甲骨拼合第 331 則》。李文原載"中國社會科學院歷史研究所先秦史研究室網站"，http://www.xianqin.org/blog/archives/5976.html，2016 年 1 月 9 日。

② 第 1111 則選自李愛輝《甲骨拼合第 332 則》。李文原載"中國社會科學院歷史研究所先秦史研究室網站"，http://www.xianqin.org/blog/archives/5979.html，2016 年 1 月 18 日。

丁卯卜，賓貞：方其于🅂出。十月。一

☐不☐大出。十二月。

① **第 1112 則**

A：《合》764（《甲》2049）。

B：《合》4061（《續存》下 216、《歷拓》3089）。

釋文：

☐宰☐。

☐上甲至☐小☐。

癸巳卜，貞：翌丁酉酒畢，禱于丁。二

貞：令☐眔☐示☐俘☐人☐。二

貞：☐則☐族☐。二

② **第 1113 則**

A：《旅》786 正反。

B：《旅》917。

C：《旅》883 正反。

釋文：

正面：

一二一小告不🅂黽

反面：

☐弓（勿）唯☐唯☐。

說明：A、B 兩版為蔣玉斌所綴，見蔣玉斌：《旅博甲骨新綴四組》第二組，中國社會科學院歷史研究所先秦史研究室網站，http：//www.xianqin.org/blog/archives/4660.html，2014 年 11 月 12 日。今李愛輝加綴 C 版。

---

① 第 1112 則選自李愛輝《甲骨拼合第 333~334 則》第 333 則。李文原載"中國社會科學院歷史研究所先秦史研究室網站"，http：//www.xianqin.org/blog/archives/6017.html，2016 年 1 月 22 日。綴合得到趙鵬師姐的幫助，謹致謝忱。

② 第 1113 則選自李愛輝《甲骨拼合第 333~334 則》第 334 則。李文原載"中國社會科學院歷史研究所先秦史研究室網站"，http：//www.xianqin.org/blog/archives/6017.html，2016 年 1 月 22 日。綴合得到趙鵬師姐的幫助，謹致謝忱。

第 1114 則 [①]

A：《合》29888（《謝文》441、《京》3827、《歷拓》4644）。

B：《謝文》505。

釋文：

辛不雨。

其雨。二

第 1115 則 [②]

A：《合》6658（《山東》273、《歷拓》6597）。

B：《合》11288（《山東》269、《歷拓》6595）。

釋文：

貞：牢㞢一牛。

☐冉冊。

貞：弓（勿）☐菁☐☐方☐。一

第 1116 則 [③]

A：《合補》6050（《歷藏》18254）。

B：《北大》202。

釋文：

貞：弓（勿）燎☐白☐。

第 1117 則 [④]

A：《合》10106（《北大》27、《契》234）。

---

① 第1114則選自李愛輝《甲骨拼合第335~336則》第335則。李文原載"中國社會科學院歷史研究所先秦史研究室網站"，http://www.xianqin.org/blog/archives/6022.html，2016年1月25日。
② 第1115則選自李愛輝《甲骨拼合第335~336則》第336則。李文原載"中國社會科學院歷史研究所先秦史研究室網站"，http://www.xianqin.org/blog/archives/6022.html，2016年1月25日。
③ 第1116則選自李愛輝《甲骨拼合第337則》。李文原載"中國社會科學院歷史研究所先秦史研究室網站"，http://www.xianqin.org/blog/archives/6025.html，2016年1月25日。
④ 第1117則選自李愛輝《甲骨拼合第338則》。李文原載"中國社會科學院歷史研究所先秦史研究室網站"，http://www.xianqin.org/blog/archives/6054.html，2016年2月13日。

B：《合》10500（《歷》444、《續存》上 746、《歷拓》747）。

釋文：

　　□□［卜］，賓［貞］：旬□□□。

　　貞：于王亥莘（禱）年。三

　　□亡□。三

　　貞：弓（勿）亞犬。二

　　□擒獲燕十、豕一、毘一。

　　□弓（勿）往逐磬燕，弗其擒。

第 1118 則

A：《合》9629（《元嘉》53、《存》上 196、《歐美亞》199 港大）。

B：《歷》1116。

C：《合》3311（《存》下 463、《歷拓》3261 清華）。

D：《合》9630（《元嘉》52、《存》上 197、《歷拓》5914、北大 0037）。

E：《合》13016（《歷》1000、《歷拓》19）。

釋文：

　　丁亥卜，賓貞：彡卒醺往。二

　　貞：勿醺。一月。二

　　乙未卜，貞：于戠告蚩稱。

　　乙未卜，賓貞：于上甲告蚩稱。一

　　貞：于王亥告蚩稱。一月。二

　　乙未卜，貞：寧蚩稱。二

　　乙未□喪□蚩□。二

　　丙申□寧□斷□。一月。

　　貞：丁巳雨。一

　　貞：□雨。

---

① 第 1118 則選自李愛輝《甲骨拼合第 339~340 則》第 339 則。李文原載"中國社會科學院歷史研究所先秦史研究室網站"，http://www.xianqin.org/blog/archives/6073.html，2016 年 3 月 7 日。

丁亥卜，賓［貞］：崇侯钌，勿唯茲商禘。二

癸丑卜，貞：螽在虍河。二

☒今日☒至（"至"倒書）。

說明：A、B、C、D版為蔣玉斌所綴，見蔣玉斌：《甲骨新綴十二組》第二組，中國社會科學院歷史研究所網站，http://www.xianqin.org/blog/archives/3292.html，2013年9月18日。今李愛輝加綴E版。

① 第1119則

A：《合》5881正反（上博17647.392正、《戩》47.6正、《鐵新》738、《鐵》101.1正、《歷拓》9618正、《續》5.28.6）。

B：《合》9606（《上博》17645.126、《續存》上1299）。

釋文：

正面：

不其萑。二

貞：弗其牵。

反面：

☒自妥☒。

② 第1120則

A：《合補》3264正反（《歷藏》26225正反）。

B：《合補》6282正反（《歷藏》20321正反）。

釋文：

正面：

☒擒，獲☒☒擒☒今日☒。二

反面：

貞：翌☐卯☒。

---

① 第1119則選自李愛輝《甲骨拼合第339~340則》第340則。李文原載"中國社會科學院歷史研究所先秦史研究室網站"，http://www.xianqin.org/blog/archives/6073.html，2016年3月7日。

② 第1120則選自李愛輝《甲骨拼合第341~343則》第341則。李文原載"中國社會科學院歷史研究所先秦史研究室網站"，http://www.xianqin.org/blog/archives/6143.html，2016年3月21日。

① 第 1121 則

    A：《合》13475（《續》5.1.1、《通》433）。

    B：《合》17731 正（《歷拓》4396 正）。

    釋文：

        ☐庚午夕☐未王☐。

        ☐辛未☐午夕向☐王占〔曰〕☐午歲☐☐。

② 第 1122 則

    A：《合》13037（《善》7988）。

    B：《掇一》19。

    C：《英藏》398。

    釋文：

        癸酉卜，賓貞：茲雨隹（唯）䎽（稔）。

    說明：A、B 兩版為李延彥所綴，見黃天樹主編《甲骨拼合三集》第 789 則（學苑出版社，2013 年）。今李愛輝加綴 C 版。

③ 第 1123 則

    A：《合》10246（《續》1.35.9）。

    B：《合補》2325（《山東》1608）。

    釋文：

        亡（無）其來西。

        弜（勿）于河禱。

        屮來自西。

---

① 第 1121 則選自李愛輝《甲骨拼合第 341~343 則》第 342 則。李文原載"中國社會科學院歷史研究所先秦史研究室網站"，http://www.xianqin.org/blog/archives/6143.html，2016 年 3 月 21 日。

② 第 1122 則選自李愛輝《甲骨拼合第 341~343 則》第 343 則。李文原載"中國社會科學院歷史研究所先秦史研究室網站"，http://www.xianqin.org/blog/archives/6143.html，2016 年 3 月 21 日。

③ 第 1123 則選自李愛輝《甲骨拼合第 344~346 則》第 344 則。李文原載"中國社會科學院歷史研究所先秦史研究室網站"，http://www.xianqin.org/blog/archives/6195.html，2016 年 3 月 31 日。

貞：弗其獲豕。
☐于☐禱☐。

第 1124 則

A：《合》16901（《合補》5662、《珠》1210、《東文研》330）。
B：《合補》4845（《東文研》334）。
C：《合》16794（《續》4.46.9 不全）。

釋文：

癸亥卜，賓貞：旬無憂。丙☐

癸酉卜，爭貞：旬無憂。

癸未卜，貞：旬無憂。

癸巳卜，貞：旬無憂。

癸酉卜，爭貞：旬無憂。

癸未卜，爭貞：旬無憂。王占曰："不吉。"

癸卯卜，爭貞：旬無憂。

癸酉。

［癸］卯。

說明：A、B 兩版為劉義峰所綴，見劉義峰《甲骨新綴三則》第三則（中國社會科學院歷史研究所先秦史研究室網站 http://www.xianqin.org/blog/archives/2354.html，2011 年 05 月 19 日）。今李愛輝加綴 C 版。

第 1125 則

A：《合》16943 正反（《善》10050 正反）。
B：《英藏》1590 正反（《金》633）。
C：《合》16945 正反（《歷》620 正反）。

釋文：

---

① 第 1124 則選自李愛輝《甲骨拼合第 344~346 則》第 345 則。李文原載"中國社會科學院歷史研究所先秦史研究室網站"，http://www.xianqin.org/blog/archives/6195.html，2016 年 3 月 31 日。此則綴合得到了趙鵬師姐的幫助，謹致謝忱。
② 第 1125 則選自李愛輝《甲骨拼合第 344~346 則》第 346 則。李文原載"中國社會科學院歷史研究所先秦史研究室網站"，http://www.xianqin.org/blog/archives/6195.html，2016 年 3 月 31 日。

正面：

癸丑卜，爭貞：旬無憂。

癸卯。二

癸未。二

癸巳。二　二告

癸亥卜，爭貞：旬無憂。一月。

癸酉卜，爭貞：旬無憂。

反面：

王占曰："㞢求（咎）。"

王占曰："㞢求（咎）。"

王占曰："㞢求（咎）。"

☐㞢求（咎）。

說明：A、B兩版為蔡哲茂先生所綴，見蔡哲茂《甲骨綴合續集》第428則（臺北：文津出版社，2004年）。今李愛輝加綴C版。

第1126則①

A：《東文研》502。

B：《北大》2508。

釋文：

　　貞：弗其及。四　二告　四　二告

第1127則②

A：《合》9740（《龜》1.29.17）。

B：《合》16453（《京人》208）。

釋文：

　　乙酉卜，☐貞：呼☐涉畢☐憂☐不唯☐唯☐。三

---

① 第1126則選自李愛輝《甲骨拼合第347則》。李文原載"中國社會科學院歷史研究所先秦史研究室網站"，http://www.xianqin.org/blog/archives/6272.html，2016年5月3日。
② 第1127則選自李愛輝《甲骨拼合第348則》。李文原載"中國社會科學院歷史研究所先秦史研究室網站"，http://www.xianqin.org/blog/archives/6331.html，2016年5月10日。

☐西[土]受☐年。

☐☐卜，賓[貞]：☐☒☐。

三。

① 第 1128 則

A：《合》3336 正反（《北圖》2431 正、《後》下 8.6）。

B：《合》25746（《善》651）。

釋文：

正面：

丁卯卜，爭貞：令上絲眔禾侯，[若]。

☐弓（勿）呼☐。五月。

貞：令必人。七月。二

貞：戩。七月。二

反面：

癸酉。

② 第 1129 則

A：《合》2542（《上博》17647.69、《戩》7.5、《歷拓》9173、《續》1.41.4）。

B：《合》8967（《上博》17647.234、《戩》25.1、《歷拓》9370，《續》4.25.4）③。

C：《合》9046（《京》999、《善》15595）。

釋文：

貞：☐我☐不其☐。

貞：屮于母庚二牛。

---

① 第1128則選自李愛輝《甲骨拼合第349~350則》第349則。李文原載"中國社會科學院歷史研究所先秦史研究室網站"，http: //www.xianqin.org/blog/archives/6413.html，2016 年 6 月 8 日。綴合得到趙鵬師姐的幫助，謹致謝忱。
② 第1129則選自李愛輝《甲骨拼合第349~350則》第350則。李文原載"中國社會科學院歷史研究所先秦史研究室網站"，http: //www.xianqin.org/blog/archives/6413.html，2016 年 6 月 8 日。綴合得到趙鵬師姐的幫助，謹致謝忱。
③ 黃天樹主編：《甲骨拼合三集》第 611 則，學苑出版社，2013 年。

貞：以牛五十。

貞：婦妌黍雀。

貞：儔弗其以。

☐辜☐。

說明：A、B兩版為劉影所綴，見黃天樹主編《甲骨拼合三集》第611則（學苑出版社，2013年）。今李愛輝加綴C版。

第1130則①

A：《合》3337（《後》下8.7）。

B：《合》19073正反（《善》22709正反）。

釋文：

正面：

［丁卯卜］，爭［貞：令］上絴［眔］☐侯，若。

貞：令必人。七月。一

反面：

［癸］酉。

第1131則②

A：《合》27965（《歷拓》10834）。

B：《合》29855（《歷》1621、《歷拓》11338、《續存》上1735）。

釋文：

不雨。

其雨。

其呼馬先，兌比。

不兌。

---

① 第1130則選自李愛輝《甲骨拼合第351則》。李文原載"中國社會科學院歷史研究所先秦史研究室網站"，http：//www.xianqin.org/blog/archives/6420.html，2016年7月1日。
② 第1131則選自李愛輝《甲骨拼合第352~353則》第352。李文原載"中國社會科學院歷史研究所先秦史研究室網站"，http：//www.xianqin.org/blog/archives/6439.html，2016年7月6日。

① 第 1132 則

　　A：《合》295（《續》2.16.3（《簠帝》200+《簠拓》208）+《山東》340）。

　　B：《合》340（《後》下 35.6）。

　　C：《合補》4469（《歷藏》11025）。

　　D：《山東》197。

　　釋文：

　　　　丁酉卜，賓貞：大☐大示百☐。

　　　　三百羌用于丁。三

　　　　己亥卜，貞：其屮升伐，晻酒。八月。二

　　　　癸卯卜，貞：翌丁未延㽞示。八月。一

　　　　乙巳卜，貞：🈳于大甲亦于丁，羌卅，卯十宰。用。二

　　　　乙巳卜，貞：🈳于大甲亦于丁，羌卅，卯十宰五。用。

　　　　丙午卜，貞：🈳尊歲，羌十，卯宰，于亳用。八月。二

　　　　☐卜，貞：☐巳屮于☐牢屮一牛。二

　　　　丁☐屮☐宰☐。

　　說明：A、B 兩版為蔡哲茂先生所綴，見蔡哲茂《甲骨綴合集》第 354 組（臺北：樂學書局，1999 年 9 月）。C 版為林宏明先生加綴，見林宏明《契合集》第 100 組（臺北：萬卷樓，2013 年 9 月）。今李愛輝加綴 D 版。

② 第 1133 則

　　A：《合》32067（《山東》1411、《歷拓》7637）。

　　B：《合》32105（《寧》2.116、《歷拓》2939）。

　　C：《山東》1451（倒）。

　　釋文：

---

① 第 1132 則選自李愛輝《甲骨拼合第 352~353 則》第 353 則。李文原載"中國社會科學院歷史研究所先秦史研究室網站"，http://www.xianqin.org/blog/archives/6439.html，2016 年 7 月 6 日。
② 第 1133 則選自李愛輝《甲骨拼合第 354 則》。李文原載"中國社會科學院歷史研究所先秦史研究室網站"，http://www.xianqin.org/blog/archives/6476.html，2016 年 7 月 12 日。

弜（勿）又。

三羌。

五羌。一

十羌。茲用。一

十又五羌。一

說明：A、B 兩版為周忠兵所綴，見周忠兵《歷組卜辭新綴十一例》第二組，中國社會科學院歷史研究所先秦史研究室網站：http://www.xianqin.org/blog/archives/497.html，2008 年 12 月 26 日。今李愛輝加綴 C 版。

① 第 1134 則

A：《合》8652（《珠》468）。

B：《珠》580。

釋文：

癸亥卜，賓貞：翌乙丑方其祉（延），亡（無）蚩（害）。

□□[卜]，賓[貞]☒。

三。

② 第 1135 則

A：《合》4876（《續》5.6.5、《簠人》62、《簠拓》543）。

B：《合》9100（後下 7.13）。

釋文：

☒貞：傳以盂白（伯）匄，聞曰棄子革（？）。允☒。二

癸巳卜，□貞：呼比□眔因彭。六月。二

貞：☒以☒呼☒。二

---

① 第 1134 則選自李愛輝《甲骨拼合第 355 則》。李文原載"中國社會科學院歷史研究所先秦史研究室網站"，http://www.xianqin.org/blog/archives/6505.html，2016 年 7 月 19 日。

② 第 1135 則選自李愛輝《甲骨拼合第 356~358 則》第 356 則。李文原載"中國社會科學院歷史研究所先秦史研究室網站"，http://www.xianqin.org/blog/archives/6704.html，2016 年 8 月 21 日。綴合得到黃天樹師和趙鵬師姐的悉心指導，謹致謝忱。

第 1136 則 ①

A：《合》6800（《前》5.11.7）。

B：《合》7421（《續存》上 349）。

釋文：

　　貞：莒于下卪（禦）方。

　　貞：牧禹冊，曾小羌，比☒。一

　　壬☒［卜］☒六月☒。一

第 1137 則 ②

A：《合》3749（《歷拓》8767）。

B：《合》11508（《甲》3298）。

釋文：

　　☒酉卜，爭貞：今歲司☒。二

第 1138 則 ③

A：《合》13548（《合補》77、《寧》2.34、《歷拓》3813）。

B：《合》14871（《京》786、《善》8069）。

釋文：

　　☒酒桒（禱）☒六示☒。二

　　丁丑卜，爭貞：翌甲申其酒桒（禱）興宗于上甲。二

第 1139 則 ④

A：《合補》3666（《歷藏》7933）。

---

① 第 1136 則選自李愛輝《甲骨拼合第 356~358 則》第 357 則。李文原載"中國社會科學院歷史研究所先秦史研究室網站"，http：//www.xianqin.org/blog/archives/6704.html，2016 年 8 月 21 日。綴合得到黃天樹師和趙鵬師姐的悉心指導，謹致謝忱。
② 第 1137 則選自李愛輝《甲骨拼合第 356~358 則》第 358 則。李文原載"中國社會科學院歷史研究所先秦史研究室網站"，http：//www.xianqin.org/blog/archives/6704.html，2016 年 8 月 21 日。綴合得到黃天樹師和趙鵬師姐的悉心指導，謹致謝忱。
③ 第 1138 則選自李愛輝《甲骨拼合第 359~360 則》第 359 則。李文原載"中國社會科學院歷史研究所先秦史研究室網站"，http：//www.xianqin.org/blog/archives/6718.html，2016 年 9 月 6 日。
④ 第 1139 則選自李愛輝《甲骨拼合第 359~360 則》第 360 則。李文原載"中國社會科學院歷史研究所先秦史研究室網站"，

B：《合補》3667（《歷藏》7864）。

釋文：

貞：其雨。一

貞：其雨。一

① 第1140則

A：《合》6612（《北大》208、《歷拓》5818）。

B：《合》14791（《山東》258、《文捃》1177）。

釋文：

☒于☒。

戊辰卜，賓貞：翌庚午用子媚禦五十羌于☒。十三月。二

☒羌☒。十三月。

☒☒。

② 第1141則

A：《合》10168（《前》3.24.4、《通》371）。

B：《合》14157（《前》5.25.1）。

C：《合》14158（《前》4.5.5+《龜》2.18.3、《龜》2.18.4）。

釋文：

己酉［卜］，貞：屮☒。

庚戌卜，貞：帝其降莫婞。一

庚戌卜，貞：屮庶䖝（蠱），唯帝令歎。

庚戌卜，貞：屮庶䖝（蠱），告［于］丁。四月。

貞：［屮庶］䖝（蠱）☒囚。一

☒☒卜，［貞］：☒䖝（蠱）☒至☒。四月。

---

http：//www.xianqin.org/blog/archives/6718.html，2016年9月6日。
① 第1140則選自李愛輝《甲骨拼合第361則》。李文原載"中國社會科學院歷史研究所先秦史研究室網站"，http：//www.xianqin.org/blog/archives/6738.html，2016年9月20日。
② 第1141則選自李愛輝《甲骨拼合第362則》。李文原載"中國社會科學院歷史研究所先秦史研究室網站"，http：//www.xianqin.org/blog/archives/6782.html，2016年9月29日。綴合得到黃天樹師的悉心指導，謹致謝忱。

壬子卜，貞：叀今日酒，卯。四月。

丙寅☐乎☐盖☐。一

丙寅卜，貞：翌丁巳邑竝其出于丁宰出一牛。五月。

丙寅，貞：置于亯。一

戊辰卜，貞：日子效。一

說明：B、C兩版為連佳鵬所綴，見黃天樹主編《甲骨拼合三集》第808則（學苑出版社，2013年）。今李愛輝加綴A版。

① 第1142則

A：《合》1910（《珠》20）。

B：《合》8626（《珠》276）。

釋文：

貞：舌☐疀（圍）［于］沚。二

貞：弗其肩興有疾。允。

弗☐。

貞：弓（勿）☐侯。七月。二

丁丑卜，賓貞：出于丁宰，用。七月。一

貞：方不至于屮方。

貞：雨。一

② 第1143則

A：《合》10676（《北大》84、《續》3.45.2、《歷拓》5606、《佚》136）。

B：《合》19590（《安明》3043）。

---

① 第1142則選自李愛輝《甲骨拼合第363則》。李文原載"中國社會科學院歷史研究所先秦史研究室網站"，http://www.xianqin.org/blog/archives/6966.html，2016年10月13日。
② 第1143則選自李愛輝《甲骨拼合第364~367則》第364則。李文原載"中國社會科學院歷史研究所先秦史研究室網站"，http://www.xianqin.org/blog/archives/7456.html，2016年11月22日。綴合得到黃天樹師的悉心指導和趙鵬師姐、王子楊師兄的幫助，謹致謝忱。

釋文：

　　□卯□其□延□。

　　癸亥卜，貞：翌庚午延阱𡦷。

　　丁□翌□王□。一

① **第 1144 則**

A：《合》3268（《北圖》2358、《合補》469）。

B：《合》9480（《前》5.27.6）。

釋文：

　　𡱎（選）有正，乃雝田。一

　　癸巳卜，貞：翌乙□□其束企。

　　乙巳卜，賓貞：其▇于二子▇小宰。十一月。一

② **第 1145 則**

A：《合》1828（《續存》上 269、《善》8975）。

B：《合》1846（《上博》48947.1）。

釋文：

　　□辰卜：翌□巳㞢于祖丁羌一。

　　㞢于祖丁一牛。一

　　二

③ **第 1146 則**

A：《合》2688（《京》1982、《善》5450）。

B：《京》2053。

---

① 第1144則選自李愛輝《甲骨拼合第364~367則》第366則。李文原載"中國社會科學院歷史研究所先秦史研究室網站"，http://www.xianqin.org/blog/archives/7456.html，2016年11月22日。綴合得到黃天樹師的悉心指導和趙鵬師姐、王子楊師兄的幫助，謹致謝忱。
② 第1145則選自李愛輝《甲骨拼合第368則》。李文原載"中國社會科學院歷史研究所先秦史研究室網站"，http://www.xianqin.org/blog/archives/7571.html，2016年11月30日。
③ 第1146則選自李愛輝《甲骨拼合第369則》。李文原載"中國社會科學院歷史研究所先秦史研究室網站"，http://www.xianqin.org/blog/archives/7716.html，2017年1月3日。

C：《合》11646（《京》2046、《善》5622）。

釋文：

　　　　☑好☑㞢五旬☑申帚（婦）好☑妫隹（唯）女。

說明：A、B兩版為曾毅公所綴。今李愛輝加綴C版。

第 1147 則①

A：《合》10506（《簠拓》698、《簠遊》17、《續》3.36.8）。

B：《合》18765（《虛》1394）。

C：《合》13564（《虛》635）。

D：《安明》357。

E：《合》13843（《善》3546）。

F：《北圖》1980。

釋文：

　　　　癸未卜貞：翌戊子王往逐✳。三

　　　　☐☐卜，賓［貞］：☐㞢求（咎），一人亡疾。

　　　　丁未卜，貞：王夕深，隹（唯）㞢由。三

　　　　貞：不隹（唯）㞢由。二月。三

　　　　☐子卜貞：☐匸于☐室。

　　　　☑弓（勿）☑。

說明：A、B為蔡哲茂所綴，見蔡哲茂《甲骨綴合續集》第509組（文津出版社，2004年）。C版為林宏明加綴，見林宏明《甲骨新綴第436例》（中國社會科學院歷史研究所先秦史研究室網站：http：//www.xianqin.org/blog/archives/3492.html）。D版為林宏明加綴，見《甲骨新綴第437、438、439例》第437例（中國社會科學院歷史研究所先秦史研究室網站：http：//www.xianqin.org/blog/archives/3499.html）。E版為劉影加綴，見劉影《〈甲骨新綴

---

① 第1147則選自李愛輝《甲骨拼合第370~373則》第370則。李文原載"中國社會科學院歷史研究所先秦史研究室網站"，http：//www.xianqin.org/blog/archives/8276.html，2017年3月13日。綴合得到黃天樹師和王子楊師兄的悉心指導，謹致謝忱。

七組及相關整理〉第四組》（《中國文字研究》第二十四輯，上海書店出版社，2016年）。今李愛輝加綴 F 版。

① **第 1148 則**

A：《合補》7069（《天理》420）。

B：《合補》7490（《合補》7521、《天理》347）。

釋文：

☐王☐益☐。

甲寅卜，出貞：歲暮。

癸亥卜，出貞：旬㞢☐。

辛丑［卜］，出貞：今☐。

② **第 1149 則**

A：《合》37536（《前》2.11.5、《通》662）。

B：《合》37538（《虛》1132、《南博拓》265）。

釋文：

戊戌卜，在溝：今日不延雨。

戊申卜，在🏶貞：王田，卒逐無災。

壬寅卜，在🏶貞：王田，卒逐無災。

☐多☐。

辛卯卜，在🏶鼎：王卒逐無災。

☐在☐逐［無］災。

□卯卜，［在］敦［貞］：王田，［卒］逐［無災］。

---

① 第 1148 則選自李愛輝《甲骨拼合第 370~373 則》第 371 則。李文原載"中國社會科學院歷史研究所先秦史研究室網站"，http: //www.xianqin.org/blog/archives/8276.html，2017 年 3 月 13 日。綴合得到黃天樹師和王子楊師兄的悉心指導，謹致謝忱。

② 第 1149 則選自李愛輝《甲骨拼合第 370~373 則》第 372 則。李文原載"中國社會科學院歷史研究所先秦史研究室網站"，http: //www.xianqin.org/blog/archives/8276.html，2017 年 3 月 13 日。綴合得到黃天樹師和王子楊師兄的悉心指導，謹致謝忱。

第 1150 則

A：《殷餘》20.2。

B：《殷餘》20.7。

釋文：

　　一 不▮黽

　　不▮黽

第 1151 則

A：《合補》2247（《合》7671、《東大》1011）。

B：《合補》1993（《合補》2775、《歷藏》5472）。

C：《笏（二）》210。

D：《合》7077（《鐵》213.3）。

釋文：

　　☐今日呼☐敦☐戈。三

　　壬戌卜，殼：翌癸亥呼雀☐卤邑，戈。一

　　翌癸［亥］雀弗其戈卤邑。一

　　☐𢆶（禱）☐上甲☐。一。

第 1152 則

A：《合》11300（《善》8922）。

B：《合》15783（《京人》759）。

---

① 第1150則選自李愛輝《甲骨拼合第370~373則》第373則。李文原載"中國社會科學院歷史研究所先秦史研究室網站"，http://www.xianqin.org/blog/archives/8276.html，2017年3月13日。綴合得到黃天樹師和王子楊師兄的悉心指導，謹致謝忱。

② 第1151則選自李愛輝《甲骨拼合第374~376則》第374則。李文原載"中國社會科學院歷史研究所先秦史研究室網站"，http://www.xianqin.org/blog/archives/8313.html，2017年4月19日。綴合得到黃天樹師的悉心指導，謹致謝忱！

③ 第1152則選自李愛輝《甲骨拼合第374~376則》第375則。李文原載"中國社會科學院歷史研究所先秦史研究室網站"，http://www.xianqin.org/blog/archives/8313.html，2017年4月19日。綴合得到黃天樹師的悉心指導，謹致謝忱！

釋文：

弜（勿）十宰虫（又）一。一

十宰虫（又）二。一

酌六宰。

弜（勿）五宰。

□酌□宰。

① **第 1153 則**

A：《合補》9635。

B：《北圖》1803 正反。

釋文：

正面：

［貞］：令［必］人。［七月］。

［貞］：戠（待）。七月。

反面：

［癸］酉。

② **第 1154 則**

A：《合補》6662（《天理》307）。

B：《合補》6727（《東文研》1289）。

釋文：

□□卜，□鼎（貞）：延（延）�同𢧢。十月。

丁丑卜，王：呼𢀥狩。十二月。

丁丑卜，王：弜（勿）呼𢀥狩。

戊寅卜，王：示賈成。

---

① 第1153則選自李愛輝《甲骨拼合第374~376則》第376則。李文原載"中國社會科學院歷史研究所先秦史研究室網站"，http：//www.xianqin.org/blog/archives/8313.html，2017年4月19日。綴合得到黃天樹師的悉心指導，謹致謝忱！

② 第1154則選自連佳鵬《甲骨試綴第五則》。連文原載"中國社會科學院歷史研究所先秦史研究室網站"，http：//www.xianqin.org/blog/archives/5075.html，2015年3月27日。本則綴合得到黃天樹師的悉心指導，謹致謝忱！

戊寅卜，壬：弜（勿）示賈成。

① 第 1155 則

A：《合》5444（《歷拓》6640、《山博》471）。

B：《合》17916（《北圖》3038）。

釋文：

丁卯卜：多朊☒。二

［戊］辰卜：令雀往，由（堪）王事。一

貞：晶不我多朊臣永☒。一二

② 第 1156 則

A：《京人》195。

B：《合》4025（《續存》下 251、《歷拓》10228、《甲零》109）。

C：《合》8731（《後》下 14.1）。

釋文：

貞：翌丁未不其易日。

☒☒［卜］，賓貞：☒𰁝☒。

☒弜（勿）☒𰁝☒。

乙卯［卜，貞］：惠🉂令比殼。

乙卯卜，貞：惠🉂令比殼☒。

乙卯卜，貞：惠🉂令比殼受由。三

貞：弜（勿）蚑，戠（待）。三

說 明：林 宏 明 先 生 第 三 一 O 例（http：//www.xianqin.org/blog/

---

① 第1155則選自連佳鵬《甲骨試綴第六則》。連文原載"中國社會科學院歷史研究所先秦史研究室網站"，http：//www.xianqin.org/blog/archives/5529.html，2015 年 10 月 7 日。本則綴合得到黃天樹師的悉心指導，同時劉影師姐也給予了很大的幫助，謹致謝忱！

② 第1156則選自張志強《甲骨拼合一則》。張文原載"中國社會科學院歷史研究所先秦史研究室網站"，http：//www.xianqin.org/blog/archives/5396.html，2015 年 7 月 22 日。感謝黃天樹師的指導，同時也感謝何會師姐、連佳鵬師兄的幫助。

archives/2550.html）下有武漢先生的討論"根據林先生第三一〇例綴合：合 4025（存下 251、甲零 109、歷拓 10228、存補 6.373.1）＋京人 195，可得到：合 13178（善 1556）＋合補 1330（歷拓 266）。兩者分別爲同套卜辭之三卜、一卜。又，趙鵬博士曾將合 4025 與合 465 遙綴（http：//www.xianqin.org/blog/archives/68.html，收爲拼集 62）。根據上述兩組綴合看來，合 465 應屬一卜之甲的右甲。"

① 第 1157 則

  A：《合》14179（《前》4.17.6、《歷拓》6735）。
  B：《合》14583（《前》2.9.4）。
  A、B 字體風格相同，均屬賓組三類。兩版均是右龜腹甲。綴合以後，斷邊密合，卜辭完整，與《合》14584"乙巳卜，貞：叀辛亥酚河。十月。在鬥"，占卜事項相同，兩者卜問的焦點在於"酚河"的日子。綴合後，可看出 A、B 是沿着卜兆的兆枝斷裂的。綴合後釋文爲：

    乙巳卜，爭貞：叀丁未酚河。十月。在鬥。二
    □□卜，貞☒帝☒降☒。

② 第 1158 則

  A：《上博》17645.645 正反（第 326 頁）。
  B：《英藏》1674。
  A、B 兩版的字體風格均爲賓組二類，材質均屬龜腹甲。綴合以後，斷邊密合，殘字可以拼合，卜辭完整。A 反的齒紋應該是中縫（千里路），A 正不見齒紋，可能是龜腹甲沒有拓全，所以 A 的寬度看似比 B 稍窄。綴合後釋文爲：

    貞：不其見。一

---

① 第 1157 則選自吳麗婉《甲骨拼合第 7 則》。吳文原載"中國社會科學院歷史研究所先秦史研究室網站"，http：//www.xianqin.org/blog/archives/4934.html，2015 年 1 月 19 日。綴合得到黃天樹師的悉心指導，萬分感謝！
② 第 1158 則選自吳麗婉《甲骨拼合第 8~9 則》第 8 則。吳文原載"中國社會科學院歷史研究所先秦史研究室網站"，http：//www.xianqin.org/blog/archives/5048.html，2015 年 3 月 23 日。綴合得到黃天樹師的悉心指導，萬分感謝！

☒□☒□。（正面）

☒ 虫 ☒□☒。（反面）

卜辭中的"見"意思可能是"進獻"，可惜這條卜辭文字簡短，不知進獻的具體事宜。

第 1159 則

A：《英藏》685（《庫方》1873）。

B：《合補》1880（《歷藏》6178）。

綴合後釋文為：

癸丑卜，殼貞：今早王伐土方，受有［祐］。三

第 1160 則

A：《合補》1658（《歷藏》18486）。

B：《合》7464（《歷拓》7348）。

綴合後釋文為：

貞：王勿比沚馘。

貞：王勿自鄉。

☒ 吾 ☒。

劉影後來在此組綴合上加綴《合集》6134，即本書第 1022 則。

第 1161 則

A：《合》10716（《南無》191、《冬》403）。

B：《上博》21691.302（第 720 頁）。

---

① 第 1159 則選自吳麗婉《甲骨拼合第 8~9 則》第 9 則。吳文原載"中國社會科學院歷史研究所先秦史研究室網站"，http://www.xianqin.org/blog/archives/5048.html，2015 年 3 月 23 日。綴合得到黃天樹師的悉心指導，萬分感謝！
② 第 1160 則選自吳麗婉《甲骨拼合第 10~11 則》第 10 則。吳文原載"中國社會科學院歷史研究所先秦史研究室網站"，http://www.xianqin.org/blog/archives/5098.html，2015 年 3 月 31 日。綴合得到黃天樹師的悉心指導，萬分感謝！
③ 第 1161 則選自吳麗婉《甲骨拼合第 10~11 則》第 11 則。吳文原載"中國社會科學院歷史研究所先秦史研究室網站"，http://www.xianqin.org/blog/archives/5098.html，2015 年 3 月 31 日。綴合得到黃天樹師的悉心指導，萬分感謝！

C：《合補》1651（《歷藏》15525）。

A、B為林宏明先生綴合的第433例，見中國社會科學院歷史研究所先秦史研究室網站 http://www.xianqin.org/blog/archives/3430.html，筆者加綴C。綴合後釋文為：

　　　　壬辰卜，殼貞：勿敢戈。三
　　　　［壬］辰卜，［殼］貞：王［敢］戈。三

① 第1162則

　　A：《合補》4393（《歷藏》24265）。

　　B：《文錄》136。

A、B的斷邊雖未完全密合，但綴合應該是正確的，主要有以下幾個原因：一，"寅"、"乙"二字均可以補足；二，這兩版是沿着卜兆所產生的斷裂，從《合補》4393仍可看到兆序"一"，斷邊即是兆枝的所在之處，這也就是"伐""啟"二字間隔較遠的緣故（為了避兆）；三，從齒紋可知，兩版右側邊緣均是中縫，為左龜腹甲，甲骨形態一致；四，字體風格相同，均屬師賓間類。綴合後釋文為：

　　　　甲寅卜，王：翌乙卯伐，啟既。一

"伐"指伐祭，是一種砍伐人牲的祭祀方式。"啟"為天晴之意。"啟既"即"晴天結束"。此卜辭占卜的背景是商王要舉行伐祭，擔心天氣會由晴轉雨，故而占卜。卜辭中祈求雨天結束的詞語一般用"既"和"雨"組合而成的短語，"啟既"一詞在甲骨文中尚屬首例。

② 第1163則

　　A：《合補》1776（《歷藏》6156）。

　　B：《合補》4637（《歷藏》4868）。

---

① 第1162則選自吳麗婉《甲骨拼合第12~13則》第12則。吳文原載"中國社會科學院歷史研究所先秦史研究室網站"，http://www.xianqin.org/blog/archives/5245.html，2015年6月10日。綴合得到黃天樹師的悉心指導，萬分感謝！
② 第1163則選自吳麗婉《甲骨拼合第12~13則》第13則。吳文原載"中國社會科學院歷史研究所先秦史研究室網站"，http://www.xianqin.org/blog/archives/5245.html，2015年6月10日。綴合得到黃天樹師的悉心指導，萬分感謝！

綴合後釋文為：

　　　　☒舌方出，隹（唯）我🈳（憂）。

第 1164 則

A：《合補》8497（《河北大》26）。

B：《合》23051（《甲零》34、《歷藏》10281）。

A、B 字體風格均屬出組二類。兩版的材質都是龜腹甲，斷邊形狀相似，綴合以後，可補全"貞"字，界劃線亦可連接，可證綴合無誤。綴合後釋文為：

　　丙申卜，旅貞：翌丁酉小丁歲，王其窋。一
　　丙［申］☒。
　　☒［牡］☒。
　　☒月（？）☒。

第 1165 則

A：《合》22803（《美藏》171，《庫方》1166）。

B：《粹》306（《合》23188，《善》8920）。

綴合後釋文為：

　　丁巳☒貞☒歲☒。一
　　丁巳☒貞☒☒☒。
　　戊午卜，行貞：王窋父丁歲二牛叔，亡［咎］。一
　　庚申卜，行貞：王窋大庚歲二宰，亡咎。一
　　□申卜，行☒窋☒亡［咎］。

第 1166 則

A：《合》26443（《善》9159）。

---

① 第1164則選自吳麗婉《甲骨拼合第14~20則》第14則。吳文原載"中國社會科學院歷史研究所先秦史研究室網站"，http://www.xianqin.org/blog/archives/5334.html，2015 年 7 月 1 日。綴合得到黃天樹師的悉心指導，萬分感謝！
② 第1165則選自吳麗婉《甲骨拼合第14~20則》第15則。吳文原載"中國社會科學院歷史研究所先秦史研究室網站"，http://www.xianqin.org/blog/archives/5334.html，2015 年 7 月 1 日。綴合得到黃天樹師的悉心指導，萬分感謝！
③ 第1166則選自吳麗婉《甲骨拼合第14~20則》第16則。吳文原載"中國社會科學院歷史研究所先秦史研究室網站"，

B：《合》26362（《粹》1342、《善》9168）。

A、B的字體風格均為出組二類，兩版均是牛肩胛骨的骨條，右邊為原邊，骨條的寬度一致，斷邊形狀吻合，拼綴以後，可補足"今"字，而且行款整齊。

綴合後釋文為：

辛卯☒貞：［今夕］亡［囚（憂）］。

壬辰卜，即貞：今夕亡囚（憂）。

癸巳卜，貞：今夕亡囚（憂）。八月。

甲午卜，貞：今夕亡囚（憂）。

乙未卜，貞：今夕亡囚（憂）。

［丙申卜］，貞：［今夕］亡［囚（憂）］。

① 第1167則

A：《東文庫》355。

B：《合》26646（《北圖》5035，《文捃》682）。

綴合後釋文為：

癸未卜，祝貞：旬亡囚（憂）。

癸丑卜，大貞：旬亡囚（憂）。

□□卜，□貞：［旬］亡囚（憂）。六月。

② 第1168則

A：《合》34878（《合》34881、《續存上》2125、《善》9937）。

B：《殷遺》458正。

綴合後釋文為：

癸丑，貞：旬亡囚（憂）。

癸亥，貞：旬亡囚（憂）。

---

http://www.xianqin.org/blog/archives/5334.html，2015年7月1日。綴合得到黃天樹師的悉心指導，萬分感謝！
① 第1167則選自吳麗婉《甲骨拼合第14~20則》第17則。吳文原載"中國社會科學院歷史研究所先秦史研究室網站"，http://www.xianqin.org/blog/archives/5334.html，2015年7月1日。綴合得到黃天樹師的悉心指導，萬分感謝！
② 第1168則選自吳麗婉《甲骨拼合第14~20則》第18則。吳文原載"中國社會科學院歷史研究所先秦史研究室網站"，http://www.xianqin.org/blog/archives/5334.html，2015年7月1日。綴合得到黃天樹師的悉心指導，萬分感謝！

癸酉，貞：旬亡囚（憂）。

癸未，貞：旬亡囚（憂）。

癸巳，貞：旬亡囚（憂）。

① 第 1169 則

A：《合補》10765（《歷藏》19766）。

B：《村中南》161。

綴合後釋文為：

癸［未］，貞：［旬］亡［囚（憂）］。

癸巳，貞：旬亡囚（憂）。

癸卯，貞：旬亡囚（憂）。

癸丑，貞：旬亡囚（憂）。

癸亥，貞：旬亡囚（憂）。三

② 第 1170 則

A：《殷遺》96。

B：《旅博》555 正。

A、B 字體風格均屬典賓類。拼綴後，斷邊基本密合，而且斷邊上"殼""我""方"三個殘字的補全，足以證明綴合是正確的。從形態上看，拼綴後兩版應是龜腹甲的左前甲。

綴合後釋文為：

乙丑卜，殼貞：我受舌方［祐］。

在戰爭類卜辭裏，習見"受某方祐"的卜辭，如：

貞：我受舌方祐。《合》8502

乙巳卜，殼貞：弗其受舌方祐。《合》8512

---

① 第1169則選自吳麗婉《甲骨拼合第14~20則》第19則。吳文原載"中國社會科學院歷史研究所先秦史研究室網站"，http: //www.xianqin.org/blog/archives/5334.html，2015 年 7 月 1 日。綴合得到黃天樹師的悉心指導，萬分感謝！

② 第1170則選自吳麗婉《甲骨拼合第14~20則》第20則。吳文原載"中國社會科學院歷史研究所先秦史研究室網站"，http: //www.xianqin.org/blog/archives/5334.html，2015 年 7 月 1 日。綴合得到黃天樹師的悉心指導，萬分感謝！

貞：弗其受土方祐。《合》8481

① 第 1171 則

A：《美藏》484（《瑞典附》11）。

B：《合》27898（《安明》2119）。

綴合後釋文為：

更𢆶犬陝比，亡［災］。
更㫃犬師比，亡災。

翌日戊王其田，更麓徣焚。
麓中剢，更南焚。
更北焚。

卜辭中有一犬官，在以往卜辭中僅僅單言"犬師"，從未標明其管轄的地點，但從上面卜辭"㫃犬師"可知"犬師"為㫃地之犬官，以往卜辭的"犬師"當即"㫃犬師"的省語，此綴合還原了"犬師"的完整稱謂。詳參吳麗婉：《甲骨綴合提供的兩條罕見辭例》，載《中國國家博物館館刊》2016 年 09 期。

② 第 1172 則

A：《合》28633（《寶》11.14、《京人》2050）。

B：《合補》7455（《歷藏》8125）。

A、B 字體風格均屬無名類。兩版均是牛肩胛骨的骨條，左邊為原邊，斷邊形狀均為弧形，大小一致。拼綴後，可補足"王""田""遘"三字，而且辭例通順，與上面一辭為選貞關係，綴合應該是正確的。

綴合後釋文為：

于丁王省田，亡災，不菁（遘）雨。
于辛省田，亡災，不菁（遘）雨。

---

① 第 1171 則選自吳麗婉《甲骨拼合第 21~23 則》第 21 則。吳文原載"中國社會科學院歷史研究所先秦史研究室網站"，http://www.xianqin.org/blog/archives/5363.html，2015 年 7 月 22 日。綴合得到黃天樹師的悉心指導，萬分感謝！
② 第 1172 則選自吳麗婉《甲骨拼合第 21~23 則》第 22 則。吳文原載"中國社會科學院歷史研究所先秦史研究室網站"，http://www.xianqin.org/blog/archives/5363.html，2015 年 7 月 22 日。綴合得到黃天樹師的悉心指導，萬分感謝！

① **第 1173 則**

A：《合》31470（《契》439、《北珍》1225）。

B：《北珍》1706。

綴合後釋文為：

  癸丑卜，囗貞：［旬亡囚（憂）］。

  癸巳卜，叩貞：旬亡囚（憂）。

  癸酉卜，叩貞：旬亡囚（憂）。

② **第 1174 則**

A：《合》13074 乙（《柏俗》3、《蘇德＊美日》54）。

B：《合》13074 甲（《柏俗》3、《蘇德＊美日》54）。

C：《合》13449（《珠》166）。

D：《北珍》2108。

A、B 為蔡哲茂先生所綴，見《甲骨綴合續集》第 489 組。林宏明先生加綴 C，見《契合集》第 37 組。筆者加綴 D。

綴合後釋文為：

  丁未卜，賓：翌戊申啟。

  辛丑卜，賓：翌壬寅啟。壬寅陰。

  壬寅卜，賓：翌癸卯賜日。允賜日。

  癸卯卜，賓：翌甲辰啟。允啟。一

  甲辰卜，賓：翌乙巳不其啟。一

  ［乙］巳卜，賓：翌丙午不其啟。一

  囗翌丁未囗其啟。

---

① 第1173則選自吳麗婉《甲骨拼合第21~23則》第23則。吳文原載"中國社會科學院歷史研究所先秦史研究室網站"，http: //www.xianqin.org/blog/archives/5363.html，2015 年 7 月 22 日。綴合得到黃天樹師的悉心指導，萬分感謝！

② 第1174則選自吳麗婉《甲骨拼合第24~26則》第24則。吳文原載"中國社會科學院歷史研究所先秦史研究室網站"，http: //www.xianqin.org/blog/archives/5768.html，2015 年 11 月 6 日。綴合得到黃天樹師的悉心指導，萬分感謝！

說明與考釋

① **第 1175 則**

A：《合》29688（《粹》663、《善》7825）。

B：《京人》2228。

C：《合》30272（《粹》1200、《善》4475、《京》4896）。

A、B 為林宏明先生所綴，見《契合集》第 130 組。筆者加綴 C。

綴合後釋文為：

己未卜：王其乍（作）塦于茲丘，王［受］☒。

弜（勿）乍（作），其每（悔）。

② **第 1176 則**

A：《合》178（《後上》30.14）。

B：《合》7700（《京》1297）。

C：《簠游》27。

A、B 為劉影所綴，見《甲骨拼合集》第 99 則，筆者加綴 C，綴合後與《英藏》補 1 同文。

綴合後釋文為：

己丑卜，永貞：或其戈（捷）。

丁巳卜，殼貞：臼獲羌。十二月。

乙酉卜，賓貞：王往出。

③ **第 1177 則**

A 正：《合》16375 正（《簠雜》105、《簠拓》1010、《續》4.35.6）。

---

① 第 1175 則選自吳麗婉《甲骨拼合第 24~26 則》第 26 則。吳文原載"中國社會科學院歷史研究所先秦史研究室網站"，http://www.xianqin.org/blog/archives/5768.html，2015 年 11 月 6 日。綴合得到黃天樹師的悉心指導，萬分感謝！

② 第 1176 則選自吳麗婉《甲骨拼合第 27~28 則、替換原第 25 則》第 27 則。吳文原載"中國社會科學院歷史研究所先秦史研究室網站"，http://www.xianqin.org/blog/archives/5794.html，2015 年 11 月 21 日。綴合得到黃天樹師的悉心指導，萬分感謝！

③ 第 1177 則選自吳麗婉《甲骨拼合第 27~28 則、替換原第 25 則》第 28 則。吳文原載"中國社會科學院歷史研究所先秦史研究室網站"，http://www.xianqin.org/blog/archives/5794.html，2015 年 11 月 21 日。綴合得到黃天樹師的悉心指導，萬分感謝！

A 反：《合》16375 反（《簠拓》1011）。

B 正：《存補》5.95.1（《合》40564、《寧》3.1）。

B 反：《存補》5.95.2。

綴合後，正面的釋文為：

　　辛未卜，賓貞：ㄓ（有）若囚。

　　貞：亡（無）若囚。

反面的釋文為：

　　☐五。賓。

　　☐入百。

① 第 1178 則

A：《合》8609（《前》4.46.4、《歷拓》1802、《中歷藏》1056）。

B：《安明》618。

從拓本上看，A、B 的齒縫無法完全密合，字體大小也稍有出入，但是辭例與蔣玉斌先生綴合的《輯佚》18+《合》8409② 同文，似乎可以拼綴。兩版龜甲的綴合是否正確，尚有待實物驗證。

若綴合正確，則釋文為：

　　丁未卜，爭貞：虎告曰：馬方其涉河東［兆］，允☐。

③ 第 1179 則

A：《英藏》1399（《庫》662、《合》40748）。

B：《合》13540（《續存上》335、《掇一》225）。

C：《合》1365（《掇二》266）。

---

① 第 1178 則選自吳麗婉《甲骨拼合第 29 則、替換原第 25 則》。吳文原載"中國社會科學院歷史研究所先秦史研究室網站"，http://www.xianqin.org/blog/archives/5998.html，2016 年 1 月 18 日。綴合得到黃天樹師和趙鵬師姐的悉心指導和幫助，謹致謝忱！

② 見 http://www.xianqin.org/blog/archives/2060.html。

③ 第 1179 則選自吳麗婉《甲骨拼合第 29 則、替換原第 25 則》。吳文原載"中國社會科學院歷史研究所先秦史研究室網站"，http://www.xianqin.org/blog/archives/5998.html，2016 年 1 月 18 日。綴合得到黃天樹師和趙鵬師姐的悉心指導和幫助，謹致謝忱！

A、B 為周忠兵先生所綴①，筆者加綴 C。綴合以後釋文為：

　　貞：勿戍楚丁宗。十三月。三

　　貞☐告☐。

《合》13537 與本綴合辭例相同。

② 第 1180 則

A：《合》19696（《善》15265）。

B：《後》下 11.9。

本版綴合以後與蔣玉斌先生所綴的《合》6603+10060 分別為成套卜骨之三、四，蔣先生已指出"與之成套的卜骨還有：合 6602（一卜）、合 6604（二卜）、尊古齋 94.6*（五卜）、合 40124*（八卜）、合 23780*＝美 700（九卜）等（其中加 * 者已見蔡哲茂先生〈《甲骨文合集》同文例號碼表〉179 組）。③"綴合後釋文為：

　　甲申卜：乎（呼）衞☐。三

　　戊子卜：乎（呼）省于它。

④ 第 1181 則

A：2015 年西泠印社秋季拍賣會甲骨彩圖之一。

B：《合》34195（《拾》2.9）。

C：《合》34534（《粹》461、《善》299）。

B、C 為周忠兵先生所綴⑤。筆者加綴 A。A、B 的斷邊尚殘缺一小塊，但是二者字體一致，整版卜骨的兆序辭均為"二"，A、C 上的卜辭內容相關，B 上似乎殘留"貞"字右下角的殘劃，這樣來看，綴合成立的可能性很大。

---

① 見 http://www.xianqin.org/blog/archives/2532.html。
② 第 1180 則選自吳麗婉《甲骨拼合第 30~31 則》第 30 則。吳文原載"中國社會科學院歷史研究所先秦史研究室網站"，http://www.xianqin.org/blog/archives/6098.html，2016 年 3 月 15 日。綴合得到黃天樹師的悉心指導，謹致謝忱！
③ 見 http://www.xianqin.org/blog/archives/2046.html。
④ 第 1181 則選自吳麗婉《甲骨拼合第 30~31 則》第 31 則。吳文原載"中國社會科學院歷史研究所先秦史研究室網站"，http://www.xianqin.org/blog/archives/6098.html，2016 年 3 月 15 日。綴合得到黃天樹師的悉心指導，謹致謝忱！
⑤ 周忠兵：《歷組卜辭新綴三十例》第十五組，《古文字研究》第二十六輯，第 125~128 頁，北京：中華書局，2006 年。

綴合後釋文為：

　　癸丑，貞：其禱禾于岳。二
　　癸卯，貞：叀今夕酚禱禾于兮。二
　　癸卯，貞：于生夕酚□。二

① 第 1182 則

　　A：《合》12897（《掇一》241、《上博》17645.487）。

　　B：《合》9059 正（《浙博》39 正）。

　　C：《合》13037（《善》7988）。

　　D：《掇一》19。

　　E：《英藏》398（《庫》542、《合》40081）。

A、B 為李延彥師姐綴合，見《甲骨拼合續集》第 546 則；C、D 亦為李延彥師姐綴合，見《甲骨拼合三集》第 789 則；李愛輝師姐在 C、D 上加綴 E，見本書第 1122 則；筆者將 A、B 與 C、D、E 進行遙綴。遙綴的原因為：一，字體均為典賓類；二，兩版的部位為左首甲和右首甲，兆序均為"一"，且左右兩辭對貞。

綴合後釋文為：

　　癸酉卜，賓貞：茲雨佳（唯）䄌（稼）。一
　　［貞］：茲雨不佳（唯）䄌（稼）。一
　　貞□七□。②

③ 第 1183 則

　　A：《合補》457。

　　B：《北珍》2576。

---

① 第1182則選自吳麗婉《甲骨拼合第32~33則》第32則。吳文原載"中國社會科學院歷史研究所先秦史研究室網站"，http://www.xianqin.org/blog/archives/6155.html，2016年3月29日。綴合得到黃天樹師的悉心指導，謹致謝忱！
② 釋文也有可能為"貞……甲……。"
③ 第1183則選自吳麗婉《甲骨拼合第34則》。吳文原載"中國社會科學院歷史研究所先秦史研究室網站"，http://www.xianqin.org/blog/archives/6212.html，2016年4月12日。綴合得到黃天樹師的悉心指導，謹致謝忱！

綴合後釋文為：

　　　壬子卜，賓貞：翌庚申子髦其見。一

　　　貞：子髦其以歲宰。一

　　　☐子卜☐哉☐小乙☐。一

　　　貞：☐☐于☐。一

　　　貞☐。

① 第 1184 則

　　A：《合》31935（《後下》3.10）。

　　B：《合補》8760（《天理》484）。

綴合後釋文為：

　　　叀中帚（婦）乍（作）蠱（害）。

　　　叀匕（妣）辛乍（作）蠱（害）。

　　　叀[圖]不盗，隹（唯）之又（有）䚽（譴）。

　　　☐隹（唯）☐又（有）☐。

② 第 1185 則

　　A：《上博》21691.125（《合》26642、《拾》10.11）。

　　B：《合》26609（《京》3575、《善》10401）。

綴合後釋文為：

　　　癸卜，出貞：旬［亡］囚（憂）。二告

　　　癸未卜，祝貞：旬亡囚（憂）。五月。

　　　☐☐卜☐貞☐［亡］☐。

---

① 第 1184 則選自吳麗婉《甲骨拼合替換原第 33 則》。吳文原載"中國社會科學院歷史研究所先秦史研究室網站"，http://www.xianqin.org/blog/archives/6215.html，2016 年 4 月 15 日。綴合得到黃天樹師的悉心指導，謹致謝忱！
② 第 1185 則選自吳麗婉《甲骨拼合第 35~36 則》第 35 則。吳文原載"中國社會科學院歷史研究所先秦史研究室網站"，http://www.xianqin.org/blog/archives/6277.html，2016 年 5 月 3 日。綴合得到黃天樹師的悉心指導和李延彥師姐的幫助，謹致謝忱！

① 第 1186 則

    A：《京》2583（《合》7646、華東師大 26、《續存》下 325）。

    B：《合》6676（《珠》933、《合補》1896、《東文研》1294）。

    A 為左前甲，B 為右前甲，內容對貞，時間同為"八月"，應可遙綴。

    綴合後釋文為：

        □申卜，王：方其🅱🅰。八月。

        不🅰🅰。八月。

        ☐☐☐。

② 第 1187 則

    A：《合》27747（《後下》26.2）。

    B：《合》31259（《歷拓》8673）。

    A、B 綴合以後與《屯南》2311 同文。

    釋文為：

        叀✦［乎（呼）人］又（侑）且（祖），［若］。

        叀受子𣪠令，王弗每（悔）。

        弜令，其每（悔）。

③ 第 1188 則

    A：《合》7837（《京》1558、《羅氏》15、《善》6070）。

    B：《上博》17647.400（《合》20540、《殷餘》2.3、《鐵新》1026、《存補》5.35.1、《鐵》95.1、《續》6.19.5 不全）。

    C：《存補》5.264.1（《合》21768、《歷拓》10466）。

---

① 第 1186 則選自吳麗婉《甲骨拼合第 35~36 則》第 36 則。吳文原載"中國社會科學院歷史研究所先秦史研究室網站"，http：//www.xianqin.org/blog/archives/6277.html，2016 年 5 月 3 日。綴合得到黃天樹師的悉心指導和李延彥師姐的幫助，謹致謝忱！
② 第 1187 則選自吳麗婉《甲骨拼合第 37 則》。吳文原載"中國社會科學院歷史研究所先秦史研究室網站"，http：//www.xianqin.org/blog/archives/6360.html，2016 年 5 月 19 日。綴合得到黃天樹師的悉心指導，謹致謝忱！
③ 第 1188 則選自吳麗婉《甲骨拼合第 38~39 則》第 38 則。吳文原載"中國社會科學院歷史研究所先秦史研究室網站"，http：//www.xianqin.org/blog/archives/6405.html，2016 年 5 月 27 日。綴合得到黃天樹師的悉心指導，謹致謝忱！

A、B 為蔣玉斌先生所綴，見《蔣玉斌甲骨綴合總表（300 組）》第 210 組。筆者加綴 C。

綴合後釋文為：

　　甲戌卜，貞：豖[图]，不其獲抑。一

　　甲戌卜，貞：豖[图]，其獲抑。一

　　己酉☐貞：王徝于中商。一

　　己［酉］☐貞☐勿［徝］于中商。一

釋文考釋詳參吳麗婉《甲骨文"屍"字新釋》，載《江漢考古》2018 年第 6 期。

① **第 1189 則**

A：《合》40951（《日彙》232、《散見於日本各地的甲骨文字》232）。

B：《北珍》400。

綴合後釋文為：

　　甲辰卜，行貞：王窜叙，亡咎。

　　乙巳卜，行貞：王窜且（祖）乙歲三宰，眔小乙歲二宰，亡咎。一

　　☐巳卜，行［貞］：王窜☐亡咎。

② **第 1190 則**

A：《明後》2644。

B：《合》29343（《後上》14.12）。

A、B 綴合以後，可拼合"王"字，且行款整齊，綴合後的卜辭與《合》33557 同文，釋文為：

　　辛丑卜：王其田于䂗，亡戋。

---

① 第 1189 則選自吳麗婉《甲骨拼合第 38~39 則》第 39 則。吳文原載"中國社會科學院歷史研究所先秦史研究室網站"，http://www.xianqin.org/blog/archives/6405.html，2016 年 5 月 27 日。綴合得到黃天樹師的悉心指導，謹致謝忱！
② 第 1190 則選自吳麗婉《甲骨拼合第 40~42 則》第 40 則。吳文原載"中國社會科學院歷史研究所先秦史研究室網站"，http://www.xianqin.org/blog/archives/6466.html，2016 年 7 月 12 日。綴合得到黃天樹師的悉心指導，謹致謝忱！

① 第 1191 則

  A：《旅藏》166 正反（《歷拓》10762、《合》7982）。

  B：《合》4904 正反（《京人》881ab）。

  C：《旅藏》102 正反。

筆者原本根據文例將 A、B 遙綴。後林宏明先生加綴 C，並指出可實綴，可從。此綴合與《英藏》709 分別為成套卜骨之二、一。

釋文：

  正面：

  戊申卜，殼貞：叀黃呼往于壴。二

  戊申卜，殼貞：叀自呼往于壴。二

  弗其及。二

  勿☒先☒。

  反面：

  貞：宁行。

② 第 1192 則

  A：《合》25746（《善》651）。

  B：《合》3336 正反（《北圖》2431 正反、《後》下 8.6）。

  C：《合》13079（《歷拓》10079）。

  D：《合》15236（《歷拓》10010）。

A、B 為李愛輝綴合，見其《甲骨拼合第 349～350 則》第 349 則【編按：即本書第 1127 則】，C、D 為何會綴合，見《甲骨拼合續集》第 448 則。因兩版的兆序均為"二"，占卜內容相同，字體及形態一致，故筆者將兩版遙綴。

綴合後正面的釋文為：

---

① 第 1191 則選自吳麗婉《甲骨拼合第 40~42 則》第 41 則。吳文原載"中國社會科學院歷史研究所先秦史研究室網站"，http：//www.xianqin.org/blog/archives/6466.html，2016 年 7 月 12 日。綴合得到黃天樹師的悉心指導，謹致謝忱！
② 第 1192 則選自吳麗婉《甲骨拼合第 40~42 則》第 42 則。吳文原載"中國社會科學院歷史研究所先秦史研究室網站"，http：//www.xianqin.org/blog/archives/6466.html，2016 年 7 月 12 日。綴合得到黃天樹師的悉心指導，謹致謝忱！

貞：勿乎（呼）。五月。二

☐勿乎（呼）☐五月。

貞：勿告。二

貞：今丁卯啟。二

貞：叀庚。二

貞：勿用戠。

貞：戠。二

貞：戠。七月。二

丁卯卜，爭貞：令上絲眔禾侯☐。

貞：令必人。七月。

反面的釋文為：

癸酉☐。

① 第 1193 則

A：《合》11355（《歷》1044 正）。

B：《山東》802（《合》18681、《前》6.46.6）。

C：《山東》1893。

A、B 為李愛輝師姐所綴，見《甲骨拼合四集》第 971 則。筆者加綴 C。若 B、C 拼合正確，則與《合》3249、3250 的占卜事類相同，但卜辭稍有出入。C 片拓本不甚清晰，無法看出是否有"亥"字殘筆，希望有更清晰的拓本以驗證此綴合是否正確。

若綴合正確，則釋文為：

貞：卯（禦）王于匕（妣）庚，叀羊，曾宰。三

乙亥卜，爭貞：子其學疚，不菁（遘）雨。一

---

① 第 1193 則選自吳麗婉《甲骨拼合第 43 則》。吳文原載"中國社會科學院歷史研究所先秦史研究室網站"，http://www.xianqin.org/blog/archives/6603.html，2016 年 8 月 3 日。綴合得到黃天樹師的悉心指導，謹致謝忱！

第 1194 則

A：《合》7339（《京》1291、《北圖》3440）。

B：《合》7424（《北珍》284、《契》589、《歷拓》6274）。

綴合以後與《合》6800+7421（李愛輝師姐綴合，見本書第 1136 則）、《合》7343 同卜一事。

綴合後釋文為：

丁亥卜，貞：牧冉冊，曹小羌，王其眢人臺（敦），受［有祐］。

貞：叀☐丁气☐。

☐☐☐三☐☐☐今☐。

第 1195 則

A：《合補》2147（《歷藏》20038）。

B：《合》6858（《後下》30.10）。

A、B 均為右龜腹甲，左邊為千里路，甲骨形態一致；且可補足"正"字，行款整齊，綴合當無誤。

綴合後釋文為：

甲寅卜，殼：王奴人正（征）罘。

第 1196 則

A：《合》5092（《善》4753）

B：《合》9558（《歷拓》6569）

兩版字體均為典賓類，A 為左前甲，B 為右前甲，且左右兩辭對貞。

---

① 第 1194 則選自吳麗婉《甲骨拼合第 44 則》。吳文原載"中國社會科學院歷史研究所先秦史研究室網站"，http：//www.xianqin.org/blog/archives/6732.html，2016 年 9 月 20 日。綴合得到黃天樹師的悉心指導，謹致謝忱！

② 第 1195 則選自吳麗婉《甲骨拼合第 45~46 則》第 45 則。吳文原載"中國社會科學院歷史研究所先秦史研究室網站"，http：//www.xianqin.org/blog/archives/7435.html，2016 年 11 月 21 日。綴合得到黃天樹師的悉心指導，謹致謝忱！

③ 第 1196 則選自吳麗婉《甲骨拼合第 45~46 則》第 46 則。吳文原載"中國社會科學院歷史研究所先秦史研究室網站"，http：//www.xianqin.org/blog/archives/7435.html，2016 年 11 月 21 日。綴合得到黃天樹師的悉心指導，謹致謝忱！

綴合後釋文為：

> 貞：王往立秄（刈）黍，其☐。
> 貞：王勿往立秄（刈）☐。

第 1197 則[①]

A：《明後》396（倒）。

B：《合》9082（《京》1304、《善》6314）。

A、B 綴合以後界劃線可連接，"𡈼（敦）"字亦可補足，斷邊吻合。

釋文為：

> 戊戌卜，貞：盾其以方𡈼（敦）周。
> ☐。一月。

第 1198 則[②]

A：《中歷藏》43。

B：《合》6782（《安明》576）。

A、B 的界劃線可連接，斷邊吻合，兩版大小相同。

綴合以後釋文為：

> 戊戌卜，貞：盾其以方𡈼（敦）周。

第 1199 則[③]

A：《安散》53（《安散》87）。

B：《合》36841（《前》2.7.7、《慶甲》1.24、《合補》11280、《慶甲》27）。

綴合以後釋文為：

[①] 第1197則選自吳麗婉《甲骨拼合第47~50則》第48則。吳文原載"中國社會科學院歷史研究所先秦史研究室網站"，http://www.xianqin.org/blog/archives/7604.html，2016年12月9日。綴合得到黃天樹師的悉心指導，謹致謝忱！
[②] 第1198則選自吳麗婉《甲骨拼合第47~50則》第49則。吳文原載"中國社會科學院歷史研究所先秦史研究室網站"，http://www.xianqin.org/blog/archives/7604.html，2016年12月9日。綴合得到黃天樹師的悉心指導，謹致謝忱！
[③] 第1199則選自吳麗婉《甲骨拼合第47~50則》第50則。吳文原載"中國社會科學院歷史研究所先秦史研究室網站"，http://www.xianqin.org/blog/archives/7604.html，2016年12月9日。綴合得到黃天樹師的悉心指導，謹致謝忱！

庚☒勘☒今夕☒。

丙寅卜，在勘貞：王今夕亡㕇（憂）。

☒申卜☒云（？）貞☒夕亡☒。

① **第 1200 則**

A：《笏（二）》26。

B：《合》6426（《龜》2.9.1、《通》514）。

綴合以後釋文為：

☒☒［卜］，殼貞：今早王叀下竞☒。

☒☒卜，殼貞：今早王伐土方☒。

② **第 1201 則**

A：《笏（二）》924（《東文研》204 縮）。

B：《山東》131。

A、B 的斷邊相合，可補足"于"字，且拼合起來的卜辭與《合》3482 同文。

綴合後釋文為：

貞：于黃尹衔。二

☒夕☒囚（憂）。

貞☒囚（憂）。

③ **第 1202 則**

A：《重慶三峽博物館藏甲骨集》93。

---

① 第 1200 則選自吳麗婉《甲骨拼合替換原第 47 則》。吳文原載"中國社會科學院歷史研究所先秦史研究室網站"，http: //www.xianqin.org/blog/archives/7668.html，2016 年 12 月 29 日。綴合得到黃天樹師的悉心指導，蒙趙鵬師姐賜書，謹致謝忱！

② 第 1201 則選自吳麗婉《甲骨拼合第 51 則》。吳文原載"中國社會科學院歷史研究所先秦史研究室網站"，http: //www.xianqin.org/blog/archives/7690.html，2016 年 12 月 29 日。綴合得到黃天樹師的悉心指導，蒙趙鵬師姐賜書，謹致謝忱！

③ 第 1202 則選自吳麗婉《甲骨拼合第 52~53 則》第 52 則。吳文原載"中國社會科學院歷史研究所先秦史研究室網站"，http: //www.xianqin.org/blog/archives/8203.html，2017 年 1 月 16 日。綴合得到黃天樹師的悉心指導，謹致謝忱！

B：《合補》536（《懷特》988）。

A、B的斷邊相合，且拼合以後卜辭與《合集》4209同文。

綴合後釋文為：

戊申卜，殼貞：王肙🀆臽。

① 第1203則

A：《合集》13536正（《續》4.44.3、《簠拓》857、《簠人》15不全）。

B：《合集》3664（《京人》1118）。

C：《合集》6158（《契》72、《北珍》841、《歷拓》6184）。

D：《重慶三峽博物館藏甲骨集》8。

A、B、C為劉影女士所綴，見《甲骨拼合集》第126則。今加綴D。C、D的斷邊密合，骨條寬度一致，且D的卜辭"貞：勿［成］楙丁宗"與A的卜辭"貞：成楙丁宗"對貞。

綴合後釋文為：

□寅卜，□貞：我□从斬。一

癸亥卜，賓貞：旬亡⊡（憂）。

癸酉卜，貞：旬亡⊡（憂）。二

癸未卜，賓貞：旬亡⊡（憂）。二

［癸］巳卜，［賓］貞：旬亡⊡（憂）。二

癸巳卜，貞：旬亡⊡（憂）。

癸卯卜，賓貞：旬亡⊡（憂）。二

癸卯卜，賓貞：旬亡⊡（憂）。二

癸□［卜］，賓［貞：旬］亡［⊡（憂）］。一

貞：我⊡从⊡。一

貞：成楙丁宗。

貞：勿［成］楙丁宗。

王比戫。

---

① 第1203則選自吳麗婉《甲骨拼合第52~53則》第53則。吳文原載"中國社會科學院歷史研究所先秦史研究室網站"，http://www.xianqin.org/blog/archives/8203.html，2017年1月16日。綴合得到黃天樹師的悉心指導，謹致謝忱！

辛卯卜，賓。

貞：王勿比沚戜。

貞：惠舌方呼禦。

① 第 1204 則

A：《合集》36833（《前》5.41.6、《北圖》2453）。

B：《合集》37769（《簠拓》61）。

C：《合集》37762（《簠遊》87、《簠拓》659、《續》3.17.8 不全）。

B、C 為李愛輝女士所綴，見《甲骨拼合三集》第 654 則。筆者加綴 A。A、B 綴合的卜辭為"辛卯卜，貞：王敎于臺，往來亡災"，相同辭例亦見於《合集》37474+37767（門藝女士所綴，見其博士論文第 56 組）。

綴合後釋文為：

辛□［卜］，貞：［王田］□，往［來亡］災。

戊□［卜，貞］：王［田］□，往［來］亡［災］。

戊寅卜，貞：王田憲，往來亡災。

□□卜，貞：王［田］憲，［往來］亡災。

辛卯卜，貞：王敎于臺，往來亡災。

□亡［災］。

□來□。

② 第 1205 則

A：《合集》3314（《前》4.5.1）。

B：《合集》6029（《北圖》2254）。

釋文：

---

① 第 1204 則選自吳麗婉《甲骨拼合第 54 則》。吳文原載"中國社會科學院歷史研究所先秦史研究室網站"，http://www.xianqin.org/blog/archives/8233.html，2017 年 2 月 27 日。綴合得到黃天樹師的悉心指導，謹致謝忱！

② 第 1205 則選自桑金木（Safin Timur）《甲骨綴合第 1 則》。文章原載"中國社會科學院歷史研究所先秦史研究室網站"，http://www.xianqin.org/blog/archives/8365.html，2017 年 6 月 12 日。綴合得到馬保春老師指導、黃天樹老師查驗，謹致謝忱！

［乙］酉卜，賓貞：令疌（？）撻琮侯又。二月。

　　☐賓☐。

說明：同文卜辭見《合集》32911。

附記：之前有學者認爲"琮侯"與"亞侯"有別，今證明是同一人。

第 1206 則①

A：《合集》1381（《珠》23）。

B：《合集》5565（《珠》1367、《龜》1.7.1）。

C：《合集》3301（《歷拓》7127）。

D：《合集》2859（《歷拓》5089）。

釋文：

　　己亥卜，殼。

　　貞：王其入，㞢卜自咸。

　　辛丑卜，爭貞：呼取卯。

　　貞：勿呼取卯。

　　己亥卜，殼貞：王曰："侯豹，余其得汝史受。"二

　　戊戌卜，殼［貞］：王曰："侯豹，毋歸"。

說明：A+B、C+D 爲劉影女士綴合，見《拼集》136、137 則；今把四者相綴。B、C 兩版斷痕相合；此外，A、C 的前辭相同，均爲"己亥卜，殼"。同文卜辭參考《合集》3296+3299（《拼集》86）、《合集》3297、《合集》3298、《合集》3300+4620（《拼集》87）、《合集》6130+18377（《合補》1803）等。

附記：之前有學者認爲《合集》3301 這一版應該釋爲："己亥卜，殼貞，王曰：侯豹！余其得汝［史，咎］受☐"。現在可知"汝"、"受"之間只有"史"字，"咎"字可有可無；另外，"受"後無他辭。

---

① 第 1206 則選自桑金木（Safin Timur）《甲骨綴合第 2 則》。文章原載"中國社會科學院歷史研究所先秦史研究室網站"，http://www.xianqin.org/blog/archives/8383.html，2017 年 6 月 19 日。綴合得到馬保春老師指導、黃天樹老師查驗，謹致謝忱！

附錄

附錄一

《甲骨拼合五集》索引表

耿佳雋　周子苂

拼合號碼					綴合者	序列號
合 178	合 7700	簠游 27			吳麗婉	本書第 1176 則
合 268 正	合補 5191 正				李愛輝	本書第 1068 則
合 295	合 340	合補 4469	山東 197		李愛輝	本書第 1132 則
合 340	合 295	合補 4469	山東 197		李愛輝	本書第 1132 則
合 526	合 8723				李愛輝	本書第 1069 則
合 541	歷 293				李愛輝	本書第 1077 則
合 583 正	合 7139	合 11454	合 40663		劉影	本書第 1048 則
合 586	合 5454	合 4240			劉影	本書第 1027 則
合 626	北圖 2375				李愛輝	本書第 1065 則
合 724 正	合 2975 正	合 6597 正			李愛輝	本書第 1097 則
合 764	合 4061				李愛輝	本書第 1112 則
合 907 正反	合 2947 正反	合 1156 正反			李愛輝	本書第 1057 則
合 1030 正反	合 11278				李愛輝	本書第 1064 則
合 1156 正反	合 907 正反	合 2947 正反			李愛輝	本書第 1057 則
合 1164	合 3828				李愛輝	本書第 1102 則
合 1168 正反	合補 5362 正反				李愛輝	本書第 1070 則
合 1303 正	合補 1805 甲				李愛輝	本書第 1104 則
合 1365	英藏 1399	合 13540			吳麗婉	本書第 1179 則
合 1381	合 5565	合 3301	合 2859		桑金木	本書第 1206 則
合 1494	北大 2167				劉影	本書第 1021 則
合 1828	合 1846				李愛輝	本書第 1145 則
合 1846	合 1828				李愛輝	本書第 1145 則
合 1910	合 8626				李愛輝	本書第 1142 則

（續表）

合 2055	合 5122				李愛輝	本書第 1100 則
合 2100	合 23105				劉影	本書第 1033 則
合 2134	合補 1272				李愛輝	本書第 1086 則
合 2150	合補 2388 正				李愛輝	本書第 1078 則
合 2387 正反	史購 180 正反				李愛輝	本書第 1075 則
合 2542	合 8967	合 9046			李愛輝	本書第 1129 則
合 2688	京 2053	合 11646			李愛輝	本書第 1146 則
合 2859	合 1381	合 5565	合 3301		桑金木	本書第 1206 則
合 2861	北圖 2382	合 11573			劉影	本書第 1035 則
合 2947 正反	合 907 正反	合 1156 正反			李愛輝	本書第 1057 則
合 2975 正	合 724 正	合 6597 正			李愛輝	本書第 1097 則
合 3139	合補 1760 正	北大 1715			李愛輝	本書第 1098 則
合 3222 正反	合 14783 正反				李愛輝	本書第 1096 則
合 3268	合 9480				李愛輝	本書第 1144 則
合 3301	合 1381	合 5565	合 2859		桑金木	本書第 1206 則
合 3311	合 9629	歷 1116	合 9630	合 13016	李愛輝	本書第 1118 則
合 3314	合 6029				桑金木	本書第 1205 則
合 3336	合 25746	合 13079	合 15236		吳麗婉	本書第 1192 則
合 3336 正	合 25746				李愛輝	本書第 1128 則
合 3337	合 19073				李愛輝	本書第 1130 則
合 3664	合 13536 正	合 6158	重慶三峽博物館藏甲骨集 8		吳麗婉	本書第 1203 則
合 3733	合 6025				李愛輝	本書第 1061 則
合 3749	合 11508				李愛輝	本書第 1137 則
合 3769	合 8333	合 14420			李愛輝	本書第 1066 則
合 3804	合 7589				李愛輝	本書第 1103 則
合 3828	合 1164				李愛輝	本書第 1102 則
合 4025	京人 195	合 8731			張志強	本書第 1156 則
合 4061	合 764				李愛輝	本書第 1112 則
合 4240	合 5454	合 586			劉影	本書第 1027 則
合 4876	合 9100				李愛輝	本書第 1135 則

(續表)

合 4904	合 7982			吳麗婉	本書第 1191 則
合 5030	北圖 3609			李愛輝	本書第 1084 則
合 5092	合 9558			吳麗婉	本書第 1196 則
合 5122	合 2055			李愛輝	本書第 1100 則
合 5294	合 23711	合補 3439		劉影	本書第 1026 則
合 5444	合 17916			連佳鵬	本書第 1155 則
合 5454	合 4240	合 586		劉影	本書第 1027 則
合 5565	合 1381	合 3301	合 2859	桑金木	本書第 1206 則
合 5568 反	合 13582	合 5568 正	合補 5964 反	劉影	本書第 1036 則
合 5568 正	合 13582	合補 5964 反	合 5568 反	劉影	本書第 1036 則
合 5760 正	合 11574			李愛輝	本書第 1091 則
合 5778 正反	綴續 376 正反			李愛輝	本書第 1110 則
合 5817 正	笏二 363			何會	本書第 1056 則
合 5881	合 9606			李愛輝	本書第 1119 則
合 5979	合補 2490			李愛輝	本書第 1095 則
合 6025	合 3733			李愛輝	本書第 1061 則
合 6029	合 3314			桑金木	本書第 1205 則
合 6134	合 7464	合補 1658		劉影	本書第 1022 則
合 6158	合 13536 正	合 3664	重慶三峽博物館藏甲骨集 8	吳麗婉	本書第 1203 則
合 6426	笏二 26			吳麗婉	本書第 1200 則
合 6597 正	合 724 正	合 2975 正		李愛輝	本書第 1097 則
合 6612	合 14791			李愛輝	本書第 1140 則
合 6658	合 11288			李愛輝	本書第 1115 則
合 6676	京 2583			吳麗婉	本書第 1186 則
合 6706	旅藏 554	旅藏 996	旅藏 344	旅藏 907	李愛輝	本書第 1108 則
合 6728	合 13212			李愛輝	本書第 1101 則
合 6782	中歷藏 43			吳麗婉	本書第 1198 則
合 6800	合 7421	合 6801	合 11004	劉影	本書第 1049 則
合 6800	合 7421			李愛輝	本書第 1136 則
合 6801	合 6800	合 7421	合 11004	劉影	本書第 1049 則
合 6858	合補 2147			吳麗婉	本書第 1195 則

（續表）

合 7077	合補 2247	合補 1993	笏二 210		李愛輝	本書第 1151 則
合 7139	合 583 正	合 11454	合 40663		劉影	本書第 1048 則
合 7316	英藏 543	京人 777	合補 933		劉影	本書第 1024 則
合 7327	合 7333 正	北圖 244			李愛輝	本書第 1085 則
合 7333 正	合 7327	北圖 244			李愛輝	本書第 1085 則
合 7339	合 7424				吳麗婉	本書第 1194 則
合 7421	合 6800	合 6801	合 11004		劉影	本書第 1049 則
合 7421	合 6800				李愛輝	本書第 1136 則
合 7424	合 7339				吳麗婉	本書第 1194 則
合 7464	合補 1658	合 6134			劉影	本書第 1022 則
合 7464	合補 1658				吳麗婉	本書第 1160 則
合 7589	合 3804				李愛輝	本書第 1103 則
合 7700	合 178	篚游 27			吳麗婉	本書第 1176 則
合 7790	合 19382				李愛輝	本書第 1105 則
合 7820	合 14318				李愛輝	本書第 1089 則
合 7837	上博 17647.400	存補 5.264.1			吳麗婉	本書第 1188 則
合 7982	合 4904				吳麗婉	本書第 1191 則
合 8142	山東 689				李愛輝	本書第 1111 則
合 8250 正	拼集 307	合 11447			黃天樹	本書第 1016 則
合 8333	合 3769	合 14420			李愛輝	本書第 1066 則
合 8609	安明 618				吳麗婉	本書第 1178 則
合 8626	合 1910				李愛輝	本書第 1142 則
合 8652	珠 580				李愛輝	本書第 1134 則
合 8723	合 526				李愛輝	本書第 1069 則
合 8731	京人 195	合 4025			張志強	本書第 1156 則
合 8967	合 2542	合 9046			李愛輝	本書第 1129 則
合 9045	英藏 1177 正				門藝	本書第 1055 則
合 9046	合 2542	合 8967			李愛輝	本書第 1129 則
合 9059 正	合 12897	合 13037	掇一 19	英藏 398	吳麗婉	本書第 1182 則
合 9082	明後 396				吳麗婉	本書第 1197 則
合 9100	合 4876				李愛輝	本書第 1135 則

(續表)

合 9480	合 3268				李愛輝	本書第 1144 則
合 9558	合 5092				吳麗婉	本書第 1196 則
合 9606	合 5881				李愛輝	本書第 1119 則
合 9629	歷 1116	合 3311	合 9630	合 13016	李愛輝	本書第 1118 則
合 9630	合 9629	歷 1116	合 3311	合 13016	李愛輝	本書第 1118 則
合 9686	合 9890				李愛輝	本書第 1088 則
合 9689	合 9699				李愛輝	本書第 1093 則
合 9699	合 9689				李愛輝	本書第 1093 則
合 9740	合 16453				李愛輝	本書第 1127 則
合 9890	合 9686				李愛輝	本書第 1088 則
合 10082	合 10127				李愛輝	本書第 1090 則
合 10106	合 10500				李愛輝	本書第 1117 則
合 10127	合 10082				李愛輝	本書第 1090 則
合 10168	合 14157	合 14158			李愛輝	本書第 1141 則
合 10246	合補 2325				李愛輝	本書第 1123 則
合 10500	合 10106				李愛輝	本書第 1117 則
合 10506 北圖 1980	合 18765	合 13564	安明 357	合 13843	李愛輝	本書第 1147 則
合 10676	合 19590				李愛輝	本書第 1143 則
合 10692	合 12670	明後 1629 正反			李愛輝	本書第 1080 則
合 10716	上博 21691.302	合補 1651			吳麗婉	本書第 1161 則
合 11004	合 6800	合 7421	合 6801		劉影	本書第 1049 則
合 11278	合 1030 正反				李愛輝	本書第 1064 則
合 11288	合 6658				李愛輝	本書第 1115 則
合 11300	合 15783				李愛輝	本書第 1152 則
合 11355	山東 802	山東 1893			吳麗婉	本書第 1193 則
合 11447	合 8250 正	拼集 307			黃天樹	本書第 1016 則
合 11454	合 40663				劉影	本書第 1037 則
合 11454	合 583 正	合 7139	合 40663		劉影	本書第 1048 則
合 11508	合 3749				李愛輝	本書第 1137 則
合 11573	合 2861	北圖 2382			劉影	本書第 1035 則

（續表）

合 11574	合 5760 正				李愛輝	本書第 1091 則
合 11646	合 2688	京 2053			李愛輝	本書第 1146 則
合 11747	合 15024 正反				李愛輝	本書第 1094 則
合 12670	合 10692	明後 1629 正反			李愛輝	本書第 1080 則
合 12897	合 9059 正	合 13037	掇一 19	英藏 398	吳麗婉	本書第 1182 則
合 13016	合 9629	歷 1116	合 3311	合 9630	李愛輝	本書第 1118 則
合 13037	掇一 19	英藏 398			李愛輝	本書第 1122 則
合 13037	合 12897	合 9059 正	掇一 19	英藏 398	吳麗婉	本書第 1182 則
合 13074 甲	合 13074 乙	合 13449	北珍 2108		吳麗婉	本書第 1174 則
合 13074 乙	合 13074 甲	合 13449	北珍 2108		吳麗婉	本書第 1174 則
合 13079	合 25746	合 3336	合 15236		吳麗婉	本書第 1192 則
合 13212	合 6728				李愛輝	本書第 1101 則
合 13442 反	合 17274				李愛輝	本書第 1067 則
合 13442 正	歷 621				李愛輝	本書第 1067 則
合 13449	合 13074 乙	合 13074 甲	北珍 2108		吳麗婉	本書第 1174 則
合 13475	合 17731 正				李愛輝	本書第 1121 則
合 13536 正	合 3664	合 6158	重慶三峽博物館藏甲骨集 8		吳麗婉	本書第 1203 則
合 13540	英藏 1399	合 1365			吳麗婉	本書第 1179 則
合 13548	合 14871				李愛輝	本書第 1138 則
合 13564 北圖 1980	合 10506	合 18765	安明 357	合 13843	李愛輝	本書第 1147 則
合 13582	合 5568 正	合補 5964 反	合 5568 反		劉影	本書第 1036 則
合 13843 北圖 1980	合 10506	合 18765	合 13564	安明 357	李愛輝	本書第 1147 則
合 14157	合 10168	合 14158			李愛輝	本書第 1141 則
合 14158	合 10168	合 14157			李愛輝	本書第 1141 則
合 14179	合 14583				吳麗婉	本書第 1157 則
合 14260	合 40446				趙鵬	本書第 1017 則
合 14261	笏二 362				劉影	本書第 1051 則
合 14318	合 7820				李愛輝	本書第 1089 則

附錄一　《甲骨拼合五集》索引表・367

（續表）

合 14420	合 3769	合 8333			李愛輝	本書第 1066 則
合 14430	北圖 728				李愛輝	本書第 1059 則
合 14440	合 15396 反	合 15540 反	合補 1489 反		李愛輝	本書第 1099 則
合 14457	合 14482				李愛輝	本書第 1082 則
合 14482	合 14457				李愛輝	本書第 1082 則
合 14583	合 14179				吳麗婉	本書第 1157 則
合 14708	合 15596				劉影	本書第 1047 則
合 14783 正反	合 3222 正反				李愛輝	本書第 1096 則
合 14791	合 6612				李愛輝	本書第 1140 則
合 14871	合 13548				李愛輝	本書第 1138 則
合 15024 正反	合 11747				李愛輝	本書第 1094 則
合 15236	合 25746	合 3336	合 13079		吳麗婉	本書第 1192 則
合 15396 反	合 14440	合 15540 反	合補 1489 反		李愛輝	本書第 1099 則
合 15396 正反	合 15540 正反				李愛輝	本書第 1071 則
合 15432	合 23574	山東 1144	法藏 17		劉影	本書第 1025 則
合 15540 反	合 14440	合 15396 反	合補 1489 反		李愛輝	本書第 1099 則
合 15540 正反	合 15396 正反				李愛輝	本書第 1071 則
合 15596	合 14708				劉影	本書第 1047 則
合 15621	合補 4348				李愛輝	本書第 1076 則
合 15783	合 11300				李愛輝	本書第 1152 則
合 15895 正反	合 15903 正反				李愛輝	本書第 1079 則
合 15903 正反	合 15895 正反				李愛輝	本書第 1079 則
合 15905	笏二 394				劉影	本書第 1028 則
合 15927	北大 2500				劉影	本書第 1034 則
合 16016	北大 942				李愛輝	本書第 1092 則
合 16375 反	存補 5.95.2				吳麗婉	本書第 1177 則
合 16375 正	存補 5.95.1				吳麗婉	本書第 1177 則
合 16453	合 9740				李愛輝	本書第 1127 則
合 16794	合 16901	合補 4845			李愛輝	本書第 1124 則

(續表)

					作者	出處
合 16901	合補 4845	合 16794			李愛輝	本書第 1124 則
合 16943 正反	英藏 1590 正反	合 16945 正反			李愛輝	本書第 1125 則
合 16945 正反	合 16943 正反	英藏 1590 正反			李愛輝	本書第 1125 則
合 17274	合 13442 反				李愛輝	本書第 1067 則
合 17731 正	合 13475				李愛輝	本書第 1121 則
合 17916	合 5444				連佳鵬	本書第 1155 則
合 18765 北圖 1980	合 10506	合 13564	安明 357	合 13843	李愛輝	本書第 1147 則
合 19073	合 3337				李愛輝	本書第 1130 則
合 19382	合 7790				李愛輝	本書第 1105 則
合 19590	合 10676				李愛輝	本書第 1143 則
合 19696	後下 11.9				吳麗婉	本書第 1180 則
合 20670	史購 252				王子楊	本書第 1054 則
合 22554	合 26914				李愛輝	本書第 1109 則
合 22803	粹 306				吳麗婉	本書第 1165 則
合 23051	合補 8497				吳麗婉	本書第 1164 則
合 23105	合 2100				劉影	本書第 1033 則
合 23574	山東 1144	法藏 17	合 15432		劉影	本書第 1025 則
合 23651	英藏 2085				劉影	本書第 1038 則
合 23711	合補 3439	合 5294			劉影	本書第 1026 則
合 24136	合 26186	英藏 2082			劉影	本書第 1040 則
合 24190	拾遺 383				劉影	本書第 1030 則
合 24688	拾遺 383	合 24190			劉影	本書第 1039 則
合 25032	合補 7765				劉影	本書第 1031 則
合 25746	合 3336 正				李愛輝	本書第 1128 則
合 25746	合 3336	合 13079	合 15236		吳麗婉	本書第 1192 則
合 25907	英藏 1999				劉影	本書第 1044 則
合 26186	英藏 2082	合 24136			劉影	本書第 1040 則
合 26362	合 26443				吳麗婉	本書第 1166 則
合 26443	合 26362				吳麗婉	本書第 1166 則
合 26609	上博 21691.125				吳麗婉	本書第 1185 則

(續表)

合 26646	東文庫 355				吳麗婉	本書第 1167 則
合 26914	合 22554				李愛輝	本書第 1109 則
合 27747	合 31259				吳麗婉	本書第 1187 則
合 27898	美藏 484				吳麗婉	本書第 1171 則
合 27965	合 29855				李愛輝	本書第 1131 則
合 28633	合補 7455				吳麗婉	本書第 1172 則
合 29343	明後 2644				吳麗婉	本書第 1190 則
合 29688	京人 2228	合 30272			吳麗婉	本書第 1175 則
合 29855	合 27965				李愛輝	本書第 1131 則
合 29888	謝文 505				李愛輝	本書第 1114 則
合 30272	合 29688	京人 2228			吳麗婉	本書第 1175 則
合 30622	合 30659				李愛輝	本書第 1107 則
合 30659	合 30622				李愛輝	本書第 1107 則
合 31259	合 27747				吳麗婉	本書第 1187 則
合 31470	北珍 1706				吳麗婉	本書第 1173 則
合 31935	合補 8760				吳麗婉	本書第 1184 則
合 32067	合 32105	山東 1451			李愛輝	本書第 1133 則
合 32105	合 32067	山東 1451			李愛輝	本書第 1133 則
合 34195	合 34534				吳麗婉	本書第 1181 則
合 34534	合 34195				吳麗婉	本書第 1181 則
合 34878	殷遺 458 正				吳麗婉	本書第 1168 則
合 36833	合 37769	合 37762			吳麗婉	本書第 1204 則
合 36841	安散 53				吳麗婉	本書第 1199 則
合 37536	合 37538				李愛輝	本書第 1149 則
合 37538	合 37536				李愛輝	本書第 1149 則
合 37762	合 36833	合 37769			吳麗婉	本書第 1204 則
合 37769	合 36833	合 37762			吳麗婉	本書第 1204 則
合 38216	北大 2904				劉影	本書第 1023 則
合 39074	合 39311				趙鵬	本書第 1018 則
合 39311	合 39074				趙鵬	本書第 1018 則
合 40446	合 14260				趙鵬	本書第 1017 則
合 40663	合 11454				劉影	本書第 1037 則

（續表）

合 40663	合 583 正	合 7139	合 11454		劉影	本書第 1048 則
合 40951	北珍 400				吳麗婉	本書第 1189 則
合補 172	東洋文庫 246				劉影	本書第 1046 則
合補 457	北珍 2576				吳麗婉	本書第 1183 則
合補 536	重慶三峽博物館藏甲骨集 93				吳麗婉	本書第 1202 則
合補 545 正	合補 3297				李愛輝	本書第 1072 則
合補 933	英藏 543	京人 777	合 7316		劉影	本書第 1024 則
合補 972	合補 1714				劉影	本書第 1042 則
合補 1272	合 2134				李愛輝	本書第 1086 則
合補 1489 反	合 14440	合 15396 反	合 15540 反		李愛輝	本書第 1099 則
合補 1489 正反	拼五 1071				李愛輝	本書第 1074 則
合補 1651	合 10716	上博 21691.302			吳麗婉	本書第 1161 則
合補 1658	合 7464	合 6134			劉影	本書第 1022 則
合補 1658	合 7464				吳麗婉	本書第 1160 則
合補 1714	合補 972				劉影	本書第 1042 則
合補 1760 正	合 3139	北大 1715			李愛輝	本書第 1098 則
合補 1776	合補 4637				吳麗婉	本書第 1163 則
合補 1805 甲	合 1303 正				李愛輝	本書第 1104 則
合補 1880	英藏 685				吳麗婉	本書第 1159 則
合補 1993	合補 2247	笏二 210	合 7077		李愛輝	本書第 1151 則
合補 2147	合 6858				吳麗婉	本書第 1195 則
合補 2247	合補 1993	笏二 210	合 7077		李愛輝	本書第 1151 則
合補 2325	合 10246				李愛輝	本書第 1123 則
合補 2388 正	合 2150				李愛輝	本書第 1078 則
合補 2490	合 5979				李愛輝	本書第 1095 則
合補 3264 正反	合補 6282 正反				李愛輝	本書第 1120 則
合補 3297	合補 545 正				李愛輝	本書第 1072 則
合補 3439	合 23711	合 5294			劉影	本書第 1026 則
合補 3666	合補 3667				李愛輝	本書第 1139 則

(續表)

合補 3667	合補 3666				李愛輝	本書第 1139 則
合補 4018	合補 5926 正				劉影	本書第 1045 則
合補 4348	合 15621				李愛輝	本書第 1076 則
合補 4393	文錄 136				吳麗婉	本書第 1162 則
合補 4469	合 295	合 340	山東 197		李愛輝	本書第 1132 則
合補 4637	合補 1776				吳麗婉	本書第 1163 則
合補 4845	合 16901	合 16794			李愛輝	本書第 1124 則
合補 5191 正	合 268 正				李愛輝	本書第 1068 則
合補 5362 正反	合 1168 正反				李愛輝	本書第 1070 則
合補 5926 正	合補 4018				劉影	本書第 1045 則
合補 5964 反	合 13582	合 5568 正	合 5568 反		劉影	本書第 1036 則
合補 6050	北大 202				李愛輝	本書第 1116 則
合補 6282 正反	合補 3264 正反				李愛輝	本書第 1120 則
合補 6662	合補 6727				連佳鵬	本書第 1154 則
合補 6727	合補 6662				連佳鵬	本書第 1154 則
合補 7054	英 2090				劉影	本書第 1020 則
合補 7069	合補 7490				李愛輝	本書第 1148 則
合補 7455	合 28633				吳麗婉	本書第 1172 則
合補 7490	合補 7069				李愛輝	本書第 1148 則
合補 7557	拾遺 346				劉影	本書第 1029 則
合補 7765	合 25032				劉影	本書第 1031 則
合補 8497	合 23051				吳麗婉	本書第 1164 則
合補 8760	合 31935				吳麗婉	本書第 1184 則
合補 9635	北圖 1803				李愛輝	本書第 1153 則
合補 10495	上博 48947.12				李愛輝	本書第 1063 則
合補 10765	村中南 161				吳麗婉	本書第 1169 則
安明 357	合 10506	合 18765	合 13564	合 13843	李愛輝	本書第 1147 則
北圖 1980						
安明 618	合 8609				吳麗婉	本書第 1178 則
安明 1120	上博 17645.99	本書第 1042 則			劉影	本書第 1041 則

（續表）

安散 53	合 36841				吳麗婉	本書第 1199 則
北大 202	合補 6050				李愛輝	本書第 1116 則
北大 942	合 16016				李愛輝	本書第 1092 則
北大 1715	合補 1760 正	合 3139			李愛輝	本書第 1098 則
北大 2091	英藏 1039 正反				李愛輝	本書第 1087 則
北大 2167	合 1494				劉影	本書第 1021 則
北大 2500	合 15927				劉影	本書第 1034 則
北大 2508	東文研 502				李愛輝	本書第 1126 則
北大 2904	合 38216				劉影	本書第 1023 則
北圖 244	合 7327	合 7333 正			李愛輝	本書第 1085 則
北圖 728	合 14430				李愛輝	本書第 1059 則
北圖 1803	合補 9635				李愛輝	本書第 1153 則
北圖 1980 合 13843	合 10506	合 18765	合 13564	安明 357	李愛輝	本書第 1147 則
北圖 2375	合 626				李愛輝	本書第 1065 則
北圖 2382	合 2861	合 11573			劉影	本書第 1035 則
北圖 3609	合 5030				李愛輝	本書第 1084 則
北珍 400	合 40951				吳麗婉	本書第 1189 則
北珍 1706	合 31470				吳麗婉	本書第 1173 則
北珍 2108	合 13074 乙	合 13074 甲	合 13449		吳麗婉	本書第 1174 則
北珍 2576	合補 457				吳麗婉	本書第 1183 則
重慶三峽博物館藏甲骨集 8	合 13536 正	合 3664	合 6158		吳麗婉	本書第 1203 則
重慶三峽博物館藏甲骨集 93	合補 536				吳麗婉	本書第 1202 則
粹 306	合 22803				吳麗婉	本書第 1165 則
村中南 126	村中南 215	村中南 132			李愛輝	本書第 1106 則
村中南 132	村中南 126	村中南 215			李愛輝	本書第 1106 則
村中南 161	合補 10765				吳麗婉	本書第 1169 則
村中南 215	村中南 126	村中南 132			李愛輝	本書第 1106 則
存補 3.69.2	懷特 839				劉影	本書第 1043 則

(續表)

存補 5.264.1	合 7837	上博 17647.400			吳麗婉	本書第 1188 則
存補 5.95.1	合 16375 正				吳麗婉	本書第 1177 則
存補 5.95.2	合 16375 反				吳麗婉	本書第 1177 則
東文庫 49 反	東文庫 138				李愛輝	本書第 1058 則
東文庫 138	東文庫 49 反				李愛輝	本書第 1058 則
東文庫 246	合補 172				劉影	本書第 1046 則
東文庫 355	合 26646				吳麗婉	本書第 1167 則
東文研 502	北大 2508				李愛輝	本書第 1126 則
掇一 19	合 13037	英藏 398			李愛輝	本書第 1122 則
掇一 19	合 12897	合 9059 正	合 13037	英藏 398	吳麗婉	本書第 1182 則
法藏 17	合 23574	山東 1144	合 15432		劉影	本書第 1025 則
簠游 27	合 178	合 7700			吳麗婉	本書第 1176 則
H11:133	H11:52				劉影	本書第 1050 則
H11:52	H11:133				劉影	本書第 1050 則
後下 11.9	合 19696				吳麗婉	本書第 1180 則
笏二 26	合 6426				吳麗婉	本書第 1200 則
笏一 35	綴彙 206				莫伯峰	本書第 1053 則
笏二 210	合補 2247	合補 1993	合 7077		李愛輝	本書第 1151 則
笏二 362	合 14261				劉影	本書第 1051 則
笏二 363	合 5817 正				何會	本書第 1056 則
笏二 394	合 15905				劉影	本書第 1028 則
笏二 924	山東 131				吳麗婉	本書第 1201 則
懷特 839	存補 3.69.2				劉影	本書第 1043 則
輯佚 319	拾遺 313 正				劉影	本書第 1032 則
京人 195	合 4025	合 8731			張志強	本書第 1156 則
京 2053	合 2688	合 11646			李愛輝	本書第 1146 則
京人 2228	合 29688	合 30272			吳麗婉	本書第 1175 則
京 2583	合 6676				吳麗婉	本書第 1186 則
京人 777	英藏 543	合補 933	合 7316		劉影	本書第 1024 則
歷 293	合 541				李愛輝	本書第 1077 則
歷 621	合 13442 正				李愛輝	本書第 1067 則
歷 1116	合 9629	合 3311	合 9630	合 13016	李愛輝	本書第 1118 則

(續表)

旅藏 271	旅藏 383				李愛輝	本書第 1081 則
旅藏 344	合 6706	旅藏 554	旅藏 996	旅藏 907	李愛輝	本書第 1108 則
旅藏 383	旅藏 271				李愛輝	本書第 1081 則
旅藏 554	合 6706	旅藏 996	旅藏 344	旅藏 907	李愛輝	本書第 1108 則
旅藏 555 正	殷遺 96				吳麗婉	本書第 1170 則
旅藏 786	旅藏 917	旅藏 883			李愛輝	本書第 1113 則
旅藏 883	旅藏 786	旅藏 917			李愛輝	本書第 1113 則
旅藏 907	合 6706	旅藏 554	旅藏 996	旅藏 344	李愛輝	本書第 1108 則
旅藏 917	旅藏 786	旅藏 883			李愛輝	本書第 1113 則
旅藏 996	合 6706	旅藏 554	旅藏 344	旅藏 907	李愛輝	本書第 1108 則
美藏 484	合 27898				吳麗婉	本書第 1171 則
明後 396	合 9082				吳麗婉	本書第 1197 則
明後 1629 正反	合 12670	合 10692			李愛輝	本書第 1080 則
明後 2644	合 29343				吳麗婉	本書第 1190 則
拼集 307	合 7464	合 11447			黃天樹	本書第 1016 則
拼五 1071	合補 1489 正反				李愛輝	本書第 1074 則
山東 131	笏二 924				吳麗婉	本書第 1201 則
山東 197	合 295	合 340	合補 4469		李愛輝	本書第 1132 則
山東 689	合 8142				李愛輝	本書第 1111 則
山東 802	合 11355	山東 1893			吳麗婉	本書第 1193 則
山東 1144	合 23574	法藏 17	合 15432		劉影	本書第 1025 則
山東 1451	合 32067	合 32105			李愛輝	本書第 1133 則
山東 1893	合 11355	山東 802			吳麗婉	本書第 1193 則
上博 2426.197	上博 2426.263				莫伯峰	本書第 1052 則
上博 2426.263	上博 2426.197				莫伯峰	本書第 1052 則
上博 2426.406	上博 75415				李愛輝	本書第 1062 則
上博 17645.208 正反	上博 49003.112 正反				李愛輝	本書第 1060 則
上博 17645.645	英藏 1674				吳麗婉	本書第 1158 則

（續表）

上博 17645.99	安明 1120				劉影	本書第 1041 則
上博 17647.400	合 7837	存補 5.264.1			吳麗婉	本書第 1188 則
上博 21691.125	合 26609				吳麗婉	本書第 1185 則
上博 21691.302	合 10716	合補 1651			吳麗婉	本書第 1161 則
上博 48947.12	合補 10495				李愛輝	本書第 1063 則
上博 49003.112 正反	上博 17645.208 正反				李愛輝	本書第 1060 則
上博 49003.217 正反	殷餘 12.6				李愛輝	本書第 1083 則
上博 75415	上博 2426.406				李愛輝	本書第 1062 則
拾遺 313 正	輯佚 319				劉影	本書第 1032 則
拾遺 346	合補 7557				劉影	本書第 1029 則
拾遺 383	合 24190				劉影	本書第 1030 則
史購 180 正反	合 2387 正反				李愛輝	本書第 1075 則
史購 252	合 20670				王子楊	本書第 1054 則
屯南 887	屯南 1697				方稚松	本書第 1019 則
屯南 1697	屯南 887				方稚松	本書第 1019 則
文錄 136	合補 4393				吳麗婉	本書第 1162 則
謝文 505	合 29888				李愛輝	本書第 1114 則
殷遺 96	旅藏 555 正				吳麗婉	本書第 1170 則
殷遺 458 正	合 34878				吳麗婉	本書第 1168 則
殷餘 12.6	上博 49003.217 正反				李愛輝	本書第 1083 則
殷餘 20.2	殷餘 20.7				李愛輝	本書第 1150 則
殷餘 20.7	殷餘 20.2				李愛輝	本書第 1150 則
英藏 173 正反	英藏 610 正反				李愛輝	本書第 1073 則
英藏 398	合 13037	掇一 19			李愛輝	本書第 1122 則
英藏 398	合 12897	合 9059 正	合 13037	掇一 19	吳麗婉	本書第 1182 則

（續表）

英藏 543	京人 777	合補 933	合 7316		劉影	本書第 1024 則
英藏 610 正反	英藏 173 正反				李愛輝	本書第 1073 則
英藏 685	合補 1880				吳麗婉	本書第 1159 則
英藏 1039 正反	北大 2091				李愛輝	本書第 1087 則
英藏 1177 正	合 9045				門藝	本書第 1055 則
英藏 1399	合 13540	合 1365			吳麗婉	本書第 1179 則
英藏 1590 正反	合 16943 正反	合 16945 正反			李愛輝	本書第 1125 則
英藏 1674	上博 17645.645				吳麗婉	本書第 1158 則
英藏 1999	合 25907				劉影	本書第 1044 則
英藏 2082	合 26186	合 24136			劉影	本書第 1040 則
英藏 2085	合 23651				劉影	本書第 1038 則
英藏 2090	合補 7054				劉影	本書第 1020 則
中歷藏 43	合 6782				吳麗婉	本書第 1198 則
珠 580	合 8652				李愛輝	本書第 1134 則
綴彙 206	笏一 35				莫伯峰	本書第 1053 則
綴續 376 正反	合 5778 正反				李愛輝	本書第 1110 則

附錄二

2004 年～2017 年甲骨新綴號碼表

莫伯峰　王子楊　吳麗婉　耿佳雋

說明：蔡哲茂先生編有《〈甲骨文合集〉綴合號碼表》等，附於《甲骨綴合集》（1999 年）書末出版；後來又對《〈甲骨文合集〉綴合號碼表》等做了增補，附於《甲骨綴合續集》（2004 年）書末出版。這些表使讀者對各家綴合成果一目瞭然。但是，蔡先生《〈甲骨文合集〉綴合號碼表》等收錄的綴合成果截至 2004 年 8 月止。為此，莫伯峰、王子揚、吳麗婉、耿佳雋編寫了《2004 年～2017 年甲骨新綴號碼表》，繼續收錄 2004 年到 2017 年 6 月 30 日各家綴合的新成果。本表所收的綴合成果，主要見於下列八種甲骨著錄書。爲了便於查閱，這八種甲骨著錄書依據出版時間為序來排列：《合集》（1978 年）、《懷特》（1979 年）、《屯南》（1980 年）、《英藏》（1985 年）、《天理》（1987 年）、《合補》（1999 年）、《花東》（2003 年）、《輯佚》（2008 年）。爲了使表格簡潔，凡《合補》已經收錄的綴合成果，徑直標注《合補》編號；林宏明先生《醉古集》收錄的綴合成果，徑直標注"已綴入《醉古集》第 x 則"。

合 1	合補 657（合補 624）					
合 22	合 10520					
合 23	合 3401					
合 25	合 2551	合 15165	合 18003			
合 29	合 3706					
合 35	北大 58					
合 43	合補 3166					
合 53	合 4673	合 22482	合 7024	合 19193	山東 226	善 2.71.15 倒

（續表）

合 62	上博 2426.269（合 41455）				
合 99	乙補 6752	乙 6431	乙 8445	合 8990	
合 102	存補 5.431.1	合 1520	合 15475		
合 119	合 125	合 123	乙補 2084		
合 123	合 125	合 119	乙補 2084		
合 125	合 119	合 123	乙補 2084		
合 135	乙 6505				
合 140	合 11416				
合 148	上博 21569.106				
合 154	合 13989				
合 178	合 7700	簠遊 27			
合 185	合 5175				
合 186	合補 6				
合 191	4.0.0220				
合 217	輯佚 16				
合 227	合 9486	合 3307			
合 232 正	乙 7886	合 249	合 1208	合補 24 正	
合 249	乙 7886	合 232 正	合 1208	合補 24 正	
合 253	北大 31				
合 264 正	合 16078				
合 266	合 19285	合 489	旅藏 1019		
合 268 正	合補 5191 正				
合 278	合 3228（合 5755）				
合 295	合 340	合補 4469	山東 197		
合 296	合 10048	合 7836			

(續表)

合 297	合 431					
合 309	合 311					
合 311	合 309					
合 334	合 16182					
合 336	北圖 1777					
合 340	合 295	合補 4469	山東 197			
合 341	合 343					
合 343	合 341					
合 349	合 358	合 14737				
合 358	合 349	合 14737				
合 359	合 5145					
合 408	合 412					
合 409	合 14911					
合 412	合 40895					
合 420	甲骨文集 3.0.1814	合 557				
合 428	合 17172					
合 432	北圖 706					
合 434	合 21791	合 439				
合 439	合 21791	合 434				
合 454 正反	已綴入《醉古集》第 32 則					
合 465	合 4025					
合 478 正反	已綴入《醉古集》第 124 則					
合 479	合補 3477					
合 489	合 19285	合 266	旅藏 1019			
合 492	中歷藏 454 正					
合 497	明後 568					
合 517 正反	合 1395 正反					

（續表）

合 522	合 7150				
合 526	合 8723				
合 541	中歷藏 293				
合 544	東文庫 193				
合 548	合 9539				
合 557	甲骨文集 3.0.1814	合 420			
合 558	京人 875				
合 562 正反	合 7715 正反				
合 583 正	合 7139	合 11454	合 40663		
合 584 反甲	合 7143 反	合 9498 反	東大 517b		
合 584 正甲	合 7143	合 9498	合補 5597	東大 B571a	
合 586	合 5454	合 4240			
合 588 正	合 589				
合 589	合 588 正				
合 593	掇三 708				
合 597	合補 1134 正反				
合 624	乙 8803	合 21511	乙 8731	合 21578	合 22277 部分
	乙 8838	乙 8847	合 21505	合 20887	
合 625	輯佚 118	合 6286			
合 626	北圖 2375				
合 641 正	乙補 440	乙補 1447	乙補 1557	乙 7681	
合 641 反	乙補 1448	乙 7682			
合 643 正反	已綴入《醉古集》第 23 則				
合 649	合 10538				

(續表)

合 663	合 14074	東文庫 111 正倒	英藏 125 正			
合 664（合 32163）	合 35128	掇三 214	合 35331			
合 712	合 11792	合補 338				
合 715 正	合 9088 正	乙補 6656	乙補 6157			
合 724 正	合 2975 正	合 6597 正				
合 728	合 15101	合 09906				
合 729	合 792					
合 764	合 4061					
合 766	合 3332					
合 774	已綴入《醉古集》第 54 則					
合 776 正	已綴入《醉古集》第 153 則					
合 777 正	合 9274 正	乙補 6493	乙 2473	乙補 91 正		
合 777 反	合 9274 反	乙補 6494	乙 2474	乙補 91 反		
合 778 正反	已綴入《醉古集》第 54 則					
合 792	合 729					
合 829	乙補 1335	乙補 1376	乙補 1538	乙補 1367	乙 1593	乙補 1347
合 847	合 10104					
合 848	已綴入《醉古集》第 265 則					
合 850（合補 58 乙）	上博 812 頁.46464					
合 861	合 17150					
合 888	合 1459					
合 891	已綴入《醉古集》第 308 則					
合 898	乙補 4359	醉古集 145				
合 907 正反	合 2947 正反	合 1156 正反				
合 915 正反	已綴入《醉古集》第 373 則					
合 930	醉古集 87	乙 4496				

（續表）

合 941	已綴入《醉古集》第 324 則					
合 947	R37757	合 1726				
合 973 正反	已綴入《醉古集》第 309 則					
合 991	乙 8261					
合 993	英藏 1101					
合 1004 甲、乙	合 2461 乙 7982	無號甲 合 15103	合 16075	乙補 2093	乙補 1926	乙補 6878
合 1006 正反	已綴入《醉古集》第 362 則					
合 1030 正反	合 11278					
合 1039	上博 17645.500					
合 1040	已綴入《醉古集》第 267 則					
合 1056 正反	合 1305 正反	合 14431 正反				
合 1076 正反	合 14315 正反	乙補 4875				
合 1089	合 5913					
合 1111 正	英藏 730					
合 1122	已綴入《醉古集》第 229 則					
合 1123	上博 2426.798					
合 1145	史購 128					
合 1156 正反	合 907 正反	合 2947 正反				
合 1164	合 3828					
合 1168 正反	合補 5362 正反					
合 1191 正反	已綴入《醉古集》第 310 則					
合 1197	合 1202					
合 1202	合 1197					

(續表)

合 1203	合補 6038	合 37474				
合 12080	合 249	乙 7886	合 232 正	合補 24 正		
合 1224	合補 1846（合 6149）					
合 1231	已綴入《醉古集》第 37 則					
合 1248	合 13642	乙 2934	乙 3367	乙 1617		
合 1272	上博 2426.1343					
合 1276	合 8571	合 6244				
合 1277	合 39859					
合 1303 正	合補 1805 甲					
合 1305 正反	合補 4980 正反					
合 1306	合 8094					
合 1309	合 1674	合 5486				
合 1325	合 11107					
合 1352	合 11667					
合 1362	北圖 762					
合 1363	合 6576					
合 1364 正	合 5381	合 1410	合 1463 甲乙	乙 7189	乙補 805	乙補 6503
	乙補 1154	乙補 875	乙 3604	乙補 870	乙 1128	
合 1365	英藏 1399	合 13540				
合 1371	合 1526					
合 1381	合 5565	合 3301	合 2859			
合 1385 反	乙補 5934					
合 1395 正反	合 517 正反					
合 1402 正	已綴入《醉古集》第 260 則					
合 1410	合 5381	合 1364	合 1463 乙	合 1463 甲	乙補 805	乙補 870
	乙 3604	乙 7189	乙補 6503	乙補 1154	乙補 0875	乙 1128

(續表)

合 1430	已綴入《醉古集》第 90 則					
合 1438	合 11231					
合 1452	合 5764	合補 4277				乙補 870
合 1459	合 888					
合 1463 正 甲、乙	乙 7244	合 1410 正	合 5381	合 1364 正	乙補 805	乙 1128
	乙 3604	乙 7189	乙補 6503	乙補 1154	乙補 0875	
合 1469	合 2292					
合 1471	合 3309（合補 8）	合 3308	合補 502			
合 1494	北大 2167					
合 1518	北圖 3655					
合 1520	合 102	存補 5.431.1	合 15475			
合 1526	合 1371					
合 1529	合 15083					
合 1558	合 13385					
合 1559	合 4288					
合 1571	英藏 608					
合 1584	R54239					
合 1590	合 19152					
合 1601	合 8108	甲編未著錄 3.0.0370				
合 1605	合 15046					
合 1621 反	合 2187 反					
合 1631	合 35188	合 17302				
合 1636	合 17557 正					
合 1670	合 15726	乙補 5398				
合 1674	合 5486					
合 1677 正	乙 5681					

（續表）

合 1694 正反	已綴入《醉古集》第 32 則				
合 1706	合補 4589				
合 1717	已綴入《醉古集》第 105 則				
合 1720	已綴入《醉古集》第 380 則				
合 1726	R37757	合 947			
合 1757	已綴入《醉古集》第 380 則				
合 1777	合 10044				
合 1784	合 1829				
合 1828	合 1846				
合 1829	合 1784				
合 1846	合 1828				
合 1869 正反	已綴入《醉古集》第 373 則				
合 1910	合 8626				
合 1923	合 1942				
合 1924	合 11115（合 40185）				
合 1942	合 1923				
合 1976	合 5626				
合 2002 正	合 18900 正	合 12315 正乙			
合 2003	合 10261				
合 2033	合補 03263				
合 2047	合 2559				
合 2052 正	合 15917				
合 2055	合 5122				
合 2060	合 9829				
合 2071	乙 8640	乙補 4872	乙 4334		
合 2091	合補 865				
合 2100	合 23105				

（續表）

合 2108	合 5466				
合 2117 正	乙補 6595	合 17231			
合 2117 反	合 2168				
合 2130	已綴入《醉古集》第 43 則				
合 2134	合補 1272				
合 2150	合補 2388 正				
合 2168	已綴入《醉古集》第 99 則				
合 2191 正	已綴入《醉古集》第 165 則				
合 2191 反	合 18242	乙補 2461			
合 2192	合 4632 正	合 13599			
合 2204	合 17992	合 17796 正	合 17309		
合 2235 正甲乙	乙補 3283				
合 2236	已綴入《醉古集》第 360 則				
合 2239	合 5533				
合 2246 正甲	合 18599				
合 2261	合 13695 乙	乙補 2571 倒			
合 2292	合 1469				
合 2239	合 5533				
合 2262	合 2630				
合 2341	合 14095				
合 2353 正反	已綴入《醉古集》第 371 則				
合 2358 正	已綴入《醉古集》第 371 則				
合 2359 反	合 2353 反				
合 2387 正反	史購 180 正反				

（續表）

合 2389 正	已綴入《醉古集》第 44 則					
合 2393	乙 5748	合 2399 正	合 13881	乙補 5245 倒		
合 2394	乙補 4199	合 2433	乙補 4708			
合 2399 正	合 13881	乙 5748	合 2393	乙補 5245 倒		
合 2399 反	乙補 4365					
合 2430 正	甲 2986					
合 2433	已綴入《醉古集》第 106 則					
合 2434	合 4292					
合 2448	合 19866					
合 2461	合 1004 甲	合 1004 乙	合 16075	乙補 2093	乙補 6878	乙補 1926
	無號甲	合 15103	乙 7982			
合 2470 正	合 4381					
合 2476 正	合 15232					
合 2488 正	合 11372					
合 2490	旅 342					
合 2521 正 乙	已綴入《醉古集》第 305 則					
合 2521 反 甲	已綴入《醉古集》第 305 則					
合 2527	合 12652					
合 2542	合 8967	合 9046				
合 2559	合 15142					
合 2577	合補 7685					
合 2597	合 17047					
合 2599	合 3106					
合 2630	合 2262					
合 2640	已綴入《醉古集》第 297 則					
合 2642	合 2658					

(續表)

合 2649 正	合 7292					
合 2650	合 13660					
合 2658	合 2642					
合 2667 正反	已綴入《醉古集》第 61 則					
合 2682	史購 148	旅藏 180				
合 2688	合 2701	京 2053	合 8251 正	合 11646		
合 2698	上博 17645.622					
合 2699	安明 221					
合 2701	合 2688	京 2053	合 8251 正	合 11646		
合 2707	合 14030					
合 2723	合補 948					
合 2729	合 6584					
合 2734	合 9534	合 40078				
合 2752	合 27339	合補 415	朱孔陽 9.6			
合 2763 正	合 3524	合 4249	合 14288	合 18684	合 18799	
合 2763 正	已綴入《醉古集》第 231 則					
合 2775	已綴入《醉古集》第 244 則					
合 2778	合 19724 正	合補 2136 正				
合 2779	R57226					
合 2823	合 2850	乙補 4805	乙 4418	乙補 4548	乙補 4802	乙 4494
	刪除乙 4566	無號甲				
合 2827 正反	已綴入《醉古集》第 332 則					
合 2850	合 2823	乙補 4805	乙 4418	乙補 4548	乙補 4802	無號甲
	刪除乙 4566					
合 2859	合 3301					

（續表）

合 2859	合 1381	合 5565	合 3301			
合 2861	北圖 2382	合 11573				
合 2879	合 9757					
合 2880	英藏 996					
合 2891	合 5908	乙補 2953	乙補 1839	乙補 1841	乙 3490	合 14135
	乙補 5883	乙補 1843				
合 2936	已綴入《醉古集》第 86 則					
合 2941	合 3256					
合 2947 正反	合 907 正反	合 1156 正反				
合 2967 正反	已綴入《醉古集》第 377 則					
合 2975 正	合 724 正	合 6597 正				
合 2978 正	合 12657 正					
合 3010 正	合補 2043（合補 2019）					
合 3018	合 17333	合 15417				
合 3037	合 7187 正					
合 3055	R37675	R57061	合 4835			
合 3079	上博 21691.62					
合 3104	合 18404					
合 3106	合 2599					
合 3123	合 9474					
合 3139	合補 1760 正	北大 1715				
合 3147	合 3155	合 11149	史購 108			
合 3155	合 3147	合 11149	史購 108			
合 3165 正	乙補 2611	合 3174	乙 2976			
合 3171 正反	已綴入《醉古集》第 143 則					
合 3174	乙補 2611	合 3165 正	乙 2976			

（續表）

合 3217	合 14393					
合 3222 正反	合 14783 正反					
合 3189	明後 0137					
合 3228（合 5755）	合 278					
合 3243	合 3244	合 10331	合 15205	乙 5217	乙 2935	乙 2986
合 3244	合 3243	合 10331	合 15205	乙 5217	乙 2935	乙 2986
合 3251	合 6815					
合 3256	合 2941					
合 3268	合 9480					
合 3271 正反	已綴入《醉古集》第 55 則					
合 3282	已綴入《醉古集》第 309 則					
合 3283	合 19682					
合 3287（合 39699）	合 6552 正					
合 3288	合 10208					
合 3296 正	合 3299					
合 3298	笏二 393					
合 3299	合 3296 正					
合 3300	合 4620 正					
合 3301	合 2859					
合 3301	合 1381	合 5565	合 2859			
合 3307	合 9486	合 227				
合 3308	合 3309（合補 8）	合 1471	合補 502			
合 3309（合補 8）	合 1471	合 3308	合補 502			

（續表）

合 3311	合 9629	中歷藏 1116	合 9630		合 13016	
合 3314	合 6029					
合 3320	合 7027					
合 3321	合 6751					
合 3332	合 766 正					
合 3336	合 25746	合 13079	合 15236			
合 3336 正	合 25746					
合 3337	合 19073					
合 3367	合 7759	合 5379				
合 3375	合 6840					
合 3394	綴集 135					
合 3397	合補 39	合 3782				
合 3400	已綴入《醉古集》第 55 則					
合 3401	合 23					
合 3406 正反	已綴入《醉古集》第 340 則					
合 3410	合 11051					
合 3421	英藏 196					
合 3444	合 32418					
合 3469	東文研 390					
合 3473	東文研 B0527b					
合 3475	合補 524	合 11073	合 14361			
合 3497	乙 5374					
合 3518	合 1631	合 17302				
合 3524	合 2763 正	合 4249	合 14288	合 18684	合 18799	
合 3526	合 16938					
合 3537	合補 655					
合 3539	合補 1340					
合 3572	合補 2105					
合 3578	合補 687					

（續表）

合 3588	合 6912				
合 3596 正	合 16378	合 5132	張世放 42	合 5141	
合 3606	合 10607				
合 3611 正反	已綴入《醉古集》第 100 則				
合 3647	合 39779				
合 3650 正	合補 1505				
合 3652	合 13158				
合 3662	合補 520 正	合補 5415 正			
合 3664	合 6158	合 13536 正			
合 3664	合 13536 正	合 6158	重慶三峽博物館藏甲骨集 8		
合 3672	已綴入《醉古集》第 134 則				
合 3688	合 20817				
合 3697 正	合 19246				
合 3706	合 29				
合 3707	英藏 724				
合 3709	合 7530	合補 971			
合 3714	合 3717				
合 3717	合 3714				
合 3728	合補 5209	甲釋 143	甲 3320		
合 3733	合 6025				
合 3747	合補 6038	合 1203			
合 3749	合 11508				
合 3750	合 8597	合 8014	合 8600		
合 3769	合 8333	合 14420			
合 3780（合 7571 正）	合 7890				

(續表)

合 3781	合 40681					
合 3782	合補 39	合 3397				
合 3800 正反	已綴入《醉古集》第 360 則					
合 3804	合 7589					
合 3814	已綴入《醉古集》第 73 則					
合 3826	合 5566					
合 3828	合 1164					
合 3832	已綴入《醉古集》第 364 則					
合 3852	東文研 1181a					
合 3869 正反	已綴入《醉古集》第 359 則					
合 3896（東文庫 65）	東文庫 19 正					
合 3928	合 16565					
合 3958	重慶三峽博物館藏甲骨集 5					
合 3963 正	存補 4.2.1					
合 3971 正	已綴入《醉古集》第 150 則					
合 3974	合 8408					
合 3992	合 3971 正	合 10863 反	合補 3275 反	合 7996	合 10863 正	乙 6076
	合 13360	合 16457	合 17344	合補 988	合補 3275 正	乙 7952
合 4010	合 40043	合 9637	中歷藏 1241			
合 4016	合 4346					
合 4025	合 465	合 8731	京人 195			
合 4061	合 764					
合 4063	合 6051					

(續表)

合 4090	合 6450				
合 4093	合 4302				
合 4100	合 5093				
合 4102	已綴入《醉古集》第 330 則				
合 4135	合補 749	合 4209			
合 4140	合 15754				
合 41443	李光前文物館 9				
合 4162	合 11839				
合 4173	合補 2793	北大 2341			
合 4179	乙補 3136				
合 4197 正甲、乙	乙補 251	乙補 245			
合 4199	合 31974				
合 4203	合 3397	合 1078	合 3782		
合 4209	合補 749	合 4135			
合 4211	存補 6.213.1				
合 4240	合 5454	合 586			
合 4249	合 2763 正	合 3524	合 14288	合 18684	合 18799
合 4249	已綴入《醉古集》第 231 則				
合 4259	乙補 1791				
合 4274	合補 1961				
合 4280	合 5534				
合 4285	合 9807				
合 4288 正	合 1559				
合 4292	合 2434				
合 4302	合 4093				
合 4326	合 18032	合 7015	合補 1991		
合 4330	合 4488				
合 4346	合 4016				
合 4349 正反甲、乙	已綴入《醉古集》第 59 則				

（續表）

合 4353	合補 4005	合 13909				
合 4370	張世放 37					
合 4381	合 2470 正					
合 4385	合 14915					
合 4387	史購 199	合 4394				
合 4394	史購 199	合 4387				
合 4415 臼	合補 1173 臼					
合 4468 正反	京人 467a					
合 4488	合 4330					
合 4565	合 4571					
合 4568	合補 6141					
合 4571	合 4565					
合 4595	合補 4981 正（合 16184）					
合 4604	合 4605					
合 4605 正	合 4604					
合 4605 反	南坊 3.23					
合 4607	合 40220					
合 4620 正	合 3300					
合 4632 正	合 13599	合 2192				
合 4641	合補 1242					
合 4646	冬 118					
合 4654（合 12878 反）	合 7855					
合 4660	上博 2426.421					

（續表）

合 4673	合 53（合 19191）	合 22482	合 7024	合 19193	山東 226	善 2.71.15 倒
合 4685	合 35216					
合 4686	合 35204					
合 4757	合 5799					
合 4773 正	合 9067	乙補 6252	乙補 6104	合 18165 正	合 4773 正	所 315
	合 17695	合 17304				
合 4773 反	合 18165	合 17695 反	合 4773 反	合 9067 反	合 19045	乙補 6105
	合 17304 反					
合 4793	合補 1602					
合 4811	合 7687	合 7699 正				
合 4820（合補 2284）	合 12080					
合 4835	已綴入《醉古集》第 36 則					
合 4836	已綴入《醉古集》第 36 則					
合 4838	合 7880	乙 688				
合 4876	合 9100					
合 4879	合 10181	合 10189				
合 4884	合 32407	輯佚 353				
合 4904	合 7982	旅藏 102				
合 4907 正反	已綴入《醉古集》第 340 則					
合 4915	合 14879					
合 4919	合 15528 正臼					
合 4963	合 26804					
合 4977	北大 1045					
合 4984	合 19047					

（續表）

合 4994	合 6940					
合 5008	合 6898					
合 5030	北圖 3609					
合 5044	合 19106	合 5045	英藏 436	合 11584		
合 5045	合 5044	合 19106	英藏 436	合 11584		
合 5056 正	上博 21691.293					
合 5071	合補 3215					
合 5078	旅藏 1081					
合 5080	合 17331	合 9572	合 16399	合 17464	合 9583	
合 5085	合補 1653	上博 2426.1439				
合 5092	合 9558					
合 5093	合 4100					
合 5111	旅藏 672					
合 5117	R37158					
合 5122	合 2055					
合 5129	合 16378	張世放 42				
合 5132	合 16378	張世放 42	合 3596 正	合 5141		
合 5139	北圖 610					
合 5141	合 16378	張世放 42	合 3596 正	合 5132		
合 5145	合 359					
合 5160	合 7802					
合 5171	美 564					
合 5175	合 185					
合 5212	輯佚 35					
合 5232 正反	合 5394 正反					
合 5240	合 8538					
合 5294	合 23711	合補 3439				
合 5305 正反	已綴入《醉古集》第 166 則					
合 5320	合 16447					

（續表）

合 5325	合 12830					
合 5332	合 10313	合 10951				
合 5347	合 5348					
合 5348	合 5347					
合 5379	合 7759	合 3367				
合 5380	合 13281 正甲	乙補 1114	合 13281 反甲	合 11479	合 18674	乙補 855
	乙 3455					
合 5381	合 1364 正	合 1410 正	合 1463 正乙	合 1463 正甲	乙補 805	乙補 870
	乙 3604	乙 7189	乙補 6503	乙補 1154	乙補 0875	乙 1128
合 5384	合補 7044					
合 5394 正反	合 5232 正反					
合 5396	合 9439					
合 5400	合 16112					
合 5411	合補 6191 正					
合 5412 正	已綴入《醉古集》第 331 則					
合 5418	合 33058					
合 5425	合 13603					
合 5431	合 21369					
合 5438	合 10575					
合 5444	合 17916					
合 5451	合 17466	合 6820	洹寶 101			
合 5454	旅藏 193 正	綴集 17				
合 5471	合補 3014	屯南 5753				
合 5473 正	乙補 3510	乙補 3563				
合 5474	合 19203					
合 5486	合 1674					
合 5487	北大 2828					

（續表）

合 5531 正	乙 590				
合 5532 正	乙補 6642	合 5532 反			
合 5533	合 2339				
合 5534	合 4280				
合 5565	合 1381				
合 5565	合 1381	合 3301	合 2859		
合 5566	合 3826				
合 5568 反	合 13582	合 5568 正	合補 5964 反		
合 5568 正	合 13582	合補 5964 反	合 5568 反		
合 5598 正	合 17394				
合 5620	合 19479 正反				
合 5626	合 1976				
合 5633	合 21915				
合 5654	已綴入《醉古集》第 302 則				
合 5666 正反	安明 S0589				
合 5674 正反	合 10896 正反	輯佚 131 正反			
合 5714	合 5720				
合 5720	合 5714				
合 5739	合 5740	上田 3.008			
合 5740	合 5739	上田 3.008			
合 5755 （合 3228）	合 278				
合 5758 （合 8855）	合 19486				

（續表）

合 5760 正	合 11574				
合 5761	合 5762				
合 5762	合 5761				
合 5764	合 1452	合補 4277			
合 5776 正	已綴入《醉古集》第 58 則				
合 5778 正反	綴續 376 正反				
合 5779	甲 2514	甲 2534	合補 9484（合補 10389）		
合 5785	英藏 564 正	英藏 569			
合 5799	合 4757				
合 5817 正	笏二 363				
合 5826	合 17636 正				
合 5828	合 39938				
合 5835	美 S545				
合 5881	合 9606				
合 5908	合 2891	乙補 2953	乙補 1839	乙補 1841	乙 3490	合 14135
	乙補 5883	乙補 1843			
合 5934	合 17067				
合 5977	合 9974				
合 5979	合補 2490				
合 6005	合 14998				
合 6017 正反	合 16124 正反				
合 6025	合 3733				
合 6029	合 3314				
合 6044	合 17902				
合 6051	合 4063				
合 6059	合 7152 正	續存上 975			

(續表)

合 6061	合 7098					
合 6062	合補 6438					
合 6073	合 18596					
合 6082	合 7326 正					
合 6084	合 8690					
合 6088	合 39589					
合 6093 正反	京人 878ab	京人 898				
合 6107	東文庫 170	合 9973				
合 6119	存補 5.146.3					
合 6129	合 17317					
合 6134 正反	合 7464	合補 1658	英藏 1352 正反			
合 6148	合補 1976					
合 6149（合補 1846）	合 1224					
合 6157	合 7318	史購 40				
合 6158	合 3664	合 13536 正	重慶三峽博物館藏甲骨集 8			
合 6163 正反	合補 1360 正反	山東 1177				
合 6166	合 7405 正					
合 6170 正	合 8974					
合 6172	合 7299					
合 6173	合補 562					
合 6181 正	虛 1549					
合 6185	合補 2873					
合 6195	合 6268	存補 5.140.2				
合 6203	合補 4565					

（續表）

合 6217	合 17276 正	合補 759 正				
合 6221	合 8562					
合 6238	合 6262					
合 6242	合 6267					
合 6244	合 8571	合 1276				
合 6249	合補 4507					
合 6258	合 6282					
合 6262	合 6238					
合 6266	合 16281					
合 6267	合 6242					
合 6268	合 6195	存補 5.140.2				
合 6270 正	京 1139					
合 6279	合 11891 正	合 11918				
合 6282	合 6258					
合 6283	合補 6139	合補 1842	合補 731	旅藏 89		
合 6286	輯佚 118	合 625				
合 6298	蘇德*218					
合 6308	合 6371					
合 6310	合 6370	合補 1860				
合 6331	合 15770					
合 6345	合 8026					
合 6366	合 12803					
合 6369	英藏 570					
合 6370	合補 1860	合 6310				
合 6371	合 6308					
合 6390	東文研 287					
合 6393	合 6396	合 13684				
合 6396	合 6393	合 13684				

（續表）

合 6404 正	東文庫 284				
合 6408	合 7314				
合 6426	笏二 26				
合 6437	合 7385 正				
合 6450	合 4090				
合 6457 正	合 17337 正	乙補 663			
合 6457 反	合 17337 反	乙補 664			
合 6471 正	乙補 1729				
合 6481	合 7502				
合 6491	合補 5529				
合 6495	合 11525				
合 6501	合 6914	合補 5356			
合 6502	合 16278				
合 6517	合 7532				
合 6525	合 7861	合 5129			
合 6527	合 6529	合 7537			
合 6529	合 6527	合 7537			
合 6530 正	已綴入《醉古集》第 343 則				
合 6537	合 19667				
合 6552 正	合 3287（合 39699）				
合 6553	英藏 669				
合 6554	英藏 667	合 7549			
合 6576	合 1363				
合 6584	合 2729				
合 6591	合 9535				
合 6597 正	合 724 正	合 2975 正			
合 6601	合 7029				

（續表）

合 6603	合 10060					
合 6612	合 14791					
合 6619	R53594					
合 6643	合 18071					
合 6644	英藏 657					
合 6649 正乙	乙補 641	合 13713	乙 6599			
合 6652	契合 12	乙補 4386	乙 6353			
合 6658	合 11288					
合 6665 正	合 16900 正					
合 6674	懷 913	合補 2773	存補 5.140.1			
合 6676	京 2583					
合 6690	合補 4615					
合 6703	英藏 623（合 39906 正）					
合 6706	旅藏 554	旅藏 996	旅藏 344	旅藏 907		
合 6715	合 6716					
合 6716	合 6715					
合 6728	合 13212					
合 6751	合 33219					
合 6782	中歷藏 43					
合 6793	合 27744					
合 6800	合 7421	合 6801	合 11004			
合 6800	合 7421					
合 6801	合 6800	合 7421	合 11004			
合 6815	合 3251					
合 6820	合 17466	合 5451	洹寶 101			
合 6823 正反	合 12998 正反					
合 6840	合 3375					

（續表）

合 6858	合補 2147					
合 6866	合 7661					
合 6892 正	合 6893					
合 6893	合 6892 正					
合 6898	合 5008					
合 6912	合 3588					
合 6914	合 6501	合補 5356				
合 6940	合 4994					
合 7015	合 18032					
合 7022	合 20312					
合 7024	合 22482	合 4673	合 53（合 19191）	合 19193	山東 226	
合 7027	合 3320					
合 7029	合 6601					
合 7030	合 7049					
合 7049	合 7030					
合 7065 甲、乙	人 S0176a					
合 7077	合補 2247	合補 1993	笏二 210			
合 7078	合補 1680					
合 7098	合 6061					
合 7136 正反	合 7164 正反					
合 7139	合 583 正	合 11454	合 40663			
合 7143 正	合 584 正甲	合 9498 正	合補 5597	東大 B571a		
合 7143 反	合 584 反甲	合 9498 反	東大 571b			
合 7150	合 522					
合 7151 正	懷 439					

（續表）

合 7152 正	合 6059	續存上 975			
合 7156 正	合 9841				
合 7157	合補 831				
合 7159 正反	合 17697 正反	合補 4838			
合 7164 正	合 7136 正				
合 7164 反	合 7136 反				
合 7187 正	合 3037				
合 7189	合 17827 正				
合 7192	乙補 4327	乙補 4329			
合 7202 正	合 16936 正				
合 7219	合補 1773				
合 7230	合補 833				
合 7265	合 7266				
合 7266	合 7265				
合 7292	合 2649 正				
合 7299	合 6172				
合 7313	合 7350				
合 7314	合 6408				
合 7316	英藏 543	京人 777	合補 933		
合 7318	合 6157	史購 40			
合 7320 右半	北大 1576	善齋 7.60.1			
合 7325	英藏 477				
合 7326 正	合 6082				
合 7327	合 7333 正	北圖 244			
合 7330 左半	合補 5984 正				
合 7332	合 7511				

（續表）

合 7333 正	合 7327	北圖 244			
合 7339	合 7424				
合 7350	合 7313				
合 7363 反	合 11482 反				
合 7370	東文研 327				
合 7379 正	1.0.0056（史語所 R27056 號）				
合 7383 正	重慶三峽博物館藏甲骨集 80				
合 7385 正	合 6437				
合 7386	合補 5670				
合 7390	東文庫 206				
合 7392	首師大中歷藏史博物館藏品 119				
合 7396	合 7404				
合 7400	合 7425	安明 629			
合 7404	合 7396				
合 7405 正	合 6166				
合 7407 正	已綴入《醉古集》第 337 則				
合 7410	上博 2426.783				
合 7420	合補 1344				
合 7421	合 6800	合 6801	合 11004		
合 7424	合 7339				
合 7425	合 7400	安明 629			

（續表）

合 7441 正	乙 4424					
合 7464	合補 1658	合 6134				
合 7497	合補 1881					
合 7502	合 6481					
合 7504	合 3010 正	合 7540（合 7201）				
合 7511	合 7332					
合 7529	合補 982 正	合補 1430				
合 7530	合補 971	合 3709				
合 7532	合 6517					
合 7537	合 6529	合 6527				
合 7543	合 6553	英藏 669				
合 7549	合 6554					
合 7563	合 15479					
合 7571 正（合 3780）	合 7890					
合 7577	合補 2120					
合 7584 正反部分	已綴入《醉古集》第 59 則					
合 7589	合 3804					
合 7593	英藏 686					
合 7661	合 6866					
合 7671	合補 1993					
合 7687（合補 1960）	合 7699 正	合 4811				
合 7690	存補 4.1.1					
合 7692	合 8622	善齋 7.26.1				

（續表）

合 7699 正	合 7687（合補 1960）	合 4811			
合 7699 反	上博 49003.247 反				
合 7700	合 178	簠游 27			
合 7715 正	合 562 正				
合 7718 正	合補 596 正	合補 596 反	合 7718 反		
合 7757 正反	合補 576 正反	合 7782（合 39817）			
合 7759	合 3367	合 5379			
合 7775	合 7782（合 39817）				
合 7780 正	合補 3338	合補 543			
合 7782（合 39817）	合 7775				
合 7785	旅藏 139	合 14894			
合 7789	合 7793				
合 7790	合 19382				
合 7793	合 7789				
合 7795	合補 2216				
合 7802	合 5160				
合 7820	合 14318				
合 7836	合 10048	合 296			
合 7837	上博 17647.400	存補 5.264.1			
合 7852 正	乙 8629				

（續表）

合 7854 正	英藏 1106					
合 7855	合 12878 反（合 4654）					
合 7859 正	合 14097					
合 7861	合 6525	合 5129				
合 7862	合補 769（合 39727）					
合 7880	合 4838	乙 688				
合 7890	合 7571 正（合 3780）					
合 7897	合 14591					
合 7906	已綴入《醉古集》第 85 則					
合 7907	已綴入《醉古集》第 85 則					
合 7920	合 9725					
合 7941 正	合 14766					
合 7942	乙補 5965	乙 7110				
合 7961	合 32781					
合 7963	合 10436					
合 7964 正反	合補 2159 正反					
合 7967	合 11170 正					
合 7982	合 4904	旅藏 102				
合 7996	已綴入《醉古集》第 150 則					
合 8014	合 8597	合 8600	合 3750			
合 8015	已綴入《醉古集》第 254 則，林氏又加綴乙補 109					
合 8026	合 6345					
合 8029	合 15474					
合 8034	合 8035					

(續表)

合 8035	合 8034					
合 8037	合 13165	上博 54796.8				
合 8039	合 13308					
合 8055	乙補 164					
合 8065（合 15586）	合補 109					
合 8070	合 13355					
合 8094	合 1306					
合 8108	合 1601	甲編未著錄 3.0.0370				
合 8120	合 16743	合 16744				
合 8129 正	合 16178	乙 7820	乙補 6919	乙補 5389	乙 8430	乙補 2811
合 8129 反	乙 8431	乙補 5390	乙 8389	乙補 6486	乙 8457	乙補 2391
	乙補 2811 的反面					
合 8142	山東 689					
合 8250 正	拼集 307	合 11447				
合 8251 正	合 2688	合 2701	京津 2053	合 11646		
合 8309	合 17508					
合 8331	合 12688					
合 8333	合 3769	合 14420				
合 8359	合 36417					
合 8401	合 18937					
合 8408	合 03974					
合 8409	輯佚 18					
合 8411	已綴入《醉古集》第 357 則					
合 8443	已綴入《醉古集》第 330 則					
合 8472 正甲、丙	乙補 5510					

（續表）

合 8501 正	合 18925	英藏 552			
合 8512	合補 3925 正				
合 8538	合 5240				
合 8539	USB698				
合 8546	合 16017	合 13951			
合 8562	合 6221				
合 8571	合 1276	合 6244			
合 8594 正反	已綴入《醉古集》第 257 則				
合 8597	合 8014	合 8600	合 3750		
合 8600	合 8597	合 8014	合 3750		
合 8609	安明 618				
合 8622	合 7692	善齋 7.26.1			
合 8626	合 1910				
合 8650	旅藏 1065				
合 8652	珠 580				
合 8654	合 15954 正				
合 8657	合 8659	合 10932			
合 8659	合 8657	合 10932			
合 8672	殷墟甲骨拾遺（續五）4				
合 8690	合 6084				
合 8704	合 16487	存補 5.378.2			
合 8711	合 10084				
合 8723	合 526				
合 8731	京人 195	合 4025			
合 8745	英藏 681				
合 8779	乙補 1238	R37883			

（續表）

合 8780	已綴入《醉古集》第 334 則				
合 8802	合 8934				
合 8824	乙補 4246				
合 8825	合 17988				
合 8855（合 5758）	合 19486				
合 8917 正反	已綴入《醉古集》第 50 則				
合 8919	鐵雲 85.1				
合 8934	合 8802				
合 8936	合 19706				
合 8957	合 3761 正				
合 8967	合 2542	合 9046			
合 8968 正反	合 14647 正反	合補 1346 正反			
合 8974	合 6070 正				
合 8988	合 20184（合 18647）				
合 8990 正	乙 8445	乙 6431	乙補 6752	合 99	
合 8996 正	英藏 38（合 39500）				
合 9009 正反	已綴入《醉古集》第 196 則				
合 9053 正反	R37748	合 7584 正反部分（乙 3202）	合 18695	乙補 3808	乙補 3811
合 9045	英藏 1177 正				
合 9046	合 2542	合 8967			
合 9059 正	合 12897	合 13037	掇一 19	英藏 398	

（續表）

合 9067	合 4773 正	合 18165 的正面	乙補 6252	乙補 6104	合 17304	合 19695 正
合 9069	合 9071					
合 9071	合 9069					
合 9076	張世放 61					
合 9082	明後 396					
合 9088 正	合 715 正	乙補 6656	乙補 6157			
合 9100	合 4876					
合 9144	合補 3016					
合 9187	已綴入《醉古集》第 105 則					
合 9198 正反	合補 6096 正反					
合 9230	已綴入《醉古集》第 369 則					
合 9257 正反	已綴入《醉古集》第 345 則					
合 9274 正	合 777 正	乙 2473	乙補 91 正			
合 9274 反	乙補 6493	合 777 反				
合 9305	合 5531 正	乙 590				
合 9322 正反	已綴入《醉古集》第 372 則					
合 9409	合 28859	合 29064				
合 9439	合 5396					
合 9443	已綴入《醉古集》第 332 則					
合 9446	旅藏 625 正反	北大 1452				
合 9473	合 9475					
合 9474	合 3123					
合 9475	合 9473					
合 9480	合 3268					
合 9486	合 3307	合 227				
合 9497	合 21288					
合 9498 正	合補 5597	東大 B571a	合 7143 正			

（續表）

合 9498 反	合 584 反甲	東大 B571b	合 7143 反		
合 9502 甲乙	R37203	乙補 6071			
合 9504 正	已綴入《醉古集》第 197 則				
合 9505	已綴入《醉古集》第 372 則				
合 9506	合 9848				
合 9519	英藏 814				
合 9529	合補 602	合 40117			
合 9534	合 2734	合 40078			
合 9535	合 6591				
合 9539	合 548				
合 9554	合 19426	合 09555	乙 3362	乙補 2870	
合 9555	合 9554	合 19426	乙 3362	乙補 2870	
合 9557 反	合 11897				
合 9558	合 5092				
合 9560	甲骨文集 3.0.1817	甲骨文集 3.0.1823			
合 9572	合 5080	合 17331	合 16399	合 17464	合 9583
合 9583	合 5080	合 17331	合 9572	合 17464	合 16399
合 9584	合 18837				
合 9594	合 9605				
合 9605	合 9594				
合 9606	合 5881				
合 9607 正	4.0.0256				
合 9616	合 12880				
合 9629	中歷藏 1116	合 3311	合 9630	合 13016	
合 9630	合 9629	中歷藏 1116	合 3311	合 13016	
合 9637	合 40043	合 4010	中歷藏 1241		

（續表）

合 9686	合 9890				
合 9689	合 9699				
合 9693	英藏 804				
合 9699	合 9689				
合 9709	上博 2426.474	合 13316 正			
合 9713（合 40096）	合 10089				
合 9718	合 9831				
合 9722	合補 5308				
合 9725	合 7920				
合 9740	合 16453				
合 9750	已綴入《醉古集》第 348 則				
合 9757	合 2879				
合 9759	合 24435				
合 9793	山東 171				
合 9802	已綴入《醉古集》第 348 則				
合 9807	合 4285				
合 9811	乙補 5952	乙補 5968			
合 9814	合補 1787				
合 9829	合 2060				
合 9831	合 9718				
合 9841	合 7156 正				
合 9848	合 9506				
合 9849	已綴入《醉古集》第 376 則				
合 9862	合 9971				
合 9890	合 9686				
合 9900	合 12988				
合 9906	合 15101	合 728			
合 9934 正	已綴入《醉古集》第 344 則				

(續表)

合 9936	乙補 3502 倒	乙補 3568 倒	乙 3830 正	乙補 3517	乙 3824	乙補 3539
	乙補 3533					
合 9941	英藏 824	合 10042				
合 9955	已綴入《醉古集》第 344 則					
合 9967	合 10143					
合 9971	合 9862					
合 9972	中歷藏 263					
合 9973	合 6107	東文庫 170				
合 9974	合 5977					
合 9997	合 10052					
合 10022 甲乙	乙補 5657	乙補 5676				
合 10026 正反	已綴入《醉古集》第 48 則					
合 10029	合補 5658					
合 10034	已綴入《醉古集》第 48 則					
合 10040	已綴入《醉古集》第 360 則					
合 10042	英藏 824	合 9941				
合 10044	合 1777					
合 10046	通 444					
合 10048	合 296	合 7836				
合 10052	合 9997					
合 10055	合 14469 正					
合 10060	合 6603					
合 10068	合補 1989					
合 10082	合 10127					
合 10084	合 8711					

（續表）

合 10089	合 9713（合 40096）				
合 10099	合 14141				
合 10104	合 847				
合 10106	合 10500				
合 10120	山東 0459				
合 10127	合 10082				
合 10143	合 9967				
合 10146	合 10147				
合 10147	合 10146				
合 10168	合 14157	合 14158			
合 10181	合 10189	合 4879			
合 10189	合 10181	合 4879			
合 10196	合 18338				
合 10198 正	乙 507	乙補 306	乙補 318	乙 5104	乙補 4138
合 10208	合 3288				
合 10212	合 10861				
合 10246	合補 2325				
合 10261	合 2003 正				
合 10292	合 12309				
合 10313	合 5332	合 10951			
合 10331	合 3244	合 3243	合 15205	乙 5217	乙 2935	乙 2986
合 10350	合 10364				
合 10360	合 19345	合補 5817			
合 10362	合 10749（合補 2630 正反）				
合 10364	合 10350				
合 10397	北圖 611				

（續表）

合 10410 正	合補 2601					
合 10436	合 7963					
合 10493	合 10660					
合 10500	合 10106					
合 10506	合 18765	合 13564	安明 357	合 13843	北圖 1980	合 12867
合 10519	合 10548					
合 10520	合 22					
合 10538	合 649					
合 10548	合 10519					
合 10562	合 10968					
合 10575	合 5438					
合 10584	合補 6113					
合 10607	合 3606					
合 10608 正	合 10609					
合 10609	合 10608 正					
合 10620 正	合 10970 正右半					
合 10660	合 10493					
合 10622	英藏 630					
合 10676	合 19590					
合 10692	合 12670	明後 1629 正反				
合 10702 正	合 10895					
合 10716	上博 21691.302	合補 1651				
合 10724	英藏 1920					
合 10729	合補 2651					

（續表）

合10749（合補2630正反）	合10362					
合10796	安明525					
合10856	善7.40A.5					
合10861	合10212					
合10863正	已綴入《醉古集》第150則					
合10863反	合補3275反	合3971反				
合10895	合10702正					
合10896正反	合5674正反	輯佚131正反				
合10899	乙補4796					
合10902	乙3909					
合10931	史購129					
合10932	合8659	合8657				
合10940	合14336					
合10947						
合10948正上、下半、反	已綴入《醉古集》第377則					
合10951	合5332	合10313				
合10968	合10562					
合10970正右半	合10620正					
合10970左半	輯佚3	明後0341				
合11004	合6800	合7421	合6801			
合11051	合3410					
合11073	合補524	合3475	合14361			

(續表)

合 11105	合 37174					
合 11107	合 1325					
合 11115（合 40185）	合 1924					
合 11149	合 3155	合 3147	史購 108			
合 11170 正	合 7967					
合 11203	安明 97					
合 11230	碎骨 1	碎骨 2	碎骨 3			
合 11231	合 1438					
合 11278	合 1030 正反					
合 11288	合 6658					
合 11297	無號甲	乙補 4375 倒	乙補 4373	合 898	乙補 4359	
合 11300	合 15783					
合 11303	合 22511	乙 9049	乙補 7437			
合 11348	合 22567					
合 11355	山東 802	山東 1893				
合 11372	合 2488 正					
合 11373	合 37706					
合 11403	合補 829 正	安明 624				
合 11416	合 140 正					
合 11447	合 8250 正	拼集 307				
合 11448	合 17031					
合 11451	上博 21569.100					
合 11454	合 40663					
合 11454	合 583 正	合 7139	合 40663			
合 11479	已綴入《醉古集》第 367 則					

（續表）

合 11482 正	合補 462				
合 11482 反	合 7363 反				
合 11484	乙 3349	乙 3879			
合 11508	合 3749				
合 11525	合 6495				
合 11546	甲骨文集 3.0.1819				
合 11553	已綴入《醉古集》第 93 則				
合 11565 正反	合補 2261 正反				
合 11569	合 11657	續 5.22.11			
合 11573	合 2861	北圖 2382			
合 11574	合 5760 正				
合 11584	英藏 436	合 5045	合 5044	合 19106	
合 11596	乙補 2136				
合 11646	合 2688	京 2053	合 2701	合 8251 正	
合 11657	合 11569	續 5.22.11			
合 11667	合 1352				
合 11671	合 11672				
合 11672	合 11671				
合 11674 正	已綴入《醉古集》第 68 則				
合 11682	合補 4359				
合 11702	合 17710				
合 11705	檜垣 6				
合 11706	合 17305				
合 11722 正	合 17468				

（續表）

合 11725	合補 4180					
合 11728 正反	合 13159 正反					
合 11746	已綴入《醉古集》第 328 則					
合 11747	合 15024 正反					
合 11762 正反	已綴入《醉古集》第 364 則					
合 11785	合 34159					
合 11792	合補 338	合 712				
合 11804	合補 3751	合 13248				
合 11807	合 12321	合 12019				
合 11814	合 12907					
合 11827	合 12350					
合 11832	合 20771	乙 0084				
合 11835 正反	已綴入《醉古集》第 258 則					
合 11839	合 4162					
合 11845	合 20957					
合 11867	合 12752					
合 11882 正反	已綴入《醉古集》第 359 則					
合 11891 正	合 6279	合 11918				
合 11897	合 9557 反					
合 11912	合 13384					
合 11918	合 11891 正	合 6279				
合 11919	合補 5530					
合 11925	日天 S247					
合 11937	合 12107					
合 11944	合 40282					
合 11971 正、反	已綴入《醉古集》第 338 則。蔡哲茂又加綴合 14577 正、乙 4646、合 16189、合 14580。					

（續表）

合 12019	合 12321	合 11807				
合 12049	合補 3694					
合 12052 正反	合 17412 正反					
合 12057	已綴入《醉古集》第 161 則					
合 12066 正	合補 1074					
合 12080	合補 2284（合 4820）					
合 12107	合 11937					
合 12109	合 16620					
合 12115	史購 99					
合 12123	旅藏 763	旅藏 1628				
合 12160	乙 7503	乙 7354				
合 12164	合 17349	合 19655	合補 856			
合 12225	合 12283 反					
合 12241 正	合補 723					
合 12248	合 12640					
合 12260	山東 1420					
合 12283 反	合 12225					
合 12309	合 10292					
合 12312 正甲乙、反	已綴入《醉古集》第 381 則					
合 12315 正乙	合 18900 正	合 2002 正				
合 12315 正反	已綴入《醉古集》第 315 則					
合 12317	合 1124					
合 12318 正反	已綴入《醉古集》第 249 則					

(續表)

合 12321	合 12019	合 11807				
合 12324 正	已綴入《醉古集》第 226 則					
合 12333 正	英藏 1740					
合 12348	乙補 1621	乙補 1850				
合 12350	合 11827					
合 12358	合 12971					
合 12367	乙 5195	乙 5136				
合 12376	已綴入《醉古集》第 368 則					
合 12393	合 12413					
合 12400	合 12442					
合 12409	已綴入《醉古集》第 292 則					
合 12413	合 12393					
合 12432	合 19251					
合 12442	合 12400					
合 12446 部分	已綴入《醉古集》第 284 則					
合 12447	已綴入《醉古集》第 63 則					
合 12451	合補 3293					
合 12466 正反	已綴入《醉古集》第 361 則					
合 12476	合 13447					
合 12515	合 14508 正					
合 12573	合補 4481	合 23679（合 24878）				
合 12573	合補 4481					
合 12640	合 12248					
合 12652	合 2527					

（續表）

合 12657 正	合 2978 正					
合 12670	合 10692	明後 1629 正反				
合 12688	合 8331					
合 12739	合 27064					
合 12762	合補 3792					
合 12777	善齋卷 5					
合 12803	合 6366					
合 12812	合補 2140					
合 12814 正	合 13601					
合 12814 反	合補 1515					
合 12817	乙 4649	乙 5172				
合 12830	合 5325					
合 12841 正	已綴入《醉古集》第 123 則					
合 12851	無號甲	乙補 4640				
合 12863	已綴入《醉古集》第 332 則					
合 12867	合 18765	合 13564	合 10506	安明 357	合 13843	北圖 1980
合 12878 正	合 14167					
合 12878 反（合 4654）	合 7855					
合 12880	合 9616					
合 12887	合補 4609					
合 12897	合 9059					
合 12897	合 9059 正	合 13037	掇一 19	英藏 398		
合 12907	合 11814					
合 12954 正反	合 15620					
合 12971	合 12358					

（續表）

合 12976	已綴入《醉古集》338 則，蔡哲茂又遙綴合 14577 正、乙 4646、合 16189、合 14580。				
合 12977	已綴入《醉古集》第 382 則				
合 12988	合 9900				
合 13016	合 9629	中歷藏 1116	合 3311	合 9630	
合 13026	已綴入《醉古集》第 382 則				
合 13034	已綴入《醉古集》第 73 則				
合 13037	掇一 19	英藏 398			
合 13037	合 12897	合 9059 正	掇一 19	英藏 398	
合 13074 甲	合 13074 乙	合 13449	北珍 2108		
合 13074 乙	合 13074 甲	合 13449	北珍 2108		
合 13079	合 15236				
合 13079	合 25746	合 3336	合 15236		
合 13108	合 17927				
合 13110	合 13140	合 13126			
合 13126	合 13110	合 13140			
合 13140	合 13110	合 13126			
合 13158	合 3652				
合 13159 正反	合 11728 正反				
合 13165	合 8037	上博 54796.8			
合 13167 正反	已綴入《醉古集》第 362 則				
合 13169	合 21008 正				
合 13179 甲	合 22299	合 22473	京人 3144	合 34576	
合 13200 正反	已綴入《醉古集》第 156 則				
合 13212	合 6728				

(續表)

合 13213	合 13312（合 15162）				
合 13216	英藏 1079				
合 13221	天理 255				
合 13225	合 39588（英藏 39）				
合 13281 甲正反	已綴入《醉古集》第 367 則				
合 13292	東文研 576				
合 13308	合 8039				
合 13312（合 15162）	合 13213				
合 13316 正	合 9709	上博 2426.474			
合 13317	瑞斯 24				
合 13324 正反	已綴入《醉古集》第 156 則				
合 13333 正	合 16998 正				
合 13347	已綴入《醉古集》第 340 則				
合 13355	合 8070				
合 13360	已綴入《醉古集》第 150 則				
合 13377	合 18792	合補 2294（合 7962+合 17947）	合 18795		
合 13384	合 11912				
合 13385	合 1558				
合 13403	已綴入《醉古集》第 259 則				
合 13420	北大 2441				

（續表）

合 13442 正	中歷藏 621				
合 13442 反	合 17274				
合 13447	合 12476				
合 13449	合 13074 乙	合 13074 甲	北珍 2108		
合 13475	合 17731 正				
合 13485	已綴入《醉古集》第 73 則				
合 13492	國博 50				
合 13498 （合補 2776 不全）	合補 580				
合 13500	瑞典 28				
合 13515	史購 46 正				
合 13517	乙 6087				
合 13519	合 13927				
合 13536 正	合 6158	合 3664			
合 13536 正	合 3664	合 6158	重慶三峽博物館藏甲骨集 8		
合 13540	英藏 1399	合 1365			
合 13543	合 13544				
合 13544	合 13543				
合 13548	合 14871				
合 13560	英藏 1976				
合 13561	英藏 2187	合 23525	合 23579		
合 13564	合 10506	合 18765	安明 357	合 13843	北圖 1980	合 12867
合 13582	合 5568 正	合補 5964 反	合 5568 反		
合 13587	合 18006				

（續表）

合 13599	合 4632 正	合 2192			
合 13601	合 12814				
合 13603	合 5425				
合 13625 正反	已綴入《醉古集》第 268 則				
合 13627	乙 1831				
合 13642	合 1248 正	合補 02653	乙 3367	乙 1617	乙 2934
合 13648 正反	已綴入《醉古集》第 306 則				
合 13660	合 2650				
合 13667	已綴入《醉古集》第 380 則				
合 13668 正	已綴入《醉古集》第 380 則				
合 13669	已綴入《醉古集》第 255 則				
合 13673	已綴入《醉古集》第 377 則				
合 13684	合 6393	合 6396			
合 13692 （合 17984）	合 15664				
合 13693	合 13694				
合 13694	合 13693				
合 13695 正甲	合 6652	乙補 4386	乙補 4844		
合 13695 乙	乙補 2571 倒	合 2261			
合 13702	已綴入《醉古集》第 305 則				
合 13709	合 18137	合補 26	合 14795 正		
合 13713	乙 6599	合 6649 乙	乙補 641		
合 13721	已綴入《醉古集》第 105 則				
合 13750 正反	已綴入《醉古集》第 248 則				
合 13782	已綴入《醉古集》第 317 則				

（續表）

合 13803	合 13804					
合 13804	合 13803					
合 13805	已綴入《醉古集》第 370 則					
合 13843	合 10506	合 18765	合 13564	安明 357	北圖 1980	合 12867
合 13858	已綴入《醉古集》第 380 則					
合 13868	合補 5066					
合 13876	合 13877					
合 13877	合 13876					
合 13881	已綴入《醉古集》第 250 則					
合 13886	善齋 2.52.11					
合 13909	合補 4005	合 4353				
合 13927	合 13519					
合 13951	合 8546	合 16017				
合 13958	已綴入《醉古集》第 372 則					
合 13970	合 14054					
合 13989	合 154					
合 13992	已綴入《醉古集》第 44 則					
合 13996	合 14092	史購 063 正				
合 13999	合 19597					
合 14006 正	旅藏 1184 正反	善齋 7.20A.3				
合 14009 正	合補 867	史購 116				
合 14019 正反	已綴入《醉古集》第 87 則，林氏又加綴乙 4496					
合 14030	合 2707					
合 14032	乙補 5787	乙 7110	乙補 5965	R37074	乙 7111	
合 14033 正	合 14506	合 14507	合 19707	乙 4188	乙補 3926	乙 3893
	乙補 3924	乙 3887				
合 14035 正	已綴入《醉古集》第 157 則					

（續表）

合 14042	合補 1008	合補 385 正	北大 1717			
合 14054	合 13970					
合 14060 正	乙補 3989	乙補 3972	乙補 3967 倒	乙補 3970	乙補 3951	乙補 3977
	乙補 3956 倒	乙 4214				
合 14074	合 663	東文庫 111 正倒	英藏 125 正			
合 14092	合 13996	史購 063 正				
合 14095	合 2341					
合 14097	合 7859 正					
合 14115	合 14116					
合 14116	合 14115					
合 14131	已綴入《醉古集》第 328 則					
合 14135	合 2891 正	合 5908	乙補 1839	乙補 1841	乙補 2953	乙補 5883
	乙補 1843					
合 14141	合 10099					
合 14146	已綴入《醉古集》第 252 則					
合 14156	合補 1312	乙 8002	乙補 1620			
合 14157	合 10168	合 14158				
合 14158	合 10168	合 14157				
合 14167	合 12878 正					
合 14168 正反	已綴入《醉古集》第 100 則					
合 14177	掇三 331					
合 14179	合 14583					
合 14182	已綴入《醉古集》第 101 則					
合 14184	已綴入《醉古集》第 100 則					
合 14196	續 6.18.4					
合 14198 正	已綴入《醉古集》第 299 則					

（續表）

合 14211	乙 2377					
合 14213	合 14217					
合 14217	合 14213					
合 14222 甲正反	已綴入《醉古集》第 305 則					
合 14229 正	已綴入《醉古集》第 147 則					
合 14229 反	乙補 6800	乙 8231	合 17220	乙補 6814		
合 14235 部分	已綴入《醉古集》第 100 則					
合 14246	已綴入《醉古集》第 134 則					
合 14257	合 14258	北大 1154	北大 1748			
合 14258	合 14257	北大 1154	北大 1748			
合 14260	合 40446					
合 14261	笏二 362					
合 14262	合補 2051					
合 14288	合 2763 正	合 3524	合 4249	合 18684	合 18799	
合 14293 正	已綴入《醉古集》第 347 則					
合 14295	已綴入《醉古集》第 73 則					
合 14315 正反	合 1076 正反	乙補 4875				
合 14318	合 7820					
合 14328	合 15981	乙補 6103	乙補 1859	乙 3565	乙補 3094	
合 14335	合 1997					
合 14336	合 10940					
合 14338	合 15125					
合 14361	合補 524	合 3475	合 11073			
合 14365	合 19363					
合 14372	合 14373					
合 14373	合 14372					
合 14393	合 3217					

（續表）

合 14420	合 3769	合 8333				
合 14430	北圖 728					
合 14440	合 15396 反	合 15540 反	合補 1489 反			
合 14457	合 14482					
合 14469 正	合 10055					
合 14474 正	合補 1705					
合 14482	合 14457					
合 14506	合 14033 正	合 14507	合 19707	乙補 3926	乙 4188	乙 3893
	乙補 3924	乙 3887				
合 14507	合 14506	合 14033 正	合 19707	乙補 3926	乙 4188	乙 3893
	乙補 3924	乙 3887				
合 14508 正	合 12515					
合 14524	合 14527 正	合 15582				
合 14527 部分	已綴入《醉古集》第 102 則					
合 14529	合 15206 倒					
合 14545	乙補 2355					
合 14556	甲 2045	合 15455				
合 14567	京 617					
合 14577	乙 4646	合 14600				
合 14579	已綴入《醉古集》第 338 則，蔡哲茂又遙綴合 14577 正+乙 4646、合 16189+合 14580。					
合 14583	合 14179					
合 14591	合 7897	合 16021				
合 14592	合 15269					

（續表）

合 14599	已綴入《醉古集》338 則，蔡哲茂又遙綴合 14577 正+乙 4646、合 16189+合 14580。				
合 14600	合 14577	乙 4646			
合 14610	上博 17647.746				
合 14621	已綴入《醉古集》第 154 則				
合 14643	合 15269	合 15275			
合 14647 正反	合 8968 正、反	合補 1346 正反			
合 14708	合 15596				
合 14722 正反	已綴入《醉古集》第 324 則				
合 14731	明後 1888				
合 14737	合 349	合 358			
合 14766	合 7941 正				
合 14783 正反	合 3222 正反				
合 14791	合 6612				
合 14795 正	合 18137	合補 26	合 13709		
合 14871	合 13548				
合 14879	合 4915				
合 14894	旅藏 139	合 7785			
合 14909	合 22218	合 22287	R37093	R37035	
合 14911	合 409				
合 14915	合 4385				
合 14920	合 33035				
合 14976 正	合補 2163 正				
合 14976 反	合補 2163 反				
合 14987 正反	已綴入《醉古集》第 143 則				

（續表）

合 14998	合 6005					
合 15020 正反	合 15047 正反					
合 15024 正反	合 11747					
合 15026 正反	合 7167 正反					
合 15046	合 1605					
合 15047 正反	合 15020 正反					
合 15065	已綴入《醉古集》第 337 則					
合 15083	合 1529					
合 15101	合 728	合 9906				
合 15103	乙 7982	乙補 1926	合 16075	乙補 2093	合 2461	無號甲
	乙補 6878	合 1004 甲、乙				
合 15108	合 22045					
合 15125	合 14338					
合 15127 正反	已綴入《醉古集》第 87 則，林氏又加綴乙 4496					
合 15142	合 2559					
合 15165	合 2551	合 25	合 18003			
合 15185	合補 573					
合 15193	合補 714					
合 15205	合 10331	合 3244	合 3243	乙 5217	乙 2935	乙 2986
合 15206 倒	合 14529					
合 15208	合 25965					
合 15211	已綴入《醉古集》第 297 則					
合 15232	合 2476 正					
合 15236	合 13079					
合 15236	合 25746	合 3336	合 13079			

（續表）

合 15237 正反	已綴入《醉古集》第 360 則					
合 15253	合 19290					
合 15269	合 14592					
合 15275	合 14643	合 15269				
合 15396 正反	合 14440	合 15540 正反	合補 1489 反			
合 15417	合 17333	合 3018				
合 15432	合 23574	山東 1144	法藏 17			
合 15455	甲 2045	合 14556				
合 15462	合 19037					
合 15474	合 8029					
合 15475	合 1520	合 102	存補 5.431.1			
合 15476	合 16217					
合 15479	合 7563					
合 15483 正	合 15484					
合 15484	合 15483 正					
合 15525	合 15984	國博 073				
合 15526	合 19031	輯佚 23				
合 15528 正	合 4919	合 39987				
合 15530	合 15576	合 15552				
合 15540 反	合 14440	合 15396 反	合補 1489 反			
合 15540 正反	合 15396 正反					
合 15552	合 15530	合 15576				
合 15576	合 15530	合 15552				
合 15580	合補 2496 正					

（續表）

合 15586（合 8065）	合補 109				
合 15596	合 14708				
合 15620	合 12954 正反				
合 15621	合補 4348				
合 15650	合 21039	合 21785			
合 15653	乙 8988				
合 15664	合 13692（合 17984）				
合 15701	合 19166				
合 15726	合 1670	乙補 5398			
合 15754	合 4140				
合 15760	合 24941				
合 15770	合 6331				
合 15777 正	合補 2447 正				
合 15777 反	合補 2447 反				
合 15783	合 11300				
合 15842	掇三 779				
合 15854 正反	已綴入《醉古集》第 50 則				
合 15895 正反	合 15903 正反				
合 15903 正反	合 15895 正反				
合 15905	笏二 394				
合 15917	合 2052 正				
合 15927	北大 2500				
合 15948	合 15949				
合 15949	合 15948				

(續表)

合 15954 正	合 8654					
合 15954 反	人 S0066b					
合 15981	合 14328	乙補 6103	乙補 1859	乙 3565	乙補 3094	
合 15984	合 15525	國博 073				
合 15986	乙補 271	合 15986	乙 665	乙補 273		
合 15995	合補 1311					
合 16016	北大 942					
合 16017	合 8546	合 13951				
合 16021	合 7897	合 14591				
合 16029	京人 S0603					
合 16037	英藏 1149					
合 16050	東文研 645					
合 16075	合 1004 乙	合 261	合 1004 甲	合 2461	乙補 6878	乙補 1926
	無號甲	乙補 2093	合 15103	乙 7982		
合 16078	合 264 正					
合 16112	合 5400					
合 16116	合 43	合補 3166	合 25974			
合 16124 正反	合 6017 正反					
合 16133 正反	已綴入《醉古集》第 373 則					
合 16178	合 8129 正	乙 7820	乙補 6919	乙補 5389	乙 8430	乙 8457
	乙補 2811	乙補 2391				
合 16182	合 334					
合 16184 （合補 4981 正）	合 4595					
合 16217	合 15476					

（續表）

合 16278	合 6502					
合 16281	合 6266					
合 16297	合 39895	合 40264				
合 16302 正反	已綴入《醉古集》第 323 則					
合 16331 正反	已綴入《醉古集》第 360 則					
合 16353	合 13308	合 8039				
合 16373	合 21454					
合 16375 正	存補 5.95.1					
合 16375 反	存補 5.95.2					
合 16376 正	北大 2166					
合 16378	合 5132	張世放 42	合 3596 正	合 5141		
合 16399	合 5080	合 17331	合 9572	合 17464	合 9583	
合 16432	合 19359					
合 16437	已綴入《醉古集》第 101 則					
合 16442	已綴入《醉古集》第 372 則					
合 16447	合 5320					
合 16449	合 17387					
合 16453	合 9740					
合 16457	已綴入《醉古集》第 150 則					
合 16463 甲、乙	乙 5533	乙補 1786	乙補 2070	乙補 2197	乙補 6207	
合 16487	合 8704	存補 5.378.2				
合 16497	乙 3135	乙 3137	乙補 2751	乙補 2752		
合 16504	合補 5878					
合 16548	合 29719	合 31626	合 31530			
合 16565	合 3928					
合 16572	合補 3067					

（續表）

合 16583	懷特 214					
合 16613	合 16616					
合 16616	合 16613					
合 16620	合 12109					
合 16685	合 11545	合 9449 正				
合 16686	合 16828					
合 16687	合 19744					
合 16696	合補 4835					
合 16700	合補 936					
合 16730	山本竟山 29					
合 16743	合 16744	合 8120				
合 16744	合 16743	合 8120				
合 16775	合 16840					
合 16794	合 16901	合補 4845				
合 16801	合 33135					
合 16828	合 16686					
合 16840	合 16775					
合 16874	蘇德*附錄二					
合 16887	合補 5851					
合 16900 正	合 6665 正					
合 16901	合補 4845	合 16794				
合 16910	合 7156	合 9841				
合 16913 正	合 17076					
合 16936 正	合 7202 正					
合 16936 反	東大 B0392a					
合 16938	合 3526					

（續表）

合16943 正反	英藏1590 正反	合16945 正反				
合16945 正反	合16943 正反	英藏1590 正反				
合16952（合補5046）	輯佚274					
合16963	合22244	合22269	合22243	合22259 左	合16982	乙8839
	合18483	乙8767	乙8945			
合16982	合22244	合22269	合22243	合22259 左	合16963	乙8839
	合18483	乙8767	乙8945			
合16998 正	合13333 正					
合17002	已綴入《醉古集》第86則					
合17006	已綴入《醉古集》第166則					
合17009	笏二555					
合17014	京人637					
合17028 正	合補3446					
合17031	合11448					
合17033	冬142					
合17041	乙補365	乙補367				
合17047	合2597					
合17056	史購041 正					
合17061	善齋2.61.5					
合17066	合26628	合26630	合26680	合26649		
合17067	合5934					
合17076	合16913 正					
合17082	北珍0247					

（續表）

合 17083 甲乙	已綴入《醉古集》第 35 則					
合 17084	合 17105	乙 6186	乙 6591	乙補 0275	乙 6181	乙補 5737
	乙補 5512	乙補 5716				
合 17096 正（合補 43 正）	合 17139					
合 17097	合 23599					
合 17105	合 17084	乙 6186	乙 6591	乙補 0275	乙 6181	乙補 5737
	乙補 5512	乙補 5716				
合 17115	合 17169					
合 17132	珠 1425					
合 17134	合 17355					
合 17139	合 17096 正（合補 43 正）					
合 17149 正	合補 6439					
合 17150	合 861					
合 17168	合 17171	合 17170				
合 17169	合 17115					
合 17170	合 17168	合 17171				
合 17171	合 17168	合 17170				
合 17172	合 428					
合 17220	已綴入《醉古集》第 147 則					
合 17226	已綴入《醉古集》第 166 則					
合 17231	已綴入《醉古集》第 99 則					
合 17255 正反	已綴入《醉古集》第 143 則					
合 17265 正反	已綴入《醉古集》第 365 則					
合 17274	合 13442 反					

（續表）

合 17276 正	合 6217	合補 759 正			
合 17276 反	合補 759 反				
合 17282	合 16124 反	合 6017 反			
合 17293	已綴入《醉古集》第 364 則				
合 17302	合 1631	合 35188			
合 17304	已綴入《醉古集》第 315 則				
合 17305 正反	合 11706 正反				
合 17309	合 17796 正	合 17992	合 2204		
合 17311 正反	已綴入《醉古集》第 381 則				
合 17317	合 6129				
合 17331	合 5080	合 9572	合 16399	合 17464	合 9583
合 17333	合 3018	合 15417			
合 17337 正	合 6457 正	乙補 663			
合 17337 反	合 6457 反	乙補 664			
合 17341	已綴入《醉古集》第 100 則				
合 17344	已綴入《醉古集》第 150 則				
合 17349	合 12164	合 19655	合補 856		
合 17355	合 17134				
合 17360 正	合 3773				
合 17372	乙補 6348	合 17374 正	合 17373 甲乙	乙 2985	
合 17373 甲乙	乙補 6348	合 17374 正	合 17372	乙 2985	
合 17374 正	乙補 6348	合 17373 甲乙	合 17372	乙 2985	

（續表）

合 17386	存補 6.198.2				
合 17387	合 16449				
合 17394	合 5598 正				
合 17412 正反	合 12052 正反				
合 17432	已綴入《醉古集》第 85 則				
合 17464	合 5080	合 17331	合 9572	合 16399	合 9583
合 17466	合 6820	合 5451	洹寶 101		
合 17508	合 8309				
合 17517 正	戩 29.4	合 26712	戩 29.3	合 26619	彙編 493
合 17557 正	合 1636				
合 17608	善齋 7.18b.9				
合 17636 正	合 5826				
合 17681	明後 1814				
合 17695 正	乙補 6104	合 17304	合 4773 正	合 9067	合 18165 的正面	乙補 6252
合 17695 反	乙補 6105	合 9067 的反面	合 18165 反	乙補 6252	合 4773 反	合 17304 的反面
合 17697 正反	合 7159 正反	合補 4838			
合 17705	乙補 3925				
合 17710	合 11702				
合 17715	山本竟山 08				
合 17729 正反	合補 5287 正反				
合 17731 正	合 13475				
合 17732	已綴入《醉古集》第 143 則				

（續表）

合17796正	合17992	合2204	合17309			
合17800	已綴入《醉古集》第370則					
合17827正	合7189					
合17902	合6044					
合17916	合5444					
合17922	已綴入《醉古集》第86則					
合17927	合13108					
合17984（合13692）	合15664					
合17987	合26774					
合17988	合8825					
合17992	合2204	合17796正	合17309			
合17999	綴集262					
合18003	合25	合2551	合15165			
合18006	合13587					
合18032	合7015	合4326	合補1991			
合18071	合6643					
合18137	合14795正	合補26	合13709			
合18144	已綴入《醉古集》第336則					
合18150	合補1306					
合18165正	乙補6104	合17304	合4773正	合9067	合17695的正面	乙補6252
合18165反	合17695反	乙補6105	合9067的反面	乙補6252	合4773反	合17304的反面
合18174	合18614					
合18217	合23611	合23432				
合18242	已綴入《醉古集》第165則					
合18254	已綴入《醉古集》第195則					
合18321	已綴入《醉古集》第59則					

（續表）

合 18338	合 10196					
合 18404	合 3104					
合 18439	合 22078	合 22106	合 22111	乙 1851		
合 18442	已綴入《醉古集》第 371 則					
合 18483	合 22244	合 22269	合 22243	合 22259 左	合 16982	乙 8839
	合 16963	乙 8767	乙 8945			
合 18504	英藏 337					
合 18510	合 22003	合 21988				
合 18511	合 20639					
合 18587	合補 72					
合 18596	合 6073					
合 18599	合 2246 正甲					
合 18612	上博 2426.1399					
合 18614	合 18174					
合 18647（合 20184）	合 8988					
合 18661（北大 1584）	北大 2455					
合 18663 正反	安明 793 正反					
合 18674	已綴入《醉古集》第 367 則					
合 18681	合 11355					
合 18684	合 2763 正	合 3524	合 4249	合 14288	合 18799	
合 18695	合 7584 正反部分（乙 3202）	R37748	合 9053 正反	乙補 3808	乙補 3811	
合 18724	乙補 4142	乙補 4212	乙補 4221			
合 18730 正反	已綴入《醉古集》第 259 則					

（續表）

合 18749	合 18750					
合 18750	合 18749					
合 18765	合 10506	合 13564	安明 357	合 13843	北圖 1980	合 12867
合 18777	合 24508					
合 18792	合補 2294（合 7962+合 17947）	合 18795	合 13377			
合 18795	合 18792	合補 2294（合 7962+合 17947）	合 13377			
合 18797 正	合 18996	史購 43 正				
合 18797 反	史購 43 反					
合 18801	合 24739					
合 18821	合補 2736					
合 18837	合 9584					
合 18900 正	合 12315 正乙	合 2002 正				
合 18900 正反	已綴入《醉古集》第 315 則					
合 18917	合補 2022					
合 18919	合補 5854					
合 18925	合 8501 正					
合 18935	已綴入《醉古集》第 360 則					
合 18937	合 8401					
合 18943	合 18947					
合 18947	合 18943					
合 18948 正反	英藏 1890 正反					
合 18956	已綴入《醉古集》第 230 則					

(續表)

合 18996	史購 43 正	合 18797 正				
合 19031	合 15526	輯佚 23				
合 19037	合 15462					
合 19047	合 4984					
合 19073	合 3337					
合 19106	合 5044	合 5045	英藏 436	合 11584		
合 19136	乙 1785					
合 19139	已綴入《醉古集》第 57 則					
合 19152 正	合 1590					
合 19166	合 15701					
合 19191（合 53）	合 4673	合 22482	合 7024	合 19193	山東 0226	善 2.71.15 倒
合 19193	合 7024	合 22482	合 4673	合 53（合 19191）	山東 226	
合 19203	合 5474					
合 19208 正	乙補 5649	乙 6487				
合 19229	已綴入《醉古集》第 131 則					
合 19236	中歷藏 20					
合 19246	合 3697 正					
合 19251	合 12432					
合 19283	合補 5744					
合 19287	乙 8890					
合 19290	合 15253					
合 19312	已綴入《醉古集》第 196 則					
合 19345	合 10360	合補 5817				
合 19359	合 16432					
合 19363	合 14365					
合 19370	明後 0374					

(續表)

合 19372	乙 5331	乙 5294	乙補 4888			
合 19382	合 7790					
合 19387	契 57					
合 19426	合 9554	合 9555	乙 3362	乙補 2870		
合 19479 正反	合 5620					
合 19486	合 5758（合 8855）					
合 19511	上博 17645.359					
合 19529 正反	已綴入《醉古集》第 55 則					
合 19590	合 10676					
合 19597	合 13999					
合 19634	上博 49003.89					
合 19638	已綴入《醉古集》第 328 則					
合 19655	合 17349	合 12164	合補 856			
合 19662	存補 6.103.3					
合 19667	合 6537					
合 19682	合 3283					
合 19690	明續 B1740					
合 19696	後下 11.9					
合 19697	存上 1841					
合 19706	合 8936					
合 19707	合 14507	合 14506	合 14033 正	乙補 3924	乙 4188	乙補 3926
	乙 3887	乙 3893				
合 19724 正	合 2778	合補 2136 正				

附錄二　2004 年～2017 年甲骨新綴號碼表

（續表）

合 19724 反	合補 2136 反					
合 19744	合 16687					
合 19755	合 20923					
合 19759	合 20401					
合 19772	乙 214	合 20924	合 20903			
合 19785	合 19911	合 22527	合 21382			
合 19786	合 20767	合 20988				
合 19789	合 20064					
合 19796	合 21251					
合 19801	合 20899	合 20961	合 20609			
合 19804	合 21227					
合 19810	合 20659					
合 19811	合 22335					
合 19863	已綴入《醉古集》第 261 則					
合 19866	合 2448					
合 19867	合 20318					
合 19893	綴彙 764	R37640				
合 19895	合 22221	合補 6915（合補 3984）	乙 8774	乙補 7394		
合 19911	合 22527	合 21382	合 19785			
合 19941	已綴入《醉古集》第 353 則					
合 19942	合 20814					
合 19965	合 21071					
合 19966	合補 6588 甲乙					
合 19981	合 20055					
合 19982	合 21457					
合 19996	合 22266	合 39668	合 21560	2.2.0051		
合 20012	合 20664	合補 6736				
合 20014	3.2.0942					

（續表）

合 20049	乙 8772	R37086				
合 20050	合 22401	R37085	R37088	R37681	合 21303	
合 20055	合 19981					
合 20064	合 19789					
合 20072	合 20859					
合 20112	外 215					
合 20114	合 21350	京 2969	合 21356	合 21348		
合 20120	合 20744					
合 20124	合 21151					
合 20125	合 21540					
合 20139	合 19908					
合 20140	合 21343					
合 20160	合 21357					
合 20163	已綴入《醉古集》第 162 則					
合 20184（合 18647）	合 8988					
合 20191	合 21229					
合 20195	掇三 761					
合 20199	合 20412					
合 20222	乙補 3					
合 20242	合 20601					
合 20265	合 20594	合 20779				
合 20269	乙補 18 倒	乙補 19 倒				
合 20274	合 20655	掇三 763				
合 20303	合 20387	R44117				
合 20312	合 7022					
合 20318	合 19867					
合 20324	甲 2291	甲 2311				
合 20338	合 21844					

(續表)

合 20341	合 22025	合 22015	R37406	合 21207 主體		
合 20352	合 22209	乙 8964	乙補 7418	乙 8984	R37445	R37415 倒
合 20359	乙 9077					
合 20366	合 22207	合 22208	合 22210	乙 8957	乙 8724 倒	
合 20376	3.2.0949					
合 20379 部分	已綴入《醉古集》第 170 則					
合 20385	合 32839					
合 20387	合 20303	R44117				
合 20401	合 19759					
合 20408	合 20420					
合 20412	合 20199					
合 20412 部分	合 20421	乙 8508	合 20773			
合 20420	合 20408					
合 20421	合 20412 部分	乙 8508	合 20773			
合 20436	合 20438	乙 358				
合 20437	合 20952	合 20918				
合 20438	乙 358	合 20436				
合 20440	3.2.0205	3.2.0165				
合 20444	合 20660					
合 20455	合 20545	合 21995	乙補 9	乙補 66		
合 20475	已綴入《醉古集》第 162 則					
合 20476	已綴入《醉古集》第 261 則					
合 20506	合 20507					
合 20507	合 20506					
合 20529	合補 6932 甲乙	京人 2992				
合 20537	乙補 8	合 20771	合 20908			
合 20545	合 21995	合 20455	乙補 9	乙補 66		

(續表)

合 20574	合 20823				
合 20591	乙 8954				
合 20594	合 20779	合 20265			
合 20601	合 20242				
合 20609	合 19801	合 20899	合 20961		
合 20621	合 21426				
合 20639	合 18511				
合 20650	合 20652				
合 20652	合 20650				
合 20653	合補 6654				
合 20655	合 20274	掇三 763			
合 20659	合 19810				
合 20660	合 20444				
合 20662	乙補 7408	乙 8930	乙 9010 正反	乙 9015	
合 20664	合 20012	合補 6736			
合 20670	史購 252				
合 20684	乙 328				
合 20691	乙 8975	乙 8972			
合 20699	合 20980				
合 20704	合 21218				
合 20708	合 21323				
合 20710	已綴入《醉古集》第 263 則				
合 20720	合 20995				
合 20725	合 20811				
合 20727	合 21927	乙 81			
合 20744	合 20120				
合 20767	合 19786	合 20988			
合 20771	合 20908	合 20537	乙補 8		
合 20773	合 20412 部分	合 20421	乙 8508		
合 20776	已綴入《醉古集》第 240 則				

附錄二　2004年～2017年甲骨新綴號碼表 · 455

（續表）

合 20779	合 20594	合 20265				
合 20811	合 20725					
合 20814	合 19942					
合 20817	合 3688					
合 20821	合 20991	乙 24				
合 20823	合 20574					
合 20824（合補 6663）	乙補 21					
合 20834	合補 6659					
合 20835	合 21387	乙 477				
合 20841	合 20914					
合 20842	已綴入《醉古集》第 353 則					
合 20857	合 21413	乙補 7383	乙補 7406			
合 20859	合 20072					
合 20864	已綴入《醉古集》第 284 則					
合 20866	合 21000	合 20900				
合 20871	合 22372					
合 20872	乙 8933					
合 20873	合 20876					
合 20876	合 20873					
合 20887	乙 8803	合 21511	乙 8731	合 21578	合 624	合 21505
	乙 8838	乙 8847	合 22277 部分			
合 20899	合 20961	合 19801	合 20609			
合 20900	合 21000	合 20866				
合 20903	合 19772	乙 214	合 20924			
合 20914	合 20841					
合 20916	乙 5553					
合 20918	合 20952	合 20437				
合 20920 部分	乙補 7084 倒	合 20946	乙 122			

（續表）

合20923	合19755					
合20924	乙214	合19772	合20903			
合20925	乙補7083倒					
合20946	乙補7084倒	合20920部份	乙122			
合20947	乙1826	合21979	乙622			
合20952	合20437	合20918				
合20957	合11845					
合20961	合20899	合19801	合20609			
合20962	已綴入《醉古集》第353則					
合20967	乙補64					
合20980	合20699					
合20986	合21025	合補6862				
合20988	合19786	合20767				
合20989	合20992					
合20991	合20821	乙24				
合20992	合20989					
合20995	合20720					
合20997	乙88					
合21000	合20866	合20900				
合21008正	合13169					
合21012	已綴入《醉古集》第262則					
合21018	乙補69					
合21021部分	合21321	合21316				
合21025	合補6862	合20986				
合21037	已綴入《醉古集》第261則					
合21039	合21785	合15650				
合21040	合22309	合22197	R37066	R37403	R37412	R21057
合21053	已綴入《醉古集》第266則					
合21055	合21153					

（續表）

合 21057	合 21040	合 22390	合 22197	R37066	R37403	R37412
合 21059	合 21133					
合 21071	合 19965					
合 21073	乙補 5573					
合 21099	合 27072					
合 21109	合 22489					
合 21123（合 21853）	京津 2993					
合 21133	合 21059					
合 21151	合 20124					
合 21153	合 21055					
合 21176	合 20579	合 20529	京人 2992			
合 21187	1.0.0520					
合 21207 主體	合 20341	合 22025	合 22015	R37406		
合 21207 部分	合 22460					
合 21218	合 20704					
合 21227	合 19804					
合 21229	合 20191					
合 21251	合 19796					
合 21265	合 22007	合 21946				
合 21288	合 9497					
合 21303	合 22401	R37085	R37088	R37681	合 20050	
合 21309	合 11832	乙 0084				
合 21316	合 21021 部分	合 21321				
合 21318	合補 6810					
合 21321	合 21316	合 21021 部分				
合 21323	合 20708					
合 21328	合 21340					

（續表）

合 21340	合 21328				
合 21341 部分	合 21354 部分	乙 211			
合 21343	合 20140				
合 21348	合 21350	合 20114	京 2969	合 21356	
合 21350	合 20114	京 2969	合 21348	合 21356	
合 21354 部分	乙 211	合 21341 部分			
合 21356	合 21350	京 2969	合 20114	合 21348	
合 21357	合 20160				
合 21369	合 5431				
合 21375	懷 434				
合 21382	合 19911	合 22527	合 19785		
合 21387	合 20835	乙 477			
合 21389	安明 788				
合 21394	掇三 533				
合 21413	合 20857	乙補 7383	乙補 7406		
合 21426	合 20621				
合 21454	合 16373				
合 21456	合 22132	合 22222 部分			
合 21457	合 19982				
合 21480	乙 8746				
合 21505	乙 8803	合 21511	乙 8731	合 21578	合 624	合 20887
	乙 8838	乙 8847	合 22277 部分			
合 21511	乙 8731	合 21578	乙 8803	合 624	合 22277 部分	合 20887
	乙 8838	乙 8847	合 21505			
合 21527	合 21534				
合 21534	合 21527				
合 21540	合 20125				

(續表)

合 21552	合 22277 部分	合 22251	乙 8993	R41146	R53555	
合 21560	合 19996	合 22266	合 39668	2.2.0051		
合 21564	已綴入《醉古集》第 374 則					
合 21572	合 21706	合 21654	合 21626 左中			
合 21578	乙 8731	合 21511	乙 8803	合 624	合 22277 部分	合 20887
	乙 8847	合 21505				
合 21584	合 32740					
合 21586	乙 5235					
合 21597	乙補 901	乙 8581	合 21600			
合 21600	乙 8581	乙補 901	合 21597			
合 21622	已綴入《醉古集》第 353 則					
合 21626 右	已綴入《醉古集》第 374 則					
合 21626 左中	合 21654	合 21706	合 21572			
合 21629	R37789					
合 21653	合 21804	乙 5725	乙 5203	乙 5731	乙補 4838	
合 21654	合 21626 左中	合 21706	合 21572			
合 21662	合 19941	合 20842	合 20962			
合 21693	合 21773	合 21774				
合 21702	合 21833					
合 21706	合 21654	合 21626 左中	合 21572			
合 21718	合 21836					
合 21728	合 21823					
合 21773	合 21693	合 21774				
合 21774	合 21693	合 21773				
合 21781	英藏 1913	合 21811				
合 21782	英藏 1913	合 21811				

（續表）

合 21785	合 21039	合 15650				
合 21787	乙補 1229	乙 7717				
合 21788	合補 6823					
合 21791	合 439	合 434				
合 21799	上博 2426.700					
合 21804	合 21653	乙 5725	乙 5203	乙 5731	乙補 4838	
合 21809	合 21822	乙補 1352				
合 21810	乙 1843	乙 620				
合 21811	英藏 1913	合 21782				
合 21822	合 21809	乙補 1352				
合 21823	合 21728					
合 21833	合 21702					
合 21836	合 21718					
合 21839 左	合 21878	合 21952	乙補 684			
合 21844	合 20338					
合 21853（合 21123）	京津 2993					
合 21856	已綴入《醉古集》第 374 則					
合 21863	已綴入《醉古集》第 262 則					
合 21864	合 21947					
合 21866	乙 1304					
合 21868	續存補 2.89.1					
合 21875	合 21938 上	合 21973	合 21977	乙 1658	乙 1791 倒	乙 1791 倒
	乙 1517	乙 1832 倒				
合 21877	合補 6912	乙 1840				
合 21878	合 21839 左	合 21952	乙補 684			
合 21879	合 22228	合 22229				

（續表）

合 21887	乙補 1380	乙 635	合補 6941	合 22459		
合 21893	合 21894					
合 21894	合 21893					
合 21896	合 21898	英藏 1911				
合 21898	合 21896	英藏 1911				
合 21907	合 22471					
合 21909	乙補 1035					
合 21910	乙 9046	乙補 7439				
合 21915	合 5633					
合 21921	乙 1179	合 21932	乙補 591	合 21974	合 21939	
合 21921 下	乙補 511	乙補 595				
合 21923	乙補 1047	R62466				
合 21926 下	乙補 1362					
合 21927	乙 81	合 20727				
合 21928	合 22041	乙補 1034				
合 21931	乙 717	乙補 0576	乙補 1350			
合 21932	乙 1179	合 21921	乙補 591	合 21974	合 21939	
合 21934	合 21972					
合 21937	乙 1012					
合 21938 上	合 21875	合 21973	合 21977	乙 1658	乙 1791 倒	乙 1791 倒
	乙 1517	乙 1832 倒				
合 21938 下	合 21942					
合 21939	乙 1179	合 21932	合 21921	合 21974	乙補 591	
合 21940	已綴入《醉古集》第 318 則					
合 21941	合 21996					
合 21942	合 21938 下					
合 21944	合 22189	國博 12	國博 15			
合 21946	合 22007	合 21265				
合 21947	合 21864					

（續表）

合 21951	乙 613	乙 609				
合 21952	合 21839 左	合 21878	乙補 684			
合 21953	乙 7803					
合 21964 上、下	已綴入《醉古集》第 241 則					
合 21972	合 21934					
合 21973	合 21938 上 乙 1517	合 21875	合 21977	乙 1658	乙 1791 倒	乙 1832 倒
合 21974	乙 1179	合 21932	合 21921	乙補 591	合 21939	
合 21977	合 21938 上 乙 1517	合 21875	合 21973	乙 1658	乙 1791 倒	乙 1832 倒
合 21978	乙 1649					
合 21979	乙 622	合 20947	乙 1826			
合 21988	合 22003	合 18510				
合 21990	合 21994					
合 21994	合 21990					
合 21995	合 20545	合 20455	乙補 9	乙補 66		
合 21996	合 21941					
合 22000	乙 1762					
合 22003	合 21988	合 18510				
合 22007	合 21946	合 21265				
合 22015	合 22025	合 20341	R37406	合 21207 主體		
合 22016	乙補 1230					
合 22021	乙補 1357					
合 22025 部分	合 20341	合 21207 主體	R37406	合 22015		
合 22026	乙補 1257	乙 7932				
合 22041	合 21928	乙補 1034				
合 22042	乙 1817					

附錄二　2004 年～2017 年甲骨新綴號碼表

（續表）

合 22043	合 22095					
合 22045	合 15108					
合 22055	已綴入《醉古集》第 224 則					
合 22061	合 22431					
合 22063 部分	已綴入《醉古集》第 104 則					
合 22066	乙 2112					
合 22070 甲乙	乙補 217	乙補 0890				
合 22078	合 22106	合 22111	合 18439	乙 1851		
合 22079 甲乙	合 22101	合 22129				
合 22086	合 22087 正	合補 6884				
合 22087 正	合 22086	合補 6884				
合 22088	已綴入《醉古集》第 104 則					
合 22091 甲乙	合 22212	合 22309	乙補 3399	乙補 3400	乙補 6106	乙 8557
	合 22124	合 22410	合補 5638	合 22418		
合 22093	乙 4944					
合 22094	合 22441					
合 22095	合 22043					
合 22101	合 22079 甲乙	合 22129				
合 22104	合 22128	合 22126	合 22125	合 22121		
合 22106	合 22078	合 22111	合 18439	乙 1851		
合 22111	合 22078	合 22106	合 18439	乙 1851		
合 22113	已綴入《醉古集》第 104 則					
合 22121	合 22125	合 22104	合 22128	合 22126		
合 22124	乙補 3399	合 22309	合 22212	合 22091 甲乙	乙補 6106	乙 8557
	乙補 3400	合 22410	合補 5638	合 22418		
合 22125	合 22104	合 22128	合 22126	合 22121		

（續表）

合 22126	合 22128	合 22104	合 22125	合 22121		
合 22127	合 22495					
合 22128	合 22126	合 22104	合 22125	合 22121		
合 22129	合 22079 甲乙	合 22101				
合 22130	合 32179	乙補 7371	乙補 7369 倒			
合 22132	合 21456	合 22222 部分				
合 22133	合 22144	合補 6898	乙 8845	乙補 7364	乙補 7338 倒	乙 8787
	乙 8989	乙補 7367	乙 8798			
合 22135	合 22263					
合 22144	合 22133	合補 6898	乙 8845	乙補 7364	乙補 7338 倒	乙 8787
	乙 8989	乙補 7367	乙 8798			
合 22147	R37078					
合 22172	合 22351					
合 22186	已綴入《醉古集》第 104 則					
合 22187	合 22206 甲	R37014 正				
合 22189	合 21944	國博 12	國博 15			
合 22197	乙 8873	乙 8942	合 22390	合 21040	合 21057	R37412
	R37403	R37066				
合 22206 甲	合 22187	R37014 正				
合 22207	合 20366	合 22208	合 22210	乙 8957	乙 8724 倒	
合 22208	合 22207	合 20366	合 22210	乙 8957	乙 8724 倒	
合 22209	合 20352	乙 8964	乙補 7418	乙 8984	R37445	R37415 倒
合 22210	合 22208	合 22207	合 20366	乙 8957	乙 8724 倒	
合 22212	合 22091 甲乙	合 22309	乙補 3399	乙補 3400	乙補 6106	乙 8557

附錄二 2004 年～2017 年甲骨新綴號碼表 · 465

（續表）

		合 22124	合 22410	合補 5638	合 22418		
合 22216	合 22278	乙 8732	乙補 7390				
合 22217	合 22220	合 22277 右	乙 8831	乙補 7347	乙補 7374		
合 22218	合 22287	合 14909	R37093	R37035			
合 22220	合 22217	合 22277 右	乙 8831	乙補 7347	乙補 7374	乙 8557	
合 22221	合補 3984（合補 6915）	乙補 7394	合 19895	乙 8774			
合 22222 部分	合 21456	合 22132					
合 22223	合 22264						
合 22228	合 21879	合 22229					
合 22229	合 22228	合 21879					
合 22234	合 22279	乙 8866	乙補 7400 倒				
合 22240	乙 8943	合 22291	合 19893	R37640			
合 22242	合 22391						
合 22243	合 22259 左	合 22269	合 22244	合 16982	合 16963	乙 8839	
	合 18483	乙 8767	乙 8945				
合 22244	合 22269	合 22243	合 22259 左	合 16982	合 16963	乙 8839	
	合 18483	乙 8767	乙 8945				
合 22245	合 22247 主體	合 22254	合 22510	合 31941	乙補 7363 倒	R37122	
	乙補 7378	乙補 7405	乙 8757	乙 8739	乙補 7377 倒	R37062	
	乙 8868	乙補 7354	R37514				
合 22247 部分	乙 8769	乙 8754					
合 22247 主體	合 22245	合 22254	合 22510	合 31941	乙補 7363 倒	R37122	

（續表）

	乙補 7378	乙補 7405	乙 8757	乙 8739	乙補 7377 倒	R37062
	乙 8868	乙補 7354	R37514			
合 22251	合 22277 部分	合 21552	乙 8993	R41146	R53555	
合 22254	合 22245	合 22247	合 22510	合 31941	乙補 7363 倒	R37122
	乙補 7378	乙補 7405	乙 8757	乙 8739	乙補 7377 倒	R37062
	乙 8868	乙補 7354	R37514			
合 22255	乙補 7341					
合 22256	乙補 7427	R37159	合 22261			
合 22257	乙補 7373					
合 22259 左	合 22243	合 22269	合 22244	合 16982	合 16963	乙 8839
	合 18483	乙 8767	乙 8945			
合 22260	合 22360	乙 8799	乙補 7365 倒			
合 22261	合 22256	乙補 7427	R37159			
合 22263	合 22135					
合 22264	合 22223					
合 22265	乙補 7387	乙 8743	乙 8833	R37046		
合 22266	合 19996	合 39668	合 21560	2.2.0051		
合 22269	合 22243	合 22259 左	合 22244	合 16982	合 16963	乙 8839
	合 18483	乙 8767	乙 8945			
合 22274	無號碎甲 a	無號碎甲 b	無號碎甲 c	無號碎甲 d	無號碎甲 e	
合 22277 部份	合 21552	合 22251	乙 8993	R41146	R53555	
合 22277 右	乙補 7347	乙補 7374	乙 8831	合 22217	合 22220	乙 8775
合 22277 左	乙 8838	乙 8847	合 21505	合 20887	合 00624	合 21578
	乙 8803	合 21511	乙 8731			
合 22278	合 22216	乙 8732	乙補 7390			

(續表）

合 22279	合 22234	乙 8866	乙補 7400 倒			
合 22280	R39603					
合 22282	綴續 479					
合 22283	乙補 7342					
合 22284	乙補 7393	乙補 7382				
合 22287	合 22218	合 14909	R37093	R37035		
合 22291	乙 8943	合 22240	合 19893	R37640		
合 22294	R37034	R37036				
合 22296	合 22428					
合 22299	合 22473	京人 3144	合 13179 乙	合 13179 甲	合 34576	
合 22309	合 22212	合 22091 甲乙	乙補 3399	乙補 3400	乙補 6106	乙 8557
	合 22124	合 22410	合補 5638	合 22418		
合 22322	乙補 7417					
合 22335	合 19811					
合 22338	乙 8967					
合 22351	合 22172					
合 22360	合 22260	乙 8799	乙補 7365 倒			
合 22365	乙補 7461					
合 22367	上博 2426.267（合 40797）					
合 22372	合 20871					
合 22373	已綴入《醉古集》第 240 則					
合 22390	乙 8942	乙 8873	合 22197	R37066	R37403	R37412
	合 21057	R21040				
合 22391	合 22242					
合 22392	乙補 7384					

（續表）

合 22393	乙補 7346	乙補 7361	乙補 7355 倒	乙補 7420	乙補 7351	
合 22397	已綴入《醉古集》第 170 則					
合 22401	R37085	R37088	R37681	合 20050	合 21303	
合 22410	乙補 3399	合 22309	合 22212	合 22091 甲乙	乙補 6106	乙 8557
	乙補 3400	合 22124	合補 5638	合 22418		
合 22418	乙補 3399	合 22309	合 22212	合 22091 甲乙	乙補 6106	乙 8557
	乙補 3400	合 22124	合 22410	合補 5638		
合 22428	合 22296					
合 22431	合 22061					
合 22441	合 22094					
合 22452	合 31810	山東 1860				
合 22459	合 21887	合補 6941	乙 635	乙補 1380		
合 22460	合 21207 部分					
合 22471	合 21907					
合 22473	合 22299	京人 3144	合 13179 乙	合 13179 甲	合 34576	
合 22482	合 4673	合 53（合 19191）	合 7024	合 19193	山東 0226	善 2.71.15 倒
合 22484	甲 2283	合補 10436				
合 22489	合 21109					
合 22492	乙 8771					
合 22494	乙 9014	乙 9025				
合 22495	合 22127					
合 22510	合 22254	合 22245	合 22247	合 31941	乙補 7363 倒	R37122
	乙補 7378	乙補 7405	乙 8757	乙 8739	乙補 7377 倒	R37062
	乙 8868	乙補 7354	R37514			

附錄二　2004年～2017年甲骨新綴號碼表

(續表)

合 22511	合 11303	乙 9049	乙補 7437			
合 22527	合 19911	合 21382	合 19785			
合 22542	合補 7362					
合 22543	合 23570					
合 22552	合 41209					
合 22554	合 26914					
合 22567	合 11348					
合 22579	虛 292					
合 22583	合 23605					
合 22636	合 24406					
合 22638（合 24873、合 40929）	合補 8025					
合 22664	合補 8615					
合 22667	合 22668					
合 22668	合 22667					
合 22669	合 26485					
合 22710	合 25993					
合 22724	運臺 1.1072					
合 22732	合 22785	合補 7738				
合 22734	合補 7117					
合 22737	合 22769					
合 22750	合 23568					
合 22751	殷墟甲骨拾遺（續六）19					
合 22759	安明 1302					
合 22762	合 41197	合 23741				
合 22769	合 22737					
合 22785	合補 7738					
合 22791	合 25059					

（續表）

合 22802	合補 3153				
合 22803	粹 306				
合 22806	合 26037				
合 22817	合補 6976				
合 22825	北圖 2037				
合 22828（合 41118）	合 22846				
合 22829	殷餘 6.6				
合 22839 上半	合 25384				
合 22846	合 22828（合 41118）				
合 22848	合補 6998				
合 22850	合 22871				
合 22868	合 25112	安明 1291			
合 22870	合 23204				
合 22871	合 22850				
合 22900	合 25326（合 41153）				
合 22928	英藏 1945				
合 22963	上博 17647.684				
合 22972	合 25784	合 25848			
合 23017	愛 31				
合 23018	合 24552				
合 23031	合 25341	合補 7811	合 25642		
合 23034	輯佚 474				
合 23051	合補 8497				
合 23054	合 22848				
合 23074	合 41193				

（續表）

合 23105	合 2100				
合 23118	合 25321				
合 23120	合 25301				
合 23147	合補 7860				
合 23152	合補 7768				
合 23153	合補 7005				
合 23157（合補 7003）	合 23193				
合 23164	合補 8589				
合 23170	合 25195				
合 23181	合 25835				
合 23191	合 23223				
合 23193	合補 7003（合 23157）				
合 23202	合 25261				
合 23204	合 22870				
合 23215	殷墟甲骨拾遺（續五）5				
合 23223	合 23191				
合 23251	合 25818				
合 23277	英藏 1974				
合 23301	合 24457				
合 23314 下	合 23318				
合 23318	合 23314 下				
合 23329	合 23497				
合 23335	合補 7049				
合 23380	合 25313	合補 8504			
合 23409	輯佚 459				

（續表）

合 23432	合 18217	合 23611				
合 23445	安明 1307					
合 23461	合 25063					
合 23494	合 25967					
合 23497	合 23329					
合 23504	合 25771					
合 23511	合 26371					
合 23525	合 23579	英藏 2187	合 13561			
合 23550（合 41010）	合 25310					
合 23568	合 22750					
合 23570	合 22543					
合 23574	山東 1144	法藏 17	合 15432			
合 23579	合 23525	英藏 2187	合 13561			
合 23586	合補 7094	存補 7.3.1				
合 23594	合 25943					
合 23599	合 17097					
合 23605	合 22583					
合 23611	合 18217	合 23432				
合 23623	合 24983					
合 23624	輯佚 70					
合 23640	美藏 185					
合 23651	英藏 2085					
合 23679（合 24878）	合 12573	合補 4481				
合 23711	合補 3439	合 5294				
合 23721	合 27237					
合 23741	合 41197	合 22762				
合 23749	合 26119					
合 23751	合 26337					

(續表)

合 23753（合 25273）	合 25676			
合 23766	合 25442	合補 7602		
合 23827	運臺拓 1.0406			
合 23835	甲 1661			
合 23840	合補 8511			
合 23845	合補 8371	外 414	東文研 B1234	
合 23846	合 24256			
合 23848	合補 8455	合補 8543		
合 23867	旅藏 1380	旅藏 1381	旅藏 1400	
合 23873	北大 1211			
合 23881	合 25143			
合 23892	合補 8412			
合 23894	合 23897			
合 23897	合 24493			
合 23908	合 23909			
合 23909	合 23908			
合 23922	上博 17645.8			
合 23928	合 23933			
合 23933	合 23928			
合 23948	合 24261	合補 8366		
合 23952	六束 144			
合 23970	中歷藏 1504 倒			
合 23976	合補 8408			
合 23981	已綴入《醉古集》第 216 則			
合 24001	合 24002			
合 24002	合 24001			

(續表)

合 24009	上博 17645.15				
合 24025	運臺拓 1.0578	運臺摹 1223			
合 24047	運臺拓 1.00514				
合 24057	懷特 1295				
合 24060	懷特 1193				
合 24065	合 24070				
合 24070	合 24065				
合 24100	合 24102	合 26264			
合 24102	合 24100	合 26264			
合 24136	合 26186	英藏 2082	合 41184		
合 24190	拾遺 383				
合 24199	合 24753				
合 24200	旅 1527				
合 24229	安明 1528	北圖 2010			
合 24256	合 23846				
合 24259	合補 7601				
合 24261	合 23948	合補 8366			
合 24264	合 24100	合 24102			
合 24266	合補 7554（合 25259+合 25092）				
合 24293	合補 7240				
合 24303	合補 8319				
合 24304	運臺 1.1670				
合 24309	合補 8093				
合 24325	合補 7570				
合 24363	庫 1277（美 280）				

（續表）

合 24364	合 24367	善齋 7.12b.3			
合 24367	合 24364	善齋 7.12b.3			
合 24406	合 22636				
合 24417	合 27877				
合 24421	合 28176				
合 24435	合 9759				
合 24439	明續 B1879				
合 24457	合 23301				
合 24462	上博 46452				
合 24492	合 26239	合 26234	合 26230	合 26241	
合 24493	合 23897				
合 24508	合 18777				
合 24535	合 25192				
合 24552	合 23018				
合 24660	合 26192				
合 24688	拾遺 383	合 24190			
合 24739	合 18801				
合 24753	合 24199				
合 24762	合 26156				
合 24769	拾遺 386				
合 24778（合 29950）	合 24802				
合 24791	合 24803				
合 24802	合 24778（合 29950）				
合 24803	合 24791				

（續表）

合 24873（合 22638、合 40929）	合補 8025				
合 24878（合 23679）	合補 4481	合 12573			
合 24941	合 15760				
合 24983	合 23623				
合 24991	合 26075	合 26731			
合 24996	合 26087				
合 25032	合補 7765				
合 25035	合補 7040				
合 25049	合 25184				
合 25059	合 22791				
合 25061	安明 1239				
合 25063	合 23461				
合 25112	合 22868	安明 1291			
合 25123	合 22583	合 23605	合 23246		
合 25143	合 23881				
合 25184	合 25049				
合 25192	合 24535				
合 25195	合 23170				
合 25218	京人 1484				
合 25240	合 25926				
合 25243	合 25894				
合 25248	英藏 2149				
合 25261	合 23202				
合 25273（合 23753）	合 25676				
合 25290	合 25348	合補 7555			
合 25293	安明 1219				

（續表）

合 25301	合 23120					
合 25310	合 23550（合 41010）					
合 25313	合 23380	合補 8504				
合 25321	合 23118					
合 25326（合 41153）	合 22900					
合 25335	合 25336					
合 25336	合 25335					
合 25341	合補 7811	合 25642	合 23031			
合 25346	合 25912					
合 25348	合 25290	合補 7555				
合 25354	合補 7487（合補 7523）	輯佚 322				
合 25369（合 27437）	英藏 2264（合 41317）					
合 25378	英藏 2243					
合 25384	合 22839 上半					
合 25395	合補 7898					
合 25402	海巴 2.43					
合 25430	合 25803					
合 25442	合 23766	合補 7602				
合 25466	合補 7922					
合 25504	合補 7683					
合 25510	合 41163					
合 25516	合 25588					
合 25579	上博 2426.874					
合 25588	合 25516					

（續表）

合 25599	合補 7884				
合 25607	馬林舊藏甲骨				
合 25629	掇三 779				
合 25642	合補 7811	合 25341	合 23031		
合 25643	合補 7231				
合 25676	合 23753（合 25273 重）				
合 25696	英藏 1954（合 41145）				
合 25746	合 3336	合 13079	合 15236		
合 25771	合 23504				
合 25784	合 22972	合 25848			
合 25799	山東 825				
合 25803	合 25430				
合 25818	合 23251				
合 25819	合補 7543				
合 25835	合 23181				
合 25848	合 25784	合 22972			
合 25894	合 25243				
合 25907	英藏 1999				
合 25912	合 25346				
合 25920	安明 1215				
合 25925	運臺 1.0122				
合 25926	合 25240				
合 25943	合 23594				
合 25965	合 15208				
合 25967	合 23494				
合 25974	合 3	合補 3166	合 16116		
合 25993	合 22710				

（續表）

合 26037	合 22806					
合 26075	合 24991	合 26731				
合 26087	合 24996					
合 26119	合 23749					
合 26147	合補 7617					
合 26156	合 24762					
合 26186	英藏 2082	合 24136	合 41184			
合 26192	合 24660					
合 26217	合 26227甲	笏二 600				
合 26223	合 26236					
合 26227甲	合 26217	笏二 600				
合 26230	合 26234	合 26239				
合 26234	合 26230	合 26239				
合 26236	合 26223					
合 26239	合 26230	合 26234				
合 26241	合 26239	合 26230	合 26234	合 24492		
合 26252	合 26254					
合 26254	合 26252					
合 26258	天理 397					
合 26262	合 26263					
合 26263	合 26262					
合 26312	合 26314	合 41266				
合 26314	合 26312	合 41266				
合 26321	北大 1172					
合 26336	天理 400					
合 26337	合 23751					
合 26362	合 26443					
合 26371	合 23511					

（續表）

合 26373	合補 8014	合補 8132（合補 8044）				
合 26381	合 26454					
合 26398	錄 924					
合 26443	合 26362					
合 26453	美 90	愛 013				
合 26454	合 26381					
合 26460	合補 8098					
合 26484	合 26491	英藏 2383				
合 26485	合 22669					
合 26491	合 26484	英藏 2383				
合 26493	上博 54790.12					
合 26529	合 26723					
合 26539	虛 367	東文庫 355	合 26646			
合 26550（合補 8227）	合 26604					
合 26580	英藏 2234	英藏 2235				
合 26585	合 26607	合 26596				
合 26587	合 26654					
合 26588	合補 8245					
合 26596	合 26585	合 26607				
合 26604	合 26550（合補 8227）					
合 26607	合 26585	合 26596				
合 26609	上博 21691.125					
合 26619	戩 29.4	合 26712	合 17517 正	戩 29.3	彙編 493	
合 26628	合 26630	合 17066	合 26680	合 26649		

（續表）

合 26630	合 26628	合 17066	合 26680	合 26649		
合 26646	東文庫 355	合 26539	虛 367			
合 26648	合補 8246	合 26652				
合 26649	合 26628	合 26630	合 17066	合 26680		
合 26652	合 26648	合補 8246				
合 26653	旅 1619					
合 26654	合 26587					
合 26661	合 26708					
合 26680	合 26628	合 26630	合 17066	合 26649		
合 26706	合補 10117					
合 26708	合 26661					
合 26712	戩 29.4	戩 29.3	合 17517 正	合 26619	彙編 493	
合 26723	合 26529					
合 26731	合 26075	合 24991				
合 26748	合 26755					
合 26755	合 26748					
合 26774	合 17987					
合 26804	合 4963	北圖 786				
合 26888	已綴入《醉古集》第 269 則					
合 26899	合 27875					
合 26914	合 22554					
合 26950	英藏 2259（合 41312）	英藏 2261（合 41320）				
合 26956	合 27093					
合 26974	合 27171					
合 26977	已綴入《醉古集》第 354 則					
合 26980	合 27281					
合 26987	存補 5.25.2					

（續表）

合 26990	合 31169					
合 27010	合 28156					
合 27016	已綴入《醉古集》第 223 則					
合 27020	已綴入《醉古集》第 223 則					
合 27032	合 27739					
合 27033	合 34669					
合 27042 正	合 41328	合補 10209	甲 2556			
合 27064	合 12739					
合 27072	合 21099					
合 27075	甲 2707					
合 27077	合 30764					
合 27093	合 26956					
合 27104	合 30955					
合 27123	合 27130					
合 27129	合 31227					
合 27130	合 27123					
合 27147	合 29500					
合 27150	合 30532					
合 27171	合 26974					
合 27172	合 32454	合 32593				
合 27207	已綴入《醉古集》第 270 則					
合 27209	已綴入《醉古集》第 270 則					
合 27220	合 27671					
合 27231	合 28573					
合 27237	合 23721					
合 27269	合 27515					
合 27271	合補 9699					
合 27281	合 26980					
合 27301	已綴入《醉古集》第 271 則					
合 27302	合 27649					

（續表）

合 27311	合 33746 正	3.2.0606	3.2.0607	甲 2463	
合 27323	合補 10291				
合 27339	合 27623				
合 27341	北圖 1175				
合 27342	合補 9359				
合 27359	甲編未著錄 2.2.0357				
合 27361	合補 9730				
合 27370	屯南 132				
合 27390	合補 8745				
合 27397	屯南 4453				
合 27427	合 31168				
合 27428	合補 9712				
合 27432	合 27473				
合 27433	合 30787	合 27496			
合 27437（合 25369）	英藏 2264（合 41317）				
合 27450	合 30496				
合 27456 正反	合補 10222 正反				
合 27473	合 27432				
合 27484	合 27617				
合 27496	合 30787	合 27433			
合 27515	合 27269				
合 27531	已綴入《醉古集》第 275 則				
合 27554	合 29415	合 30560	攈 2240		
合 27591	合 30708				
合 27617	合 27484				

（續表）

合 27623	合 27339					
合 27635	上博 21691.323					
合 27649	合 27302					
合 27653	山東 1308 倒					
合 27657	合 32797 倒					
合 27667	合 29529					
合 27668	合 27597					
合 27671	合 27220					
合 27702	合 30800					
合 27712	合 27883					
合 27713	合 31580					
合 27720	合 29423	合 29418				
合 27736	合 27740	合 27742				
合 27739	合 27032					
合 27740	合 27736	合 27742				
合 27742	合 27740	合 27736				
合 27744	合 6793					
合 27745	美 490					
合 27747	合 31259					
合 27772	合 33528	合 33514				
合 27785	合 29110					
合 27792	合 27805	合 28750				
合 27805	合 27792	合 28750				
合 27809	合 29117					
合 27819	合補 10397					
合 27820	合 28786					
合 27832	北大 2039					
合 27835	合 27872					
合 27856	合 27867	合補 9539	合 27866	合 29718	合 27862	合 27863

（續表）

	合 27864	合 27861				
合 27857	合 27869					
合 27861	合 27867	合 27856	合 27866	合 29718	合 27862	合 27863
	合 27864	合補 9539				
合 27862	合 27867	合 27856	合 27866	合 29718	合 27861	合 27863
	合 27864	合補 9539				
合 27863	合 27867	合 27856	合 27866	合 29718	合 27861	合 27862
	合 27864	合補 9539				
合 27864	合 27867	合 27856	合 27866	合 29718	合 27861	合 27862
	合 27863	合補 9539				
合 27866	合 27867	合 27856	合 27864	合 29718	合 27861	合 27862
	合 27863	合補 9539				
合 27867	合 27866	合 27856	合 27864	合 29718	合 27861	合 27862
	合 27863	合補 9539				
合 27869	合 27857					
合 27872	合 27835					
合 27875	合 26899					
合 27877	合 24417					
合 27883	合 27712					
合 27888	合 31964					
合 27898	美藏 484					
合 27907	合 29024					
合 27947	合 28115					
合 27965	合 29855					
合 27997	已綴入《醉古集》第 272 則					
合 28027	已綴入《醉古集》第 273 則					
合 28060	已綴入《醉古集》第 269 則					
合 28066	已綴入《醉古集》第 273 則					
合 28099 正	合 32185					
合 28114	合補 4439					
合 28115	合 27947					

(續表)

合 28131	合 28825					
合 28156	合 27010					
合 28176	合 28185					
合 28185	合 28176					
合 28188	合 31003					
合 28218	合 29427	合 30689				
合 28249	已綴入《醉古集》第 276 則					
合 28266	合 30026					
合 28288	合 28293					
合 28293	合 28288					
合 28315	屯南 4585					
合 28331	合 28823					
合 28341	合 28706					
合 28349	合 28795					
合 28379	合補 9210					
合 28401	合補 9261					
合 28433	合補 9143					
合 28434	合補 9115					
合 28438	北大 0095					
合 28460	合補 9334					
合 28513（合 30112）	已綴入《醉古集》第 277 則					
合 28515	安明 1952	合 30144				
合 28539	合 28973	合 28547	合 30146			
合 28543	英藏 2342					
合 28546	已綴入《醉古集》第 278 則					
合 28547	合 28973	合 28539	合 30146			
合 28559	合 29106（安明 1982）					
合 28562	合 28712					

（續表）

合 28573	合 27231					
合 28588	旅藏 1482					
合 28610	合 29072					
合 28618	合 29893					
合 28623	合 29175					
合 28625	合 30137	合 29907				
合 28632	已綴入《醉古集》第 277 則					
合 28633	合補 7455					
合 28641	合補 9128					
合 28655	合 30990					
合 28656	合 28714					
合 28688	合補 9142					
合 28706	合 28341					
合 28712	合 28562					
合 28714	合 28656					
合 28740	合補 9087					
合 28749	合 31059					
合 28750	合 27805	合 27792				
合 28754	合 28922					
合 28761	已綴入《醉古集》第 279 則					
合 28786	合 27820					
合 28794	甲骨文集 2.2.0313					
合 28795	合 28349					
合 28803	合補 9254					
合 28823	合 28331					
合 28825	合 28131					
合 28859	合補 9409					
合 28865	已綴入《醉古集》第 280 則					
合 28894	英藏 2321					
合 28908	合 31687					
合 28919	合 30142	安明 1899				

（續表）

合 28922	合 28754				
合 28926	合 28944				
合 28933	英藏 2315				
合 28936	合 29158				
合 28938	合補 9852				
合 28943	合 29140				
合 28944	合 28926				
合 28953	合 29048				
合 28956	合補 8997				
合 28963（合 29021）	英藏 2314				
合 28969	合 29065				
合 28973	合 28547	合 28539	合 30146		
合 28981	合 29178				
合 28996	合 41383				
合 29021（合 28963）	英藏 2314				
合 29024	合 27907				
合 29036	合 29123				
合 29040	合 41363				
合 29048	合 28953				
合 29064	合 28859	合補 9409			
合 29065	合 28969				
合 29072	合 28610				
合 29086	合 29155				
合 29099	已綴入《醉古集》第 281 則				
合 29106（安明 1982）	合 28559				
合 29110	合 27785				
合 29123	合 29036				

附錄二　2004 年～2017 年甲骨新綴號碼表 · 489

（續表）

合 29132	冬 338						
合 29140	合 28943						
合 29144	已綴入《醉古集》第 279 則						
合 29148	合 30074						
合 29155	合 29086						
合 29158	合 28936						
合 29165	合補 9541						
合 29169（合 33558）	合補 9173	日天 560					
合 29171	已綴入《醉古集》第 281 則						
合 29175	合 28623						
合 29177	合 27809						
合 29178	合 28981						
合 29201	合 29862						
合 29223	合 31252	日天 B563					
合 29258	合補 9818						
合 29280	合 30158						
合 29289	合 29370						
合 29296	合 29302						
合 29298	合 29373						
合 29302	合 29296						
合 29314	甲骨文集 2.2.0464						
合 29316	合補 9042						
合 29343	明後 2644						
合 29348	合 29349						
合 29349	合 29348						
合 29370	合 29289						
合 29373	合 29298						
合 29376	已綴入《醉古集》第 241 則						
合 29382	合 29856						

(續表)

合 29415	合 27554	合 30560	攈 2240			
合 29418	合 29423	合 27720				
合 29423	合 27720	合 29418				
合 29427	合 28218	合 30689				
合 29449	合 29524					
合 29500	合 27147					
合 29520	掇三 824					
合 29524	合 29449					
合 29529	合 27667					
合 29532	合 30434					
合 29542	合 28460					
合 29561	已綴入《醉古集》第 280 則					
合 29603	合 30494					
合 29605	合 31214					
合 29632（合 29633）	掇三 127					
合 29633（合 29632）	掇三 127					
合 29665	合 31135					
合 29688	京人 2228	合 30272	合 29689			
合 29689	京人 2228	合 30272	合 29688			
合 29699	合 30821					
合 29718	合 27867	合 27856	合 27866	合 27863	合 27861	合 27862
	合 27864	合補 9539				
合 29719	合 31626	合 31530	合 16548			
合 29721	合補 10058	合 31477	合 31474	合補 10059	合補 10057	合 31467
合 29722	合 31541 正					
合 29724	合 31351					

(續表)

合 29726	甲編未著錄 3.2.0593					
合 29737	合 30922					
合 29738	合 31764					
合 29791	合 29792					
合 29792	合 29791					
合 29795	安明 2259 倒					
合 29813 正	甲 2662	甲 2883				
合 29815 正	合 32289					
合 29855	合 27965					
合 29856	合 29382					
合 29857	上博 17647.695	村中南 14				
合 29862	合 29201					
合 29865	合 30081					
合 29888	謝文 505					
合 29893	合 28618					
合 29937	笏二 548					
合 29990	合 30174	合 30130				
合 29904	合 31776	合 29943				
合 29907	合 30137	合 28625				
合 29924	日天 116					
合 29943	合 31776	合 29904				
合 29950（合 24778）	合 24802					
合 29984	合補 9429					
合 29995	已綴入《醉古集》第 270 則					
合 29998	存補 6.18.3					

（續表）

合 29999	合 31149				
合 30000	合 30026				
合 30015	已綴入《醉古集》第 253 則				
合 30026	合 28266				
合 30054	合 30318				
合 30058	已綴入《醉古集》第 253 則				
合 30074	合 29148				
合 30080	合 30125				
合 30081	合 29865				
合 30083	合補 9335				
合 30106	合 30107	合 30108	合 30110	合 30109	
合 30107	合 30106	合 30108	合 30110	合 30109	
合 30108	合 30107	合 30106	合 30110	合 30109	
合 30109	合 30110	合 30108	合 30107	合 30106	
合 30110	合 30108	合 30107	合 30106	合 30109	
合 30112（合 28513）	已綴入《醉古集》第 277 則				
合 30125	合 30080				
合 30130	合 30174	合 29990			
合 30137	合 28625	合 29907			
合 30142	合 28919	安明 1899			
合 30144	合 28515	安明 1952			
合 30146	合 28547	合 28973	合 28539		
合 30148	已綴入《醉古集》第 278 則				
合 30158	合 29280				
合 30174	合 29990	合 30130			
合 30177	甲骨文集 2.2.0369				
合 30239	屯南 815				
合 30272	合 29688	京人 2228			
合 30300	安明 2252				

附錄二　2004 年～2017 年甲骨新綴號碼表 · 493

（續表）

合 30318	合 30054			
合 30320	已綴入《醉古集》第 282 則			
合 30331	合 30410			
合 30351	合 30734			
合 30401	合補 10356			
合 30402	已綴入《醉古集》第 244 則			
合 30405	已綴入《醉古集》第 282 則			
合 30410	合 30331			
合 30429	已綴入《醉古集》第 244 則			
合 30430	已綴入《醉古集》第 285 則			
合 30434	合 29532			
合 30440	瑞 108	合 30967		
合 30445	天理 569			
合 30452	京人 1854			
合 30466	已綴入《醉古集》第 283 則			
合 30479	已綴入《醉古集》第 275 則			
合 30493	合 30747			
合 30494	合 29603			
合 30496	合 27450			
合 30532	合 27150			
合 30560	合 29415	合 27554	攮 2240	
合 30586	甲 1155			
合 30596	甲骨文集 3.2.0278			
合 30609	已綴入《醉古集》第 241 則			
合 30622	合 30659			
合 30634	合 31846			
合 30658	合 31012			
合 30659	合 30622			
合 30685	英藏 2288			
合 30689	合 29427	合 28218		

（續表）

合 30706	合 41573				
合 30708	合 27591				
合 30734	合 30351				
合 30747	合 30493				
合 30764	合 27077				
合 30780	已綴入《醉古集》第 276 則				
合 30787	合 27433	合 27496			
合 30800	合 27702				
合 30806	合 30807	合 30951			
合 30807	合 30806	合 30951			
合 30810	合補 10212				
合 30821	合 29699				
合 30878	北大 451				
合 30882	2.2.0107	2.2.0253			
合 30894	上博 21691.14				
合 30896	屯南 4181				
合 30922	合 29737				
合 30951	合 30807	合 30806			
合 30955	合 27104				
合 30967	合 30440	瑞 108			
合 30974	已綴入《醉古集》第 239 則				
合 30990	合 28655				
合 31003	合 28188				
合 31004	天理 490	合 32435			
合 31012	合 30658				
合 31035	合補 9465	合補 9211			
合 31058	已綴入《醉古集》第 285 則				
合 31059	合 28749				
合 31066	輯佚 565				
合 31079	合補 9709				

（續表）

合 31083	合 31844					
合 31100	合 31106					
合 31101	已綴入《醉古集》第 354 則					
合 31106	合 31100					
合 31111	合補 9382					
合 31126	合 32122					
合 31128	北大 455					
合 31135	合 29665					
合 31144	合補 9445					
合 31149	合 29999					
合 31168	合 27427					
合 31169	合 26990					
合 31214	合 29065					
合 31227	合 27129					
合 31252	合 29223	日天 B563				
合 31287	合補 9710					
合 31259	合 27747					
合 31330	合 31356（合 31365）	合補 10124	合 31363（合補 9999）			
合 31333	虛 2359					
合 31334	明後 2307					
合 31351	合 29724					
合 31356（合 31365）	合 31330	合補 10124	合 31363（合補 9999）			
合 31363（合補 9999）	合 31330	合 31356	合補 10124			
合 31365（合 31356）	合 31330	合補 10124	合 31363（合補 9999）			
合 31369	已綴入《醉古集》第 301 則					

（續表）

合 31380	合 31392	合補 9828（合補 10095）				
合 31384	已綴入《醉古集》第 300 則					
合 31387	甲骨文集 3.2.0463	甲骨文集 3.2.0505				
合 31392	合補 9828（合補 10095）	合 31380				
合 31393	已綴入《醉古集》第 300 則					
合 31403	合補 8844	合 31416	合補 10007			
合 31416	合補 10007	合補 8844	合 31403			
合 31434	合 31428					
合 31467	合 29721	合補 10058	合 31477	合 31474	合補 10059	合補 10057
合 31470	北珍 1706					
合 31474	合 31477	合補 10058	合 29721	合補 10059	合補 10057	合 31467
合 31477	合 31474	合補 10058	合 29721	合補 10059	合補 10057	合 31467
合 31518	合補 10090（合補 10107）					
合 31526	合補 8640					
合 31530	合 31626	合 29719	合 16548			
合 31541 正	合 29722					
合 31565	合補 9885					
合 31580	合 27713					
合 31603	甲 1309					
合 31618	合補 8816					
合 31626	合 29719	合 31530	合 16548			
合 31676	《殷虛"骨簡"及其有關問題》圖 11					

(續表)

合 31687	合 28908					
合 31720	已綴入《醉古集》第 239 則					
合 31764	合 29738					
合 31776	合 29943	合 29904				
合 31810	合 22452	山東 1860				
合 31846	合 30634					
合 31921	甲編未著錄 2.2.0215					
合 31935	合補 8760					
合 31941	合 22510	合 22254	乙 8868	合 22247	乙補 7377 倒	乙補 7354
	乙補 7363 倒	乙補 7378	乙補 7405	乙 8757	乙 8739	R37122
	R37062	R37514				
合 31966	合 32953					
合 31974	合 4199					
合 32008	合補 6909	合 34560	合 32747			
合 32012	合補 10298					
合 32020	合 34638					
合 32026	已綴入《醉古集》第 214 則					
合 32029	合 32743					
合 32044	上博 46451	合 32686				
合 32057	合 33526					
合 32066	已綴入《醉古集》第 286 則					
合 32067	合 32105	山東 1451				
合 32075	合 35142					
合 32082	合 34236					
合 32105	合 32067	山東 1451				
合 32108	合 33584	合 35160				
合 32114	屯南 3673	屯南 3723				

（續表）

合 32115	合 32511					
合 32122	合 31126					
合 32130	合 34667	英藏 2416				
合 32136	已綴入《醉古集》第 287 則					
合 32150	已綴入《醉古集》第 286 則					
合 32163（合 664）	掇三 214	合 35128	合 35331			
合 32167	合 32431					
合 32168	北圖 2891					
合 32179	乙補 7371	乙補 7369 倒	合 22130			
合 32185	合 28099 正					
合 32191	合 33716					
合 32193	合 34409					
合 32194	合 32217					
合 32211	合 33224					
合 32212	合 33224	合 33334				
合 32214	安明 2772					
合 32215	已綴入《醉古集》第 288 則					
合 32217	合 32194					
合 32218	合 32407					
合 32229	合 34309					
合 32233	合補 10462					
合 32234	合 32250					
合 32250	合 32234					
合 32257	已綴入《醉古集》第 290 則					
合 32261	合 34320					
合 32276	合 33018					
合 32289	合 29815 正					
合 32297	已綴入《醉古集》第 291 則					

（續表）

合 32301	摭續 92					
合 32326	合 32469					
合 32334	合 34555					
合 32335	合 32619					
合 32360	上博 46465					
合 32361	合 33723					
合 32363	合 34466					
合 32380	合 32478	合 35188				
合 32385	甲 2283	合 22484				
合 32389	合 32440	合 32847	合 32482			
合 32407	合 32218					
合 32413	已綴入《醉古集》第 292 則					
合 32418	合 34444					
合 32425	合 34595					
合 32431	合 32167					
合 32433	合 31824					
合 32435	天理 490	合 31004				
合 32436	屯 4276	屯 4287				
合 32440	合 32389	合 32847	合 32482			
合 32453 部分	已綴入《醉古集》第 271 則					
合 32454	合 27172	合 32593				
合 32461 反右半	合 34660	合 34665				
合 32463	已綴入《醉古集》第 292 則					
合 32468	輯佚 629 正					
合 32478	合 35188	合 32380				
合 32482	合 32847	合 32389	合 32440			
合 32501 左右	已綴入《醉古集》第 247 則					
合 32505	合 32889					

（續表）

合 32511	合 32115					
合 32544	合 32643					
合 32548	合補 10903					
合 32558	合 32790					
合 32586 正	已綴入《醉古集》第 236 則					
合 32593	合 27172	合 32454				
合 32619	合 32335					
合 32621	上博 80 頁.326					
合 32622	合 34650					
合 32643	合 32544					
合 32681	合 34369					
合 32686	上博 46451	合 32044				
合 32695 部分	合 34423					
合 32695 右	寧滬 1.684					
合 32711	合補 10553					
合 32713	已綴入《醉古集》第 283 則					
合 32716	已綴入《醉古集》第 272 則					
合 32724	合 33049					
合 32740	合 21584					
合 32743	合 32029					
合 32747	合 34560	合補 6909	合 32008			
合 32757	殷拾 10.2					
合 32760	已綴入《醉古集》第 243 則					
合 32762 甲正乙正	合 33291 部分	合 34680				
合 32768	已綴入《醉古集》第 246 則					
合 32769	合 35319					

(續表)

合 32771	安明 1131					
合 32781	合 7961					
合 32782	懷特 1640					
合 32790	合 32558					
合 32797 倒	合 27657					
合 32815	合 33017	合 33014				
合 32825	合 41664					
合 32831	屯南 2273					
合 32833	已綴入《醉古集》第 296 則					
合 32839	合 20385					
合 32846	合補 10493					
合 32847	合 32389	合 32440	合 32482			
合 32848	屯南 4465	屯南 2558				
合 32860	已綴入《醉古集》第 289 則					
合 32866	合 33060					
合 32871	已綴入《醉古集》第 220 則					
合 32889	合 32505					
合 32890	合 33044					
合 32898	北圖 510					
合 32923	合 34083					
合 32931	合 34524					
合 32933	合補 10529					
合 32953	合 31966					
合 32971	合補 10786					
合 32973	合 33107					
合 33000	合 35223					
合 33001	合補 10864					
合 33004	合 31977					

（續表）

合 33007	合 34442					
合 33008	合補 9309					
合 33014	合 32815	合 33017				
合 33017	合 32815	合 33014				
合 33018	合 32276					
合 33021	屯南 4103	合 33120				
合 33035	合 14920					
合 33043	蘇德*350					
合 33044	合 32890					
合 33047	已綴入《醉古集》第 233 則					
合 33049	合 32724					
合 33050	合 33095（合補 10526）					
合 33058	合 5418					
合 33060	合 32866					
合 33064	屯 2915					
合 33066	合 33281	合 34395				
合 33076	屯南 4215	屯南 4188	上博 2426.41			
合 33095（合補 10526）	合 33050					
合 33098	村中南 245					
合 33107 部分	合 32973					
合 33120	合 33021	屯南 4103				
合 33124	合補 225					
合 33135	合 16801					
合 33145	懷特 1615					
合 33151	後下 35.3					
合 33152	合 35148					

(續表)

合 33161	合 33789					
合 33162	合 33391					
合 33165	合補 10218					
合 33193	已綴入《醉古集》第 214 則					
合 33218	已綴入《醉古集》第 289 則					
合 33219	合 34123					
合 33223	已綴入《醉古集》第 237 則					
合 33224	合 33334	合 32212				
合 33246	殷拾 12.5	合 33267				
合 33267	殷拾 12.5	合 33246				
合 33275	合補 10634					
合 33279	合 33307					
合 33280	屯南 943	屯南 1335				
合 33281	合 33066	合 34395				
合 33283	已綴入《醉古集》第 295 則					
合 33289	村中南 229					
合 33291 部分	合 32762 乙正	合 32762 甲正	合 34680			
合 33305	已綴入《醉古集》第 329 則					
合 33307	合 33279					
合 33313	已綴入《醉古集》第 329 則					
合 33321	已綴入《醉古集》第 296 則					
合 33322	已綴入《醉古集》第 295 則					
合 33327	屯南 4100					
合 33330	合 34147					
合 33334	合 32212	合 33224				
合 33352 正反	已綴入《醉古集》第 246 則					
合 33355	合 33917					
合 33366	已綴入《醉古集》第 240 則					

(續表)

合 33368	合 10947	1.0.0519				
合 33371	合 33372					
合 33372	合 33371					
合 33383	合補 10674	合 33628				
合 33385	合補 10660					
合 33391	合 33162					
合 33434	已綴入《醉古集》第 379 則					
合 33451	京人 2502					
合 33454	合 33470					
合 33462	合補 10578					
合 33469 上半	合 33474	合 33501				
合 33474	合 33469 上半	合 33501				
合 33475	輯佚 608					
合 33485	合補 9811（合補 9810）	旅藏 1532				
合 33501	合 33469 上半	合 33474				
合 33502	合補 9101					
合 33514	合 33524					
合 33520	合 37812	合 37800				
合 33524	合 33514					
合 33526	合 32057					
合 33528	合 33514	合 27772				
合 33538	合 33545					
合 33545	合 33538					
合 33558（合 29169）	合補 9173	日天 560				

(續表)

合 33569	屯南 2758	屯南 2727			
合 33576	已綴入《醉古集》第 245 則				
合 33583	已綴入《醉古集》第 224 則				
合 33584	合 32108	合 35160			
合 33615	英藏 2398	英藏 2458（合 41467）			
合 33626	合 33681				
合 33628	合補 10674	合 33383			
合 33635	合 34641				
合 33656	合 33808				
合 33662	合 33674				
合 33674	合 33662				
合 33681	合 33626				
合 33691	合補 9605				
合 33694	合 34324				
合 33695	合 34365				
合 33705	安明 2665				
合 33707	英藏 2464				
合 33716	合 32191				
合 33717	掇三 685				
合 33723	合 32361				
合 33742	合補 10405				
合 33746 正	3.2.0606	3.2.0607	甲 2463	合 27311	
合 33770	合 34630				
合 33784	山東 1520	合 33826			
合 33789	合 33161				
合 33796	已綴入《醉古集》第 379 則				
合 33808	合 33656				
合 33826	合 33784	山東 1520			

（續表）

合 33837	合 34515					
合 33841	天理 601					
合 33844	已綴入《醉古集》第 245 則					
合 33884	甲骨文集 2.2.0015					
合 33896	甲編未著錄 2.2.0034					
合 33903	合補 10620					
合 33917	合 33355					
合 33927	合 34349	合 33576				
合 33954	已綴入《醉古集》第 245 則					
合 33978	合 34031					
合 33983	已綴入《醉古集》第 246 則					
合 33985	合 34701					
合 34020	合 34021					
合 34021	合 34020					
合 34028	合 34032					
合 34031	合 33978					
合 34032	合 34028					
合 34052	英藏 2404（合 41458）	上博 2426.647				
合 34054	合補 9509					
合 34063	已綴入《醉古集》第 233 則					
合 34083	合 32923					
合 34090	合補 10474					
合 34104	已綴入《醉古集》第 242 則					
合 34113	合 32188	英藏 1771	合 32189			
合 34116	合 34253					
合 34123	合 33219					

（續表）

合 34124	已綴入《醉古集》第 288 則				
合 34131	粹 1184				
合 34147	合 33330				
合 34159	合 11785				
合 34164	合 34473				
合 34167	合 34715				
合 34195	合 34534				
合 34195	合 34534				
合 34219	已綴入《醉古集》第 296 則				
合 34233	屯南 1076	屯南 1074			
合 34236	合 32082				
合 34237	合 35326				
合 34253	合 34116				
合 34280	已綴入《醉古集》第 291 則				
合 34302	已綴入《醉古集》第 287 則				
合 34303	已綴入《醉古集》第 290 則				
合 34309	合 32229				
合 34314	已綴入《醉古集》第 236 則				
合 34320	合 32261				
合 34324	合 33694				
合 34325	已綴入《醉古集》第 224 則				
合 34326	掇三 132				
合 34328	合 34459				
合 34344	已綴入《醉古集》第 379 則				
合 34349	已綴入《醉古集》第 245 則				
合 34361	已綴入《醉古集》第 235 則				
合 34365	合 33695				
合 34369	合 32681				
合 34380	合 35093				
合 34395	合 33281	合 33066			
合 34409	合 32193				

（續表）

合 34421	安明 1793				
合 34423	合 32695 部分				
合 34442	合 33007				
合 34444	合 32418				
合 34454	合 34456				
合 34456	合 34454				
合 34459	合 34328				
合 34466	合 32363				
合 34467	已綴入《醉古集》第 296 則				
合 34473	合 34164				
合 34490	屯南 4120				
合 34494	合補 10558				
合 34509	已綴入《醉古集》第 222 則				
合 34515	合 33837				
合 34524	合 32931				
合 34530	合 34544	京人 2223			
合 34534	合 34195				
合 34544	合 34530	京人 2223			
合 34546	合 34632				
合 34555	合 32334				
合 34560	合 32747	合補 6909	合 32008		
合 34565	掇三 129				
合 34572	屯 1295				
合 34576	合 13179 甲	合 22299	合 22473	京人 3144	合 13179 乙
合 34582	合補 7021 甲乙				
合 34595	合 32425				
合 34615	已綴入《醉古集》第 242 則				
合 34630	合 33770				
合 34632	合 34546				

（續表）

合 34637	合補 10511				
合 34638	合 32020				
合 34639	合補 10572				
合 34641	合 33635				
合 34650	合 32622				
合 34660	合 34665	合 32461 反右半			
合 34665	合 34660	合 32461 反右半			
合 34667	合 32130	英藏 2416			
合 34669	合 27033				
合 34680	合 33291 部分	合 32762 乙正	合 32762 甲正		
合 34687	英藏 2439				
合 34688	合補 10606				
合 34701	合 33985				
合 34715	合 34167				
合 34721	續補 5.340.2				
合 34738	合 35037				
合 34741	合 35098				
合 34756	綴續 385				
合 34758	合 35013				
合 34784	合 35026	黑川 7			
合 34795	合 35055				
合 34805	合 35000	瓠廬 420			
合 34810	天理 600	合 34936			
合 34816	合 31361				
合 34853	中歷藏 1488				

（續表）

合 34855	善齋 5.39b.2				
合 34878	殷遺 458 正				
合 34882	合 35010	合 35039			
合 34912	善齋 6.44b.7				
合 34923	國博 150				
合 34926	合補 6933				
合 34934	村中南 136				
合 34936	合 34810	天理 600			
合 34964	合 35027				
合 34984	合 35100				
合 35000	合 34805	瓠廬 420			
合 35010	合 34882	合 35039			
合 35013	合 34758				
合 35026	合 34784	黑川 7			
合 35027	合 34964				
合 35037	合 34738				
合 35039	合 34882	合 35010			
合 35055	合 34795				
合 35081	上博 48704	合補 6704	殷餘 143		
合 35093	合 34380				
合 35098	合 34741				
合 35100	合 34984				
合 35106	合補 10771	合補 10762			
合 35119	京人 2482				
合 35128	合 35331	掇三 214	合 664（合 32163）		
合 35142	合 32075				

（續表）

合 35146	已綴入《醉古集》第 220 則				
合 35148	合 33152				
合 35160	合 33584	合 32108			
合 35170	北圖 493				
合 35188	合 32478	合 32380			
合 35190	已綴入《醉古集》第 243 則				
合 35197	已綴入《醉古集》第 246 則				
合 35200	已綴入《醉古集》第 247 則				
合 35204	合 4686				
合 35212	已綴入《醉古集》第 243 則				
合 35216	合 4685				
合 35219	中歷藏 62				
合 35223	合 33000				
合 35261 甲中"乙"片的反面（存補 3.277.2）	合補 10535 反				
合 35262	已綴入《醉古集》第 240 則				
合 35263	已綴入《醉古集》第 238 則				
合 35274	已綴入《醉古集》第 238 則				
合 35277	甲 2283	合 22484			
合 35291	已綴入《醉古集》第 237 則				
合 35309	甲骨文集 2.2.0513				
合 35319	合 32769				
合 35326	已綴入《醉古集》第 293 則				
合 35331	掇三 214	合 35128	合 664（合 32163）		
合 35363	已綴入《醉古集》第 298 則				
合 35364	合 35363				
合 35374	掇三 140	掇二 419	合 37137	安明 2909	輯佚 824
合 35384	合 38617	北大 505			

(續表)

合 35386	合 36031				
合 35405	笏二 1111				
合 35406	史購 172	合補 12927			
合 35408	輯佚 765	輯佚 764	合 38827		
合 35410	合 35741				
合 35412	合 38260				
合 35415	合補 11920				
合 35418	合 36928	合補 11039			
合 35429	英藏 2594				
合 35432	合補 11093（合 37835）				
合 35437	合 35920				
合 35493	合 35586				
合 35508	合 35531	北大 615			
合 35531	合 35508	北大 615			
合 35541	合 36894	上博 2426.1373			
合 35556	合 38264				
合 35577	合 35582	合 37909			
合 35582	合 35577	合 37909			
合 35586	合 35493				
合 35596	合補 11695				
合 35652	合補 11897				
合 35655	合 35704				
合 35661	合 35705	合 39178			
合 35663	合補 11472				
合 35684	安明 3032				

附錄二 2004 年～ 2017 年甲骨新綴號碼表

（續表）

合 35686	合 35708				
合 35701	南明 784				
合 35703	契 144				
合 35704	合 35655				
合 35705	合 35661	合 39178			
合 35709	合 35716				
合 35716	合 35709				
合 35741	合 35410				
合 35745	合補 12872	英藏 2508			
合 35759	合 37961				
合 35765	善齋 2.20A.8				
合 35780	合 38271				
合 37813	合 35852				
合 35815	合 37163	合 37211			
合 35833	合補 11884				
合 35839	合補 10977	合 38749			
合 35843	旅藏 2013				
合 35852	合 35813				
合 35857	合 35954				
合 35891	存補 6.132.5				
合 35897	京人 2924				
合 35920	合 35437				
合 35922	北大 702				
合 35929	安明 2955				
合 35931	合 35950	合 37173	綴二 419		
合 35940	合 38725				
合 35950	合 35931	合 37173	綴二 419		

（續表）

合 35953	合補 10993					
合 35954	合 35857					
合 35965	存補 7.3.2	合 36177	笏二 986			
合 35973	合 36021					
合 35977	合 37015					
合 35984	合 41739					
合 35989	合 36004					
合 35990	安明 2907					
合 36004	合 35989					
合 36021	合 35973					
合 36022	合補 11047					
合 36031	合 35386					
合 36039	合補 11086					
合 36053	輯佚 711					
合 36059	合 36330					
合 36078	合 38235	合 37308				
合 36127	合補 13157	合補 13134				
合 36150	旅藏 1924					
合 36174	合 36178	合 37142				
合 36177	存補 7.3.2	合 35965	笏二 986			
合 36178	合 37142	合 36174				
合 36196乙	合補 10955					
合 36203	合 37711	合 37522	合 37405	北大 2881	拾遺 618	
合 36231	合 36309					
合 36246	懷特 1715					
合 36248	合 36301					

（續表）

合 36258	合補 10989					
合 36301	合 36248					
合 36309	合 36231					
合 36324	合 36334	合補 11433				
合 36325	合 37356					
合 36328	合 37301					
合 36330	合 36059					
合 36334	合補 11433	合 36324				
合 36347	合 36355	合 36747				
合 36355	合 36347	合 36747				
合 36357	合補 13148	輯佚 957				
合 36360	合 36514					
合 36372	合 36381					
合 36381	合 36372					
合 36395	合補 11107					
合 36401	明後 2774					
合 36406	合 36678					
合 36414	合 36721					
合 36415	合 37780	合 36546	合 36622			
合 36417	合 8359					
合 36419	合 36790					
合 36429	中歷藏 1769					
合 36430	合 40895	輯佚 684				
合 36432	輯佚 700					
合 36436	合 36447	合補 2208				
合 36437	輯佚 734					
合 36447	合補 2208	合 36436				

（續表）

合 36450	合補 12434				
合 36454	合補 12534				
合 36455	國博 258				
合 36457	合 36474	合 36818	合補 12282	合 36460	
合 36460	合 36474	合 36818	合補 12282	合 36457	
合 36474	合 36818	合 36457	合補 12282	合 36460	
合 36488	合 36803				
合 36490	合 36494	合補 12877	英藏 2525		
合 36494	合 36490	合補 12877	英藏 2525		
合 36501	合 36752	合 37410	合 36772		
合 36514	合 36360				
合 36517	合 36927				
合 36518	存補 5.146.1				
合 36531	合 37458				
合 36546	合 36415	合 37780	合 36622		
合 36549	合 36553	合 36550			
合 36550	合 36553	合 36549			
合 36553	合 36550	合 36549			
合 36555（合 36567）	合補 11115				
合 36564	京人 2870				
合 36567（合 36555）	合補 11115				
合 36573	合 36581				
合 36579	合 37637				

附錄二 2004 年～2017 年甲骨新綴號碼表 · 517

（續表）

合 36581	合 36573				
合 36591	合 36697	合 36600	北大 2919		
合 36600	合 36591	合 36697	北大 2919		
合 36601	合 36718	合補 11328			
合 36606	合補 12226	合 36903	合 41776	洹 131	合補 12424
合 36607	合 38724	通 587	合 36826	存補 6.149.4	
合 36609	英藏 2622				
合 36620	合 37926				
合 36622	合 36546	合 37780	合 36415		
合 36629	合 37827				
合 36630	合 36938	合 36946	綴 216	存補 5.304.1	上博 2426.367
合 36632（合 36635）	合 36759				
合 36635（合 36632）	合 36759				
合 36638（合補 12784）	合 39367				
合 36639	合 35950	合 35931	掇二 419		
合 36648（合 41769）	合 37463				
合 36652	合補 11120				
合 36654	合 36724				
合 36673	合 36834				
合 36675	合 36694				
合 36678	合 36406				
合 36685	旅藏 1958				

（續表）

合 36693	合 36701					
合 36694	合 36675					
合 36697	合 36591	合 36600	北大 2919			
合 36701	合 36693					
合 36718	合 36601	合補 11328				
合 36721	合 36414					
合 36722	合 36414					
合 36724	合 36654					
合 36739	合補 11652					
合 36747	合 36347	合 36355				
合 36748	合 36840					
合 36752	合 37410	合 36772	合 36501			
合 36753	合 37504	合 36755	合 36754	合 36777	合 36837	合 36842
	拾遺 622					
合 36754	合 36837	合 36753	合 37504	合 36842	合 36755	合 36777
	拾遺 622					
合 36755	合 36837	合 36753	合 37504	合 36842	合 36754	合 36777
	拾遺 622					
合 36757	輯佚附 67	合 36782				
合 36759	合 36632（合 36635）					
合 36764	合 36639	合補 13064	合 37508			
合 36767	合 37718	續存上 2384				
合 36768	合 36837	合 36842				
合 36772	合 37410	合 36752	合 36501			
合 36774	合 36895	合 36757	合 36779			
合 36775	合 36778					
合 36777	合 36837	合 36753	合 37504	合 36842	合 36755	合 36754

(續表)

	拾遺 622				
合 36778	合 36775				
合 36779	合 36774	合 36895	合 36757		
合 36782	輯佚附 67	合 36757			
合 36787	合 39259	合 39097			
合 36790	合 36419				
合 36791	合 37568				
合 36793	英藏 2660	英藏 2661			
合 36798	合 36951				
合 36799	上博 2426.1048	合 36919			
合 36803	合 36488				
合 36818	合 36474	合 36457	合補 12282	合 36460	
合 36820	合 36917				
合 36826	合 41729	合 36607	通 587	合 38724	合補 12226
合 36828	合補 13062				
合 36830	合 36555	合補 11115	前 2.9.6		
合 36833	合 37769	合 37762			
合 36834	合 36673				
合 36837	合 36842	合 36753	合 37504	合 36755	合 36754	合 36777
	拾遺 622				
合 36839	合 37487				
合 36840	合 36748				
合 36841	安散 53				
合 36842	合 36837	合 36753	合 37504	合 36755	合 36754	合 36777
	拾遺 622				
合 36844	拼三 706				
合 36848	合 36867				
合 36850	合 36930				

(續表）

合 36852	合 36863					
合 36857	合 37862	合補 13089				
合 36858	合 36877	合 36865	合 36881	合 36852	合 36863	北大 1286
合 36859	合 36864	合補 12252				
合 36860	京人 2920					
合 36862	存補 6.149.4	合 36607	合 38724	通 587		
合 36863	合 36852					
合 36864	合 36859	合補 12252				
合 36865	合 36877	合 36858	合 36852	合 36863	合 36881	北大 1286
合 36867	合 36848					
合 36877	合 36865	合 36858	合 36852	合 36863	合 36881	北大 1286
合 36881	合 36865	合 36858	合 36852	合 36863	合 36877	北大 1286
合 36885	合 37885					
合 36894	合 35541	上博 2426.1373				
合 36895	合補 12732	合 36757				
合 36896	合補 11283					
合 36903	合補 12226	合 36606	合 41776	洹 131	合補 12424	
合 36917	合 36820					
合 36919	合 36799	上博 2426.1048				
合 36920	山東 1236					
合 36921	合補 13144					
合 36927	合 36517					
合 36928	合補 11039	合 35418				
合 36930	合 36850					

附錄二　2004年～2017年甲骨新綴號碼表·521

（續表）

合36933	合36549					
合36938	合36630	存補5.304.1	綴216	上博2426.367	合36946	
合36941	輯佚681	合36960				
合36946	存補5.304.1	綴216	合36630	上博2426.367	合36938	
合36951	合36798					
合36952	合36754	合36755				
合36957	合補11141	英藏2562正	合37475			
合36960	合36941	輯佚481				
合36973	合36989					
合36987	合39441					
合36989	合36973					
合37013	中歷藏1712					
合37015	合35977					
合37027	京人2738	合37124				
合37055	合補11381					
合37056（合37126）	合37082	續存上2342				
合37071	北大2861					
合37072	京人2726					
合37074	合37146					
合37080	東文研0803					
合37082	合37056（合37126）	續存上2342				
合37085	合38465					
合37086	合37178					
合37115	合37132					

（續表）

合 37124	京人 2738	合 37027			
合 37126（合 37056）	合 37082	續存上 2342			
合 37132	東文庫 409				
合 37137	掇二 419	合 35950	合 35931		
合 37142	合補 13425				
合 37146	合 37074				
合 37163	合 37211	合 35815			
合 37172	合 37312	合 37328	史購 294	合補 11442	愛 193
合 37174	合 11105				
合 37178	合 37086				
合 37183	合補 11402				
合 37195	外 159	外 154			
合 37211	合 37163	合 35815			
合 37297	合 37302				
合 37301	合 36328				
合 37302	合 37297				
合 37308	合 36078	合 38235			
合 37310	北大 725				
合 37312	合 37172	合 37328	史購 294	合補 11442	愛 193
合 37320	北大 696				
合 37328	合 37312	合 37172	史購 294	合補 11442	愛 193
合 37356	合 36325				
合 37367	合 37683				
合 37372	合 37374				
合 37373	合 37513				
合 37374	合 37372				

(續表)

合 37375	合 37517					
合 37378	合 37725					
合 37386	合 37420					
合 37394	合 38726					
合 37399	合 37373	英藏 2542				
合 37405	合 37522	合 36203	合 37711	北大 2881	拾遺 618	
合 37406	京人 2875					
合 37409	合 37433	合 37565	合 37625			
合 37410	合 36772	合 36752	合 36501			
合 37416	合 37499	巴黎藏甲骨 25				
合 37417	合 37678					
合 37420	合 37386					
合 37427	上博 43970	合 37436				
合 37428	合 37784					
合 37431	合補 11332					
合 37433	合 37565	合 37409	合 37625			
合 37434	英藏 2565 正反					
合 37436	上博 43970	合 37427				
合 37448	合補 11323					
合 37458	合 36531					
合 37459	合 37833					
合 37463	合 36648（合 41769）					
合 37474	合 37767（合 37770）	輯佚 729				

（續表）

合 37475	英藏 2562 正	合補 11141	合 36957			
合 37487	合 36839					
合 37496	合 37776					
合 37499	巴黎藏甲骨 25	合 37416				
合 37500	合 37724					
合 37502	英藏 2539					
合 37504	合 36837	合 36753	合 36842	合 36755	合 36754	合 36777
	拾遺 622					
合 37508	合 36639	合 36764	合補 13064			
合 37513	合 37373					
合 37517	合 37375					
合 37522	合 37405	合 36203	合 37711	北大 2881	拾遺 618	
合 37536	合 37538					
合 37538	合 37536					
合 37541	輯佚 1002					
合 37543	合補 11298					
合 37545	合補 13167					
合 37549	合補 11307					
合 37553	合補 11366					
合 37555	合 37562					
合 37562	合 37555					
合 37565	合 37433	合 37409	合 37625			
合 37568	合 36791					
合 37574	合補 11274					
合 37576	合 37713					
合 37582	合 37717					

（續表）

合 37599	合 37747				
合 37600	存補 3.27.1				
合 37601	明後 2758				
合 37603	合 37814				
合 37614	合 37674				
合 37625	合 37409	合 37565	合 37433		
合 37637	合 36579				
合 37653	英藏 2547				
合 37654	合 37659				
合 37659	合 37654				
合 37661	合 37496	合 37776	史購 279		
合 37663	合 37749				
合 37668	合 37708	合 37763	合 37709		
合 37669	合 37727	合 38156			
合 37674	合 37614				
合 37678	合 37417				
合 37683	合 37367				
合 37706	合補 11373	續 3.30.1			
合 37708	合 37668	合 37763	合 37709		
合 37709	合 37668	合 37708	合 37763		
合 37711	合 36203	合 37405	合 37522	北大 2881	拾遺 618
合 37713	合 37576				
合 37717	合 37582				
合 37718	合 36767	續存上 2384			
合 37724	合 37500				
合 37725	合 37378				
合 37727	合 37669	合 38156			
合 37747	合 37599				
合 37749	合 37663				

（續表）

合 37759	合 37782					
合 37762	合 36833	合 37769				
合 37763	合 37708	合 37668	合 37709			
合 37764	合補 11377					
合 37767（合 37770）	合 37474	輯佚 729				
合 37769	合 36833	合 37762				
合 37770（合 37767）	合 37474	輯佚 729				
合 37775	合補 13080					
合 37776	合 37496					
合 37777	合 38171					
合 37779	合 39427	拾遺 587				
合 37780	合 36415	合 36546	合 36622			
合 37782	合 37759					
合 37784	合 37428					
合 37786	珠 441					
合 37789	合 37798					
合 37790	合補 11303					
合 37798	合 37789					
合 37800	合 37812	合 33520				
合 37812	合 37800	合 33520				
合 37814	合 37603					
合 37821	京人 2869					
合 37827	合 36629					
合 37828	輯佚 1004					
合 37833	合 37459					

（續表）

合37835（合補11093）	合35432					
合37851	合37864	明後2773				
合37854	合37857					
合37857	合37854					
合37860	合38731					
合37862	合36857	合補13089				
合37864	明後2773	合37851				
合37867	合38965					
合37875	合37922	合37929	合補12871			
合37883	京津5510					
合37885	合36885					
合37894	懷特1896					
合37900	合補11225					
合37903	合補12609					
合37909	合35582	合35577				
合37917	合39331	合補13088				
合37921	合36850					
合37922	合37875	合37929	合補12871			
合37926	合36620					
合37928	合補12715					
合37929	合37875	合37922	合補12871			
合37932	合補12848					
合37933	合39278					

（續表）

合 37944	上博 64962				
合 37949	英藏 2644				
合 37950	合補 12355	合補 12699	合補 13034		
合 37958	合補 12356	上博 2426.1466			
合 37961	合 35759				
合 37968	合 39127				
合 37979	合 39199				
合 37989	合補 11500（合補 11477）				
合 37997	合補 11517	英藏 2586	合補 11610	合 38011	
合 38004	合 38035	合補 11592	合補 11601		
合 38005	合 38023				
合 38011	合補 11610	英藏 2586	合補 11517	合 37997	
合 38014	笏二 1511				
合 38023	合 38005				
合 38026	人 B2963	合補 11576（合補 11480）			
合 38035	合 38004	合補 11592	合補 11601		
合 38046	北大 1870 正				
合 38055	合補 11524				
合 38061	掇三 142				
合 38062	前 3.11.6	蘇德*412			
合 38081	合補 11485				

(續表)

合 38084	合補 12097					
合 38085	合補 13136					
合 38086	旅藏 2003					
合 38087	北圖 3087					
合 38089	合補 12083	合補 11611 倒				
合 38090	合補 12098					
合 38093	英藏 2579 倒					
合 38104	拾遺 644					
合 38108	旅藏 2203					
合 38118	拾遺 528					
合 38120	合 38136					
合 38136	合 38120					
合 38156	合 37669	合 37727				
合 38171	合 37777					
合 38180（合 41863）	合補 11645					
合 38198	珠 442					
合 38215	合 41737	上博 34502.4				
合 38216	北大 2904					
合 38228	合 39395					
合 38235	合 36078	合 37308				
合 38246	輯佚 943					
合 38248	合補 11064					
合 38255	北圖 1171					
合 38258	東文研 788					

（續表）

合 38260	合 35412					
合 38264	合 35556					
合 38271	合 35780					
合 38293	輯佚 864					
合 38302	合補 10952	合補 12606				
合 38315	上博 2426.1236					
合 38464	北大 606					
合 38465	合 37085					
合 38467	合補 11185					
合 38550	合 38557					
合 38557	合 38550					
合 38617	北大 505					
合 38652	合補 11809					
合 38724	合 36607	通 587	合 36826	存補 6.149.4		
合 38725	合 35940					
合 38726	合 37394					
合 38731	合 37860					
合 38749	合 35839	合補 10977				
合 38756	合補 11019					
合 38774	合補 12517					
合 38783	合補 12413					
合 38786	合補 12267	合補 12416	合 38835			
合 38787	合補 12347					

（續表）

合 38789	合補 12266	英藏 2617	合補 12333			
合 38790	合 38809					
合 38791	合 38813					
合 38796	合補 12452					
合 38807	合 38832					
合 38808	合 38934					
合 38809	合 38790					
合 38813	合 38791					
合 38826	合補 12405					
合 38827	輯佚 764	輯佚 765	合 35408			
合 38829	合 38831					
合 38831	合 38829					
合 38832	合 38807					
合 38835	合補 12267	合補 12416	合 38786			
合 38850	合補 12989					
合 38867	合補 12369					
合 38878	合 38880					
合 38880	合 38878					
合 38892	北大 653					
合 38925	合補 12528					
合 38933	合補 12358					
合 38934	合 38808					
合 38948	上博 2426.1435					

（續表）

合 38953（合補 12926）	合 39112	合 38959			
合 38954	笏二 1034				
合 38959	合補 12926（合 38953）	合 39112			
合 38962	合 39157				
合 38965	合 37867				
合 38975	合 39237				
合 38977	明後 2754				
合 38978	合 39154				
合 38987	合 39187				
合 38989	簠雜 8				
合 39002	合 39221				
合 39005	北大 1371	善齋 5.29B.2			
合 39055	合 39056				
合 39056	合 39055				
合 39062	合 39179				
合 39072	合補 12791	明後 2740			
合 39074	合 39311				
合 39078	合 39211				
合 39079	山本竞山 41				
合 39096	合 39260				
合 39097	合 36787	合 39259			
合 39099	合 39321	合 39291			
合 39101	合 39147	合補 12630	合補 12587		
合 39104	合 39133				
合 39111	合 39223				

（續表）

合 39112	合補 12926（合 38953）	合 38959				
合 39125	合 39250					
合 39127	合 37968					
合 39128	京人 2919					
合 39133	合 39104					
合 39147	合 39101					
合 39152	京津 5605					
合 39154	合 38978					
合 39157	合 38962					
合 39158	合補 12549					
合 39163	日天 618					
合 39178	合 35661	合 35705				
合 39179	合 39062					
合 39187	合 38987					
合 39198	旅藏 2123	合補 12890				
合 39199	合 37979					
合 39204	合 39305					
合 39211	合 39078					
合 39214	上博 2426.680					
合 39215	英藏 2537					
合 39216	合 39270					
合 39218	東大 928					
合 39220	珠 1250	鄴斋 14.2				
合 39221	合 39002					
合 39222	合 39265					
合 39223	合 39111					

（續表）

合 39227	合 39293（合 39294）					
合 39237	合 38975					
合 39242	虛 536					
合 39250	合 39125					
合 39251	存補 6.399.2					
合 39257	合 39201					
合 39259	合 36787	合 39097				
合 39260	合 39096					
合 39265	合 39222					
合 39270	合 39216					
合 39271	合補 12882					
合 39278	合 37933					
合 39283	明後 2742					
合 39291	合 39099	合 39321				
合 39293（合 39294）	合 39227					
合 39294（合 39293）	合 39227					
合 39305	合 39204					
合 39307	北大 1321					
合 39311	合 39074					
合 39321	合 39099	合 39291				
合 39330	合補 12813					
合 39331	合 37917	合補 13088				
合 39337	合 39395					
合 39341	合 39404	北大 1393				

(續表)

合 39351	合 39376				
合 39353	合 39380				
合 39354	合 39381	合 39372			
合 39363	合 39384	合補 12572	懷特 1895		
合 39365	合 39394	輯佚 692			
合 39367	合 36638（合補 12784）				
合 39371	合 39373	續存上 2646			
合 39372	合 39354	合 39381			
合 39373	合 39371	續存上 2646			
合 39375	合 39407				
合 39376	合 39351				
合 39380	合 39353				
合 39381	合 39354	合 39372			
合 39383	旅藏 2132				
合 39384	合 39363	合補 12572	懷特 1895		
合 39394	輯佚 692	合 39365			
合 39395	合 39337	合 38228			
合 39396	英藏 2629				
合 39400	合 39401				
合 39401	合 39400				
合 39404	合 39341	北大 1393			
合 39407	合 39375				
合 39427	合 37779	拾遺 587			
合 39441	合 36987				
合 39500（英藏 38）	合 8996 正				

(續表)

合 39515	合補 798				
合 39557	旅藏 1140				
合 39588（英藏 39）	合 13225				
合 39589	合 6088				
合 39626	合 22928				
合 39668	合 22266	合 19996	合 21560	2.2.0051	
合 39683	合 39712				
合 39699（合 3287）	合 6552 正				
合 39712	合 39683				
合 39723	英藏 1187				
合 39727（合補 769）	合 7862				
合 39779	合 36474				
合 39817（合 7782）	合 7775				
合 39836	英藏 293				
合 39854	京人 777	合補 933			
合 39859	合 1277				
合 39863	合補 1997				
合 39895	合 16297	合 40264			
合 39906 正（英藏 623）	合 6703				
合 39912	英藏 304 正反				
合 39938	合 5828				
合 40015	日彙 212				

（續表）

合 40043	合 4010	合 9637	中歷藏 1241			
合 40078	合 2734	合 9534				
合 40096（合 9713）	合 10089					
合 40110	英藏 2377					
合 40117	合 9529	合補 602				
合 40178（合補 2748）	合補 2749					
合 40185（合 11115）	合 1924					
合 40220	合 4607					
合 40229（英藏 970）	合補 3412					
合 40236	英藏 1001					
合 40264	合 39895	合 16297				
合 40282	合 11944					
合 40429	合 2880					
合 40446	合 14260					
合 40538	日彙 527					
合 40602	合補 5720					
合 40608	旅藏 735	合補 1480				
合 40612	佚 101					
合 40663	合 583 正	合 7139	合 11454			
合 40681	合 3781					
合 40736	合 15842					
合 40797（上博 2426.267）	合 22367					
合 40830	英藏 1770					

（續表）

合 40891	合 21782	合 21811				
合 40895	合 36430	輯佚 684				
合 40929（合 22638、合 24873）	合補 8025					
合 40951	北珍 400					
合 41000	合 23277					
合 41010（合 23550）	合 25310					
合 41118（合 22828）	合 22846					
合 41145（英藏 1954）	合 25696					
合 41153（合 25326）	合 22900					
合 41163	合 25510					
合 41184	合 26186	英藏 2082	合 24136			
合 41193	合 23074					
合 41197	合 23741	合 22762				
合 41209	合 22552					
合 41266	合 26314	合 26312				
合 41287	愛 31					
合 41312（英藏 2259）	英藏 2261（合 41320）	合 26950				
合 41317（英藏 2264）	合 27437（合 25369）					

(續表)

合 41320（英藏 2261）	英藏 2259（合 41312）	合 26950				
合 41328	合 27042 正反	合補 10209	甲 2556			
合 41362	合補 13405					
合 41363	合 29040					
合 41367	日彙 343					
合 41383	合 28996					
合 41386	合 41648					
合 41443	合補 8773					
合 41455（上博 2426.269）	合 62					
合 41467（英藏 2458）	英藏 2398	合 33615				
合 41513	合補 8893					
合 41541	庫 61					
合 41563	合 28894					
合 41573	合 30706					
合 41648	合 41386					
合 41664	合 32826					
合 41729	合 36826					
合 41737	上博 34502.4	合 38215				
合 41739	合 35984					
合 41748（英藏 2528）	合 41751					
合 41751	合 41748（英藏 2528）					

（續表）

合 41763（英藏 2556）	合補 11275				
合 41769（合 36648）	合 37463				
合 41776	合補 12226	合 36903	合 36606	洹 131	合補 12424
合 41816	合 37800	合 33520			
合 41818	安陽散見殷墟甲骨				
合 41836	京津 5384				
合 41839	合補 12733	北圖 1606			
合 41860	合補 11489				
合 41863（合 38180）	合補 11645				
合 41898	契 331				
合 41928	笏二 1250				
合補 6	合 186	上博 20889.46			
合補 8（合 3309）	合 1471	合 3308	合補 502		
合補 24 正	合 249	乙 7886	合 232 正	合 1208	
合補 26	合 18137	合 14795 正	合 13709		
合補 39	合 3782	合 3397			
合補 43 正（合 17096 正）	合 17139				
合補 58 乙（合 850）	上博 812 頁.46464				
合補 72	合 18587				

(續表)

合補 109	合 8065（合 15586）					
合補 172	東洋文庫 246					
合補 217	已綴入《醉古集》第 380 則					
合補 222	中歷藏 965					
合補 238 正反	合補 1751 正反					
合補 283	合補 2664					
合補 385 正	合補 1008	合 14042 正	北大 1717			
合補 404	乙 8792	乙補 7385	乙補 7344			
合補 415	合 2752	合 2733	朱孔陽 9.6			
合補 448	合 14135	合 2891 正右半	合 5908	乙補 1839	乙補 1841	乙補 2953
	乙補 5883	乙補 1843				
合補 457	北珍 2576					
合補 462	合 11482 正					
合補 465 正	合 13158					
合補 502	合 3309（合補 8）	合 1471	合 3308			
合補 520 正	合補 5415 正	合 3662				
合補 524	合 3475	合 11073	合 14361			
合補 536	重慶三峽博物館藏甲骨集 93					
合補 545 正	合補 3297					
合補 549	合補 588					

（續表）

合補 562	合 6173				
合補 565	合 7782				
合補 573	合 15185				
合補 576 正反	合 7757 正反				
合補 577	善齋卷 7				
合補 579	合補 6533	東文研 1234			
合補 580	合 13498（合補 2776 不全）				
合補 588	合補 549				
合補 595	已綴入《醉古集》第 299 則				
合補 596 正	合 7718 正				
合補 596 反	合 7718 反				
合補 602	合 9529	合 40117			
合補 624（合補 657）	合 1				
合補 650	中歷藏 666				
合補 655	合 3537				
合補 657（合補 624）	合 1				
合補 682	已綴入《醉古集》第 37 則				
合補 687	合 3578				
合補 714	合 15193				
合補 723	合 12241 正				
合補 731	合補 6139	合補 1842	合 6283	旅藏 89	
合補 747	合補 908				

(續表)

合補 749	合 4209	合 4135			
合補 752	合補 1305				
合補 759 正	合 17276 正	合 6217			
合補 759 反	合 6217	合 17276 反			
合補 769（合 39727）	合 7862				
合補 798	英藏 609				
合補 829 正	合 11403	安明 624			
合補 831	合 7157				
合補 833	合 7230				
合補 856	合 12164	合 17349	合 19655		
合補 865	合 2091				
合補 867	合 14009 正	史購 116			
合補 894	合補 5655				
合補 905	輯佚 207				
合補 908	合補 747				
合補 919	旅藏 406				
合補 925	旅藏 705				
合補 933	英藏 543	京人 777	合 7316	合 39854	
合補 936	合 16700				
合補 948	合 2723				
合補 971	合 7530	合 3709			
合補 972	合補 1714				
合補 982	合 7529	合補 1430			
合補 988	已綴入《醉古集》第 150 則				
合補 1008	合 14042 正	合補 385 正	北大 1717		
合補 1014	合補 1083				

（續表）

合補 1060	天理 154	上博 2426.683				
合補 1074	合 12066 正					
合補 1083	合補 1014					
合補 1134 正反	合 597					
合補 1173 臼	合補 1173 正	合 4415 正	合 4415 臼			
合補 1173 正	合 4415 正	合補 1173 臼	合 4415 臼			
合補 1175	合補 9428	旅藏 583				
合補 1223	合 4066					
合補 1239 正反	北大 925 正反					
合補 1242	合 4641					
合補 1246	合補 3643					
合補 1272	合 2134					
合補 1305	合補 752					
合補 1306	合 18150					
合補 1311	合 15995					
合補 1312	合 14156	乙 8002	乙補 1620			
合補 1330	合 13178					
合補 1344	合 7420					
合補 1346 正反	合 8968 正反	合 14647 正反				
合補 1360 正反	合 6163 正反	山東 1177				
合補 1420	英藏 457					
合補 1429 正反	已綴入《醉古集》第 341 則					
合補 1430	合補 982	合 7529				
合補 1480	旅藏 735	合 40608				

(續表)

合補 1489 反	合 14440	合 15396 反	合 15540 反			
合補 1489 正反	拼五 1071					
合補 1505	合 3650 正					
合補 1515	合 12814 反					
合補 1550	已綴入《醉古集》第 166 則					
合補 1563	山東 0650					
合補 1581	英藏 197					
合補 1602	合 4793					
合補 1645	合補 2380	合補 2408				
合補 1651	合 10716	上博 21691.302				
合補 1653	合 5085	上博 2426.1439				
合補 1657	合補 4133					
合補 1658	合 7464	合 6134				
合補 1658	合 7464					
合補 1669	善齋.卷六.27b.8					
合補 1680	合 7078					
合補 1705	合 14474 正					
合補 1714	合補 972					
合補 1738 正反	已綴入《醉古集》第 23 則					
合補 1751 正反	合補 238 正反					
合補 1760 正	合 3139	北大 1715				
合補 1773	合 7219					
合補 1776	合補 4637					
合補 1787	合 9814					

（續表）

合補 1801	合 6371				
合補 1805 甲	合 1303 正				
合補 1842	合補 6139	合補 731	合 6283	旅藏 89	
合補 1846（合 6149）	合 1224				
合補 1851	善齋 5.28B.8				
合補 1857	天理 243				
合補 1860	合 6370	合 6310			
合補 1880	英藏 685				
合補 1881	合 7497				
合補 1889	旅藏 219				
合補 1921	合 8554	合補 2140	合 12812		
合補 1938	英藏 1133 正				
合補 1956	上博 7645.261				
合補 1960（合 7687）	合 4811	合 7699			
合補 1961	合 4274				
合補 1976	合 6148				
合補 1978	合 2434				
合補 1989	合 10068				
合補 1991	合 18032	合 7015	合 4326		
合補 1993	合補 2247	筠二 210	合 7077	合 7671	
合補 1995	英藏 422				
合補 1997	合 39863				
合補 2012	東文研 228				

附錄二　2004 年～2017 年甲骨新綴號碼表 · 547

（續表）

合補 2019（合補 2043）	合 3010 正				
合補 2022	合 18917				
合補 2043（合補 2019）	合 3010 正				
合補 2051	合 14262				
合補 2060	合補 2098				
合補 2064	上博 21691.184	上博 21569.158			
合補 2076	合補 4362				
合補 2082	3.0.1441				
合補 2098	合補 2060				
合補 2105	合 3572				
合補 2116 正反	東文庫 57 正反				
合補 2117	合補 4064				
合補 2120	合 7577				
合補 2136 正	合 2778	合 19724 正			
合補 2136 反	合 19724 反				
合補 2140	合 12812				
合補 2147	合 6858				
合補 2159 正反	合 7964 正反				
合補 2163 正反	合 14976 正反				
合補 2164	明後 S0875				
合補 2184	合 19617				
合補 2200	北大 1798				
合補 2208	合 36447	合 36436			

（續表）

合補 2216	合 7795				
合補 2247	合補 1993	笏二 210	合 7077		
合補 2261 正反	合 11565 正反				
合補 2284（合 4820）	合 12080				
合補 2294（合 7962+合 17947）	合 18792	合 18795	合 13377		
合補 2325	合 10246				
合補 2380	合補 1645	合補 2408			
合補 2388 正	合 2150				
合補 2408	合補 1645	合補 2380			
合補 2443 正反	合補 5997 倒正反				
合補 2447 正	合 15777 正				
合補 2447 反	合 15777 反				
合補 2479	合補 6072				
合補 2490	合 5979				
合補 2496	合 15580				
合補 2601	合 10410 正				
合補 2617	合補 4314				
合補 2630 正反（合 10749）	合 10362				
合補 2651	合 10729				
合補 2653	合 1248	合 13642	乙 3367	乙 1617	
合補 2664	合補 283				
合補 2679		已綴入《醉古集》第 8 則			

（續表）

合補 2707	合 19166					
合補 2736	合 18821					
合補 2748（合 40178）	合補 2749					
合補 2749	合補 2748（合 40178）					
合補 2773	合 6674	存補 5.140.1				
合補 2775	合 7671					
合補 2776（合 13498 全）	合補 580					
合補 2782	合補 4067					
合補 2793	合 4173	北大 2341				
合補 2819	合補 5876					
合補 2873	合 6185					
合補 2905	東文研 273					
合補 2907	合 19721					
合補 2924	輯佚附 15					
合補 3014	已綴入《醉古集》第 251 則					
合補 3016	合 9144					
合補 3067	合 16572					
合補 3078	合 13062					
合補 3121	已綴入《醉古集》第 371 則					
合補 3153	合 22802					
合補 3166	合 43					
合補 3215	合 5071					
合補 3220	已綴入《醉古集》第 153 則					
合補 3225	山東 721					
合補 3244	上博 320 頁.596					

（續表）

合補 3263	合 2033				
合補 3264 正反	合補 6282 正反				
合補 3275 正反	已綴入《醉古集》第 150 則				
合補 3293	合 12451				
合補 3297	合補 545 正				
合補 3338	合 7780	合補 543			
合補 3380	屯南 2680	屯南 2249			
合補 3397	上博 2426.645				
合補 3403（合補 6320）	英藏 848				
合補 3412	英藏 970（合 40229）				
合補 3439	合 23711	合 5294			
合補 3446	合 17028 正				
合補 3477	合 479				
合補 3506	笏二 653				
合補 3547	合補 6516				
合補 3643	合補 1246				
合補 3657	已綴入《醉古集》第 284 則				
合補 3666	合補 3667				
合補 3667	合補 3666				
合補 3694	合 12049				
合補 3762	已綴入《醉古集》第 56 則				
合補 3792	合 12762				
合補 3833	已綴入《醉古集》第 56 則				
合補 3859	合 7027				
合 3925 正	合 8512				

（續表）

合補 3970	已綴入《醉古集》第 372 則				
合補 3984（合補 6915）	合 22221	合 19895	乙補 7394	乙 8774	
合補 4002 正反	已綴入《醉古集》第 257 則				
合補 4005	合 13909	合 4353			
合補 4018	合補 5926 正				
合補 4064	合補 2117				
合補 4067	合補 2782				
合補 4133	合補 1657				
合補 4180	合 11725				
合補 4188	已綴入《醉古集》第 308 則				
合補 4237 正反	合補 6047 正反				
合補 4277	合 1452	合 5764			
合補 4348	合 15621				
合補 4359	合 11682				
合補 4362	合補 2076				
合補 4393	文錄 136				
合補 4439	合 28114				
合補 4469	合 295	合 340	山東 197		
合補 4481	合 12573	合 23679（合 24878）			
合補 4497	已綴入《醉古集》第 338 則				
合補 4507	合 6249				
合補 4524(懷特 918)	英藏 792				
合補 4536	北大 2184				
合補 4565	合 6203				

（續表）

合補 4572 正反	已綴入《醉古集》第 254 則，林氏又加乙補 109					
合補 4589	合 1706					
合補 4609	合 12887					
合補 4615	合 6690					
合補 4637	合補 1776					
合補 4680	合補 4747					
合補 4703	已綴入《醉古集》第 305 則					
合補 4707	旅藏 487					
合補 4747	合補 4680					
合補 4779	北大 2572					
合補 4835	合 16696					
合補 4838	合 17697 正反	合 7159 正反				
合補 4845	合 16901	合 16794				
合補 4856	3.0.0379					
合補 4903	上博 250 頁.92 正					
合補 4948	上博 138 頁.760					
合補 4960	中歷藏 1253					
合補 4979	京人 1426					
合補 4980 正反	合 1305 正反					
合補 4981 正（合 16184）	合 4595					
合補 5046 （合 16952）	輯佚 274					
合補 5066	合 13868					
合補 5191 正	合 268 正					

（續表）

合補 5209	合 3728	甲釋 143	甲 3320			
合補 5287 正反	合 17729 正反					
合補 5308	合 9722					
合補 5356	合 6914	合 6501				
合補 5362 正反	合 1168 正反					
合補 5415 正	合補 520 正	合 3662				
合補 5415 反	合補 520 反					
合補 5501	合 552 反	合 7150 反				
合補 5529	合 6491					
合補 5530	合 11919					
合補 5558 正反	史購 64 正反					
合補 5596	合 17810					
合補 5597	東大 B571a	合 7143 正	合 584 正甲	合 9498 正		
合補 5628	中歷藏 46					
合補 5638	乙補 3399	合 22309	合 22212	合 22091 甲乙	乙補 6106	乙 8557
	乙補 3400	合 22124	合 22410	合 22418		
合補 5655	合補 894					
合補 5658	合 10029					
合補 5663	合補 5664					
合補 5664	合補 5663					
合補 5670	合 7386					
合補 5691	合補 5717					
合補 5710	合補 9125					
合補 5717	合補 5691					
合補 5720	合 40602					
合補 5744	合 19283					

(續表)

合補 5817	合 10360	合 19345			
合補 5851	合 16887				
合補 5854	合 18919				
合補 5876	合補 2819				
合補 5878	合 16504				
合補 5912	已綴入《醉古集》第 8 則				
合補 5926 正	合補 4018				
合補 5964 反	合 13582	合 5568 正	合 5568 反		
合補 5984 正	合 7330 左半				
合補 5997 倒正反	合補 2443 正反				
合補 6009 正	謝 173				
合補 6020	京人 S0537				
合補 6036 正	合補 6342				
合補 6038	合 1203	合 37474			
合補 6047 正反	合補 4237 正反				
合補 6050	北大 202				
合補 6072	合補 2479				
合補 6096 正反	合 9198 正反				
合補 6113	合 10584				
合補 6130	合 6084				
合補 6139	合補 1842	合補 731	合 6283	旅藏 89	
合補 6141	合 4568				
合補 6191 正	合 5411				
合補 6261	已綴入《醉古集》第 100 則				

（續表）

合補 6282 正反	合補 3264 正反				
合補 6292	已綴入《醉古集》第 102 則				
合補 6320	英藏 848				
合補 6342	合補 6036 正				
合補 6347	R37203	醉古集 49			
合補 6367 正反	北大 2187 正反	北大 1104			
合補 6438	合 6062				
合補 6439	合 17149 正				
合補 6442 正	復旦大學博物館 R1475.1				
合補 6443	合 11173				
合補 6512	英藏 476				
合補 6516	合補 3547				
合補 6533	合補 579	東文研 1105			
合補 6558 甲乙	合 19966				
合補 6616	合 19363				
合補 6654	合 20653				
合補 6659	合 20834				
合補 6662	合補 6727				
合補 6663（合 20824）	乙補 21				
合補 6678	英藏 1913	合 21811			
合補 6681 正	甲 2586	甲 2558	3.2.0305		
合補 6704	上博 48704	合 35081	殷餘 143		

（續表）

合補 6710 上	英藏 1913	合 21782				
合補 6710 下	英藏 1913	合 21811				
合補 6717	合補 6789					
合補 6727	合補 6662					
合補 6736	合 20664	合 20012				
合補 6789	合補 6717					
合補 6810	合 21318					
合補 6819	合 8711					
合補 6823	合 21788					
合補 6850（合補 6859）	乙 757					
合補 6859（合補 6850）	乙 757					
合補 6861	乙補 20 倒					
合補 6862	合 21025	合 20986				
合補 6884	合 22087 正	合 22086				
合補 6895	合補 11529					
合補 6898	合 22133	合 22144	乙 8845	乙補 7364	乙補 7338 倒	乙 8787
	乙 8989	乙補 7367	乙 8798			
合補 6912	合 21877	乙 1840				
合補 6915（合補 3984）	合 22221	合 19895	乙補 7394	乙 8774		
合補 6916	乙補 7371					
合補 6932 甲乙	合 20529	京人 2992				
合補 6933	合 34926					

（續表）

合補 6941	合 22459	乙 635	乙補 1380	合 21887		
合補 6976	合 22817					
合補 6977	合補 7754					
合補 6998	合 22848					
合補 7003（合 23157）	合 23193					
合補 7005	合 23153					
合補 7021 甲乙	合 34582					
合補 7040	合 25035					
合補 7044	合 5384					
合補 7049	合 23335					
合補 7054	英 2090					
合補 7069	合補 7490					
合補 7094	合 23586	存補 7.3.1				
合補 7117	合 22734					
合補 7231	合 25643					
合補 7238	合補 8243					
合補 7240	合 27293					
合補 7242	合補 8366					
合補 7262	輯佚 300					
合補 7271	合補 8181					
合補 7362	合 22542					
合補 7455	合 28633					
合補 7487（合補 7523）	合 25354	輯佚 322				
合補 7490	合補 7069					
合補 7543	合 25819					
合補 7551	合補 7580					

（續表）

合補 7554（合 25259+合 25092）	合 24266					
合補 7555	合 25290	合 25348				
合補 7557	拾遺 346					
合補 7561	合補 7564					
合補 7564	合補 7561					
合補 7570	合 24325					
合補 7580	合補 7551					
合補 7601	合 24259					
合補 7602	合 23766	合 25442				
合補 7617	合 26147					
合補 7683	合 25504					
合補 7685	合 2577					
合補 7728	合補 7762					
合補 7738	合 22785					
合補 7754	合補 6977					
合補 7762	合補 7728					
合補 7765	合 25032					
合補 7768	合 23152					
合補 7811	合 25341	合 25642	合 23031			
合補 7860	合 23147					
合補 7884	合 25599					
合補 7898	合 25395					
合補 7922	合 25466					
合補 7997	英藏 2214					
合補 8002	合補 8255					
合補 8014	合補 8132（合補 8044）	合 26373				

（續表）

合補 8025	合 22638（合 24873、合 40929）				
合補 8044（合補 8132）	合補 8014	合 26373			
合補 8089	合補 8103				
合補 8093	合 24309				
合補 8098	合 26460				
合補 8103	合補 8089				
合補 8104	合補 8125				
合補 8125	合補 8104				
合補 8131	北圖 505				
合補 8132（合補 8044）	合補 8014	合 26373			
合補 8139	合補 8161				
合補 8161	合補 8139				
合補 8181	合補 7271				
合補 8197	合 17066				
合補 8227（合 26550）	合 26604				
合補 8243	合補 7238				
合補 8245	合 26588				
合補 8246	合 26648	合 26652			
合補 8255	合補 8002				
合補 8310	善齋 7.11B.1				
合補 8319	合 24303				
合補 8333	合補 8341				
合補 8341	合補 8333				
合補 8342	合補 8481				

（續表）

合補 8353	合補 8427					
合補 8362	合補 8382					
合補 8364	旅藏 1377					
合補 8366	合補 7242					
合補 8371	合 23845					
合補 8382	合補 8362					
合補 8408	合 23976					
合補 8412	合 23892					
合補 8427	合補 8353					
合補 8455	合補 8543	合 23848				
合補 8481	合補 8342					
合補 8493	英藏 2022					
合補 8497	合 23051					
合補 8504	合 23380	合 25313				
合補 8511	合 23840					
合補 8516	愛 91 正	愛 92 正				
合補 8543	合補 8455	合 23848				
合補 8545	愛 58					
合補 8583	蔣 15					
合補 8589	合 23164					
合補 8615	合 22664					
合補 8640	合 31526					
合補 8642	善齋 5.53.14					
合補 8745	合 27390					
合補 8760	合 31935					
合補 8769	已綴入《醉古集》第 2 則					
合補 8773	合 41443					
合補 8816	合 31618					
合補 8844	合 31416	合補 10007	合 31403			

（續表）

合補 8866	合補 10068				
合補 8893	合 41513				
合補 8982	屯南 4200				
合補 8997	合 28956				
合補 9042	合 29316				
合補 9087	合 28740				
合補 9101	合 33502				
合補 9111	合補 9117				
合補 9115	合 28434				
合補 9117	合補 9111				
合補 9122	合補 9390				
合補 9125	合補 5710				
合補 9128	合 28641				
合補 9142	合 28688				
合補 9143	合 28433				
合補 9170	合補 9358				
合補 9173	合 29169（合 33558）				
合補 9183	合補 10378				
合補 9189	合補 9227				
合補 9210	合 28379				
合補 9211	合 31035	合補 9465			
合補 9227	合補 9189				
合補 9254	合 28803				
合補 9261	合 28401				
合補 9309	合 33008				
合補 9334	合 28460				
合補 9335	合 30083				
合補 9352	2.2.0107				

（續表）

合補 9358	合補 9170				
合補 9359	合 27342				
合補 9382	合 31111				
合補 9390	合補 9122				
合補 9409	合 28859				
合補 9428	合補 1175	旅藏 583			
合補 9429	合 29984				
合補 9445	合 31144				
合補 9465	合 31035	合補 9211			
合補 9484（合補 10389）	甲 2514	甲 2534	合 5779		
合補 9509	合 34054				
合補 9539	合 27867	合 27856	合 27866	合 29718	
合補 9541	合 29165				
合補 9605	合 33691				
合補 9635	北圖 1803				
合補 9699	合 27271				
合補 9705	合 27427				
合補 9709	合 31079				
合補 9710	合 31287				
合補 9712	合 27428				
合補 9730	合 27361				
合補 9781	合 28786				
合補 9810（合補 9811）	合 33485	旅藏 1532			
合補 9811（合補 9810）	合 33485	旅藏 1532			
合補 9818	合 29258				

（續表）

合補 9828（合補 10095）	合 31392	合 31380				
合補 9852	合 28938					
合補 9885	合 31565					
合補 9999（合 31363）	合 31356（合 31365）	合補 10124	合 31330			
合補 10007	合 31416	合補 8844	合 31403			
合補 10020	合補 10094					
合補 10057	合 29721	合補 10058	合 31477	合 31467	合補 10059	合 31474
合補 10058	合 29721	合補 10057	合 31477	合 31467	合補 10059	合 31474
合補 10059	合 29721	合補 10058	合 31477	合 31467	合補 10057	合 31474
合補 10060	合 31474					
合補 10068	合補 8866					
合補 10090（合補 10107）	合 31518					
合補 10094	合補 10020					
合補 10095（合補 9828）	合 31392	合 31380				
合補 10107（合補 10090）	合 31518					
合補 10117	合 26706					

（續表）

合補 10124	合 31330	合 31356（合 31365）	合 31363（合補 9999）			
合補 10209	合 27042 正	合 41328	甲 2556			
合補 10212	合 30810					
合補 10218	合 33165					
合補 10222 正反	合 27456 正反					
合補 10291	合 27323					
合補 10298	合 32012					
合補 10346	合補 10385	合 30445				
合補 10356	合 30401					
合補 10362	已綴入《醉古集》第 266 則					
合補 10378	合補 9183					
合補 10385	合補 10346	合 30445				
合補 10389（合補 9484）	甲 2514	甲 2534	合 5779			
合補 10397	合 27819					
合補 10405	合 33742					
合補 10410	安明 B2686					
合補 10414	英藏 2473					

（續表）

合補 10436	甲 2283	合 22484					
合補 10462	合 32233						
合補 10474	合 34090						
合補 10493	合 32846						
合補 10495	上博 48947.12						
合補 10511	合 34637						
合補 10526（合 33095）	合 33050						
合補 10529	合 32933						
合補 10535 正	已綴入《醉古集》第 238 則						
合補 10535 反	存補 3.277.2（合 35261 甲中"乙"片的反面）						
合補 10558	合 34494						
合補 10572	合 34639						
合補 10578	合 33462						
合補 10606	合 34688						
合補 10620	已綴入《醉古集》第 294 則						

（續表）

合補 10626（合補 10659）	已綴入《醉古集》第 247 則				
合補 10634	合 33275				
合補 10656	合補 10667				
合補 10659（合補 10626）	已綴入《醉古集》第 247 則				
合補 10660	合 33385				
合補 10667	合補 10656				
合補 10674	合 33628	合 33383			
合補 10700	合補 10930				
合補 10704	懷特 1648				
合補 10743	掇三 853				
合補 10758	合補 10823				
合補 10762	合補 10771	合 35106			
合補 10765	村中南 161				
合補 10771	合補 10762	合 35106			
合補 10786	合 32971				
合補 10819	英藏 2488				
合補 10823	合補 10758				

（續表）

合補 10835	安明 2552				
合補 10856	蘇德*329				
合補 10864	合 33001				
合補 10903	合 32548				
合補 10930	合補 10700				
合補 10952	合 38302	合補 12606			
合補 10955	合 36196 乙				
合補 10974	合補 11716				
合補 10977	合 35839				
合補 10985	合 35716				
合補 10989	合 36258				
合補 10993	合 35953				
合補 11000	合補 11043				
合補 11019	合 38756				
合補 11024	合補 11046				
合補 11032	山東 1827	山東 1826			
合補 11039	合 36928	合 35418			
合補 11043	合補 11000				

（續表）

合補 11046	合補 11024					
合補 11047	合 36022					
合補 11064	合 38248					
合補 11086	合 36039					
合補 11093（合 37835）	合 35432					
合補 11098	英藏 2521					
合補 11107	合 36395					
合補 11115	合 36567（合 36555）					
合補 11120	合 36652					
合補 11136	合補 11144					
合補 11141	合 36957	英藏 2562 正	合 37475			
合補 11144	合補 11136					
合補 11185	合 38467					
合補 11225	合 37900					
合補 11239	簠雜 4					
合補 11258	存補 6.149.4					
合補 11270	合補 11361					

(續表)

合補 11274	合 37574					
合補 11275	英藏 2556（合 41763）					
合補 11283	合 36896					
合補 11298	合 37543					
合補 11303	合 37790					
合補 11307	合 37549					
合補 11316（懷 1856）	合補 11369					
合補 11323	合 37448					
合補 11328	合 36601	合 36718				
合補 11330	虛 1507					
合補 11332	合 37431					
合補 11335	輯佚 813					
合補 11361	合補 11270					
合補 11364	合補 13081					
合補 11366	合 37553					
合補 11369	合補 11316（懷特 1856）					
合補 11373	合 37706	續 3.30.1				

(續表)

合補 11377	合 37764				
合補 11381	合 37055				
合補 11402	合 37183				
合補 11433	合 36334	合 36324			
合補 11442	合 37328	合 37172	合 37312	史購 294	愛 193
合補 11453	合補 13118				
合補 11471	合補 12712				
合補 11472	合 35663				
合補 11477（合補 11500）	合 37989				
合補 11480（合補 11576）	人 B2963	合 38026			
合補 11485	合 38081				
合補 11489	合 41860				
合補 11499	合補 11566				
合補 11500（合補 11477）	合 37989				
合補 11513	合補 11585（合補 11562）				
合補 11517	合 37997	英藏 2586	合補 11610	合 38011	

（續表）

合補 11524	合 38055				
合補 11529	合補 6895				
合補 11543 正	北大 1867	上博 2426.364			
合補 11555	合補 11557				
合補 11557	合補 11555				
合補 11561	珠 1455				
合補 11562（合補 11585）	合補 11513				
合補 11566	合補 11499				
合補 11576（合補 11480）	合 38026	人 B2963			
合補 11585（合補 11562）	合補 11513				
合補 11592	合 38035	合 38004	合補 11601		
合補 11598	上博 2426.772				
合補 11601	合補 11592	合 38035	合 38004		
合補 11610	英藏 2586	合補 11517	合 37997	合 38011	
合補 11611 倒	合補 12083	合 38089			
合補 11631	英藏 2578 正	蘇德*415			
合補 11634	合補 11960				

（續表）

合補 11645	合 38180（合 41863）					
合補 11652	合 36739					
合補 11666	英藏 2568					
合補 11692	北大 0484					
合補 11695	合 35596					
合補 11716	合補 10974					
合補 11809	合 38652					
合補 11837	合補 11940					
合補 11846	上博 2426.1276					
合補 11860	合補 11963					
合補 11884	合 35833					
合補 11897	合 35652					
合補 11920	合 35415					
合補 11937	上博 2426.1289					
合補 11940	合補 11837					
合補 11960	合補 11634					
合補 11963	合補 11860					
合補 12031	英藏 2579 倒					

（續表）

合補 12063	合補 12488				
合補 12083	合補 11611 倒	合 38089			
合補 12092	合補 12728	合補 12909	合補 13033		
合補 12097	合 38084				
合補 12098	合 38090				
合補 12188	北大 560				
合補 12202	契 304				
合補 12226	合 36606	合 36903	合 41776	洹 131	合補 12424
合補 12229	合補 12302（懷特 1822）				
合補 12232	合補 12440				
合補 12266	合 38789	英藏 2617	合補 12333		
合補 12267	合補 12416	合 38786	合 38835		
合補 12282	合 36818	合 36457	合 36474	合 36460	
合補 12298	合補 12420				
合補 12302（懷特 1822）	合補 12229				
合補 12308	合補 12392				
合補 12318	笏一 12	笏二 1315	東文庫 504		

（續表）

合補12333	合38789	合補12266	英藏2617			
合補12336	安明3120					
合補12347	合38787					
合補12355	合37950	合補12699	合補13034			
合補12356	合37958	上博2426.1466				
合補12358	合38933					
合補12361	合補12368	合補12496				
合補12366	合補12502	合補12410				
合補12368	合補12361	合補12496				
合補12369	合38867					
合補12372	合補12515					
合補12381	合補12403					
合補12392	合補12308					
合補12403	合補12381					
合補12405	合38826					
合補12410	合補12366	合補12502				
合補12413	合38783					
合補12416	合補12267	合38786	合38835			

（續表）

合補 12419	輯佚 719	合補 12449	合補 12419			
合補 12420	合補 12298					
合補 12421	輯佚附 71					
合補 12424	合補 12226	合 36903	合 41776	洹 131	合 36606	
合補 12425	安明 3126					
合補 12434	合 36450					
合補 12440	合補 12232					
合補 12443	北大 1288					
合補 12449	輯佚 719	合補 12419				
合補 12452	合 38796					
合補 12488	合補 12063					
合補 12496	合補 12361	合補 12368				
合補 12501	懷特 1878					
合補 12502	合補 12366	合補 12410				
合補 12511	懷特 1827					
合補 12515	合補 12372					
合補 12517	合 38774					
合補 12528	合 38925					

（續表）

合補 12534	合 36454					
合補 12549	合 39158					
合補 12572	合 39384	合 39363	懷特 1895			
合補 12587	合補 12630	合 39101				
合補 12588	合補 12643					
合補 12598	英藏 2631					
合補 12606	合補 10952	合 38302				
合補 12609	合 37903					
合補 12610	合補 12615					
合補 12611	合 35408	合 38827				
合補 12615	合補 12610					
合補 12630	合補 12587	合 39101				
合補 12636	合補 12650（合補 12748）					
合補 12643	合補 12588					
合補 12645	合補 12651					
合補 12650（合補 12748）	合補 12636					
合補 12651	合補 12645					

（續表）

合補 12674	笏二 1251					
合補 12680	甲詮 177					
合補 12691	虛 573					
合補 12699	合補 12355	合 37950	合補 13034			
合補 12703	輯佚 686	北大 1383				
合補 12707	合補 12987					
合補 12712	合補 11471					
合補 12714	北大 1376					
合補 12715	合 37928					
合補 12720	上博 2426.682					
合補 12728	合補 12909	合補 13033				
合補 12732	合 36895	合 36757				
合補 12733	英藏 2624					
合補 12748（合補 12650）	合補 12636					
合補 12769	北大 1352					
合補 12784（合 36638）	合 39367					
合補 12791	合 39072	明後 2740				

（續表）

合補 12792	合補 12947（合補 12999）					
合補 12813	合 39330					
合補 12830	春敬の眼 12					
合補 12838	北大 1348	北大 1351				
合補 12839	甲詮 177					
合補 12847	英藏 2622					
合補 12848	合 37932					
合補 12857	合 39201					
合補 12871	合 37875	合 37922	合 37929			
合補 12872	合 35745	英藏 2508				
合補 12877	合 36490	合 36494	英藏 2525			
合補 12881	笏二 1520					
合補 12882	合 39271					
合補 12884	虛 573					
合補 12890	旅藏 2123	合 39198				
合補 12899	珠 239					
合補 12904	合 39158					
合補 12909	合補 13033	合補 12728				

(續表)

合補12926（合38953）	合39112	合38959					
合補12927	合35406	史購172					
合補12939	合39157						
合補12947（合補12999）	合補12792						
合補12954	善齋2.52A.1						
合補12976	洹024						
合補12982	史購277						
合補12987	合補12707						
合補12989	合38850						
合補12999（合補12947）	合補12792						
合補13004	英藏2652						
合補13033	合補12909	合補12728					
合補13034	合37950	合補12355	合補12699				
合補13045	合41362						
合補13062	合36828						
合補13064	合36764	合36639	合37508				
合補13074	續3.30.1						

（續表）

合補 13080	合 37775					
合補 13081	合補 11364					
合補 13088	合 39331	合 37917				
合補 13089	合 37862	合 36857				
合補 13108	東大 0943					
合補 13112	北圖 1923					
合補 13118	合補 11453					
合補 13134	合補 13157	合 36127				
合補 13136	合 38085					
合補 13144	合 36921					
合補 13148	合 36357	輯佚 957				
合補 13157	合 36127	合 13134				
合補 13167	合 37545					
合補 13185	英藏 207 反					
合補 13266	愛 15					
合補 13311	合補 7997					
合補 13425	合 37142					
安明 357	合 10506	合 18765	合 13564	合 13843	北圖 1980	合 12867
安明 618	合 8609					

（續表）

安明 629	合 7425	合 7400				
安明 809	冬 119					
安明 897	旅藏 274					
安明 1120	上博 17645.99	拼四第 1042 則				
安明 1219	合 25293					
安明 B2686	合補 10410					
安明 3087	記杭州藏友收藏的甲骨文 9					
安散 53	合 36841					
北大 58	合 35					
北大 202	合補 6050					
北大 247	合 17082					
北大 400	合 40951					
北大 942	合 16016					
北大 1376	合補 12714					
北大 1706	合 31470					
北大 1715	合補 1760 正	合 3139				
北大 2091	英藏 1039 正反					
北大 2108	合 13074 乙	合 13074 甲	合 13449			
北大 2167	合 1494					
北大 2453	笏二 1285					
北大 2500	合 15927					
北大 2508	東文研 502					
北大 2572	合補 4779					
北大 2576	合補 457					
北大 2881	合 37522	合 36203	合 37711	合 37405	拾遺 618	

（續表）

北大 2904	合 38216					
北圖 244	合 7327	合 7333 正				
北圖 728	合 14430					
北圖 1803	合補 9635					
北圖 1980	合 10506	合 18765	合 13564	安明 357	合 13843	合 12867
北圖 2375	合 626					
北圖 2382	合 2861	合 11573				
北圖 3609	合 5030					
丙 20	乙補 6303	乙補 3464				
丙 159	乙 1191	乙 1192	乙 2972	乙 6864	乙 1190	
丙 212	乙補 5016					
丙 225	乙補 6109	無號甲	乙補 1675			
丙 245	乙 2390	乙補 1968				
丙 265	乙 1940					
丙 267	乙補 517					
重慶三峽博物館藏甲骨集 5	合 3958					
重慶三峽博物館藏甲骨集 8	合 13536 正	合 3664	合 6158			
重慶三峽博物館藏甲骨集 80	合 7383 正					
重慶三峽博物館藏甲骨集 93	合補 536					
春敬の眼 12	合補 12830					
村中南 126	村中南 215	村中南 132				
村中南 132	村中南 126	村中南 215				

（續表）

村中南 136	合 34934				
村中南 161	合補 10765				
村中南 215	村中南 126	村中南 132			
村中南 502	綴彙 913				
粹 306	合 22803				
存補 3.69.2	懷特 839				
存補 5.264.1	合 7837	上博 17647.400			
存補 5.304.1	合 36946	綴 216	合 36630	上博 2426.367	合 36938
存補 5.95.1	合 16375 正				
存補 5.95.2	合 16375 反				
存補 6.149.4	合 38724	通 587	合 36826	合 36607	
存補 7.3.2	合 35965	合 36177	笏二 986		
冬 119	安明 809				
東文庫 49 反	東文庫 138				
東文庫 61	中歷藏 348				
東文庫 69	懷特 S0651				
東文庫 138	東文庫 49 反				
東文庫 246	合補 172				
東文庫 355	合 26646	合 26539	虛 367		

（續表）

東文庫 373	日散 300					
東文庫 504	合補 12318	笏二 1315	笏一 12			
東文庫 558	珠 832					
東文研 1181a	合 3852					
東文研 502	北大 2508					
東文研 834	笏二 1504					
掇一 19	合 13037	英藏 398				
掇一 19	合 12897	合 9059 正	合 13037	英藏 398		
掇三 685	合 33717					
法藏 17	合 23574	山東 1144	合 15432			
簠游 27	合 178	合 7700				
H11:133	H11:52					
H11:52	H11:133					
後下 11.9	合 19696					
笏一 12	合補 12318	笏二 1315	東文庫 504			
笏一 35	綴彙 206					
笏二 26	合 6426					
笏二 80	笏二 340					
笏二 210	合補 2247	合補 1993	合 7077			
笏二 340	笏二 80					
笏二 362	合 14261					
笏二 363	合 5817 正					
笏二 393	合 3298					
笏二 394	合 15905					
笏二 548	合 29937					
笏二 555	合 17009					

（續表）

笏二 579	笏二 908					
笏二 600	合 26227 甲	合 26217				
笏二 622	甲骨綴合集 153					
笏二 653	合補 3506					
笏二 908	笏二 579					
笏二 924	山東 131					
笏二 986	存補 7.3.2	合 35965	合 36177			
笏二 996	笏二 1279					
笏二 1011	笏二 1043					
笏二 1034	合 38954					
笏二 1043	笏二 1011					
笏二 1111	合 35405					
笏二 1250	合 41928					
笏二 1251	合補 12674					
笏二 1279	笏二 996					
笏二 1285	北珍 2453					
笏二 1315	合補 12318	笏一 12	東文庫 504			
笏二 1365	笏二 1477					
笏二 1388	英藏 2548					
笏二 1464（東文研 729）	中歷藏 1675					
笏二 1477	笏二 1365					
笏二 1487	珠 397					
笏二 1504	東文研 834					
笏二 1511	合 38014					
笏二 1520	合補 12881					

（續表）

花東 6	花東 532	
花東 123	輯佚 561	
花東 207	花東 210	
花東 210	花東 207	
花東 275	花東 517	
花東 302	花東 344	
花東 332	花東 534	
花東 344	花東 302	
花東 358	花東 386	花東 559
花東 386	花東 358	花東 559
花東 428	花東 561	
花東 513	花東 519	
花東 517	花東 275	
花東 519	花东 513	
花東 521	花東 531	
花東 531	花東 521	
花東 532	花東 6	
花東 534	花東 332	
花東 559	花東 358	花東 386
花東 561	花東 428	
懷特 214	合 16583	
懷特 357 正反	合 6405 正反	
懷特 434	合 21375	
懷特 439	合 7151 正	
懷特 S0651	東文庫 69	
懷特 839	存補 3.69.2	
懷特 899	合 3475	
懷特 913	合 6674	

（續表）

懷特 959	瑞典遠東古物博物館 K.14965					
懷特 1003	北大 1663					
懷特 1167	懷特 1170					
懷特 1169	懷特 1189					
懷特 1170	懷特 1167					
懷特 1172	懷特 1173	懷特 1192	懷特 1287			
懷特 1173	懷特 1172	懷特 1192	懷特 1287			
懷特 1189	懷特 1169					
懷特 1192	懷特 1172	懷特 1173	懷特 1287			
懷特 1193	合 24060					
懷特 1275	明後 2099					
懷特 1287	懷特 1172	懷特 1173	懷特 1192			
懷特 1295	合 24057					
懷特 1428	懷特 1442					
懷特 1442	懷特 1428					
懷特 1581	京人 2289					
懷特 1615	合 33145					
懷特 1640	合 32782					
懷特 1648	合補 10704					
懷特 1715	合 36246					
懷特 1822（合補 12302）	合補 12229					
懷特 1827	合補 12511					
懷特 1856（合補 1131）	合補 11369					
懷特 1878	合補 12501					

（續表）

懷特 1891	合 39384	合 39363	懷特 1895		
懷特 1895	合 39384	合 39363	懷特 1891		
懷特 1896	合 37894				
懷特 1897	英藏 2631				
洹 024	合補 12976				
洹 131	合補 12226	合 36903	合 41776	合 36606	合補 12424
彙編 237	乙補 764	乙補 786			
彙編 493	合 17517 正	戩 29.4	合 26712	戩 29.3	合 26619
彙編 827	乙 7670				
彙編 874	乙補 2361 倒	乙補 2360	乙補 2371		
輯佚 3	合 10970 左半	明後 0341			
輯佚 16	合 217				
輯佚 18	合 8409				
輯佚 23	合 15526	合 19031			
輯佚 35	合 5212				
輯佚 70	合 23624				
輯佚 81	輯佚 268				
輯佚 118	合 625	合 6286			
輯佚 131 正反	合 10896 正反	合 5674 正反			
輯佚 207	合補 905				
輯佚 213	旅藏 616				
輯佚 268	輯佚 81				
輯佚 274	合 16952 （合補 5046）				
輯佚 300	合 24262	合 24426			
輯佚 319	拾遺 313 正				

(續表)

輯佚 322	合補 7487（合補 7523）	合 25354				
輯佚 353	合 3240	合 4884				
輯佚 459	合 23409					
輯佚 461	英 2039					
輯佚 474	合 23034					
輯佚 561	花東 123					
輯佚 563	輯佚 566					
輯佚 565	合 31066					
輯佚 566	輯佚 563					
輯佚 608	合 33475					
輯佚 619	輯佚 657					
輯佚 626	輯佚 627	輯佚 630				
輯佚 627	輯佚 626	輯佚 630				
輯佚 629 正	合 32468					
輯佚 630	輯佚 627	輯佚 626				
輯佚 634	拾遺 452					
輯佚 653	輯佚 665					
輯佚 656	拾遺 457					
輯佚 657	輯佚 619					
輯佚 665	輯佚 653					
輯佚 668	輯佚 671					
輯佚 671	輯佚 668					
輯佚 673	輯佚 674					
輯佚 674	輯佚 673					
輯佚 681	合 36941	合 36960				
輯佚 684	合 40895	合 36430				
輯佚 686	合補 12703	北大 1383				
輯佚 692	合 39394					

（續表）

輯佚 700	合 36432				
輯佚 701	輯佚附 93				
輯佚 711	合 36053				
輯佚 719	合補 12419	合補 12449			
輯佚 729	合 37767（合 37770）	合 37474			
輯佚 734	合 36437				
輯佚 754	上博 34502.3				
輯佚 764	輯佚 765	合 38827	合 35408		
輯佚 765	輯佚 764	合 38827	合 35408		
輯佚 813	合補 11335				
輯佚 815	上博 2426.546				
輯佚 824	安明 2909	掇三 140	掇二 419	合 37137	合 35374
輯佚 859	拾遺 606				
輯佚 864	合 38293				
輯佚 943	合 38246				
輯佚 954	郭 6				
輯佚 957	合補 13148	合 36357			
輯佚 1002	合 37541				
輯佚 1004	合 37828				
輯佚附 15	合補 2924				
輯佚附 67	合 36757	合 36782			
輯佚附 71	合補 12421				
輯佚附 93	輯佚 701				
記杭州藏友收藏的甲骨文 9	安明 3087				

(續表)

戩 29.3	戩 29.4	合 26712	合 17517 正	合 26619	彙編 493	
戩 29.4	戩 29.3	合 26712	合 17517 正	合 26619	彙編 493	
京人 195	合 4025	合 8731				
京人 777	英藏 543	合補 933	合 7316			
京 2053	合 2688	合 11646				
京人 2228	合 29688	合 30272				
京 2583	合 6676					
京人 2738	合 37124	合 37027				
京人 2920	合 36860					
旅藏 89	合補 6139	合補 1842	合補 731	合 6283		
旅藏 102	合 7982	合 4904				
旅藏 193 正	合 5454	綴集 17				
旅藏 271	旅藏 383					
旅藏 274	安明 0897					
旅藏 344	合 6706	旅藏 554	旅藏 996	旅藏 907		
旅藏 383	旅藏 271					
旅藏 554	合 6706	旅藏 996	旅藏 344	旅藏 907		
旅藏 555 正	殷遺 96					
旅藏 583	合補 9428	合補 1175				
旅藏 616	輯佚 213					
旅藏 763	合 12123	旅藏 1628				
旅藏 786	旅藏 917	旅藏 883				
旅藏 883	旅藏 786	旅藏 917				
旅藏 907	合 6706	旅藏 554	旅藏 996	旅藏 344		
旅藏 917	旅藏 786	旅藏 883				
旅藏 996	合 6706	旅藏 554	旅藏 344	旅藏 907		
旅藏 1081	合 5078					
旅藏 1090	旅藏 1107					
旅藏 1107	旅藏 1090					

（續表）

旅藏 1482	合 28588			
旅藏 1628	旅藏 763	合 12123		
旅藏 1666	旅藏 1703			
旅藏 1703	旅藏 1666			
旅藏 2003	合 38086			
旅藏 2013	合 35843			
美藏 484	合 27898			
明後 396	合 9082			
明後 1629 正反	合 12670	合 10692		
明後 2644	合 29343			
明續 B1879	合 24439			
南明 784	合 35701			
拼集 307	合 7464	合 11447		
拼三 706	合 36844			
拼五 1071	合補 1489 正反			
契 5	乙補 3430			
契 12	合 6652	乙補 4386	乙 6353	
契 57	合 19387			
契 144	合 35703			
契 230	乙 3616			
契 257	乙 5622			
契 258	乙補 5626	乙補 5620 倒	乙補 5758	乙補 5806
契 304	合補 12202			
契 331	合 41898			
前 2.16.5	中歷藏 1890			
R2656	R26635	R26634	R26655	
R26634	R26635	R26655	R2656	

附錄二　2004 年～2017 年甲骨新綴號碼表・593

（續表）

R26635	R26655	R26634	R2656			
R26654	R28418					
R26655	R26635	R26634	R2656			
R26691	乙補 3430					
R26711	R26714					
R26714	R26711					
R26803	R26822					
R26822	R26803					
R26836	R26909 部分	R33954				
R26851	ZR26692					
R26859	R29476	R39523				
R26880	R26882	R26885				
R26882	R26880	R26885				
R26885	R26882	R26880				
R26892	R28296					
R26894	乙補 865	R28626				
R26909 部分	R26836	R33954				
R28029	R29231					
R28033	R29652					
R28296	R26892					
R28350	R28351					
R28351	R28350					
R28418	R26654					
R28518	乙 8138					
R28612	乙補 1205					
R28626	R26894	乙補 865				
R28638	R28641					
R28641	R28638					
R28708	乙補 6293					
R28875	R44376					

（續表）

R29231	R28029					
R29476	R26859	R39523				
R29497	R44407					
R29503	R44373					
R29652	R28033					
R33811	醉古集 345	R44598				
R33954	R26836	R26909 部分				
R37046	乙補 7387	乙 8743	乙 8833	合 22265		
R37062	R37122	綴彙 179	R37514			
R37078	合 22147					
R37086	乙 8772	合 20049				
R37122	R37062	R37514	綴彙 179			
R37138	R38068	R38101	R44623			
R37195	乙 644					
R37203	醉古集 49	合補 6347				
R37249	R37735	乙 7349				
R37324	醉古集 321					
R37385	醉古集 104					
R37406	合 20341	合 22025	合 22015	合 21207 主體		
R37415 倒	合 22209	乙 8964	乙補 7418	乙 8984	R37445	合 20352
R37445	合 22209	乙 8964	乙補 7418	乙 8984	合 20352	R37415 倒
R37514	R37062	R37122	綴彙 179			
R37640	合 19893	綴彙 764				
R37735	乙 7349	R37249				
R37743	R44450					
R37783	R44487	R44487				
R37789	合 21629					
R37883	乙補 1238	合 8779				

（續表）

R37941	醉古集 48				
R38068	R44623	R38101	R37138		
R38101	R38068	R44623	R37138		
R38351	R44785	乙補 277			
R39523	R29476	R26859			
R39603	合 22280				
R43008	R44702				
R43134	R44574				
R44322	乙補 2704				
R44364	乙補 541	乙補 2175	乙 916		
R44368	乙補 847				
R44373	R29503				
R44376	R28875				
R44407	R29497				
R44410	乙 1087				
R44444	乙補 6291	乙補 6294			
R44450	R37743				
R44487	R37783	R44487			
R44487	R37783	R44487			
R44558	乙補 5000	乙補 5032			
R44574	R43134				
R44598	醉古集 345	R33811			
R44623	R38068	R38101	R37138		
R44666	乙 6507				
R44702	R43008				
R44740	乙補 3957				
R44785	R38351	乙補 277			
R60027	乙補 1018				
R62466	乙補 1047	合 21923			
日散 300	東文庫 373				

（續表）

日天 S247	合 11925				
山本竟山 08	合 17715				
山本竟山 29	合 16730				
山本竟山 41	合 39079				
山東 131	笏二 924				
山東 197	合 295	合 340	合補 4469		
山東 459	合 10120				
山東 650	合補 1563				
山東 689	合 8142				
山東 802	合 11355	山東 1893			
山東 1144	合 23574	法藏 17	合 15432		
山東 1236	合 36920				
山東 1451	合 32067	合 32105			
山東 1893	合 11355	山東 802			
上博 2426.197	上博 2426.263				
上博 2426.263	上博 2426.197				
上博 2426.367	合 36946	綴 216	合 36630	存補 5.304.1	合 36938
上博 2426.406	上博 75415				
上博 2426.1048	合 36799	合 36919			
上博 2426.1439	合補 1653	合 5085			
上博 2426.1466	合 37958	合補 12356			
上博 17645.208 正反	上博 49003.112 正反				

（續表）

上博 17645.645	英藏 1674					
上博 17645.99	安明 1120					
上博 17647.400	合 7837	存補 5.264.1				
上博 17647.746	合 14610					
上博 21691.125	合 26609					
上博 21691.302	合 10716	合補 1651				
上博 34502.4	合 41737	合 38215				
上博 48947.12	合補 10495					
上博 49003.112 正反	上博 17645.208 正反					
上博 49003.217 正反	殷餘 12.6					
上博 75415	上博 2426.406					
拾遺 313 正	輯佚 319					
拾遺 315	英藏 2154					
拾遺 346	合補 7557					
拾遺 383	合 24190					
拾遺 386	合 24769					
拾遺 452	輯佚 634					
拾遺 457	輯佚 656					
拾遺 528	合 38118					
拾遺 587	合 39427	合 37779				
拾遺 606	輯佚 859					

（續表）

拾遺 618	合 37522	合 36203	合 37711	北珍 2881	合 37405	
拾遺 622	合 36837	合 36753	合 37504	合 36755	合 36754	合 36777
	合 36842					
拾遺 644	合 38104					
史購 172	合 35406	合補 12927				
史購 180 正反	合 2387 正反					
史購 252	合 20670					
天理 81	英藏 160					
天理 126	合 11804					
天理 152	合 6148					
天理 154	合補 1060	上博 2426.683				
天理 243	合補 1857 正					
天理 255	合 13221					
天理 293	蘇 45					
天理 397	合 26258					
天理 400	合 26336					
天理 456	天理 569	合 30445				
天理 490	合 32435	合 31004				
天理 569	合 30445	天理 456				
天理 600	合 34810	合 34936				
天理 601	合 33841					
通 587	合 36607	合 38724	合 36826	存補 6.149.4		
屯南 6	屯南 12	H1：18				
屯南 12	屯南 6	H1：18				
屯南 17	屯南 26					
屯南 26	屯南 17					
屯南 118	屯南 120					
屯南 120	屯南 118					

（續表）

屯南 132	合 27370				
屯南 147	屯南 354				
屯南 163	屯南 3699				
屯南 188	屯南 220				
屯南 220	屯南 188				
屯南 269	屯南 330				
屯南 304	屯南 705				
屯南 316	屯南 1032				
屯南 330	屯南 269				
屯南 354	屯南 147				
屯南 362	屯南 3665				
屯南 417	已綴入《醉古集》第 213 則				
屯南 445	已綴入《醉古集》第 213 則				
屯南 486	屯南 2782				
屯南 526	屯南 531				
屯南 530	屯南 3180				
屯南 531	屯南 0526				
屯南 680	已綴入《醉古集》第 313 則				
屯南 705	屯南 304				
屯南 779	屯南 2581				
屯南 815	合 30239				
屯南 817	屯南 3003				
屯南 880	屯南 989	屯南 1010			
屯南 887	屯南 1697				
屯南 897	屯南 2851				
屯南 938	屯南 2004				
屯南 943	合 33280	屯南 1335			
屯南 947	屯南 2853				
屯南 958	屯南 1185				
屯南 989	屯南 880	屯南 1010			
屯南 1006	屯南 1398				

（續表）

屯南 1010	屯南 989	屯南 880					
屯南 1027	已綴入《醉古集》第 313 則						
屯南 1032	屯南 316						
屯南 1074	屯南 1076	合 34233					
屯南 1076	屯南 1074	合 34233					
屯南 1101	屯南 2026						
屯南 1117	屯南 2043						
屯南 1185	屯南 958						
屯南 1212	屯南 1802						
屯南 1232	屯南 2846						
屯南 1269	屯南 3895						
屯南 1288	屯南 1434						
屯南 1295	合 34572						
屯南 1304	屯南 1531						
屯南 1335	合 33280	屯南 943					
屯南 1398	屯南 1006						
屯南 1434	屯南 1288						
屯南 1531	屯南 1304						
屯南 1562	已綴入《醉古集》第 313 則						
屯南 1697	屯南 887						
屯南 1802	屯南 1212						
屯南 1825	已綴入《醉古集》第 314 則						
屯南 1829	已綴入《醉古集》第 314 則						
屯南 1880	屯南 1101	屯南 2026					
屯南 2004	屯南 938						
屯南 2017	已綴入《醉古集》第 313 則						
屯南 2026	屯南 1880	屯南 1101					
屯南 2043	屯南 1117						
屯南 2064	屯南 2986						
屯南 2169	屯南 3895						
屯南 2181	屯南 4301						

（續表）

屯南 2249	屯南 2680	合補 3380				
屯南 2273	合 32831					
屯南 2278	屯南 4358					
屯南 2437	屯南 2472					
屯南 2446	屯南 3204					
屯南 2472	屯南 2437					
屯南 2558	合 32848	屯南 4465				
屯南 2581	屯南 779					
屯南 2634	屯南 2638					
屯南 2638	屯南 2634					
屯南 2647	屯南 2775					
屯南 2680	合補 3380	屯南 2249				
屯南 2727	合 33569	屯南 2758				
屯南 2735	屯南 2753					
屯南 2753	屯南 2735					
屯南 2758	屯南 2727	合 33569				
屯南 2760	屯南 4180					
屯南 2775	屯南 2647					
屯南 2782	屯南 486					
屯南 2846	屯南 1232					
屯南 2851	屯南 897					
屯南 2853	屯南 947					
屯南 2883	屯南 3042					
屯南 2915	合 33064					
屯南 2939	屯南 3251					
屯南 2954	屯南 3502					
屯南 2986	屯南 2064					
屯南 2992	屯南 4169					
屯南 3003	屯南 817					
屯南 3035	已綴入《醉古集》第 303 則					
屯南 3042	屯南 2883					

（續表）

屯南 3060	屯南 3277					
屯南 3180	屯南 530					
屯南 3192	屯南 3233					
屯南 3198	屯南 3533					
屯南 3204	屯南 2446					
屯南 3229	屯南補遺 131					
屯南 3233	屯南 3192					
屯南 3244	屯南 3484					
屯南 3251	屯南 2939					
屯南 3277	屯南 3060					
屯南 3484	屯南 3244					
屯南 3502	屯南 2954					
屯南 3575	屯南補遺 255 倒					
屯南 3654	屯南 3662					
屯南 3662	屯南 3654					
屯南 3665	屯南 362					
屯南 3673	合 32114	屯南 3723				
屯南 3699	屯南 163					
屯南 3723	屯南 3673	合 32114				
屯南 3746	屯南 4503					
屯南 3862	屯南 3867					
屯南 3867	屯南 3862					
屯南 3895	屯南 1269					
屯南 3920	屯南 3962					
屯南 3950	屯南補遺 237					
屯南 3962	屯南 3920					
屯南 4050	屯南補遺 244					
屯南 4100	合 33327					
屯南 4103	合 33021	合 33120				

（續表）

屯南 4108	屯南 4217				
屯南 4120	合 34490				
屯南 4169	屯南 2992				
屯南 4180	屯南 2760				
屯南 4181	合 30896				
屯南 4188	合 33076				
屯南 4188	屯南 4215	合 33076			
屯南 4200	合補 8982				
屯南 4215	屯南 4188	合 33076			
屯南 4217	屯南 4108				
屯南 4241	已綴入《醉古集》第 218 則				
屯南 4246	已綴入《醉古集》第 218 則				
屯南 4276	屯南 4287	合 32436			
屯南 4287	屯南 4276	合 32436			
屯南 4297	屯南 4062				
屯南 4301	屯南 2181				
屯南 4351	屯南 4371				
屯南 4358	屯南 2278				
屯南 4364	屯南補遺 256				
屯南 4371	屯南 4351				
屯南 4439	屯南 4483				
屯南 4453	合 27397				
屯南 4465	合 32848	屯南 2558			
屯南 4483	屯南 4439				
屯南 4503	屯南 3746				
屯南 4585	合 28315				
屯南補遺 131	屯南 3229				
屯南補遺 237	屯南 3950				
文錄 136	合補 4393				

（續表）

謝文 505	合 29888				
乙 532	乙 6258	乙 6494	乙 8364	乙補 5625	乙補 151
乙 552	乙 3984				
乙 560	乙 565 正	醉古集 323	醉古集 328		
乙 563 正	乙補 181	乙 564	乙 568		
乙 564	乙補 181	乙 563 正	乙 568		
乙 565 正	醉古集 328	醉古集 323	乙 560		
乙 568	乙補 181	乙 563 正	乙 564		
乙 644	R37195				
乙 651	乙 653				
乙 653	乙 651				
乙 665	乙補 271	合 15986	合 15986	乙補 273	
乙 681	乙補 176				
乙 740	乙 7283				
乙 916	乙補 541	乙補 2175	R44364		
乙 1087	R44410				
乙 1190	乙 1191	乙 1192	乙 2972	乙 6864	丙 159
乙 1191	丙 159	乙 1192	乙 2972	乙 6864	乙 1190
乙 1192	乙 1191	丙 159	乙 2972	乙 6864	乙 1190
乙 1406	綴彙 873				
乙 1674	乙 1678				
乙 1678	乙 1674				
乙 1726	醉古 14				
乙 1872	醉古集 28				
乙 1940	丙 265				
乙 2279	乙 7534	乙 7530			
乙 2339	乙補 1722	乙 3365			
乙 2377	合 14211				
乙 2389	乙補 1883				
乙 2390	丙 245	乙補 1968			

（續表）

乙 2535	乙補 2142					
乙 2850	乙 2851					
乙 2851	乙 2850					
乙 2972	乙 1191	乙 1192	丙 159	乙 6864	乙 1190	
乙 2985	乙補 6348	合 17374 正	合 17372	合 17373 甲乙		
乙 3123	乙補 2747	乙補 2748				
乙 3365	乙補 1722	乙 2339				
乙 3616	契 230					
乙 3984	乙 552					
乙 4324	醉古集 125					
乙 4566	乙 8375	乙補 5237	乙 5172	乙 5697		
乙 5056	乙 5092	乙 5164	乙補 4894	乙補 4815		
乙 5092	乙 5056	乙 5164	乙補 4894	乙補 4815		
乙 5164	乙 5056	乙 5092	乙補 4894	乙補 4815		
乙 5172	乙 8375	乙補 5237	乙 5697	乙 4566		
乙 5374	合 3497					
乙 5579	乙補 106	乙 5639	乙 6592	乙補 5603		
乙 5622	契合 257					
乙 5639	乙 5579	乙補 106	乙 6592	乙補 5603		
乙 5697	乙 8375	乙補 5237	乙 5172	乙 4566		
乙 5898	乙 8115	乙 6364	乙補 5536	乙 8349		
乙 5902	醉古集 348					
乙 6258	乙 0532	乙 6494	乙 8364	乙補 5625	乙補 151	
乙 6283	乙 6296	醉古集 376				
乙 6296	醉古集 376	乙 6283				
乙 6296	醉古集 376					
乙 6353	合 6652	乙補 4386	契合 12			

（續表）

乙 6364	乙 8115	乙 5898	乙補 5536	乙 8349		
乙 6364	乙補 5536					
乙 6486	乙 6635					
乙 6487	乙補 5649	合 19208 正				
乙 6494	乙 6258	乙 0532	乙 8364	乙補 5625	乙補 151	
乙 6507	R44666					
乙 6592	乙 5639	乙 5579	乙補 106			
乙 6592	乙 5579	乙 5639	乙補 106	乙補 5603		
乙 6635	乙 6486					
乙 6864	乙 1191	乙 1192	乙 2972	丙 159	乙 1190	
乙 7187	乙補 1986					
乙 7283	乙 740					
乙 7349	R37735	R37249				
乙 7530	乙 7534	乙 2279				
乙 7534	乙 7530	乙 2279				
乙 7670	彙編 827					
乙 8115	乙 5898	乙 6364	乙補 5536	乙 8349		
乙 8138	R28518					
乙 8261	合 991					
乙 8349	乙 8115	乙 6364	乙補 5536	乙 5898		
乙 8364	乙 6258	乙 6494	乙 0532	乙補 5625	乙補 151	
乙 8375	乙 5697	乙補 5237	乙 5172	乙 4566		
乙 8743	乙補 7387	合 22265	乙 8833	R37046		
乙 8772	合 20049	R37086				
乙 8833	乙補 7387	乙 8743	合 22265	R37046		
乙 8923	乙 8932					
乙 8932	乙 8923					
乙 8943	合 22240	合 22291	合 19893	R37640		
乙 8964	合 22209	合 20352	乙補 7418	乙 8984	R37445	R37415 倒
乙 8984	合 22209	乙 8964	乙補 7418	合 20352	R37445	R37415 倒
乙補 106	乙 5579	乙 5639	乙 6592	乙補 5603		

（續表）

乙補 151	乙 6258	乙 6494	乙 8364	乙補 5625	乙 0532	
乙補 166	乙補 532					
乙補 176	乙 681					
乙補 181	乙 564	乙 563 正	乙 568			
乙補 264	醉古集 249					
乙補 271	合 15986	合 15986	乙 665	乙補 273		
乙補 273	乙補 271	合 15986	乙 665	合 15986		
乙補 277	R38351	R44785				
乙補 399	乙補 502 倒					
乙補 502 倒	乙補 399					
乙補 517	丙 267					
乙補 532	乙補 166					
乙補 541	R44364	乙補 2175	乙 916			
乙補 663	合 17337 正	合 6457 正				
乙補 664	合 17337 反	合 6457 反				
乙補 764	彙編 237	乙補 786				
乙補 786	乙補 764	彙編 237				
乙補 820	乙補 825					
乙補 825	乙補 820					
乙補 847	R44368					
乙補 865	R26894	R28626				
乙補 908	醉古集 227	乙補 911				
乙補 911	乙補 908	醉古集 227				
乙補 1018	R60027					
乙補 1035	合 21909					
乙補 1047	合 21923	R62466				

（續表）

乙補 1186	醉古集 12				
乙補 1205	R28612				
乙補 1238	合 8779	R37883			
乙補 1631	乙補 1786	醉古集 194			
乙補 1675	乙補 6109	丙 225	無號甲		
乙補 1722	乙 2339	乙 3365			
乙補 1786	醉古集 194	乙補 1631			
乙補 1883	乙 2389				
乙補 1968	乙 2390	丙 245			
乙補 1986	乙 7187				
乙補 2032	乙補 2037				
乙補 2037	乙補 2032				
乙補 2142	乙 2535				
乙補 2175	乙補 541	R44364	乙 916		
乙補 2355	合 14545				
乙補 2360	乙補 2361 倒	彙編 874	乙補 2371		
乙補 2361 倒	彙編 874	乙補 2360	乙補 2371		
乙補 2371	乙補 2361 倒	乙補 2360	彙編 874		
乙補 2704	R44322				
乙補 2747	乙 3123	乙補 2748			
乙補 2748	乙補 2747	乙 3123			
乙補 3283	合 2235 正甲乙				
乙補 3430	R26691				
乙補 3430	契 5				
乙補 3464	乙補 6303	丙 20			

（續表）

乙補 3957	R44740					
乙補 4386	合 6652	契合 12	乙 6353			
乙補 4815	乙 5056	乙 5164	乙補 4894	乙 5092		
乙補 4875	合 1076 正反	合 14315 正反				
乙補 4894	乙 5056	乙 5164	乙 5092	乙補 4815		
乙補 5000	R44558	乙補 5032				
乙補 5016	丙 212					
乙補 5032	乙補 5000	R44558				
乙補 5237	乙 8375	乙 5697	乙 5172	乙 4566		
乙補 5536	乙 8115	乙 6364	乙 5898	乙 8349		
乙補 5603	乙 5579	乙 5639	乙 6592	乙補 106		
乙補 5620 倒	乙補 5626	契 258	乙補 5758	乙補 5806		
乙補 5625	乙 6258	乙 6494	乙 8364	乙 0532	乙補 151	
乙補 5626	契 258	乙補 5620 倒	乙補 5758	乙補 5806		
乙補 5649	合 19208 正	乙 6487				
乙補 5657	合 10022 甲乙	乙補 5676				
乙補 5676	乙補 5657	合 10022 甲乙				
乙補 5758	乙補 5626	乙補 5620 倒	契 258	乙補 5806		
乙補 5806	乙補 5626	乙補 5620 倒	乙補 5758	契 258		
乙補 5952	合 9811	乙補 5968				
乙補 5968	乙補 5952	合 9811				
乙補 6109	丙 225	無號甲	乙補 1675			
乙補 6291	R44444	乙補 6294				
乙補 6293	R28708					
乙補 6294	乙補 6291	R44444				
乙補 6303	丙 20	乙補 3464				

（續表）

乙補 6348	合 17373 甲乙	合 17374 正	合 17372	乙 2985		
乙補 7387	合 22265	乙 8743	乙 8833	R37046		
乙補 7418	合 22209	乙 8964	合 20352	乙 8984	R37445	R37415 倒
佚 101	綴集 44					
殷遺 96	旅藏 555 正					
殷遺 458 正	合 34878					
殷餘 6.6	合 22829					
殷餘 12.6	上博 49003.217 正反					
殷餘 20.2	殷餘 20.7					
殷餘 20.7	殷餘 20.2					
英藏 15	旅藏 1140					
英藏 38（合 39500）	合 8996 正					
英藏 39（合 39588）	合 13225					
英藏 82	合 17354					
英藏 125 正	合 663	東文庫 111 正倒	合 14074			
英藏 160	天理 81					
英藏 173 正反	英藏 610 正反					
英藏 188	合 7278					
英藏 196	合 3421					
英藏 197	合補 1581					
英藏 207 反	合補 13185					
英藏 232	英藏 246					

(續表)

英藏 246	英藏 232				
英藏 293	英藏 530				
英藏 304 正反	英藏 1133 正反				
英藏 333	英藏 354 正				
英藏 337	合 18504				
英藏 354 正	英藏 333				
英藏 383	合 26491	合 26484			
英藏 398	合 13037	掇一 19			
英藏 398	合 12897	合 9059 正	合 13037	掇一 19	
英藏 422	合補 1995				
英藏 436	合 5044	合 5045	合 19106	合 11584	
英藏 457	合補 1420				
英藏 476	合補 6512				
英藏 477	合 7325				
英藏 492	英藏 207 反				
英藏 530	英藏 293				
英藏 543	京人 777	合補 933	合 7316		
英藏 552	合 18925	合 8501 正			
英藏 553	旅藏 548				
英藏 562	京人 892				
英藏 564	英藏 569	合 5785			
英藏 569	英藏 564	合 5785			
英藏 570	合 6369				
英藏 609	合補 798				
英藏 610 正反	英藏 173 正反				
英藏 623（合 39906 正）	合 6703				

（續表）

英藏 630	合 10622		
英藏 660	合 6088		
英藏 667	合 6554	合 7549	
英藏 669	合 6553		
英藏 681	合 8745		
英藏 685	合補 1880		
英藏 730	合 1111 正		
英藏 792	合補 4524(懷特 918)		
英藏 793	英藏 1160		
英藏 804	合 9693		
英藏 813	合 9529	合補 602	
英藏 814	合 9519		
英藏 824	合 10042	合 9941	
英藏 848	合補 3403（合補 6320）		
英藏 970（合 40229）	合補 3412		
英藏 996	合 2880		
英藏 1001	合 40236		
英藏 1039 正反	北大 2091		
英藏 1106	合 7854 正		
英藏 1133 正	英藏 304 正反	英藏 304 正反	
英藏 1149	合 16037		
英藏 1160	英藏 793		
英藏 1177 正	合 9045		

附錄二　2004年～2017年甲骨新綴號碼表

（續表）

英藏1187	合39723					
英藏1188	英藏1189					
英藏1189	英藏1188					
英藏1352正反	合6143正反					
英藏1399	合13540	合1365				
英藏1590正反	合16943正反	合16945正反				
英藏1674	上博17645.645					
英藏1740	合12333正					
英藏1766	英藏1775					
英藏1770	合40830					
英藏1771	合32188	合34113	合32189			
英藏1775	英藏1766					
英藏1840	英藏2585	北珍1878				
英藏1890正反	合18948正反					
英藏1911	合21898	合21896				
英藏1913	合21782	合21811				
英藏1920	合10724					
英藏1945	合22928					
英藏1954（合41145）	合25696					
英藏1974	合23277					
英藏1976	合13560					
英藏1999	合25907					
英藏2007	美161					
英藏2022	合補8493					
英藏2039	輯佚461					
英藏2076	英藏補26					

（續表）

英藏 2082	合 26186	合 24136	合 41184			
英藏 2085	合 23651					
英藏 2090	合補 7054					
英藏 2149	合 25248					
英藏 2154	拾遺 315					
英藏 2160	愛 57					
英藏 2161	合 22552					
英藏 2187	合 23579	合 23525	合 13561			
英藏 2214	合補 7997					
英藏 2234	合 26580	英藏 2235				
英藏 2235	英藏 2234	合 26580				
英藏 2243	合 25378					
英藏 2259（合 41312）	英藏 2261（合 41320）	合 26950				
英藏 2261（合 41320）	英藏 2259（合 41312）	合 26950				
英藏 2264（合 41317）	合 27437（合 25369）					
英藏 2287	英藏 2377					
英藏 2288	合 30685					
英藏 2314	合 28963（合 29021）					
英藏 2315	合 28933					
英藏 2321	合 28894					
英藏 2342	合 28543					
英藏 2353	英藏補 41					
英藏 2361	合 30706					
英藏 2377	英藏 2287					
英藏 2383	合 26484	合 26491				

附錄二　2004年~2017年甲骨新綴號碼表

（續表）

英藏 2398	合 33615	英藏 2458（合 41467）				
英藏 2401	南輔 78					
英藏 2404（合 41458）	合 34052	上博 2426.647				
英藏 2430	庫 61					
英藏 2439	合 34687					
英藏 2458（合 41467）	合 33615	英藏 2398				
英藏 2464	合 33707					
英藏 2473	合補 10414					
英藏 2488	合補 10819					
英藏 2507	京人 2902					
英藏 2508	合 35745	合補 12872				
英藏 2514	合 35984					
英藏 2517	英藏 2520					
英藏 2520	英藏 2517					
英藏 2528(合 41748)	合 41751					
英藏 2537	合 39215					
英藏 2539	合 37502					
英藏 2542	合 37373	合 37399				
英藏 2548	笏二 1388					
英藏 2555	安陽散見殷墟甲骨					
英藏 2556（合 41763）	合補 11275					

(續表)

英藏2562 正	合補11141	合36957	合37475		
英藏2565 正反	合37434				
英藏2568	合補11666				
英藏2578 正	合補11631	蘇德415	史購296	愛1	
英藏2579 倒	合38093				
英藏2585	英藏1840				
英藏2588	英藏2593				
英藏2593	英藏2588				
英藏2594	合35429				
英藏2617	合38789	合補12266	合補12333		
英藏2622	合36609				
英藏2629	合39396				
英藏2631	合補12597				
英藏2652	合補13004				
英藏2660	英藏2661	合36793			
英藏2661	英藏2660	合36793			
英藏2663	虛370				
英藏補26	英藏2076				
英藏補38	英藏補42				
英藏補41	英藏2353				
英藏補42	英藏補38				
英藏補44	英藏補53				
英藏補53	英藏補44				
運臺1.1670	合24304				

(續表)

張世放 61	合 9076				
珍秦齋 14	中島 49				
中島 49	珍秦齋 14				
中歷藏 43	合 6782				
中歷藏 293	合 541				
中歷藏 348	東文庫 61				
中歷藏 621	合 13442 正				
中歷藏 1116	合 9629	合 3311	合 9630	合 13016	
中歷藏 1675	笏二 1464（東文研 729）				
中歷藏 1890	前 2.16.5				
珠 397	笏二 1487				
珠 580	合 8652				
珠 832	東文庫 558				
綴 17	合 5454	旅藏 193 正			
綴 44	佚 101				
綴 135	合 3394				
綴 216	合 36946	存補 5.304.1	合 36630	上博 2426.367	合 36938
綴彙 179	R37514	R37062	R37122		
綴彙 206	笏一 35				
綴彙 764	合 19893	R37640			
綴彙 873	乙 1406				
綴彙 913	村中南 502				
綴續 376 正反	合 5778 正反				

（續表）

醉古集 12	乙補 1186					
醉古集 14	乙 1726					
醉古集 28	乙 1872					
醉古集 48	R37941					
醉古集 49	R37203	合補 6347				
醉古集 104	R37385					
醉古集 125	乙 4324					
醉古集 194	乙補 1786	乙補 1631				
醉古集 227	乙補 908	乙補 911				
醉古集 249	乙補 264					
醉古集 321	R37324					
醉古集 323	乙 565 正	醉古集 328	乙 560			
醉古集 328	乙 565 正	醉古集 323	乙 560			
醉古集 345	R44598	R33811				
醉古集 348	乙 5902					
醉古集 376	乙 6296	乙 6283				

附錄三

殷代卜辭分類分組表

黃天樹

名稱	全稱	簡稱	相當時代
村北系列王卜辭	自組肥筆類	自肥	武丁早期至武丁中、晚期之交
	自組小字類	自小	武丁早期至武丁晚期
	㞢類	㞢類	武丁中期
	自賓間類	自賓	武丁中期
	賓組㞢類	㞢類	武丁中期
	賓組一類	賓一	武丁中期
	賓組二類（典型賓組類）	賓二（典賓）	武丁中期至祖庚之世，主要是武丁晚期
	賓組三類（賓組賓出類）	賓三	武丁晚期至祖甲之初，主要是祖庚之世
	賓出類	賓出	武丁晚期至祖甲之初
	出組一類（出組賓出類）	出一	祖庚之初至祖甲之初
	出組二類	出二	祖甲時期
	事何類	事何	祖庚、祖甲之交
	何組一類	何一	祖甲晚期至武乙之初
	何組二類	何二	廩辛至武乙
	黃類（黃組）	黃類	文丁至帝辛
村中南系列王卜辭	自歷間類	自歷	主要是武丁中期，下限為武丁晚期
	歷組一類	歷一	主要是武丁之物，下限為祖庚之初
	歷組二類	歷二	主要是祖庚之物，上限為武丁晚期
	歷草體類	歷草	主要是祖庚時期
	歷無名間類（歷無名間組）	歷無	祖甲晚世至武乙初年
	無名類（無名組）	無名	康丁（或上及廩辛之世）至武乙、文丁之交
	無名黃間類（無名黃間組）	無黃	武乙、文丁之世

（續表）

名稱	全稱	簡稱	相當時代
非王卜辭	子組（丙種卜辭）	子組	武丁早期至武丁中、晚期之交
	午組（乙種卜辭）	午組	武丁早、中期之交至武丁晚期之初
	婦女卜辭（甲種卜辭）	婦女	武丁中期
	圓體類（丙種a屬）	圓體	武丁中期
	劣體類（丙種b屬）	劣體	武丁中期
	侯南子類	侯南	廩辛之世
	屯西子類	屯西	康丁至武乙之世
	花東子類（花東子組）	花東	武丁中晚世

附錄四

本書引用甲骨著錄書簡稱表

（以刊佈時間為序）

1903 年	劉鶚《鐵雲藏龜》——《鐵》
1913 年	羅振玉《殷虛書契前編》——《前》、《前編》
1914 年	羅振玉《殷虛書契菁華》——《菁》
1915 年	羅振玉《鐵雲藏龜之餘》——《餘》
1916 年	羅振玉《殷虛書契後編》——《後》
1917 年	明義士《殷虛卜辭》——《虛》、《明》
1917 年	姬佛陀《戩壽堂所藏殷虛文字》——《戩》
1921 年	林泰輔《龜甲獸骨文字》——《林》、《龜》
1925 年	葉玉森《鐵雲藏龜拾遺》——《拾》
1925 年	王襄《簠室殷契徵文》——《簠天》、《簠地》、《簠帝》、《簠人》、《簠歲》、《簠干》、《簠貞》、《簠典》、《簠征》、《簠游》、《簠雜》、《簠文》
1931 年	關百益《殷虛文字存真》——《存真》、《真》
1933 年	容庚、瞿潤緡《殷契卜辭》——《契》、《挈》、《燕》
1933 年	郭沫若《卜辭通纂》——《通》、《通纂》
1933 年	羅振玉《殷虛書契續編》——《續》、《續編》
1933 年	商承祚《殷契佚存》——《佚》
1935 年	黃濬《鄴中片羽初集》——《鄴一》、《鄴初》、《鄴》
1935 年	方法斂、白瑞華《庫方二氏藏甲骨卜辭》——《庫》、《庫方》
1935 年	明義士《柏根氏舊藏甲骨文字》——《柏》

1937 年	郭沫若《殷契粹編》——《粹》、《萃》
1937 年	黃濬《鄴中片羽二集》——《鄴二》、《鄴2》
1938 年	方法斂《甲骨卜辭七集》——《七》
1939 年	金祖同《殷契遺珠》——《珠》
1939 年	李旦丘《鐵雲藏龜零拾》——《零》、《鐵零》
1939 年	方法斂《金璋所藏甲骨文字》——《金》、《金璋》
1939 年	唐蘭《天壤閣甲骨文存》——《天》
1939 年	曾毅公《甲骨叕存》——《叕》
1940 年	孫海波《誠齋殷虛文字》——《誠》
1940 年	梅原末治《河南安陽遺寶》——《寶》
1941 年	李旦丘《殷契摭存》——《摭》
1941 年	黃濬《鄴中片羽三集》——《鄴三》、《鄴3》
1945 年	胡厚宣《甲骨六錄》——《六中》、《六清》、《六束》、《六曾》、《六華》、《六釋》
1948 年	金祖同《龜卜》——《龜卜》
1948 年	董作賓《殷虛文字甲編》——《甲》、《甲編》
1948 年	董作賓《殷虛文字乙編》——《乙》、《乙編》
1950 年	曾毅公《甲骨綴合編》——《綴》
1950 年	李亞農《殷契摭佚續編》——《摭續》
1951 年	胡厚宣《戰後寧滬新獲甲骨集》——《寧》、《寧滬》
1951 年	郭若愚《殷契拾掇》——《掇一》、《掇1》
1951 年	胡厚宣《戰後南北所見甲骨錄》——《南輔》、《南誠》、《南上》、《南南》、《南無》、《南明》、《南師》、《南坊》
1953 年	郭若愚《殷契拾掇》二編——《掇二》、《掇2》
1954 年	胡厚宣《戰後京津新獲甲骨集》——《京》、《京津》
1955 年	郭若愚、曾毅公、李學勤《殷虛文字綴合》——《殷合》
1955 年	胡厚宣《甲骨續存》——《存》、《續存》

1956 年	董作賓《殷虛文字外編》——《外》
1956 年	饒宗頤《日本所見甲骨錄》——《饒》、《日見》
1957 年	張秉權《殷虛文字丙編》——《丙》、《丙編》
1959 年	陳邦懷《甲骨文零拾》——《甲零》
1959 年	貝塚茂樹《京都大學人文科學研究所藏甲骨文字》——《人》、《京人》
1959 年	松丸道雄《日本散見甲骨文字蒐彙》——《日彙》
1961 年	屈萬里《殷虛文字甲編考釋》附綴合圖版——《甲釋》
1966 年	伊藤道治《故小川睦之輔氏藏甲骨文字》——《小川》
1967 年	《冬飲廬藏甲骨文字》——《冬》
1970 年	李棪《北美所見甲骨選粹》——《北美》
1972 年	許進雄《明義士收藏甲骨文字》（加拿大皇家安大略博物館出版）——《明續》、《安明》
1972 年	明義士、許進雄《殷虛卜辭後編》——《明後》
1973 年	明義士《輔仁大學所藏甲骨文字》——《輔》
1975 年	嚴一萍《甲骨綴合新編》——《綴新》
1976 年	周鴻翔《美國所藏甲骨》——《USB》、《USS》、《美藏》、《美》
1978 年	郭沫若《甲骨文合集》——《合》、《合集》
1979 年	渡邊兼庸《東洋文庫所藏甲骨文字》——《東文庫》、《東洋文庫》
1979 年	許進雄《懷特氏等收藏甲骨文字》——《懷》、《懷特》
1980 年	中國社會科學院考古研究所《小屯南地甲骨》——《屯南》、《屯》
1980 年	松丸道雄《散見於日本各地的甲骨文字》——《散》
1983 年	松丸道雄《東京大學東洋文化研究所藏甲骨文字》——《東文研》、《東大》、《東研》
1984 年	嚴一萍《商周甲骨文總集》——《總集》
1985 年	李學勤、齊文心、艾蘭《英國所藏甲骨集》——《英》、《英藏》

1987 年	天理大學附屬天理參考館《甲骨文字》——《天理》、《日天》
1988 年	胡厚宣《蘇德美日所見甲骨集》——《蘇德美日》、《蘇德》、《蘇》
1995 年	鍾柏生《殷虛文字乙編補遺》——《補遺》、《乙補》
1996 年	胡厚宣輯（王宏、胡振宇整理）《甲骨續存補編》——《存補》
1996 年	荒木日呂子《中島玉振舊藏の甲骨片について》——《中島》
1997 年	雷煥章《德瑞荷比所藏一些甲骨錄》——《德瑞》
1998 年	劉敬亭《山東省博物館珍藏甲骨墨拓集》——《山東》、《山博》
1999 年	彭邦炯、謝濟、馬季凡《甲骨文合集補編》——《補編》、《合補》
1999 年	蔡哲茂《甲骨綴合集》——《綴集》
1999 年	李學勤、齊文心、艾蘭《瑞典斯德哥爾摩遠東古物博物館藏甲骨文字》——《瑞典》
2001 年	中國歷史博物館《中國歷史博物館藏法書大觀》——《中歷博》
2003 年	中國社會科學院考古研究所《殷墟花園莊東地甲骨》——《花東》、《花》
2004 年	蔡哲茂《甲骨綴合續集》——《綴續》
2005 年	郭若愚《殷契拾掇》三編——《掇三》
2006 年	郭青萍《洹寶齋所藏甲骨》——《洹寶》、《洹》
2006 年	李宗焜《當甲骨遇上考古——導覽YH127坑》——《導覽》
2007 年	中國國家博物館《中國國家博物館館藏文物研究叢書·甲骨卷》——《國博》
2008 年	段振美、焦智勤、党相魁、党寧《殷墟甲骨輯佚—安陽民間藏甲骨》——《輯佚》
2008 年	李鍾淑、葛英會《北京大學珍藏甲骨文字》——《北大》、《北珍》
2009 年	濮茅左《上海博物館藏甲骨文字》——《上博》
2009 年	焦智勤《殷墟甲骨拾遺（續五）》——《續五》、《拾遺》
2009 年	宋鎮豪、朱德天《雲間朱孔陽藏戩壽堂殷虛文字舊拓》——《朱孔陽》、《雲間》

2009 年	史語所《史語所藏購甲骨集》——《史購》
2009 年	宋鎮豪《張世放所藏殷墟甲骨集》——《張世放》
2010 年	黃天樹《甲骨拼合集》——《拼集》、《拼合集》
2011 年	黃天樹《甲骨拼合續集》——《拼續》
2011 年	蔡哲茂《甲骨綴合彙編》（圖版篇）——《綴彙》
2011 年	林宏明《醉古集——甲骨的綴合與研究》——《醉古集》、《醉》
2011 年	宋鎮豪、趙鵬、馬季凡《中國社會科學院歷史研究所藏甲骨集》——《中歷藏》、《歷》
2012 年	中國社會科學院考古研究所《殷墟小屯村中村南甲骨》——《村中》、《村中南》
2013 年	黃天樹《甲骨拼合三集》——《拼三》
2013 年	林宏明《契合集》——《契合》
2013 年	宋鎮豪、瑪麗亞《俄羅斯國立愛米塔什博物館藏殷墟甲骨》——《俄藏》、《愛》
2014 年	宋鎮豪、郭富純《旅順博物館所藏甲骨》——《旅藏》
2015 年	宋鎮豪、焦智勤、孫亞冰《殷墟甲骨拾遺》——《殷遺》
2015 年	周忠兵《卡內基博物館所藏甲骨研究》——《卡》
2016 年	黃天樹《甲骨拼合四集》——《拼四》
2016 年	宋鎮豪、趙鵬《笏之甲骨拓本集》——《笏（一）》、《笏（二）》

以下為甲骨拓本和現藏簡稱：
曾毅公、李學勤《甲骨文攈》——《攈》、《文攈》
劉體智《善齋藏契》——《善齋》、《善》
《甲骨文集》——《甲骨文集》
中國社會科學院歷史研究所藏拓本——歷拓
中國社會科學院考古研究所原白恒——考白
中國社會科學院考古研究所原孫壯——考孫
北京圖書館所藏甲骨——北圖
北京文物管理處——北文處
南京博物館拓本——南博拓
覺玄藏契（陳中凡）——覺玄
明治大學——明大、明治
關西大學——關西
旅大文物商店——旅文店
武漢文物商店——武漢店
吉林博物館——吉博
貴州博物館——貴博
旅順博物館——旅博
湖南博物館——湖南博